# 日俄戰爭

## 起源與開戰【下】

和田春樹

AGORA
廣場

# 目錄

CONTENTS

第六章



下卷頁碼，下一校再填上

## 第七章　日俄交涉

# 第六章　新路線登場

## 新年伊始

西曆一九〇三年一月十四日，恰是俄曆一九〇三年元旦。皇帝尼古拉二世三十四歲，迎來了他當政的第十個年頭。這天，皇帝在日記中寫道：

「由於睡得很好，參加出拜儀式時感覺精神飽滿。但家族裡不少人因為罕見的天氣變化，染上了流感而沒有參加。禮拜之後，我儘快應付了外交官們，在孔雀石廳用了早餐。媽媽和阿利克斯（皇后）……中途不得已而先離開了。」[1]

出拜儀式（vykhod）指的是在正教的節日舉行的宮廷儀式，是由皇帝、皇后、皇太子率領皇族、宮廷侍從、女官、國家議會議員、最高法院法官、大臣、侍從將軍等，從冬宮居所出發去往宮內教堂，再沿原路返回的遊行。[2]當時已七十歲的國家議會議員波洛夫采夫也在參加元旦例行的出拜儀式的人群中。這位永遠的觀察者將當時人們的表情記錄在了日記中。皇帝是滿臉「疲憊、憔悴」。財政大臣維特在就任十年之際得到待遇優渥的詔書，心情很好。維特對波洛夫采夫講了在滿洲旅行的情況。「維特說，為了避免降臨到我們身邊的災難，無論如何都應儘早從滿洲撤退。他也說到了西伯利亞鐵路，說V（鐵路專家）認為托木斯克和伊爾庫茨克之間的七百八十俄里區間有必要全面重建，甚至乘那條線上的火車都伴有重大的危險。」[3]

四天後，波洛夫采夫拜訪了被視作維特政敵的普列韋內相。當他問及現在的情況時，普列韋回答說：「在俄羅斯，除了那些拿著高俸祿、有機會得到陛下微笑的少數人外，全國人民無論誰都對政府不滿，這是不可忽視的事實。雖然我們應該正視這個狀況，改變事態，但遺憾的是，大臣們沒有任何一致的手段實現那樣的變化。」波洛夫采夫試探性地說：「最近幾個月，俄羅斯的情形幾乎與洛里斯—梅利柯夫上任之初的一模一樣。因腦子有問題的西皮亞金製造出的緊張狀況已經在一定程度上得到了緩和。」[4]西皮亞金是普列韋的前任，維特的朋友，在辦公室被革命黨的恐怖襲擊射殺了。這裡波洛夫采夫讚美普列韋，將他比作一八八〇年被起用的改革派內務大臣洛里斯—梅利柯夫。除此之外，兩人的談話並沒有進一步深入。波洛夫采夫之所以會想起洛里斯—梅利柯夫，是因為感覺事態與當年一樣嚴重的緣故吧。起用洛里斯—梅利柯夫，是恐怖份子企圖暗殺皇帝，甚至做出爆破冬宮的事情之後。波洛夫采夫感到現在國家和社會同樣陷入了僵局。而對於普列韋來講，洛里斯—梅利柯夫的名字也是和難以忘懷的記憶聯繫在一起的。

翌日，波洛夫采夫拜見了宗務院總監波別多諾斯采夫。令人意外的是，波別多諾斯采夫曾經是洛里斯—梅利柯夫最大的政敵。這位專制制度的空想家此時已經七十六歲了，二十年來一直穩坐現在的位置。波別多諾斯采夫正因修道僧謝拉菲姆封聖的事而氣憤。在皇后的推薦下，皇帝決定將葬於薩洛夫修道院的修道僧謝拉菲姆封為聖者。為舉行典禮已經投入了十五萬盧布。波洛夫采夫問波別多諾斯采夫，如果有人提議由他擔任大臣委員會議長，他是否會接受。波別多諾斯采夫回答說沒有那種打算，理由之一是他不想從宗務院總監的住所搬出去。那裡曾經是大貴族納雷什金金碧輝煌的舊邸。波洛夫采夫想起了傑爾查文的詩句「昔時酒宴歡語處，今日僧侶苦修所」。[5]波別多諾斯采夫已是失去活力，等待退休的老人了。

一月十六日（三日），陸軍大臣庫羅帕特金作為當值的侍從將軍，在冬宮值班，他在那裡與訪問俄羅斯的德國皇太子弗里德里希・威廉做了長談。皇太子稱讚了俄羅斯士兵，說士兵們大多出身於農村，很值得慶倖。「因為農村的社會主義份子很少」。庫羅帕特金回答，德國的工業發達，人口的一半都是城市居民吧，那是社會主義的母體，俄羅斯也正在步德國的後塵。他覺得皇太子沒有機會看看俄羅斯農村，很是遺憾。「如果他去了那裡的話，就會對培養出我們這些無以倫比的士兵——對祖國和皇帝陛下充滿獻身精神，勇敢堅韌卻要求極少——的強力源泉做出正確評價吧。」[6]

翌日，陸相向皇帝做了年初上奏。這是陸相在職五年的報告。「歐洲政治局勢在這五年間變得更加不安定。歐洲發生戰爭的可能性變得更大。我們必須加緊因發展遠東事業而被遺忘的**向西方回歸**。」（著重號為原文，下同。）他也提到了俄羅斯國內的不安。如果不能結束這種狀況的話，就證明了俄羅斯國內的脆弱，是在告知敵人「是進攻的好時機」。陸相總結道：「我們有必要將**主要的**注意力從遠東轉向西方。」皇帝回覆說：「**注視東方的**同時，要將**主要的**注意力投向**西方**。」[7]

二月四日（一月二二日），冬宮舉行了宮中舞會。亞歷山大・米哈伊洛維奇大公在回憶錄中寫道：「整個『聖彼德堡』都在冬宮跳舞。這天我記得很清楚，因為這是帝國歷史上最後的宮中大舞會。」[8]

## 海軍大學第二次兵棋推演

與陸相不同，海軍軍人們一直都在關注著在遠東的戰爭——與日本的戰爭。俄曆一九〇二年至〇三年的那個冬季，即西曆一九〇三年一月到三月，按照海軍大臣特爾托夫的命令，尼古拉海軍大學舉行了第二次日俄戰爭兵棋推演。亞歷山大・米哈伊洛維奇大公任總指揮，評論員由來自海軍的丘赫寧、羅熱斯特文斯基、尼德爾米列爾中將，來自太平洋艦隊的莫拉斯上校，來自陸軍的米赫涅維奇少將和旅順要塞的設計者維列奇科少將、亞基莫維奇上校擔任。事務局長由海軍大學的克拉多海軍中校擔任。俄羅斯方面的海軍司令官為多布羅特沃爾斯基上校，軍令部長為幹練的布魯西洛夫，日本方面的海軍司令長官為德里仁科上校，軍令部長為前駐日本海軍武官恰金。[9]

演習假定於俄羅斯完成建艦計畫的一九〇五年開戰。俄羅斯軍隊一度從滿洲撤退，因為受到馬賊極其猖獗的攻擊，再度佔領了滿洲。對此，日本決意發動對俄戰爭。「為了盡可能地使宣戰公告收到突然襲擊的效果」，日本對俄羅斯再度佔領滿洲一直沒有提出抗議，直到一九〇五年五月一日（俄曆，西曆為一四日，演習中的日期均為俄曆。）突然宣佈動員陸海軍。「預計日本會盡可能以突然襲擊的方式進攻俄羅斯。」[10]俄方預見到日本的進攻方式，也於同日，即五月一日發佈了動員令。宣戰公告由日本率先發出，俄羅斯緊隨其後。

俄方司令長官多布羅特沃爾斯基在提交的報告中寫道，這場戰爭中決定性的要素在於日本運送的兵員是否被俄羅斯海軍阻攔，因此日本必須逐個擊破分佈在旅順和符拉迪沃斯托克的俄羅斯海軍，所以「日方最佳的做法是事前不發佈宣戰公告，而進行突然襲擊」。「以我海軍現在的狀況，艦隊若在駐泊時遭到襲擊將會全部覆滅。由於我艦隊通常停泊在旅順的外部埠頭或毫無防備的大連灣，一旦遭到日本水雷艇的突然襲擊，大概在幾分鐘之內，我們的艦艇就會不復存在。」[11]看看日俄戰爭實際開戰的過程，這個分析簡直可以說帶有預言的意味。

評論員的報告中也指出：宣戰公告不可能率先由俄方發出。因為能夠預想到的戰爭原因只有一個：日本懷抱的佔領朝鮮的企圖。因此，如果出現俄羅斯從滿洲撤退晚了，或者俄軍再度佔領滿洲，進而對日本統治朝鮮造成重大妨礙，或者俄羅斯佔領阿列克塞耶夫投錨地（鎮海灣）等等情況，可以想像日本將會決意對俄戰爭。日本方面最初的行動將會是向朝鮮大量輸送軍隊，在完全控制朝鮮後進攻滿洲。俄羅斯即使最初經歷敗北，但隨著時間推移，在大軍集結後將會進行反攻。因此「日本佔領朝鮮，防衛朝鮮不受俄軍攻擊就可以了。日軍佔領朝鮮，不會特別損害我們的威信，是可以接受的。」但是，日本因國內強硬論的影響等，「大概會投入冒險。」[12]

那樣的話，俄羅斯就要動員大軍進入滿洲。將日本軍從滿洲驅逐出去，迫使他們撤退到朝鮮，如此俄羅斯就能夠「最終地合併」滿洲了。此事無論是對日本，還是對我們而言，姑且都可以算是一個好的結局。[13]

但是，「如果不允許日本佔領朝鮮的話，使日本的狂熱冷卻下來的最佳手段就是不讓日本軍進入朝鮮，也就是俄羅斯軍無條件地掌握制海權」。而且即使日本佔領朝鮮，海軍的任務也不會改變。因為運輸向滿洲進攻的兵力時，制海權也是必要的。[14]「俄羅斯海軍的意義和任務，無論日本是否佔領朝鮮，都完全沒有變化。」[15]

「快度行動和迅速殲滅敵人在對日戰爭中尤其重要。」[16]然而，日本能夠在開戰第廿八至三十天，迅速在平壤集結十六萬士兵，而俄羅斯在奉天只有四萬士兵。到第五十八至六十天，日本能夠以十三萬五千士兵進攻奉天，其兵力約為俄羅斯的一點三倍。[17]

相反，如果俄羅斯掌握了制海權，俄軍就可以在大同江河口登陸，佔領平壤，控制朝鮮北部。

參加兵棋推演的陸軍代表點評道：「宣戰公告後的最初一個月內，海軍至關重要。」[18]即使假設在序戰時俄羅斯海軍遭到打擊，但等到兩個月後增援艦隊到達，俄羅斯也能夠奪回制海權。那樣的話，開戰三個月後，俄軍就能夠進攻朝鮮了。[19]

「從以上情況看，我們不能等待從波羅的海趕來的增援，在遠東完善能夠斷然淩駕於日本海軍的俄國海軍力量是必要的。到一九〇五年，我艦隊應已具備一定程度的優勢。」[20]

開戰前，預計雙方兵力狀況為，日本海軍有戰列艦六艘（「三笠」、「初瀨」、「朝日」、「敷島」、「富士」、「八島」）、巡洋艦十九艘，炮艦兩艘，驅逐艦十九艘，與之相對，俄羅斯太平洋艦隊有戰列艦十艘（「亞歷山大三世」、「博羅季諾」、「奧廖爾」、「蘇沃洛夫」、「斯拉瓦」、「切薩列維奇」、「列特維贊」、「勝利」、「佩列斯維特」、「奧斯利雅維亞」）、巡洋艦十七艘、炮艦七艘、驅逐艦三十三艘。較推演時的一九〇三年初，日本海軍增加了六艘巡洋艦，俄羅斯海軍增加了六艘戰列艦、十艘巡洋艦。「我們認為最終結果是，在一九〇五年，我們與日本的海軍力量勢均力敵。」[21]

評論員的報告也談到海軍基地，其中指出：旅順港口僅有一處，而且空間狹窄，日本如果發起封鎖作戰，對我方是極其不利的。而大連也不理想，符拉迪沃斯托克「相比之下，是較好的艦隊停泊地」，但在冬天會結冰，這是個難點。朝鮮南部馬山浦（鎮海灣）的各個停泊地最為理想，如果開戰，我們必須迅速趕去控制那裡。絕不能晚於日本海軍三十六小時出到外洋，駛向馬山浦，但在到達前恐怕會遭遇日本海軍。「無論如何，平時就在馬山浦部署驅逐艦隊百無一害，宣戰後，立即將驅逐艦派往那裡也將有所助益。」[22]

宣戰後的軍事行動是這樣展開的：首先，日方對停泊在長崎的巡洋艦「扎比亞克」採取了行動。該艦投降。評論員表示，不是投降，而是自沉。俄方面知這個消息後，俘獲了符拉迪沃斯托克和旅順的日本商船。[23]

開戰第二天，俄羅斯太平洋艦隊的主力集結在大連港的防波堤內。這裡能夠防備水雷攻擊。在廈門的巡洋艦和另外一艘打消了返回旅順的念頭，委託法國管理。五月三日，俄羅斯偵察艦隊遭遇日本海軍主力，但日方錯失了進攻的機會。俄羅斯偵察艦隊返回旅順，告之俄方，日本艦隊正在接近。在警告剛在俄羅斯方面傳開之時，日本艦隊已於三日深夜十二時前後抵達旅順港外。外錨地沒有俄羅斯艦隊，日本驅逐艦發動的夜間水雷攻擊以失敗而告終。[24]四日正午，日本艦隊在大連港發現俄羅斯艦隊主力，穿過沒有鋪設魚雷的水路，開始攻擊俄羅斯艦隊。兩個半小時後，戰鬥結束，日本戰艦有三分之二受到損傷，而俄羅斯戰艦僅有一半受損。當夜，大連的兩艘巡洋艦和十艘驅逐艦尋找日本艦隊，企圖發起進攻，旅順的四艘巡洋艦和十二艘驅逐艦也緊隨其後。這些部隊加入進攻日本艦隊的後續戰鬥中，擊沉了巡洋艦「千早」、「明石」、戰列艦「朝日」。俄羅斯的偵察艦隊也匯合到這場戰鬥中，擊沉了戰艦「出雲」。[25]

五月七日，在濟州島附近展開正式海戰。俄方有九艘戰列艦、十三艘巡洋艦參戰，日方有五艘戰列艦、十三艘巡洋艦參戰。日本艦隊本已處於劣勢，經過兩個半小時的戰鬥，所有艦艇都失去了戰鬥能力，俄羅斯艦隊中，戰列艦「切薩列維奇號」、「佩列斯維特」、「勝利」和巡洋艦「戴安娜」、「帕拉達」、「阿斯科爾德」被擊沉。[26]

這場海戰存留下來的俄羅斯艦艇中，戰列艦「亞歷山大三世」和「奧廖爾」、三艘巡洋艦、四艘驅逐艦將前往符拉迪沃斯托克維修，另外四艘戰列艦和三艘巡洋艦返回旅順。五月八日，俄羅斯艦艇經朝鮮海峽北上，日本艦隊在這時發起了進攻，經過兩小時的戰鬥，日本艦隊艦艇全部被殲滅，只剩一艘巡洋艦。[27]

之後，日本陸軍向朝鮮、滿洲的運輸行動需要排除剩餘的俄羅斯艦隊的干擾才能進行。由於俄方只剩下四艘巡洋艦，雖然能夠干擾日本向平壤的運輸，但對向釜山、元山的運輸無能為力。到了六月，完成修理的五艘戰列艦、二艘巡洋艦重新投入戰鬥。雖然預期將從歐洲派遣七艘戰列艦來增援，但到達這一區域需要三個月以上的時間，而且途中在中立港加煤時可能會出現其它的情況。[28]

推演至此結束。戰爭剛開始時，雙方在海戰中互有勝負，最後都受到了毀滅性的打擊，但日本依靠海軍的預備力量，確保了海上運輸，陸兵被運送到朝鮮。

評論員在報告中總結歸納了以下八點：

一，俄羅斯海軍必須保持明顯的優勢，這是確保制海權，讓日本明白不能單獨佔領朝鮮的「最佳手段」。如果日本掌握了制海權，除征服朝鮮外，還可能會進攻滿洲，攻擊符拉迪沃斯托克、旅順等。

二，即使讓日本進入了朝鮮，為使其更加脆弱，進而將其驅逐出去，也必須確保海軍力量的優勢。
三，即使朝鮮歸屬了我們，如果沒有制海權，也無法確保朝鮮。
四，為了確保對日本海軍無可爭議的優勢地位，應該擁有相當於日本實力一點五倍的艦隊。
五，為了以最佳方式發揮海軍力量，軍港的設備絕不可遜色於日本。
六，由於旅順和符拉迪沃斯托克離得很遠，而且後者冬季結冰，因此應該確保朝鮮南端的基地。
七，我方艦隊的主要目的是消滅日本海軍，獲得制海權。一昧停留在港內是愚蠢的策略。
八，從歐洲來的增援艦隊很重要，因此不應將波羅的海艦隊部署在芬蘭灣，須部署在地中海東部，以便向遠東派遣。

這份意見上寫著軍令部的軍官完全同意。[29]

## 新海相和新軍令部長

這次推演的評論員會議於一九〇三年三月舉行。評論員之一的羅熱斯特文斯基在同月被任命為海軍軍令部長。三月十七日（四日），海軍大臣特爾托夫去世，軍令部長阿韋蘭晉升為海軍大臣，羅熱斯特文斯基中將被任命為繼任的軍令部長。羅熱斯特文斯基本應該將這次兵棋推演的結論彙報給新海相阿韋蘭，然而他卻沒有這樣做。他被任命為海軍軍令部長後，增加了很多新的工作，大概忘記了兵棋推演的事情。

齊諾維・彼得羅維奇・羅熱斯特文斯基對於俄羅斯海軍來講是一位致命性的人物，他生於一八四八年，一八七〇年從海軍軍官學校畢業，一八七三年從陸軍的米哈伊爾炮兵大學畢業，這種學習經歷可謂異數。在俄土戰爭中，他負責為商船裝備大炮，加入了商船「維斯塔」乘務組，在艦長負傷後，他作為代理指揮官，奮戰擊退了土耳其的戰艦。在這個意義上，他是少數具有戰鬥經驗的海軍軍人。之後，他在八十年代中期擔任保加利亞大公國的海軍司令官，前後算起來大約做了三年。九十年代前半期，他擔任了五年的駐英國武官。一八九四年，他成為巡洋艦「弗拉季米爾・莫諾馬赫」號的艦長，一八九五年二月參加了聯合艦隊的芝罘集結。那個時候他與阿列克塞耶夫有過交往。一八九六年，他返回喀琅施塔得，成為第十六海兵團長兼炮術訓練團長。一八九八年晉升為中將。[30]

一九〇二年，在德國皇帝訪問烈韋里（譯者註：今愛沙尼亞首都塔林）時，俄羅斯海軍舉行了炮術演習，這是羅熱斯特文斯基給尼古拉和威廉留下深刻印象的機會。自此之後，他隨同尼古拉視察黑海艦隊，獲得了皇帝的青睞。這些經歷大概與他被提拔為海軍軍令部長有關吧。俄羅斯海軍有二十三名中將，而羅熱斯特文斯基的任命讓人覺得頗為意外。[31]

羅熱斯特文斯基不是戰略家，而是官僚式的勤奮工作者。據輔佐過他的施滕格爾回憶，作為軍令部長，羅熱斯特文斯基每日的安排如下：早晨七點起床，八點開始在辦公室處理文件，他不是簡單地應付這些文件，而是會在每一份上寫下詳細意見。然後接待訪客、訪問者直至十點。十點至中午一點受理來自軍令部各部門的報告。這期間，會持續不斷地接到其它部門打來的電話。中午一點簡單吃些午餐。二點起會探訪他人或出席會議。四點返回辦公室，接待來訪者——一般是工廠主、外國人、軍人們，一直持續至下午七點。之後，用正式的晚餐。八點助理施滕格爾會送來最新的文件、電報。助理十一點回家，而羅熱斯特文斯基則要繼續工作至淩晨兩點。[32]

這樣的工作情形只能處理日常的業務，卻無法制訂戰略構想並開展以其為基礎的新事業。

新任海相阿韋蘭是芬蘭系路德派的新教徒。一八五七年從海軍軍官學校畢業後就任官職，在俄土戰爭時，他參加了北美航海，沒有參與戰爭。一八九一年成為海軍少將，任喀琅施塔得港海軍參謀長。之後，他在一八九三年至一八九四年擔任地中海艦隊司令長官，一八九五年為海軍軍令部次長，翌年升任軍令部長。阿韋蘭多次訪問過日本，故而他手下的軍令部次長尼德爾米列爾曾給他寫信道，認為在與日本戰爭時，俄羅斯沒有好的軍港是很嚴重的問題，[33]但不清楚阿韋蘭對此抱有多大程度的危機意識。

軍令部長要受理駐外武官的報告。然而，羅熱斯特文斯基在多大程度上關注了這些報告呢？

一九〇三年一月，駐日本海軍武官魯辛給旅順的阿列克塞耶夫寫信陳述了日本有可能採取的四種軍事行動計畫：

一，向朝鮮北部出兵，在鴨綠江和平壤附近登陸。

二，在釜山登陸，向漢城進攻。

三，在旅順附近登陸，向滿洲進攻。

四，佔領朝鮮，等待俄軍進攻。[34]

一月十五日（二日）魯辛給阿列克塞耶夫送去對日本海軍首腦層人物的評價。他附上了說明，這是他綜合個人觀察、與日本及各國軍官談話得到的情報，在法國駐外海軍武官布阿西埃爾的情報基礎上總結而成的。[35]

首先對於日本海軍軍令部長伊東祐亨，他是這樣看的：雖然伊東在日清戰爭時是聯合艦隊司令長官，但如果軍令部長樺山資紀不乘坐西京丸督戰，大概黃海海戰也無法展開。伊東沒有能力制訂海戰的作戰計畫，他只會發出保持速度這樣的命令。甚至在戰鬥結束時，他還一度以為戰敗了。因此，他雖然被任命為軍令部長，「但由於對戰術、戰略的認識不足，恐怕不堪其任」。然而，日清戰爭勝利帶來的榮光和人氣應該可以讓他繼續維持下去。不過，伊東能夠聽取合理的建議，選擇有能力的助手。海相山本比伊東年輕很多，由於言辭、舉止都不夠克制，與伊東的關係很緊張。但是，伊東「在嚴肅、重大的問題上，頗能接受山本中將強大的影響，他的理性是值得肯定的」。伊東「為人勇敢、善良、性格開朗」。[36]

關於舞鶴鎮守府司令長官東鄉平八郎，魯辛寫了義和團事件時，東鄉不願意在大沽與外國軍人會合，因為他不懂外語；寫了他所率領的艦隊，不能順利地改變艦隊部署；還寫了「東鄉提督個人勇敢、精力旺盛，不客氣地說，他冷酷、嚴峻」，日清戰爭的豐島海戰時，東鄉身為「浪速艦長」，擊沉了英國客船「高升」號，並下令槍擊落海的清兵。[37]魯辛對東鄉並沒有太多好感。

與東鄉不同，關於海軍大臣山本權兵衛，魯辛雖然在開頭寫道：「他不喜歡外國人，特別是俄羅斯人。很明顯，他對英國有更多的共鳴。這點從日本海軍的軍艦幾乎全部是英國建造的，就可以說明。」但魯辛對山本的評價頗高：

「在侯爵西鄉（從道）大將擔任海相時，男爵山本中將任第一局長，當時他實際上已經在統率海軍省了。他是現代日本海軍真正的建設者。在他的直接參與和指導下，制定了造艦計畫，也確定了艦船的設計。他的這些計畫付諸實施後，日本海軍以井然有序、深思熟慮的形式實現了擴張，令人歎為觀止。因此不得不承認山本中將有很強的行政、組織才能。由於這個緣故，他成了日本海軍和海軍省極其務實的、有力的、唯一的、完全的主人，一直擔任著大臣。」[38]

魯辛還注意到，山本雖然是薩摩人，但並不只將薩摩系的人聚集在自己身邊。他還指出山本作為桂內閣的大臣，向議會做工作也很有手腕。

羅熱斯特文斯基是怎樣看待這群日本海軍首腦形象的呢？

## 滿洲撤兵期限迫近

這個時候，俄羅斯的大臣們對遠東局勢感到頗為頭疼。進入一九〇三年，同清國約定的第二次從滿洲撤兵的期限——四月八日眼看就要來臨了。而日本對朝鮮虎視眈眈，對此的應對也很窘迫。大臣們反覆商討著應對措施。

首先，一月廿四日（一一日）召開了預備會議。以外相拉姆斯道夫、陸相庫羅帕特金為中心，出席者包括外務次官奧博連斯基—涅列金斯基—梅列茨基、第一局長加爾特維格以及駐韓國、清國的巴甫洛夫、雷薩爾兩公使、已內定接替將要離任的伊茲沃利斯基任駐日公使的羅森等人。暫且得到的結論如下：

一，遵守撤兵約定，但要從清國獲得補償。

二，為維持與日本的友好關係，要就朝鮮問題進行對話，但僅止於補足以往規定。保全朝鮮是俄羅斯政策的基礎。

三，雖然願意與日本維持友好關係，但不能將滿洲問題與朝鮮問題同等對待，不承認日本干涉俄清關係。不考慮將朝鮮讓給日本作為保有滿洲的報酬。[39]

也就是說不採取滿韓交換論，對朝鮮，貫徹以往的尊重其獨立的方針。

二月七日（一月二五日）舉行了正式的協商會。由外相主持，除卻財相、陸相、外務次官、三公使之外，海相特爾托夫也出席了會議。外相拉姆斯道夫說，日本「暗示了，如果我們向它提供新的在朝鮮的優越權，那麼日方有停止干涉我們在關東州、滿洲活動的打算」。然而，由於日本提出的要求太過分，俄羅斯政府不能同意。因為「對於俄羅斯未來的國家利益來講，朝鮮不可避免地具有極其重大的意義。」另一方面，由於在關東州、滿洲的地位對俄羅斯很重要，因此有必要與日本進行協商。[40]這個發言提出了問題點。

財相維特表示，去年栗野公使的提案雖然難以接受，但是如果相互做出讓步，還是有可能與日本達成協定的，屆時的重要條款是朝鮮海峽的中立化。庫羅帕特金陸相說，如果設想會與日本發生衝突，那麼必須有極大量「國庫的物質犧牲」，朝鮮海峽中立化已經得到確保，日本表明了有相互明確約定不將朝鮮領土用做軍事、戰略目的打算。不知道庫羅帕特金是根據什麼來論述日本的態度的。海相特爾托夫主張，不能通過協定承認日本在朝鮮的優越地位。[41]很明顯，大家全都反對承認朝鮮是日本的囊中之物。

羅森駐日大使指出，「多年來大家都一致認同迴避一切與日本武力衝突風險的必要性」，然而今日「因朝鮮問題，與日本發生武力衝突的風險實際存在」。不過羅森認為只有當俄羅斯在歐洲進入軍事行動，或俄羅斯佔領朝鮮整體或一部分的情況下，日本才會佔領朝鮮整體或者其中一部分，他的結論是「迴避這個風險，還是冒犯這個風險，完全取決於我們自身。」[42]這番話只是為了迎合這個場合的氣氛，沒有什麼意義。羅森指出了自一八九六年以來俄羅斯政策的失敗，同時提出，當前必要的是確立「我們在朝鮮的堅定的政策進程表」，謀求「完全統一所有省廳及其地域代表、專員的行動模式」。這是個空洞沒有內容的提案。羅森所持的是觀望情形的態度。

關於滿洲撤兵之際，應向清國提出的補償要求，維特財相認為，推進俄羅斯人遷入鐵路地帶是不現實的，因為可以容納八千萬人的西伯利亞還空著，他主張在推進滿洲移民之前，應該先推進西伯利亞移民。[43]清國公使雷薩爾也認為無法抑制漢族人遷入滿洲。對此，庫羅帕特金再次重申必須制止漢族人遷入滿洲，並闡述了實現這個目標的辦法是合併北滿洲這種意見。[44]

關於撤兵問題，庫羅帕特金說，到四月八日（三月二六日）為止，從整個奉天撤退，接著從吉林南部撤退，撤退部隊爭取在夏季抵達阿莫爾軍區。看南部的撤退情形，再決定吉林北部和齊齊哈爾的方案。庫羅帕特金的意見是，完全撤出滿洲後，有必要在鐵路沿線留下部隊，在阿莫爾河（黑龍江）和松花江沿岸保留小規模的哨所。具體而言，他提議取消到四月八日為止撤兵止這個條款，從黑龍江和吉林北部撤兵，要以在鐵路沿線和河流沿岸保留一定數量的駐留軍隊為條件。[45]

對於陸相合併北滿洲的意見，財相、外相、北京公使都表示反對，但在撤兵問題上，都認可了陸相的補償方案。[46]

基於大臣協商的結論，在北京，代理公使普蘭松（譯者註：舊譯柏蘭蓀、柏郎遜）不待雷薩爾返回清國，從三月二日（二月一七日）起就開始與清國方面協商了。[47]

## 在遠東的別佐勃拉佐夫

當首都在召開這種協商會的時候，別佐勃拉佐夫去了遠東。希曼斯基記述了他的出現給遠東的人們留下的印象，應該是準確的。「基於他當時的地位，等待中央政府批准的若干事業都由他一個人的判斷得以解決，對於戰略、戰術、海軍兵器、鐵路業、銀行業、商工業等方方面面的問題，他都像權威一樣給予指示，他向聖彼德堡的呈報不斷獲得成功，以及他的呈報獲批的速度——所有這一切，都給了太平洋地區的地方當局留下了強烈的印象。」[48]

據說，維特對別佐勃拉佐夫的遠東之行抱有極強的防範心，採取了萬全對策。遠東基本上是財政部掌控的王國，而且數月前維特剛剛訪問過這裡，提交了長篇報告書。維特此時忐忑不安的心情，大概就像地方官員等待從首都派來的檢察官（代表皇帝視察）一般吧。維特給財政部在當地的代表發去電報，指示要熱情接待別佐勃拉佐夫，不要讓他和軍人們接觸。[49]

根據盧科亞諾夫的研究，別佐勃拉佐夫到達旅順是一九〇三年一月十二日（〇二年一二月三〇日）。[50]他交給了阿列克塞耶夫由皇帝寫的希望援助他獲得鴨綠江岸木材利權的委託信。阿列克塞耶夫熱情接待了別佐勃拉佐夫，建議他與奉天將軍、進而與清朝政府交涉，以便獲得鴨綠江的清國岸一側的利權。[51]一月底二月初（一月一二日或一九日），皇帝命令維特給別佐勃拉佐夫匯款二百萬盧布，要求把這筆國庫資金一次性匯至俄清銀行旅順分行別佐勃拉佐夫的帳戶上。[52]維特此時已經不再抵抗，隨即匯出了款項。

財政部當地代表發回了關於別佐勃拉佐夫印象的報告。駐大連的派遣員普羅塔西耶夫報告道，「不久前，四等官別佐勃拉佐夫為獲得滿洲的礦山利權從聖彼德堡來到了這裡。他為人十分浮誇，但大概後臺比較硬，因為當地人都對他百般奉承。他只要一有機會，就肆無忌憚地貶低財政部的政策。」[53]

一月底，別佐勃拉佐夫奔赴奉天。據財政部駐奉天代表德米特里耶夫—馬莫洛夫的報告，別佐勃拉佐夫「以二百萬盧布的光芒為背景，帶著引人注目的隨從來到這裡」，他接連不斷地出席晚宴，不論清國人、俄羅斯人，他都十分慷慨地揮灑捐款。[54]別佐勃拉佐夫在奉天停留了兩周，他原本計畫從那裡繞去北京，但不知何故突然取消了。

駐北京的俄清銀行分行長波科季洛夫二月十二日（一月三〇日）發電報，別佐勃拉佐夫「本日從奉天去了旅順」。在這份電報中，波科季洛夫寫道，別佐勃拉佐夫說想和他商談，請求援助，波科季洛夫向維特請示該怎樣應對為好。[55]

別佐勃拉佐夫在奉天時，與從北京來的波科季洛夫等人見了面，也就是說，他二月十二日返回了旅順。實際上這個時候，別佐勃拉佐夫在奉天還和從北京來的另外一位重要人物會了面，這才是決定性的。這個人就是對遠東問題最敏銳的分析家、駐清國武官沃加克。

## 別佐勃拉佐夫和沃加克

眾所周知，沃加克是別佐勃拉佐夫派中的一員。但是，迄今為止，沒有人研究過他是如何加入別佐勃拉佐夫派的。羅曼諾夫、盧科亞諾夫都不關心這個問題，就連十分關注沃加克的希曼斯基也絲毫沒有觸及到這點。我通過研究，得出了兩人是在別佐勃拉佐夫最初的奉天之行時相識的結論。別佐勃拉佐夫肯定從沃加克那裡聽取了關於遠東局勢的分析，對他的判斷很佩服，吸收了他的新見解。這或許就是別佐勃拉佐夫突然改變計畫，早早返回旅順的原因。也就是說，由可以推出，別佐勃拉佐夫之後推進的新路線是發源於沃加克的判斷的。這個事情迄今為止沒有被闡明過。[56]

二月廿六日（一三日）至次日，波科季洛夫得到維特的指示，拜訪了返回旅順的別佐勃拉佐夫。兩人談了很長時間，當時別佐勃拉佐夫表明已經邀請到沃加克少將作為他公司在清國的全權代表。[57]這個時候，別佐勃拉佐夫向波科季洛夫講述了自己的鴨綠江和圖們江森林事業方案的意義。

「這一線，相當於中央，連接我們在旅順的右翼和在符拉迪沃斯托克的左翼。我們必須保護這條線，使其不受有可能來自朝鮮和日本的攻擊，……必須將鳳凰城作為我們陣地的中心，將戰備軍需物資倉庫集中在那裡。如果不採取這樣的防範措施，一旦日軍從鄰接朝鮮的森林地帶入侵，我們就會受到威脅。」[58]

別佐勃拉佐夫與波科季洛夫一共談了兩天，總計多達十二個小時。大概別佐勃拉佐夫通過與沃加克談話，重新明確了鴨綠江事業的意義，正熱衷於此。波科季洛夫反駁別佐勃拉佐夫道，雖然不知道日本是否有某種侵略企圖，但如果我們不遵守從南滿洲撤兵的約定，或採取你計畫的那種帶有挑釁性的策略，反而有可能招致日本方面的敵對行動。別佐勃拉佐夫雖然做出一副洗耳恭聽的樣子，但他表明已經制訂了派遣隊伍前往鴨綠江的計畫，馬德里托夫中校任隊長。[59]別佐勃拉佐夫提到了沃加克，同時希望波科季洛夫也加入他的公司。

旅順的統治者阿列克塞耶夫已經對別佐勃拉佐夫的構想給予了支持。在二月廿五日（一三日）的電報中，阿列克塞耶夫向皇帝請求，在奉天撤兵期限迫近之時，有必要加強旅順的兵力。特別是強化地面兵力、守備隊，追加防衛工事預算的補貼、增強太平洋艦隊、提高港灣的修理機能等。同時，阿列克塞耶夫還為別佐勃拉佐夫代言，在電報中寫道，鴨綠江的俄羅斯木材企業有必要配備強有力的警護隊，為此必須在鳳凰城安排騎兵部隊駐屯。[60]

皇帝把這份電報給庫羅帕特金看了。庫羅帕特金的反應非常不以為然，完全是一副拒絕阿列克塞耶夫要求的態度。「由於我們承認了日本在朝鮮的行動自由，已經不會與日本決裂了。我們有強力的海軍，並且還正在進一步強化它，因此旅順受到的威脅也在減小。最後如果有必要，我們還可以派去增援部隊。在關東州留下別的部隊既要增加費用，也會徒添煩惱。」也就是說，庫羅帕特金認為阿列克塞耶夫提出的增強旅順兵力方案沒有必要，更不用說鴨綠江行動計畫了，他對此彷彿完全沒有印象。皇帝反駁說，如果在守備隊兵力不足的情況下，日本緊急行動，切斷與阿莫爾州的聯絡將會出現什麼局面？庫羅帕特金聽後立即表示皇帝的反駁很有道理，贊成向關東軍補充一個東西伯利亞步兵聯隊、一個赤塔•哥薩克聯隊、一個騎兵炮兵中隊，將旅順的二個炮兵中隊編制擴充為四個大隊。皇帝聽到庫羅帕特金的話，回應說我認為遠東局勢充滿危機，但那不是因為日本，而是因為陸軍和財政部對立，還說他支持軍方。[61]皇帝的這番話大概是嘲諷原本因害怕財政部而對增強軍備不積極的庫羅帕特金，態度突然一百八十度大轉彎而說的吧。

另一方面，別佐勃拉佐夫沒有忘記給維特發去請他安心的電報。別佐勃拉佐夫二月廿六日（一三日）發給維特的電報中寫道：

「雖然我目前只瞭解了南支線（南滿洲鐵路），但根據從那裡得到的印象、與工程師基爾希曼談話以及他給我做的說明，不得不說這裡所做的一切，無論從量上還是從質上，非但不應受到責難，而且值得高度評價。我自己還沒有去過大連，由於聽到的評價極度分化，還沒辦法得出最終的意見，但我認為原則上，在已經開始的方向上施以巨大改變是不可能的。因為很多事情已經在做了。」

別佐勃拉佐夫進而對鐵路守備隊、增強關東州兵力、強化大連防衛、克服意見對立等問題也提出了建設性的意見。[62]與波科季洛夫談話之後，別佐勃拉佐夫也給維特發去電報，寫道他認為為了確保煤炭，最好獲得撫順煤田的利權。他還寫因想讓波科季洛夫加入自己公司的經營隊伍，希望維特做出指示。[63]

維特也給別佐勃拉佐夫發去了充滿善意的回信，語氣不痛不癢，他對煤炭是為最重要的想法表示贊成，至於給波科季洛夫做指示之事，維特說由於還想深入瞭解公司的情況，等你回京後再談。然而，維特對波科季洛夫傳達回來的別佐勃拉佐夫的鴨綠江構想，保持了沉默。[64]維特大概沒有將其視為認真的提案吧。

## 遠東政策的新構想

別佐勃拉佐夫在三月三日（二月一八日）就給皇帝發去上奏電報，說明了他增強遠東兵力的新構想：在鴨綠江邊，以木材公司的形式建立據點。

「只要不發生某種不測事態，我們可以期待在六個月後，以和平的方式、立於合法的基礎上，在鴨綠江流域牢牢地站穩腳跟。之後，這個體制將會逐步強大，可以通過圖們江流域將烏蘇里地方和阿莫爾軍區連接起來。這對於我們在滿洲的整體立場來說，意味著從朝鮮一方打造出強固的最前線。

我想就我們的太平洋岸國境闡述如下看法：左翼的符拉迪沃斯托克沒有顯著危險，也無法要求它立即扮演特別積極的角色，它得到特別關注只是因為古老的記憶。

右翼的旅順，我們是為了威懾而佔領的，但目前它變成了對我們自身的威脅。因為旅順無論守備隊、艦隊、還是要塞防備、港灣設施都不是十分強力。再加上後方有大連港，這裡對於敵人的登陸部隊來講，能夠成為設施非常完備的基地。所有這些情況日本人都知道，他們正在卑劣地蠢蠢欲動。

兩翼之間的空間是開闊的土地，敵人如果佔領了這裡，從此地的地形學來看，他們能夠牢固地佔領，並且能夠對我們的滿洲作戰基地和聯絡線進行突破攻擊。

我個人確信，如果日本平時能夠在鴨綠江流域扎根的話，那麼在戰時，他們越境破壞我們的滿洲鐵路將會是確實的。我們無法防止此事。」[65]

別佐勃拉佐夫在這份奏電中寫道，俄羅斯遠東的軍事態勢「極弱」，這種狀況有可能誘使日本攻擊，有必要在南滿洲增強陸軍兵力。「為了能夠與日本人順利地開展對雙方的立場都有益的意見交換，一切全都在於儘早地完成準備，我們變得十分強力。沒有這個基礎，即使對話也沒有意義。」[66]

推測別佐勃拉佐夫基於這種考量，向皇帝提出了三點請求：派遣隊問題和在鳳凰城駐留部隊；召沃加克回聖彼德堡謁見皇帝；於三月召開特別協商會，對鴨綠江問題做出政府層面的決定。雖然沒有發現記載這些的文書，但從前後的情形可以做出這樣的推測。

皇帝似乎立即對鴨綠江構想給予了支持。旅順的鐵路工程師基爾希曼將和別佐勃拉佐夫的談話逐一報告給了財政部次長羅曼諾夫。根據基爾希曼三月四日（二月一九日）的電報，別佐勃拉佐夫似乎說了為增強滿洲的兵力，已經制定了讓由袁世凱方面提出保護請求的方針。還說了他將信送給皇帝後，得到了同意鐵路守備隊服從於阿列克塞耶夫，在南滿洲補充二個旅團，大幅增強關東州兵力，向鴨綠江派遣遠征隊的回覆。[67]

確實，皇帝命令陸軍大臣與外相到三月六日（二月二日）為止，商討為保衛鴨綠江沿岸的俄羅斯企業，在南滿洲留下小部隊的方案。[68]

## 派遣警備隊問題

別佐勃拉佐夫開始朝著往鴨綠江派遣警備隊的方向行動了。不過，隨著他的構想趨於具體，無論在當地還是在中央都出現了反對的意見。

首先，外務大臣對維持鳳凰城的駐留部隊一事表示了反對。三月十六日（三日）外務大臣給陸軍大臣去信寫道，皇帝的新命令違反了從滿洲撤兵的條約以及二月七日協商會的決定，會招致清朝政府的不信任，給北京的交涉造成惡劣影響。如果為了鴨綠江企業的警備，那派遣士兵小隊不就可以麼。[69]

當初對別佐勃拉佐夫表示支援的阿列克塞耶夫到了三月十三日（二月二八日），也對普羅塔西耶夫說他對別佐勃拉佐夫的行動變得有所懷疑。別佐勃拉佐夫表現得好像他的公司已經得到了認可，只把清朝政府的承認視為第二次手續。另外，別佐勃拉佐夫認為滿洲的俄羅斯企業只能依靠刀槍的力量來進行保護，而阿列克塞耶夫認為那種想法是錯誤的，已經多次勸告別佐勃拉佐夫那種做法不合法。「我很擔心向鴨綠江派遣遠征隊，是不是會和在朝鮮國境附近過於恣意的經營活動聯繫起來，引起危險的紛爭。」[70]

接著，三月十六日（三日）阿列克塞耶夫給外相發去電報，告知別佐勃拉佐夫領導的木材公司打算在旅順組建由退役兵士組成的警備隊，並把他們送往鴨綠江河口的利權地，預定在三月廿三日（一〇日）左右由德國輪船「阿莫依」和小型蒸汽帆船運送警備隊。阿列克塞耶夫寫道「審視現在鴨綠江的政治局勢以及我國與朝鮮、日本的關係，就會明白，這樣的派遣即使只是為了追求產業目的，也可能予人口實，導致不希望出現的誤解」。由於他自己不懂整體的政治局勢，因此「無法判斷在現在這個時點，這次派遣在多大程度上與我們的利益相一致」，所以將這些情況呈報閣下。[71]

另外，這天在首都，阿巴扎被皇帝派去和庫羅帕特金商量此事。阿巴扎給出了具體方案：在由三百名兵士組成的「勞動組」的基礎上，再增加六百名士兵，讓他們穿著中國式服裝，把槍支隱藏在（牛、馬拉的）大車上，不攜帶武器，在森林中採伐，在必要時進行戰鬥。庫羅帕特金說，他連三百人的事都不知道，他反對組建這樣的勞動組，因為這說不定會引起與朝鮮、日本的紛爭。不過，庫羅帕特金最後給出了妥協方案：不用現役士兵而改用退役士兵並讓他們攜帶槍支，將鳳凰城的哥薩克部隊或巡邏隊送到鴨綠江巡邏。[72]這樣一來，別佐勃拉佐夫就等於在瞞著阿列克塞耶夫推進準備工作。

庫羅帕特金將這一意見上奏給皇帝。皇帝也指示錄用退役兵。庫羅帕特金將此「皇帝的方針」於三月一八日傳達給了阿列克塞耶夫，要求如果已經派遣現役士兵，要將其召回。[73]

拉姆斯道夫在三月廿日（七日）給阿列克塞耶夫發電報，敦促阿列克塞耶夫介入，稱北京、漢城的公使都在擔憂，由於這個公司的活動發生在你直接監視的地區，因此，對於設置警備隊是否可行，別佐勃拉佐夫策劃的派遣是否會引起紛爭，「非常需要你的權威意見」。[74]

三月廿二日（九日）別佐勃拉佐夫與哈爾濱鐵路公司負責人尤戈維奇會談約四個小時，當時他說，要送去多達一千五百人的警備隊，「修建可靠的，能夠防止日本人通過朝鮮入侵滿洲的堡壘」。[75]

根據庫羅帕特金三月廿九日（一六日）的日記，阿列克塞耶夫發來電報，說他決定不能將三百名現役兵士交給「工人團」，只能出四十人。因此，別佐勃拉佐夫跟阿巴扎說的已經確保了三百名現役兵士、正進一步要求出三百人是在吹牛。而前天阿巴扎來說別佐勃拉佐夫已經不在乎現役兵士了，他打算雇用馬賊。[76]確實，根據四月五日（三月二三日）德米特里耶夫—馬莫洛夫給財相的電報，除卻退役兵士，別佐勃拉佐夫又雇用了中國的馬賊，推測警備隊的總人數將達到一千五百。參謀本部的馬德里托夫中校被委任為警備隊長。[77]這份報告雖然有誇張，但也可以看出的確雇用了馬賊。四月八日（三月二六日），馬德里托夫向阿列克塞耶夫請求，希望他同意允許送一百名馬賊在不攜帶武器的情況下進入朝鮮，做警備工作。剩下的四百名馬賊留在滿洲，負責車站馬車的工作，這個請求被批准了。[78]不過，阿列克塞耶夫於五月五日（四月二二日）下令中止雇用馬賊，已被雇用的人也不能送到朝鮮。[79]但這時已經雇用了六百人。[80]

馬德里托夫似乎說服了馬賊頭目，得到了為俄羅斯做事的約定。這個消息傳到日本方面，令其頗為擔憂。[81]

## 召喚沃加克到首都與中央的反應

另一方面，別佐勃拉佐夫開始運作將沃加克召到中央，做他們的顧問之事。他大概向皇帝和阿巴扎提出了將沃加克召到中央的請求吧。三月中旬，皇帝做出了決定。三月十五日（二日），阿巴扎受皇帝旨意，向庫羅帕特金陸相傳達希望將沃加克召到聖彼德堡，[82]告知將讓沃加克負責鴨綠江林業事業，這大概是一種掩飾吧。三月十七日（四日），庫羅帕特金向皇帝呈交了他對別佐勃拉佐夫在滿洲活動的質疑，但皇帝沒有回應此事，而是命令召喚沃加克。[83]最終，陸相庫羅帕特金向駐清國武官沃加克發出了歸國命令。而陸相在這時完全沒有想到此事會與怎樣的事態聯繫在一起。

別佐勃拉佐夫在旅順的活動引起了中央強烈的反應。普羅塔西耶夫在三月十三日（二月二八日）的電報中說，阿列克塞耶夫已經轉向批判別佐勃拉佐夫了，這讓維特很高興。接著，基爾希曼三月十五日（二日）的電報傳達了阿列克塞耶夫的話：「迄今為止，我一直期待別佐勃拉佐夫能夠找回理性，但卻沒能實現。」[84]這天阿列克塞耶夫給外相的電報，大概也由拉姆斯道夫告知了維特吧。維特將別佐勃拉佐夫的電報、波科季洛夫、基爾希曼的電報逐一給皇帝看了。

不知是否是別佐勃拉佐夫察覺到了這種微妙的氣氛，他還沒有看到派遣馬德里托夫遠征隊，就向皇帝提出由於生病希望返回首都。三月廿二日（九日），皇帝要求維特，鑒於別佐勃拉佐夫因病請求歸京，為其提供到伊爾庫茨克的快車。[85]皇帝當天在發給基爾希曼的電報上批示，希望財政部在當地的代表協助鴨綠江木材利權事業，由此可見，皇帝召還別佐勃拉佐夫並非出於不信任。[86]

在這樣的情形中，維特於三月廿五日（一二日）給阿列克塞耶夫發去電報，寫道，「就我從各方聽說的，以及我本人都認為閣下應該在給陛下的上奏信函中毫不遲疑、也毫不隱瞞地詳細表明閣下對發生的所有事情的意見」。憑藉陛下對閣下的信任，這種毫不隱瞞的意見「只會對閣下和整體的事業有益」。[87]維特想鼓動阿列克塞耶夫給皇帝發去批判別佐勃拉佐夫的信函。

阿列克塞耶夫按維特的要求寫了信的草稿，這份手寫草稿保存了下來，上邊的日期標注為三月廿八日（一五日）。[88]信中，阿列克塞耶夫寫了反對別佐勃拉佐夫的利權和利用馬賊作為警備隊的想法。然而，他最終沒有將信發出去。

結果，維特沒能給別佐勃拉佐夫致命一擊，皇帝對他的信任依舊。三月廿九日（一六日），庫羅帕特金在日記中寫道：「以別佐勃拉佐夫為核心的別佐勃拉佐夫政治，在這個時候達到了頂峰」。皇帝將別佐勃拉佐夫以前寫的意見書《形勢評估》交給庫羅帕特金，徵求他的意見。這份意見書是別佐勃拉佐夫於一九〇一年七月提交的，謀劃在遠東增強三萬五千人：為了預備對日作戰，應在關東州部署二萬五千人，在朝鮮國境部署五千騎兵。這是已經成為過去時的意見書。庫羅帕特金寫道，遠東政策因為有皇帝的和別佐勃拉佐夫的兩種政策，日本變得不安，清國也在準備抗議。[89]對庫羅帕特金來講，與「二十世紀的赫列斯達可夫」別佐勃拉佐夫相比，果戈里《欽差大臣》中的主角赫列斯達可夫看上去就像「黃口小兒」。[90]

別佐勃拉佐夫動身回京比當初預定的三月廿三日（一〇日）晚了大約十天。這也是理所當然的吧。四月三日（三月二一日）波科季洛夫向維特報告：

> 「別佐勃拉佐夫前天從旅順出發了，途中計畫經過哈爾濱。沃加克少將與他同行。別佐勃拉佐夫提出請他主管企業的軍事部門，並提供二萬四千盧布的年俸。沃加克少將剛剛結束休假返回清國，然而，因三月初皇帝陛下下達的特別命令，他又被召回聖彼德堡了。這個命令是在別佐勃拉佐夫與他交涉上述的提案之後發出的。」[91]

這是個令人震驚的消息。維特馬上將電報轉給了庫羅帕特金。[92]四月九日（三月二七日），哈爾濱的工程師尤戈維奇和伊格納齊烏斯的電報，向維特報告沃加克與別佐勃拉佐夫一同去往首都了。[93]

## 四月八日（三月二六日）協商會

四月八日（三月二六日），首都召開了關於遠東問題的特別協商會，皇帝親臨參加。雖然至此為止，沒有對召開這場協商會的原委加以說明，但可以推測是應別佐勃拉佐夫的請求召開的。三月廿六日（一三日），阿巴扎將寫成的意見書上奏給了皇帝。[94]筆者推測，別佐勃拉佐夫與沃加克會面後有了新的想法，將此告訴了阿巴扎，阿巴扎又將這些新想法反映到了這份意見書中。之後，阿巴扎還於四月二日（三月二〇日）謁見了皇帝。[95]召開協商會的決定是在這個時候做出的。因此，可以推想這個協商會是在別佐勃拉佐夫等人的提議下，為了確立他們的立場而召開的。四月三日（三月二一日），皇帝在阿巴扎的意見書上批示「朕計畫於星期三，三點召開協商會討論此事」，並將意見書傳給了外相、財相、陸相。[96]

阿巴扎的意見書內容如下[97]：自一八九八年俄羅斯從朝鮮撤走軍事教官和財政顧問後，朝鮮不幸落到了日本手中，因此以民間商業活動的形式介入朝鮮事務被寄與了厚望。為此我提出獲取布里涅爾的木材利權，派遣調查隊，仿效英國的東印度公司成立民間公司的方案。這個公司「有可能成為我們與在朝鮮南部扎下根的日本人之間的屏障（zaslon）」。然而，這個公司的成立並沒有得到中央政府的支持，錯失了機會。但是，皇帝陛下指示「在鴨綠江流域構築屏障與佔領旅順和建設滿洲鐵路南支線一樣，越來越具有戰略性、政治性的意義」。而日本也正在將佔領鴨綠江流域當作目標。一九〇二年十二月，陛下為調查情況並確保利權，派出了別佐勃拉佐夫。現在他已獲得鴨綠江右岸的木材採伐權，那裡有三百萬立方英尺的木材。為了保護這項事業和資源，鳳凰城駐有一個哥薩克聯隊。

現在有必要成立公司，金茨布爾格和馬邱寧已經在與美國資本家漢特接洽。陛下經過考量，贊成必須著手成立公司的時機到了。希望特別協商會審議以下對策：

一，由外交部獲取在滿洲和朝鮮的利權許可。

二，由財政部制訂公司章程，並在經濟及財政上向公司提供有利條件。

三，由陸軍部構思對在滿洲和朝鮮的俄羅斯企業進行保護的對策。關於這點，我們應該想起根據羅森・伊藤條約（指西・羅森議定書），俄羅斯在朝鮮有權維持與日本同等數量軍隊。

四，有必要終止遠東各部門代表之間的爭鬥，將國家權力的所有機能統一起來。

現在既有數千日本人出現在鴨綠江左岸的消息，又有清國財團與漢城的日本公使館聯合，插手鴨綠江的木材利權這樣的傳聞。如果我們不能保護我們自己的合法權利，那麼日本妄自尊大的行動就會更進一步。「日本的這種不正當行為，不僅給了我們聲明根據羅森・伊藤條約，向我們在朝鮮的利權地派去同等數量軍隊的權利，而且因日本、清國在我們利權地的不正當行為，還給了我們聲明因這種不正當行為，我們有必要中止從滿洲撤兵的權利。」如果做出這種聲明，大概清朝政府在承認滿洲的利權時也會變得比較合作，「日本也不得不讓日本人從鴨綠江畔撤走吧」。

這裡面，別佐勃拉佐夫和沃加克在遠東談話得出的新提案，和以往別佐勃拉佐夫派粗暴的對朝政策混雜在了一起。

四月八日（三月二六日）的特別協商會由皇帝主持，阿列克謝大公、內相、財相、陸相、外相以及阿巴扎出席了會議。[98]筆者推測阿巴扎的意見書已預先發給了各位出席者。

會議一開始，皇帝說，「成立開發鴨綠江流域兩岸木材資源的公司，是因為我們需要在朝鮮樹立起對抗日本影響力的盾牌。日本的影響力正在不斷提高，不僅將這條江流的朝鮮沿岸納入自己的範圍，還可能擴大到滿洲沿岸，從那裡再逐步滲透到滿洲西南部。」他提示出了協商對象。

海軍元帥阿列克謝大公贊成設立公司，但是認為必須是純粹的民間公司。財相維特陳述道：雖然我們因獲得關東州和建設南滿洲鐵路，進入了黃海和黃種人生活的中心，隨之產生很多問題，但我們必須完成東清鐵路的建設，謀劃強化旅順，推進俄羅斯人的移民。為此，我們必須和清國、日本維特「平穩、恰當的關係」。具有侵略目的的公司，會給俄羅斯帶來毀滅性的結果。「俄羅斯以出人意料的速度推進到了黃海岸邊，這種急速前進之後，在邁出新的前進步伐之前，有必要先穩固已經佔領的陣地。另外，我們應該銘記，我們在遠東的行動並不完全自由。不僅是清國和日本，就連美國和歐洲列強也都在以懷疑的目光關注著我們在太平洋沿岸的政策。」

維特主張，如果在鴨綠江成立木材公司的話，應該設為純粹的商業性公司。外相拉姆斯道夫表示，雖然無論在朝鮮還是在清國，都應該鼓勵俄羅斯企業的活動，但在手段的選擇上有必要極度地慎重，馬邱寧之前就一直在請求支援木材利權一事，但我認為「嚴格地講，既沒有利權，也沒有利權保有者」，「沒有準確的關於企業家對鴨綠江利權權利的資料」。拉姆斯道夫說，據調查，無論是清國還是日本都對認定別佐勃拉佐夫利權之事提出了強烈抗議。他接著表示，如果採取阿巴扎意見書中中止滿洲撤兵的措施，只會產生完全相反的效果。對此，阿巴扎只反駁說鴨綠江的木材利權是被確定了的。

陸相表示，這個利權具有「政治意義」，因此，「必須與我們在朝鮮、日本的課題相互照應起來行事。我們不希望與日本戰爭，即使日本向朝鮮出兵，陛下也說不打算向日本發出宣戰公告，在此基礎上，我認為就鴨綠江利權來說，我們的行動絕對不能惡化我們與日本的關係。」庫羅帕特金譴責了別佐勃拉佐夫派遣調查隊的做法，強烈批判了阿巴扎意見書中主張的向朝鮮派遣軍隊、中止滿洲撤兵等主張。他不滿地說，別佐勃拉佐夫想做的事情，需要花費過多的金錢，這會導致西部國境上戰略防衛工事的資金周轉出現問題。庫羅帕特金最後總結道，如果和日本開戰，在一年半的時間中，將會產生七、八億盧布的戰爭費用並出現三萬到五萬的死傷者，即使這樣俄羅斯也能取得勝利，但犧牲過於巨大。庫羅帕特金說阿巴扎的意見書中說要向朝鮮派遣軍隊，中止滿洲撤兵，這是歪曲事實的。

阿列克謝大公再次強調鴨綠江利權公司應該是純商業性的公司。而內相普列韋的態度則比較具有妥協性，他雖然贊成三位大臣的意見，但表示阿巴扎的若干提案或許可以實現，比如說為利用清國和朝鮮的利權而成立公司，統一政府在遠東的行動等。對此陸相指出，像那樣的統一，是阿列克塞耶夫的工作。

如此一來，皇帝和阿巴扎也不得不做出退讓。皇帝最後總結道：「我們極其不希望與日本戰爭，必須致力於平靜地在滿洲扎根。因此，為開發鴨綠江木材而成立的公司必須基於純商業原則」。根據皇帝的指示，會議決定了以下幾點：

一，由外相調查利權。

二，由外相、財相採取獲得滿洲沿岸利權的對策。

三，成立經營利權事業的股份公司。

四，准許外國資本家參與。

五，准許國庫參與，但不允許巨額支出。

六，公司只經營鴨綠江的利權。

七，將公司納入關東州長官的管理範圍內。

皇帝於四月十八日（五日）批准了這份議事錄，只有第六項待議。[99] 結果，在這場協商會中，雖然財相、陸相、外相表現出了強烈的消極態度，但皇帝和阿巴扎還是成功地使公司成立得到了認可，並且也認可了國庫的參與。

俄羅斯在第二次滿洲撤兵期限截止日四月八日當天召開的這個協商會，卻沒有相應地討論滿洲撤兵問題，也是過於漫不經心了。

## 無鄰庵會議

是年一月至三月，在日本，滿洲問題幾乎沒有成為報紙的話題。然而，到了四月八日，人們想起了這天是個什麼日子。當天，《東京朝日新聞》發表了社論《滿洲撤兵問題》，寫道「根據去年四月締結的歸還滿洲條約，本月本日是俄國從盛京其餘各段及吉林全境撤兵的最後一天」。然後強調「俄國……沒有為護衛鐵路，在其沿線駐留軍隊的權利」。也就是說，除了遼東半島外，俄羅斯要完全撤退。這天，在上野公園內的梅川樓召開了「對外強硬同志大會」。說是大會，不過是議會內的年輕議員以及去年解散的國民同盟會成員等一百四十人左右的集會，東京帝國大學教授戶水寬人也來做了演講。他抗議直到現在俄羅斯還沒有解除佔領滿洲，為會議點燃了氣氛。這次集會通過了如下較為平和的決議。「望日英兩國政府儘快促使清國恢復滿洲當時之實權，且使滿洲開放，以保障東亞永遠之和平。」[100]

但是，對於第二次滿洲撤兵期限不以為意的俄羅斯，沒有軍隊撤離的跡象。四月十四日，北京的內田康哉全權公使給日本外交部發回情報，俄羅斯外相告知清國駐俄公使，撤兵要等簽訂新的協定後再實施。四月十九日，內田再次發電報，稱儘管他一直對清朝政府說，對於撤兵一事，不能向俄羅斯「許諾任何特權」，但沒有效果，如果不向清朝政府施加「強大的壓力」，大概它會向俄羅斯屈服。四月廿日，小村指示內田公使向清朝政府發出警告，相信清國政府在「沒有充分告知日本帝國政府，又未經其同意」的情況下，不會向俄羅斯做出新的讓步。[101]

就在這個時候，日本召開了一個確定對俄政策基本方針的重要會議，即桂首相、小村外相和元老伊藤、山縣四人的首腦會談。由於這個會議是在山縣在京都的別邸——無鄰庵舉行的，因此被稱為「無鄰庵會議」。扈從天皇參加第五屆國內博覽會開幕儀式而前往大阪的桂首相和小村外相，敦促伊藤於四月廿一日前往無鄰庵拜訪山縣，四人展開了會談。桂首相和小村外相之所以會在此階段召開這個尋求承認他們方針的會議，大概是因為看到俄羅斯不從滿洲撤兵，感覺到必須要做出決斷了。

這個會議沒有留下文書資料。角田順根據伊藤和山縣的傳記，推測會議達成了四項共識，大致決定了以「滿韓交換論」同俄羅斯交涉，但他認為這些共識的「滿韓交換論的外貌」是「為取得伊藤之諒解」，桂和小村「內心已有對俄一戰之精神準備」。[102]千葉功和伊藤之雄對角田順持批判態度，他們更重視桂的傳記。千葉認為共識的內容是以「滿韓交換論」開始對俄交涉，而伊藤之雄認為雖然桂的傳記也有誇張之處，但大體達成了「原則上以韓國為勢力範圍這種程度的共識」。[103]

根據桂的傳記，桂和小村事先就以下方針達成了共識。「我方要求在韓國之充分權利，作為交換，可在滿洲彼經營就緒之範圍，做較大讓步，一舉解決多年之難題。……若此要求不能滿足，戰爭到底不可避免。」[104]

不能單純地認為這種立場是「滿韓交換論」。因為他們已經決心，先進行交涉，如果不能滿足要求的話，就要發動戰爭。實際上，桂的傳記接下來就寫道，桂、小村都不認為俄羅斯會輕易接受日本的要求。為什麼呢？因為日本「要求獲得整個韓國，即至鴨綠江為止」。這會使俄羅斯在「遼東半島之經營陷入危機」，只依靠一條鐵路，連「旅順、大連的設計」都不可能做到。從軍事上講，相當於日本佔據了俄羅斯「側面的陣地」。[105]

千葉引用共識的後半部分，對日本有戰爭準備的說法予以駁斥，認為很值得懷疑。但是，像這樣的滿韓一體論，在山縣那裡也可以見到。翌月十四日，《東京朝日新聞》主筆池邊三山在日記中記下了山縣所說的想法：

據此日山縣所言：「假設自己站在俄國立場上，從軍事上看，已經著手經營滿洲達到那樣一種程度，到底不能就此拋棄朝鮮，致使陸軍可被日本直擊胸腹，海軍的左右手旅順和浦鹽（符拉迪沃斯托克）也可被日本從對馬海峽分擊，這的確不可忍受。若從俄國人的角度來考慮，滿洲逐漸成為我物後，再度向朝鮮伸手，到底是不可抑止的想法。故日本為了朝鮮，不能不在滿洲和俄國相爭。」此日又罕見地聽聞歸還遼東的切齒之聲，復見滿洲移民有望說。山縣老人到底還是接受了青木子的大陸經略說。」[106]

「青木子的大陸經略說」指的是青木外相一八九一年五月的意見書（上卷一〇一頁）。山縣的想法不是「滿韓交換論」，而是統治朝鮮者，必須要統治南滿洲，統治南滿洲者，最終亦會以統治朝鮮為目標。桂和山縣的想法在根本上是相通的。不同的是戰術問題。事實上，或許只有伊藤仍然在尋求日俄達成共識。

會議上四人之間有過什麼樣的討論，並沒有記錄。根據桂的傳記，伊藤和山縣兩元老也「承認事不得已」，會議「決議於此基礎上，開始與俄國談判」。[107]《小村外交史》也寫道，「為支持我國之地位，對此點達成一致：當排除百難，無論遭遇何種困難，斷不能放開朝鮮。特別是小村和桂，此時更堅定了對時局前途確乎不拔之決心。」[108]

應該可以認為，桂和小村從最初就有如果與俄羅斯交涉不能解決問題，就要開戰這種想法。

小村的心境，可以從角田引用的英國公使麥克唐納四月廿七日的報告中窺探出來。麥克唐納在報告中寫道：對於俄羅斯向清國提出的七項要求，小村認為俄羅斯政府內部的「和平派（the peace party）」被「戰爭派(the military party)」所壓制。清國如果拒絕這些要求，俄羅斯大概會留在滿洲。「俄羅斯永久佔領滿洲意味著該國將以適當的方式（in due course）永久佔領韓國，那大概會威脅到日本的存在本身吧。……如果日本現在保持沉默，允許俄羅斯一直佔領著滿洲，也許不會再有第二次發言的機會了。」麥克唐納寫道，小村「用從來沒有過的認真語調說道。然後在臨走的時候，他又說他認為事態極其嚴重。」他還評論道，小村雖然反覆說這是他個人的意見，政府還沒有做出任何決定，但這可以說是日本政府和國民的共同意見，「從我掌握的所有情報來看，可以確定的是，如果俄羅斯不執行撤兵約定的話，將會產生最為嚴重的後果。」[109]

## 俄清交涉破裂

恰在這個時候，北京的俄清交涉有了很大的進展。一月至二月間俄國大臣協商制訂的補償方案在得到皇帝批准後，立即傳達給了留守北京的負責人、代理公使普蘭松。普蘭松從二月十七日起，開始與清國的慶親王交涉。起初，雙方遵循了秘密交涉的原則，清國的態度是合作的。

四月十八日（五日），普蘭松終於向慶親王出示了俄羅斯為撤兵想要獲取的補償條款。[110]大約一週後，日本政府掌握了其內容的全貌，根據日本政府翻譯的文本，如下：

第一條，由俄國歸還清國政府疆土的任何部分，特別是營口和遼河水域一帶，不論何種情況，都不得讓與或租賃給他國。……

第二條，不得改變蒙古整體目前的政治組織。……

第三條，清國政府未經知照俄國政府，不得自作主張，在滿洲開設新港口及城市，且不得允許外國領事駐於上述城市與港口。

第四條，清國無論因為何等行政事務而聘用外國人，其權力不得涉及北部地方事務。……

第五條，俄國於營口及旅順口，並……擁有通過盛京省的電信線，而在營口與北京間的清國電線杆上架設與俄國電線通聯之電信線一事至關緊要。……亦應維持營口與北京間電線。

第六條，營口海關所收稅金在該地歸還清國地方官後，也應如現在一樣存入俄清銀行。

第七條，鐵路列車運送旅客及貨物時，為防止流行病隨之在北部地方蔓延，歸還營口後，有必要於該地設立檢疫局。……稅關長與稅關醫生應採用俄人，由總稅務司監督。[111]

如果清國答應這些要求，俄軍會立即從奉天和吉林撤退，將營口的民政權交給清國方面。日本駐清國公使內田早就一直警惕俄羅斯的動向，在俄國提出七條要求的翌日——十九日，他就將這一事實報告給了東京。[112] 小村立即發出訓令，公使警告慶親王「確信清國在沒有充分告知日本帝國政府，又無其同意的情況下……不會做出讓步。」[113]

## 責難俄羅斯之聲高漲

這個時候，譴責俄羅斯的聲音立即在美國、日本、英國高漲起來。在英國，特別是泰晤士報，擺出了強硬譴責俄羅斯的陣勢。在日本，俄羅斯將會擴大侵略這種含有虛構成分、煽動人心的報導也甚囂塵上。

俄國海軍武官魯辛在四月廿五日（一二日）給海軍部發去了日本有關報刊的剪報。根據《國民新聞》漢城特派員的通訊，俄羅斯正在將武器彈藥運向鴨綠江下游。《二六新報》北京特派記者則在通訊中寫道，慶親王對俄羅斯人說，英日的壓力很大，俄羅斯為保護權益應該放手。《中央新聞》援引聖彼德堡電文，報導儘管俄軍的撤退迫在眉睫，但俄方正打算以準備工作不充分的藉口拖延時間。部分雜誌寫道，俄羅斯在鴨綠江沿線很活躍。素來穩健的《東京日日新聞》寫道，俄羅斯前線的軍隊獨自做出判斷而展開的行動能否納入和平的範疇，很值得懷疑。《讀賣新聞》則以激烈的論調寫道，在這種狀況之下，如果締結新的日俄協定，日本做出讓步，後果不堪想像。[114]

報刊一邊探索著政府的動向，一邊試圖對其施加影響，決定其論調。根據池邊三山的日記，四月廿三日池邊見到桂首相。「聽了其對滿洲的決心，我頗贊成；我認為俄不撤兵且對清國有新的要求，是對日本的侵略舉動，並講了我們反而可以乘機猛進的理由，桂似乎大致持同樣論調。但在妥協的具體做法上，批評了我。」池邊四月廿六日還見了伊藤博文。「對俄之侵略，儘管伊侯與我皆有同一觀點，但他仍迴避我國對此決心的回答。」廿八日，池邊看到《時事新報》根據北京電文發出的號外，寫道「號外給人戰爭時機到來之感。有必要考慮是否要做戰鬥準備了」。[115]

由池邊擔任主筆的《東京朝日新聞》首先於四月廿四日，不加評論地報導了《俄清密約方案》，於廿五日刊登了社論《俄國不撤兵》，文中寫道，「可以肯定俄羅斯不會將重點放在新要求上」，「它最重要的目的是繼續佔領滿洲」，作者要求日本政府採取強硬的政策。

「勸告清國政府讓俄國政府實行歸還條約的第二條，……更質問其破壞東洋和局均衡之責任；向清國政府要求提供足以防禦因破壞造成的我方損害的措施，是大日本帝國政府當然的責任。吾人確信，時機已至。」

《東京朝日新聞》的報端同時將責難的矛頭指向了鴨綠江問題。四月廿四日首次報導了《俄國關於森林採伐的附帶要求》、《俄人採伐森林》的紀事，刊登了社論《朝鮮的山林經營》，四月三十日又在頭版頭條援引朝鮮特電報導了《俄兵進入義州》，是三十名俄羅斯士兵到達義州的消息。五月一日的社論《俄國兵進入朝鮮》就以這則新聞為基礎，寫道以「保護林業公司」這種目的擬定的行動，既違反了一八九六年的備忘錄，也違反了一八九八年協定。「帝國政府宜向俄國政府問責義州俄兵違反日俄協商條款之事，同時要求其撤退。此事一日不可緩。根據俄國應對方式，我方亦可做相應處置。」到了五月四日，第二版整版刊登了《俄清交涉的經過》、《撤兵期限後的俄軍》、《營口現狀》、《俄國太平洋艦隊的勢力》等紀事。五月八日，頭版刊登了《朝鮮受到壓迫》的紀事，報導「數日中有二千名俄兵進入義州的消息」已被送至當地官員。然後，發表社論《俄國的朝鮮侵略》，寫道「昨日吾人聞聽報導，更具有重大性質。……以吾人判斷，俄國使日俄協商破裂，向朝鮮做出侵略性行徑。我日本不得不與同盟國英國政府商議，緊急採取相應措施。」

五月十日，頭版頭條以《俄國似在戰備》為題，登載了尚在確認消息真偽的北京電文「一萬四千名俄兵、十六門大炮突如其來，分佈於遼河兩岸」。第二版的社論《國民的自信》寫道「滿洲撤兵問題現在尚未落實，不久又聽說俄兵橫渡鴨綠江的消息。帝國為遠東和平所應採取之手段自然而明。若此時帝國採取姑息苟且之策，恐怕要有留下他日之悔的準備」。

俄羅斯財政部在橫濱的代表羅斯波波夫將日本的輿論攻勢通報給了財政部。四月九日抵達神戶，十二日剛剛上任的羅森公使也於四月廿九日（一六日）向外交部報告了日本過熱的報導。[116]俄羅斯的政治家們有些驚慌失措。維特以「相當困惑的模樣」跑到外相辦公室，對外相咆哮道，向鴨綠江進軍、再次佔領營口到底是怎麼回事。拉姆斯道夫什麼都不知道，無從回答。他認為這些虛假報導是橫濱發出的。[117]

清國同樣感受到了這種輿論攻勢的壓力。四月十四日，慶親王一邊向普蘭松強調清俄多年以來的友好關係，一邊對俄羅斯提出的新條件表示震驚，將希望立即撤兵的備忘錄交給普蘭松。普蘭松雖然做了反駁，但已無法改變慶親王的態度。於是他決定等待雷薩爾公使歸任時再說。在聖彼德堡，外相與陸相、財相再次舉行了非正式的協商會，就降低補償要求達成了共識。四月廿八日（一五日），雷薩爾帶著新的訓令，出發去往北京。[118]

駐日本的羅森公使五月十日（四月二七日）再次發回詳細的電報。日本流傳著在鴨綠江的朝鮮方沿岸同時出現了俄羅斯木材從業者和清國警備隊身影的傳聞，現在日本的報紙也在報導，一行人乘坐挪威輪船到達那裡，警備隊不是清國人而是俄羅斯人，報導推測他們是偽裝的兵士或是退役軍人。還有報導說，安東縣知事曾警告朝鮮義州郡守，有兩千人的警備隊到來。羅森寫道，小村外相與他談話時努力不去觸及此事，但「我個人確信日本政府已經下定決心，將會對我們在鴨綠江的計畫予以毅然決然的反擊」、「讓日本人懷疑我們的視線再次投向了朝鮮，是所有後果中，最為有害的一種。無論現在我們對滿洲有什麼計畫，很明顯都希望日本能夠安靜。」[119]

這個時候，有關俄羅斯進入鴨綠江的現場調查報告送入了日本政府。五月六日，京城的野津鎮武少佐將親眼見過當地情形的日野強大尉的報告傳達給參謀總長，「看到六十名俄國人、八十名韓國人、四十名清國人於韓國龍岩里……開始建築工事」。五月十五日，駐韓公使林權助將日野大尉的報告傳給外相。「疑俄國人為便服軍人，而清國人明顯為馬賊。」俄羅斯「活動之主旨，似為對日防禦行動，又似欲防止日本利權擴張至鴨綠江」。[120]這個推斷基本正確。在五月十九日的後續報告中，林公使傳達了「俄人頭領為俄國退職軍官馬德里托夫」，[121]就連馬德里托夫的資訊都掌握了。這個情報也是正確的。

## 日本參謀本部的開戰論

在參謀本部，總務部長井口省吾少將、第一部長松川敏胤大佐、第二部長福島安正少將等經常聚會交流意見，他們鼓動參謀次長田村怡與造少將向政府陳述他們的意見，其中井口和松川尤為積極。井口是靜岡縣沼津近郊的農民的兒子，出生於一八五五年，是陸軍士官學校的二期生，他之後進入陸軍大學，留學德國。回國後他被分配到參謀本部，此後一直在這裡工作。在日清戰爭時，他擔任第二軍參謀，當年四十八歲。[122]松川出身於宮城縣，比井口年輕四歲。他自陸軍士官學校、陸軍大學畢業後進入參謀本部，從一八九九年起擔任駐德國公使館武官，一九〇二年與井口一同就任部長之職，當年四十四歲。[123]

龍岩浦事件發生後，參謀次長田村「鑒於事態重大」，召集各部長，下令調查應該緊急準備的事項。[124]五月十日，井口和松川等人用了整整一天時間，起草出《關於俄國自滿洲撤兵事件上奏書》，十一日提交給田村次長。五月十二日，大山巖參謀總長將此作為《關於充實帝國軍備上奏書》的附屬文書，提交給天皇和政府。[125]這個文書作為「關於俄國行動的判斷」，[126]極其詳細。其結論如下：

「俄國……自三月下旬至四月五、六日，雖有所撤兵，但至四月六日時不僅突然中止撤兵，反而有在某地增兵跡象。雖無法確切知曉其國內情況，但從俄國歷來文治、武斷兩派內部傾軋之消長變化看，此舉無疑是對遠東政策的又一次變化。沃加克少將急遽返都，即是其表徵之一。」[127]

天津的俄羅斯陸軍少將沃加克趕回聖彼德堡，日方由此判斷「武斷派之勢越發高漲」，這個情報也由清國駐屯軍守備隊司令官秋山好古傳達給了參謀本部。[128]井口、松川等在文書中繼續寫道：「當此時，俄國政府向清國政府提出七項要求。俄國本身並無預見此要求會被拒絕」，「又，關於巴爾幹半島之變亂，依俄國從來之政策，必先於他國採取干涉占利之手段；然今事實反之，其極力希望和平無事，亦為以全力傾注滿洲方面之徵候。」

這裡提及的巴爾幹之事，指的是在柏林會議中，被留在奧斯曼帝國領域的馬其頓出現了反土耳其組織，不穩定的氣氛高漲。

「俄國對滿洲之目的，恐在永遠佔領東三省，其今後之行動，判斷有如下二項。其一，依俄國慣用手段，先予威脅恐嚇，窺對手國（日本帝國）之所為，從其態度之軟硬，決定最終佔據多少利益。其二，不惜訴諸兵力，一賭勝敗以達最終目的。俄國今後之行為，雖不確知二者中將選何者，但無非訴諸外交談判與訴諸兵力。」

「察日俄兩國形勢，……現今俄軍隊輸送之有效里程，未達充分之域。然自今後經歷年月，越發增進完備之事甚明。而比較彼我海軍之兵力，彼之艦隊比我之艦隊，目下雖不過四對三，……今後不出數年，反至淩駕我海軍。……壓制俄國貪婪無飽之欲望，以保全清韓二國之獨立，維持我帝國之利權，進而實現帝國偉大目的之機會，自今日以後，愈滯年月，得之愈難。」[129]

文書中反映出這樣的心情：不能錯失「實現帝國偉大目的之機會」，機會會隨著時間的流逝而消失。

五月廿五日，參謀本部和海軍軍令部在紅葉館舉行了軍官聯誼會，筆者認為此時井口等人與海軍方面交換了意見。廿八日，井口在偕行社的晚餐會上做了「一場關於滿洲未撤兵的講演」。接著，廿九日，陸海軍和外交部的「當局者」聚在一起召開了重要會議。井口在日記中寫道：「俄未從滿洲撤兵，當下之形勢，須為帝國前途不寒而慄」。在烏丸的高級日本料理店「湖月」聚會的，共有十六人，有來自陸軍的井口、松川等，海軍的富岡定恭軍令部第一局長、曾為駐俄羅斯武官的八代六郎、開戰時很活躍的山下源太郎，以及日本海海戰的參謀秋山真之。來自外交部的，有政務局長山座圓次郎、電信課長石井菊次郎、大臣秘書官本多熊太郎、落合謙太郎等。落合是小村的學生，小村任駐俄公使時，他是三等書記官。[130]可以說來自外交部的出席者全都是小村的嫡系部下。最終，陸海軍和外交部達成了一致意見。井口寫道：

「今日下了一大決心，賭以戰鬥，若不抑制俄國之橫暴，帝國前途堪憂。而失今日之時，將來絕難遇此恢復國運之機。此意見滿場一致。」131

這裡的心情同樣是「若錯失今日之時機……」。

## 庫羅帕特金出發與沃加克意見書

這年春天，俄羅斯國內形勢相當不安，不過日本沒有怎麼報導。一九〇三年四月，比薩拉比亞的基希訥烏發生了迫害猶太人事件。在四月六日的復活節，猶太人的住家、商店遭到襲擊，兩天內，一千五百棟建築被破壞，四十九人被殺害。事件發生之前，社會上流傳起沙皇允許襲擊猶太人的謠言。輿論認為事件背後有當局者的影子。發生一連串騷擾事件後，大規模工人運動來臨了。一九〇三年夏，罷工浪潮自巴庫（譯者註：今阿塞拜疆首都）開始，席捲了俄羅斯南部各城市。

俄羅斯政府在工人政策方面做了少許嘗試，由莫斯科市治安部部長祖巴托夫構想的，獲得員警認可的帝政派工人團體的組織付諸實施，開始在各地試點（譯者註：一九〇一年五月，在莫斯科建立機械工人互助協會。同年夏季，在明斯克和維爾諾建立了猶太獨立工人黨。一九〇一到一九〇三年間，彼得堡、基輔、哈爾科夫、葉卡捷琳諾斯拉夫、尼古拉耶夫、彼爾姆、奧德薩等地都建立了類似組織。當時報刊稱祖巴托夫政策為「員警社會主義」。）但是，潮流中的一個分支——猶太獨立工人黨（結成於一九〇一年）卻在奧德薩成立組織，鼓吹展開經濟鬥爭。這個組織直接影響了一九〇三年南俄羅斯罷工浪潮的擴大。於是，該黨被解散，祖巴托夫也下臺了。內政部於一九〇三年六月制定了勞動者災害補償法和總代表法。然而，由於經營者方面的抵制，工廠導入總代表制度只好交由各個企業家自行斟酌決定，沒能很好地實施。

就是在這種狀況中，俄羅斯政府想要再度審視遠東局勢。四月二十日過後，別佐勃拉佐夫和沃加克到達了首都。但是，他們沒有立即謁見皇帝。

沃加克見到了庫羅帕特金，陸相出示了四月初特別協商會的報告書，對沃加克說，如果他要為鴨綠江公司工作的話，就要辭去駐清國武官之職。[132]此時，庫羅帕特金即將踏上視察遠東、訪問日本的旅途。

四月廿三日（一〇日），庫羅帕特金與皇帝有過一次談話。庫羅帕特金寫道，皇帝問到別佐勃拉佐夫來了嗎？庫羅帕特金回答還沒來。皇帝說「必須將鴨綠江的木材事業作為私營事業，在阿列克塞耶夫海軍大將的全面監督下推進」。[133]皇帝在說到日本天皇時，「臉部表現出輕蔑的神情，抽搐了一下」。尼古拉仍然記著在大津事件之後見到明治天皇時留下的壞印象。皇帝吩咐庫羅帕特金，讓他對阿列克塞耶夫說，可以讓鳳凰城的哥薩克聯隊撤退，還可以召還馬德里托夫。[134]四月廿六日（一三日），庫羅帕特金向皇帝道別時，皇帝擁抱、親吻了他。[135]四月廿八日（一五日），庫羅帕特金從聖彼德堡出發了。

庫羅帕特金出發後，皇帝和別佐勃拉佐夫等人正式行動起來。沃加克在阿巴扎的建議下，寫成了意見書《一九〇二年三月二十六日條約在滿洲問題發展中的意義》。[136]五月八日（四月二五日）皇帝召見沃加克並讓他朗讀了意見書。[137]

沃加克意見書的要旨如下：首先，沃加克講到日清戰爭開闢了遠東的「新時代」，並指出其結果：第一，清國處於軍事破產狀態趨於明朗。第二，日本在遠東問題上，加入了與列強平起平坐的行列。第三，朝鮮從清國的主權中解放了出來。在這樣的狀況中，俄羅斯首先為了保護在清國的利益，進行了三國干涉，這理所當然地獲得了清國的感謝與日本的不滿。俄羅斯應該利用清國的感謝，而面對強有力的日本，則應該採取對策以確保自身安全。前者以建設東清鐵路的形式得以實現，但對於後者「幾乎沒有做任何事情。既沒有承認日本在軍事上的成功已被充分證明，也沒有在遠東問題上給與天皇之帝國應有的地位」。俄羅斯這種曖昧的態度，雖然沒有使日本成為公然的敵人，但也沒有成為朋友，日本與英國結成了同盟，儘管俄羅斯曾經有與日本達成一致的基礎。俄羅斯應該在朝鮮半島與日本調整鄰里關係。雖然一八九六年山縣訪俄時曾有簽署協定的機會，但兩國只達成了沒有實際意義的簡單協約。俄羅斯沒有經過深思熟慮，就將財政顧問和軍事教官派往朝鮮，結果一出現問題就被迫全部放棄，致使日本在朝鮮占了優勢。雖然我們為防範日本，增強了陸海軍的兵力，但這卻被視為俄羅斯企圖統治滿洲的表現。當然，我們希望擁有出海口，想強化在滿洲的立場。一九〇〇年，俄羅斯受到清國攻擊，本來有宣戰的權利，但卻沒有那樣做。結果致使清國方面表現出對俄羅斯的輕視。由此結成一九〇二年四月八日（三月二六日）的條約。俄羅斯的讓步被理解為俄羅斯軟弱，列困於國內局勢、財政狀況等方面原因，不堪在遠東作戰。如果俄羅斯從滿洲撤兵，清國將會向滿洲移民，列強也會進入滿洲。俄羅斯排他性的影響力就會化為烏有。雖然俄羅斯有可能會被拖入戰爭，但在開戰是不利的。可能的對手——日本擁有的條件更加有利。然而，我們從滿洲撤兵後，旅順就會陷入孤立。失去旅順，是對俄羅斯威信的巨大打擊。總而言之，由於迄今為止政策上失敗，遠東形勢變得危機四伏。

沃加克是這樣看待問題的，他直言「防止在遠東發生戰爭是第一等的國家大事」。那麼該如何做才能達到這個目標呢，他的主張如下：

「必須承認，達到這個目標的首要手段是停止讓步政策。因為讓步政策的危險之處在於，我們有可能在最不希望的時候被捲入戰爭之中。我們必須要讓清國和列強明白，雖然我們會按照一九〇二年三月廿六日條約從滿洲撤兵，但俄羅斯不僅沒有向任何人讓出自己地盤的打算，而且還有拿起武器來捍衛這個意圖的精神準備。這種準備必須有實際的內容，我們必須傾盡全力儘快確立這種準備。此時不可避免地做出的巨大犧牲，將來會以好的結果來回報。其最重要的結果，一定是避免了不希望發生的戰爭可能性。如果所有人都看清楚了俄羅斯在遠東所做的戰鬥準備，大概就沒有人會決意發動戰爭了吧。」[138]

沃加克的提案是停止讓步政策，明確宣佈自己的主張，鞏固在遠東的戰鬥準備，以此防止戰爭。據沃加克所說，在讀完這份意見書後，皇帝用了大約一個半小時詢問他遠東的事情。皇帝對遠東事態細節的瞭解程度超出了他的意料，令他頗為驚訝。[139]

根據皇帝的日記，五月十日（四月二七日），皇帝召見了阿巴扎。翌日，皇帝又召來了別佐勃拉佐夫。[140]也就是說，皇帝接受了沃加克的分析，並在此基礎上接受了成為沃加克派的別佐勃拉佐夫。

## 別佐勃拉佐夫的上奏報告和皇帝的指示

實際上，別佐勃拉佐夫也於四月廿九日（一六日）向皇帝呈交了上奏報告。據希曼斯基的研究，該報告再次論述了他在三月三日的上奏電報中講述過的構想。[141]

俄羅斯在遠東的軍事態勢極度薄弱，這有可能會使日本產生攻擊的想法。因此，我們需要謀劃增強南滿洲方面、旅順的兵力，提高西伯利亞鐵路的運輸能力，通過這些對策讓日本信服，發動他們構想的對俄開戰要冒極大的風險。在遠東做出這樣的努力後，我們就能夠在朝鮮北部以及滿洲安心地開展經濟活動了。在此之前，我們有必要將在朝鮮北部的利權限定在較為克制的規模，並讓日本不進入「俄羅斯的屏障」。「我們應該儘早做好準備，只有力量明顯變得強大起來，才能與日本人順利地進行對雙方立場都有益的意見交流。若沒有這個前提，對話是沒有意義的。」

別佐勃拉佐夫再次強調了符拉迪沃斯托克—鴨綠江—旅順這一俄羅斯的戰略前沿。「左翼的符拉迪沃斯托克雖然沒有任何明顯需要擔心的地方，但也無法直接扮演特別積極的角色，它只是憑藉古老的記憶，才得到特別的關注」、「右翼的旅順是為了威懾而佔領的，但目前它對我們來講反而是個威脅。旅順的守備隊、艦隊、要塞、港灣的防備都不充分，雖然它背後有大連，但這裡對敵人的登陸部隊來講反而能夠成為非常便利的、絕佳的基地」、「兩翼之間的空間是開闊的土地，敵人一旦佔領了這裡，由於地形的緣故，就會變成一種很牢固的佔領，能夠對我們的滿洲作戰基地和聯絡線發起突然襲擊。」

「我個人確信，如果日本在平時成功確立了在鴨綠江的勢力，就相當於具有了在戰時切斷、破壞我們的滿洲鐵路的能力。而且，我們大概還無法阻止這個。」這樣一來，現在鴨綠江利權的意義就完全變了。也就是說，它不是作為進入朝鮮北部、進而挺進整個朝鮮的據點，而是阻止日本進入滿洲的防衛線的一角。

別佐勃拉佐夫譴責了財相的行動。說他不懂中國和中國人，相信約定是徒勞的。財政部應該從遠東收手。總體來講，遠東政策缺乏統一性，各部門各自為政。「每個人都在考慮為自己的部門，而不是為國家服務。」別佐勃拉佐夫認為，俄羅斯在遠東的狀態是極不理想的，雖然投入二十億盧布，在滿洲取得了一些勝利，但卻失去了權威和自信，自認軟弱，反覆讓步，以至於現在在經濟上、軍事上瀕臨失敗。

別佐勃拉佐夫指出，導致出現這種狀況的自然原因有：距離遙遠，俄羅斯人口較少，以及極度的中央集權化；人為原因則是：錯誤的情報及評估、缺乏根據的計畫、政府部門之間的爭鬥，個人的利益追求及恣意妄為，部門聯手掩飾錯誤等。

別佐勃拉佐夫的上奏報告，是與沃加克討論，融入沃加克的認識後寫成的，完全隱藏了阿巴扎意見書中粗暴的冒險主義論調。皇帝在確認別佐勃拉佐夫與沃加克的意見相同後，召來別佐勃拉佐夫。

這天，皇帝送給別佐勃拉佐夫一張自己的肖像照，上面寫著「給亞歷山大・米哈伊洛維奇・別佐勃拉佐夫，心懷謝意的尼古拉」。[142]五月十二日（四月二十九日），別佐勃拉佐夫和阿巴扎再度拜謁了皇帝。皇帝在日記中寫道，「召見別佐勃拉佐夫和阿巴扎很長時間，談了統一遠東管理，給諸事確定方向等問題」。[143]皇帝、別佐勃拉佐夫、阿巴扎在以沃加克的認識為前提的基礎上，就導入遠東總督制達成了共識，這成為了新路線的基礎。筆者推測，遠東總督制是別佐勃拉佐夫、沃加克、阿巴扎三人的提案。皇帝採納了這三人的意見，決定乾綱獨斷，他將相關內容通告了事實上的遠東總督候選人阿列克塞耶夫。

五月十五日（二日），皇帝給阿列克塞耶夫發去電報。皇帝要求阿列克塞耶夫「鑒於在朕的直接指導之下，遠東所有官廳的最高管理責任都將集中於你，你要為此做好準備，大致描繪出你的新地位所應採取的形式。」交給阿列克塞耶夫的任務是在執行一九〇二年四月八日（三月二六日）條約的前提上，立即構思對策防止外國的影響滲透到滿洲。為此，皇帝指示：第一，要「不惜必要的經費，在最短的時間內將我國在遠東的戰備水準提高到與我國的政治、經濟目標完全吻合的程度」。第二，要大力促進在滿洲的俄羅斯企業家的發展。關於第一點，皇帝指示與陸軍大臣一同「判明遠東國防的真實狀況，制訂必要的軍事對策。」關於第二點，指示與別佐勃拉佐夫一同制訂計畫。[144]

這天，皇帝給在遠東旅行的庫羅帕特金陸相也發去了電報，將給阿列克塞耶夫電報的內容傳達給了他。並告知將派遣沃加克中將前往說明情況，令他找個適當的藉口，停留在沿海州，等待沃加克。此外，為協商補充四月八日（三月二六日）會議的決定，將派別佐勃拉佐夫去旅順，令庫羅帕特金與之商量。還有因皇帝對陸軍部相關措施也做了指示，庫羅帕特金有必要儘早進宮謁見。[145]

庫羅帕特金一直到達了烏蘇里斯克（譯者註：即雙城子），在那裡他接到了這封電報。數日後，皇帝又發來電報，希望他視察尼古拉耶夫斯克（譯者註：簡稱尼港），說為了打發時間，不妨到那裡舒展一下腿腳。庫羅帕特金雖然不愉快，但還是按照皇帝所說的去了這座位於北邊盡頭的小城。[146]

阿列克塞耶夫收到皇帝的電報後非常高興，兩天後，他就迅速制定了增強旅順兵力的方案。首先，考慮到日本的動員速度，平時就有必要在與日本軍有可能發生衝突的地區配備五萬人以上的軍隊，因此，他請求創設二個新的軍團。一個軍團作為新設的國境警備軍的第二軍團（二四個大隊），另一個軍團從阿莫爾軍區調來十二個大隊，由關東州兵力編制而成。此外，將旅順守備隊的兵力從四個大隊增強到十二個大隊。在所有的東西伯利亞狙擊兵聯隊成立騎兵部隊，在旅順編制若干炮兵隊和工兵隊。這樣一下子就增強了四十四個步兵大隊。[147]

同時，五月三十日（一七日），阿列克塞耶夫擬好給皇帝的電報草稿。其中寫道「以現在的狀況，按約定履行一九〇二年三月廿六日協定，不可避免地會弱化我們的軍事，從清國的角度看，大概我們的威信會崩潰吧。」阿列克塞耶夫認為，「只有恢復了與清國的正常關係，才能夠允許履行協定」。正常關係指的是對俄羅斯的工商業活動給予特權庇護。對阿列克塞耶夫來說，滿洲問題很重要，他認為日本雖然會不斷地反對俄羅斯佔領滿洲，但大概會向佔領朝鮮南部的方向邁進。俄羅斯只要對此提出抗議即可。日本統治朝鮮「應該可視為是暫時性的。如果我們在東方的軍事力量增強了，日本大概就無法一直保持自己在朝鮮的地位了。」[148]阿列克塞耶夫希望在增強軍備的基礎上，繼續佔領滿洲。不過，這封電報沒有發出去。

海軍方面的實力也得到了一定程度的增強。雖然在一九〇二年，戰列艦「西索伊」「納瓦林」分別於一月、七月離開了旅順，但兩艦都是一八九〇年前半期下水的舊型艦。取代這些舊型艦的，首先是四月到達旅順的新銳戰列艦「佩列斯維特」（一八九九年下水）。五月，美國費城克蘭普公司建造的巡洋艦「瓦良格」（一八九九年下水）抵達旅順。接著，一九〇三年五月到六月間，斯塔克爾貝格少將率領由兩艘戰列艦、六艘巡洋艦、八艘水雷艇組成的分艦隊抵達旅順。其中，戰列艦是一九〇〇年下水的克蘭普公司造的「列特維贊」號和同年下水的由首都「波羅的海造船廠」製造的「勝利」號。這樣一來，在一九〇〇年抵達的「彼得羅巴甫洛夫斯克」（一八九四年下水），一九〇一年抵達的「塞瓦斯托波爾」（一八九五年下水）和「波爾塔瓦」（一八九四年下水）的基礎上，戰列艦增加了三艘新造艦，變成了六艘。[149]日本海軍也有六艘戰列艦，因此在數量上算是勢均力敵，但日本方面的戰列艦中兩艘於一八九六年下水，一艘於一八九七年下水，二艘於一八九九年下水，還有一艘是一九〇〇年下水的「三笠」，日本方面是清一色的新銳戰列艦，處於上風。

由於斯塔克爾貝格分艦隊中擁有八英寸炮的裝甲巡洋艦一艘也沒有，因此，由一八九二年下水的「留里克」、一八九六年下水的「俄羅斯」，一八九九年下水的「格羅姆鮑伊」組成的三艘裝甲巡洋艦的陣容沒有改變，與六艘全部是新銳裝甲巡洋艦的日本相比，俄國處於劣勢。排水量七千噸以下，炮也停留在六英寸的輕巡洋艦，有一八九九年下水的「帕拉達」和「戴安娜」，一九〇〇年下水的「阿斯科爾德」和「諾維克」，一九〇一年下水的「博加特里」和「包亞林」，加上先前來的「瓦良格」，共為七艘。[150]但是，日本這個級別的軍艦加上舊的共有十二艘，因此這方面俄國也處於相當的不利。

## 五月二十日（七日）協商會

五月十九日（六日），別佐勃拉佐夫獲得了「樞密參贊」（Stats sekretar'），沃加克獲得了「幕僚將軍」（Svita Ego Imperatorskogo Velichestva）的稱號。[151]樞密參贊是文官的最高職位，可以向皇帝上奏，截至一九〇〇年，共有二十七人獲此殊榮，多是得到皇帝特別信任的大臣。[152]別佐勃拉佐夫獲得這個稱號意味著他得到了與維特、拉姆斯道夫、庫羅帕特金同等的地位。在此基礎上，五月廿日（七日）召開了特別協商會，[153]

由皇帝主持，阿列克謝大公、外相、財相、內相、海相出席。由於長期患病的特爾托夫於三月十七日（四日）去世了，軍令部長阿韋蘭晉升為海相。而薩哈羅夫參謀總長代表身在遠東的陸相，出席了會議。此外，別佐勃拉佐夫、沃加克、阿巴扎出席了會議。

在會議開始，別佐勃拉佐夫經皇帝允許，做了關於鴨綠江企業的進展報告，大致如下：事情的出發點是一八九八年的朝鮮北部調查。通過該調查，我們判明了這個地方居民稀少，我國有佔據這一區域的可能。因此陛下認可了在這裡扎根的必要性。這個決定促使我們獲取了布里涅爾的森林利權。但當時並沒有採取積極行動。直到數月前，陛下認為有必要積極行動了，命令派遣我著手森林採伐的工作。這個命令得到了落實，現在我們還打開了將利權擴大到鴨綠江右岸（滿洲方面）的可能性。我們在軍事上沒有做太多，只組建了由俄羅斯人和當地人組成的警備隊。這樣報告後，別佐勃拉佐夫指出，在他不在的期間，四月八日（三月二六日）的協商會決議雖然制定了一定的架構，但存在著某種「缺陷」。別佐勃拉佐夫講完後，尼古拉二世說，上次的會議決定有必要進行「補充」，他命令別佐勃拉佐夫朗讀補充方案。於是別佐勃拉佐夫朗讀了七項補充方案。[154]

這個方案幾乎原封不動地成為了這次協商會的決議，大概與議事錄所記載的內容沒有什麼不同吧。

一，取消讓外交部驗證朝鮮利權效果和意義的決定。

二，外交部和財政部雖然沒有必要與清朝政府交涉以獲得鴨綠江右岸的森林利權，但外交部要做相應的協助工作，盡可能防止不擁有優先權的人取得這一利權。

三，將鴨綠江森林資源開發公司的全面成立延期至利權最終獲得承認時，目前僅限定於採取準備措施。

四，吸引外國資本也相應延期。

五，國庫資金參與該股份公司的額度，根據實際的國家利益和遠東的要求決定。

六，公司的活動不只限於開發鴨綠江利權，可根據公司的實力、信用、以及通過與財政部的協定而明確的符合國家利益的條件，廣泛開展活動。

七，公司活動要遵從關東州長官阿列克塞耶夫的監督。[155]

如希曼斯基所指出，這個方案「不是對四月協商會決議的補足，而是根本性的修正」。[156]與會者圍繞這個方案闡述了意見。大家對第一項沒有異議。外相說利權得到了確認。對於第二項，認為防止別人獲得利權之事很困難。別佐勃拉佐夫主張只要我們提出申請，就應該有優先權。皇帝贊同這個意見。外相也承認當然會提供協助。

接著財相維特說，有消息說清朝政府正準備成立清國人的公司開發鴨綠江森林。尼古拉表示，已經知道這件事。維特大概是被搶了先機，只表達了妥協性的意見：「聽了別佐勃拉佐夫的說明，我與他的意見在本質上沒有不一致。」在此基礎上，他指出這一利權「不是一個民間公司的問題」，它具有政治目的，掩飾是沒有意義的。「清國與日本已經知道了這個企業的真正面目」，此事伴有風險。問題是能否平安無事地度過這個風險。維特舉了兩個雖然伴有風險，但無疾而終的例子：日清戰爭時的三國干涉和佔領租借旅順、大連。他說「只有皇帝陛下的意志才能夠決定」我們在鴨綠江的計畫。「如果陛下認為儘管有風險，但這項事業很重要的話，那麼可以完全廢棄三月廿六日的議事錄，在這點上我沒有異議。如果陛下認為風險很大，那麼就要保持議事錄的效力。」關於第三項，維特認為如果沒有利權，就沒有公司，這麼做是理所當然的。關於第五項，他說國庫盡可能少地參與為好。對於最後兩項他表示沒有意見。最後，維特再次重申，補充方案和自己的意見之間沒有不一致，只是他認為有必要考慮已存在的協定，而且只有皇帝才能做有風險的決定。

別佐勃拉佐夫說，他對維特和自己意見一致感到很高興，這個事情確實有風險，但它並不具有「決定性的意義」。建設東清鐵路的意義雖然很明確，但伴隨著安全保障上的問題，只要不制服鴨綠江地區，這個問題就會一直持續下去。而我們在鴨綠江沿岸採伐木材的行動是「無條件的合法」行為。無論何時，新事物的出現都會引起騷亂，但如果什麼都不做的話，將會有更大的騷亂。

維特到底忍無可忍了，反駁道，「風險隱藏在日本會對這件事採取什麼樣的態度上。日本現在沒有錢，所以很安靜，但它的態度是有可能改變的。而且還有來自清國方面的風險。我們不知道清國政府會對中止撤兵採取什麼樣的態度。」

尼古拉插嘴說，中止撤兵之說不過是由駐牛莊的美國領事錯誤的報告而引發的誤解。維特說如果撤兵，清軍會變得更大膽，有可能發生衝突，到時如果只有民間企業參與，不會演變成大的問題，但即使這樣，日本大概也有發出最後通牒的可能。維特剛說到「如果馬德里托夫或者誰在衝突中被殺了」，尼古拉馬上接話說，一八二八年格利博耶多夫在德黑蘭被殺害了，但也沒有引發什麼問題。別佐勃拉佐夫說，財相擔心遠東的心情可以理解，但「我們一旦從鴨綠江退出，風險馬上就會隨之而來」。維特反駁道，只有根據協定展開行動才能理直氣壯。

皇帝這時以「讓步會招來更大的讓步」為由，命令沃加克朗讀他的意見書。157 沃加克讀完後，維特說這個意見書的提案部分不能實現，「遠東事態並不像這個意見書寫的那麼危險」。拉姆斯道夫以沃加克沒有看過重要文書為由，想要提交對其進行反駁的意見書。皇帝回應說，可以提交簡單的東西出來。別佐勃拉佐夫表示，「儘管這個意見書帶有悲觀的性格，但它卻像照片一樣真實，或許可能令人不快，但現實就是這樣。我通過在當地看到的事實和聽取消息靈通人士以及權威們的意見，可以確信這點。」代表庫羅帕特金出席會議的薩哈羅夫參謀總長指出，他注意到意見書中的結論是不希望戰爭，但不得不承認依靠現在的力量，我們在遠東的狀況是很嚴峻的，甚至有可能失去旅順，所以，即使最終我們會取得勝利，也有必要避開所有與日本衝突的口實。「因此鴨綠江利權不能成為追加的與日本衝突的口實。」薩哈羅夫說，鴨綠江的戰略意義無疑很重要，日本如果在朝鮮建立了基地，將會謀劃進攻滿洲，因此，如果公司的經營層能夠籠絡住當地居民，就可以延緩日軍的進攻，為我們爭取時間。薩哈羅夫還說，儘管如此，為了不刺激日本，也有必要謀求公司的國際化。

對此，別佐勃拉佐夫強調沒有必要去尋求外國人的援助，細部的事情只要委託給阿列克塞耶夫即可。他進而說，我們讓步的態度會起到相反的作用，他指出必須搞清楚「我們在遠東是否擁有充分的兵力」這個問題。

之後，大家又返回去討論補充決議。最後，內務大臣普列韋說，根據沃加克的意見書，俄羅斯在遠東的根基很薄弱，因此即使成立公司，也有必要「克制地、不引起騷動地活動」。內相再次指出政治性企業的風險是無法避免的，當俄羅斯陸軍在遠東的力量還不是十分強大的時候，推進此事必須慎重。

皇帝總結說，這次的補充決定，是廢除先前的妨害有前途的事業發展的決定。內相評論說，這是通過別佐勃拉佐夫的報告和沃加克的意見書首次明確的事情。維特勉強發言說，等庫羅帕特金回來後，事態會最終明確吧。最後，皇帝讓別佐勃拉佐夫朗讀了五月十五日（二日）發給阿列克塞耶夫和庫羅帕特金的電報。[158]

根據會議的議事錄，該會議確認了關於鴨綠江公司的七項決定，然而，最為重要的部分——確認對沃加克意見書的認識，以及兩封電報中所表述的統合政府在遠東的統治方針——卻沒有被當作討論的對象，僅僅是告知了與會者。

## 五月協商會之後

別佐勃拉佐夫這個時候終於攀登到了他能力的最高峰。[159]他是皇帝的遠東政策顧問和輔佐官。在給妻子的信中，他傳達了這時的心境。這封信是從內政部「民間私信秘密閱讀部」的文檔中發現的：

「我被任命為樞密參贊之事引起了難以名狀的大騷動。甚至有人陷入了某種恐慌、茫然自失的狀態。恐怕如果我不出現什麼紕漏的話，這種感情還會繼續高漲吧，一直到人們明白我不希望任何人不好，也不會威脅任何人的地位，只是在盡自己的職責為止。我現在作為主人（皇帝）的私人秘書工作。我沒有朋友，迄今為止一直如此。因為我太獨特，無法與任何人處理好關係，而且太過自由不羈，對於服從、被服從都很厭惡。我自己也很清楚這些，我完全承認，不應該要求別人理解本真的我，更不要說與我搞好關係。在這個世上，我唯一必須要重視其意見的人就是我的陛下。何況陛下對我懷有無上的好意。我愛陛下，無論將來如何變化，我都可以說我有為陛下粉身碎骨的覺悟。這是我的職責。以上是我獨自做著沸沸揚揚的事情時，最真實的內心世界。我孤獨地站立著，舊秩序的捍衛者們全都反對我，竊竊私語，等待著將我大卸八塊的日子。我有計劃和進程安排。我有決心將我的國家和社會從泥沼派的手中奪回。但是，我還不知道這件事能否得到上面的承認。我目前正在舌戰群英，雖然暫時抵擋住了，但敵人真得很多，我時常不由自主感到懷疑。」[160]

會議之後，別佐勃拉佐夫屢屢和拉姆斯道夫外相談話。五月廿四日（一一日），別佐勃拉佐夫向皇帝報告，他和阿巴扎一同探訪拉姆斯道夫兩次，總共會談達七個小時。拉姆斯道夫的抵觸指向了沃加克「讓步政策」的言論。總之，他對外交失敗的評價很是氣憤。別佐勃拉佐夫在即將譴責外相「不作為和不可理喻」之處時，停了下來。「我個人通過這些談話清楚地意識到了在我國，這個部門整體上沒有直面現實以及由此不斷高漲的困難的準備，心情變得極為沉重。」[161]

終於，就連拉姆斯道夫也對別佐勃拉佐夫等人的介入抱有了極度的危機意識。他為了扭轉事態，制訂了外交部對日接觸的方案，於五月廿九日（一六日）上奏給皇帝。外相首先承認「在鴨綠江邊牢固地扎下根來，在朝鮮國境處建立起能夠隨時對抗日本壓力的強有力堡壘的構想」是很好的，接著他指出，雖然通過「成立正當合法的商業企業」來謀求實現這個構想是很好的辦法，但最近事態呈現出了異常。「鴨綠江木材企業的政治性＝戰略性面目完全暴露了出來」，俄羅斯政府遭到了始料不及的「企圖偽裝自己行動的本意」這樣的責難。他將外國報紙剪報附在了意見書內。外相認為在這種情況下，「為了避免一切極度與俄羅斯尊嚴不相容的危險的動搖」，在最終確定該如何行動時，「我認為有必要先解明東京和北京的政治狀況」。他請求允許羅森公使去探察「與日本締結協定的基礎準備到了怎樣的程度」。

皇帝立即接受了這個建議，他在上奏書上批示「完全同意外相的徹底解明就朝鮮一事與日本締結全面協定的可能性的想法」。[162]

拉姆斯道夫翌日馬上給羅森發電報下達了訓令，命他打探是否有與日本締結「務實協定」的可能性。然而，我們從外相的這份電報中，可以窺探出他是何等地脫離現實，他認為應該對日本提出「我們完全明確的、正當的要求」，還舉出例子：與日方約定，不妨害俄羅斯獲得漢城—仁川的鐵路和電信的利權。[163]雖然不清楚羅森對此是如何反應的，但可以推測他並不贊成拉姆斯道夫這個脫離現實的意見，他沒有嘗試與日本方面接觸。拉姆斯道夫陷入了窘境。[164]

外相還準備了長篇意見書，以反駁五月協商會上沃加克的意見書，並於五月三十日（一七日）將這份意見書送給了維特。意見書中寫道，俄羅斯對清國、日本、朝鮮的政策在日清戰爭之前就已經確定了，日本推進日清戰爭的政策意圖是「踏足大陸，佔領朝鮮」，這是「違背俄羅斯的第一等國家利益」的目標，因此進行了三國干涉。其結果，俄羅斯與清國締結了秘密軍事協定。不用說拉姆斯道夫這只是將過去的政策正當化了而已。對於山縣訪俄時提出的分割朝鮮方案，他認為，如果「俄羅斯與日本之間以那種條件締結協定，大概會遭到其它關心遠東問題的列強抗議」，以此駁斥了沃加克的批評。因為在締結下關條約時，俄羅斯要求日本尊重朝鮮的獨立，如果按沃加克所言行事，就違反了俄羅斯所提的要求。而且如果將朝鮮分割為南北，俄羅斯就不能再向有價值的朝鮮南部伸手了。所以說山縣・洛巴諾夫協定是有意義的。這個辯解多麼無力。拉姆斯道夫進而寫道，即使在一八九八年俄羅斯佔領旅順後，日本也沒有嘗試用對朝鮮的行動進行對抗，而是尋求與俄羅斯交涉，而俄羅斯一直拒絕日本的要求，沒有做任何讓步。因此，沃加克所說的讓步政策是錯誤的。軍事教官和財政顧問是應朝鮮請求派遣的，只不過因朝鮮國內局勢發生變化，才將其召回。這辯解未免太過厚顏無恥。外相意見書只是在自賣自誇以往的政策，無視了沃加克指出的由於日俄間沒有真正關於朝鮮問題的協定，關係變得很危險。

拉姆斯道夫的結論是，不應該對日本採取挑戰性態度，「時間是俄羅斯唯一的盟友、忠實的助手」，他指出「一切不慎重、不合時宜的嘗試」都會使俄羅斯政府站到俄羅斯尊嚴所不能容忍的退卻者的立場上。[165]這份意見書很好地表現出拉姆斯道夫不求有功、但求無過的消極主義以及官僚式的觀望主義的態度。

在軍事問題上，參謀總長薩哈羅夫馬上對沃加克的意見書做了回應。薩哈羅夫在五月廿九日（一六日）向皇帝提交了意見書。認為遠東的軍備不足，這點與庫羅帕特金事實上是對立的。當然，由於陸相不在，他提出的意見比較克制。但是，薩哈羅夫在意見書開頭從贊成沃加克意見書開始寫起。他同意沃加克指出的以往的政策錯誤，修正一邊倒的讓步政策的提案。在正文部分，儘管薩哈羅夫認為應該遵守自滿洲撤兵的約定，但他同時討論了為準備與日本開戰，在哪裡配備兵力合適，他認為將兵力集結到滿洲北部、等待援軍的戰略較好。[166]不過，就在鴨綠江方面配備兵力，薩哈羅夫並沒有提出佔領鳳凰城，而是提議佔領琿春。別佐勃拉佐夫看了這些內容後，滿懷好意地評價道，「不管怎麼說，薩哈羅夫侍從將軍的意見書，對於解明我們迫在眉睫的問題是個重大貢獻，他的主張可以概括為，我們在軍事方面極度需要配備更好的裝備。」[167]

別佐勃拉佐夫和阿巴扎六月五日（五月二三日）、十日（五月二八日）都謁見了皇帝。別佐勃拉佐夫還將和維特會談的結果寫下來，送交給皇帝。別佐勃拉佐夫對皇帝說，他已和維特就五年追加軍事預算二億一千萬盧布進行了交涉，並提出希望中止西部國境納雷夫的鐵路計畫，將那部分資金二千二百萬盧布調到遠東。[168]他完全進入了遠東問題特別輔佐官的角色。

別佐勃拉佐夫也直接找薩哈羅夫參謀總長談過納雷夫之事。他主張為了增強遠東兵力，有必要將原定於西部的預算調向遠東，東普魯士和波蘭國境地帶的納雷夫鐵路線的鋪設、納雷夫要塞的建設並不是迫切需要，可以延期。對此，薩哈羅夫反駁道，這是由陸相提案、經陛下批准的專案，必須實施。薩哈羅夫向庫羅帕特金彙報，說他嚴正拒絕了別佐勃拉佐夫。[169]

納雷夫鐵路，是指沿納雷夫河岸的鐵路線，鋪設這條線路的方案由陸相提起，在一九〇二年十月至十二月間召開數次協商會後，得到了批准。

## 別佐勃拉佐夫去往遠東

外相對別佐勃拉佐夫等人的活動感到很氣憤，終於在六月十日（五月二八日）向皇帝遞交了辭呈。辭職的理由是，遠東的政治問題脫離了外交部管轄，這「證明皇帝不認可」他過去三年的努力，以及現在遠東問題的「主要指導權委派給了關東州長官」這兩點。[170]

皇帝將這封辭職信給別佐勃拉佐夫看了。不知是別佐勃拉佐夫覺得拉姆斯道夫容易對付，還是覺察到皇帝不想讓拉姆斯道夫辭職，別佐勃拉佐夫向皇帝進言「不可受理」。[171]翌日，皇帝寫信給外相。「昨日你的信讓朕非常震驚，並且非常氣憤。」朕對外相不信任是「連影子也沒有」的事。朕之所以將阿列克塞耶夫置於「俄羅斯在遙遠邊境上的利害總代言人」的位置，是因為「無論是你還是朕，即使經常從數萬俄里遠的地方得到矛盾的、斷片式的資訊，也無法理解每天發生在那裡的事情」。期待你「以從前的熱情繼續發揮力量輔佐朕」。[172]

別佐勃拉佐夫還向皇帝建議了擢用阿巴扎的問題。[173]別佐勃拉佐夫與皇帝的這種關係一直持續至他出發去遠東。就在出發前一日，別佐勃拉佐夫還將與各大臣談話的結論報告給了皇帝。[174]六月十六日（三日），別佐勃拉佐夫出發去往遠東。阿巴扎將當時的情景寫給了妻子：

「別佐勃拉佐夫乘坐豪華的特別列車出發了，完全是皇帝專列的模樣。之所以這樣，是陛下有必要向人們展示，他對這項事業賦予了重大意義。這趟列車的出發，不僅標誌著俄羅斯的政治、對東方的外交政策，還標誌著國內政治的巨大轉換。這是在長期的動搖和猶豫不決之後到來的，邁向堅定且明確的道路的轉換。以往，人們一直期待以官僚與大臣的專制打破沙皇的專制。神啊，請你指引沙皇在這個新方向上顯示出毅然決然的態度來吧。那樣的話，俄羅斯將再次得以佔據相應的地位，並屹立在那裡。」[175]

## 日本要求開放義州

雷薩爾公使回到任職地北京，於六月十一日（五月二九日）開始與慶親王交涉。雷薩爾擺出了高壓態勢。「如果你們認為我們提出的要求太過嚴厲或者不能實行，那麼你們應該悉心討論，明確告知為何不能實行並提出替代性的方案。不能不討論我們的要求就直接退回。我不接受那樣的通告。」對此，慶親王重複了上次的拒絕回答。雷薩爾再次講道：

「我們征服了滿洲，我們有足夠的力量維持它。無論是清國還是外國人都不能妨礙此事。皇帝陛下過去希望將征服的諸州返還給清國，現在也是如此。但是，這只是陛下的一片好意，除此無他。」

「清國對俄羅斯缺乏信任和好意，最明白的表現就是，清國不斷將所有實質上只是俄羅斯與清國之間的問題告訴外國人，將普蘭松備忘錄中所有可能使我們為難的點告知英、日、美的公使。……這樣的做法違反了一切國際法慣例。因為談判還在進行，還沒有得出最終的結論。讓我震驚的是清國的短視，清國不能區分俄羅斯的友好行動和其他列強的利己政策。」[176]

慶親王在冗長的交鋒之後，研讀了普蘭松備忘錄各條內容，同意提出清國方面的對應方案。雷薩爾決定在他提出方案之前暫停交涉。

另一方面，國際輿論因鴨綠江問題、龍岩浦事件沸騰起來。英、日駐韓國的公使們為了對抗俄羅斯在鴨綠江的朝鮮一側沿岸推進的林業開發之事，考慮迫使韓國開放義州為外國貿易區，他們從五月末開始活動。英國的喬丹公使五月廿五日向倫敦報告他已向高宗建議開放義州。蘭斯敦外相立即回電表示支持此事。[177]林權助公使五月廿二日向東京建議促使韓國「開放義州方面」為「上策」。[178]小村外相在五月廿八日的電報中下令按此方針行事。[179]

六月八日，林公使向小村提出了重要建議。俄羅斯在鴨綠江的木材事業有韓帝的特許為基礎，由於那是「俄國勢力全盛」時代的「唯一遺物」，很難對此做什麼。這件事情如果是「認真的營利性事業」，就沒有必要防範。但是，問題是滿洲撤兵還沒有實施，現在京釜鐵路工程也開工了。如果鐵路開通，韓帝會產生將南部一帶委託給日本的想法。那樣的話，西北區域就成了問題。

「韓帝之政略即在日本不斷經營南部期間，由俄國經營西北部，若南方受到逼迫，則於北方求活路，若北方逼迫，則於南方求活路。自韓帝之性格，頗能窺知其打算。尤其若不實施自滿洲撤兵，韓帝可能更專意於此」、「韓帝此政策，依靠出入宮中之寵臣，能否輕率容易地實行，本使實為之擔憂。」「能否改變韓帝之意，能否使俄國於森林問題上放棄政略意義」，解決滿洲問題顯得尤為重要。

進而，假設不能讓俄羅斯從龍岩浦撤退，「我自應有均霑之理由，有要求韓廷給予某種報酬之權利。」林列舉了「開放內地」和「京義鐵路」作為日本的要求。「開放內地」欲以「與朝鮮一紙通知，自行實施之方針」推行，「京義鐵路」則「無論成否，雖難以預見，然打算在過去採取的間接手段之外，公然提出要求。」[180]

六月十五日，林在八日建議的基礎上，給東京發去電報，報告一名叫阿部準輔的人成立了日清合資企業，詢問是否允許這一企業在沒有韓國政府的許可下直接開始在鴨綠江的木材事業，還是要向韓國政府要求獲得與俄羅斯同樣的權利，請求指示應該採取哪種辦法。[181]十七日，因韓國政府沒有開放義州的意願，林再次提議向韓國政府聲明兩點：「將沿京釜、京仁鐵路之要地視為開放，可讓吾國商民自由居住」和「將龍岩浦、義州及圖們江之慶興視為開港區域」。[182]

雖然小村非常理解林的提案動機，但還是認為像這樣的直接行動有些過份。六月十八日，他給林回電「理解汝所示意見，但因其它原因，暫且擱置本事」。[183]因為小村打算與俄羅斯政府之間進行決定性的交涉了。

## 庫羅帕特金陸相訪問日本

五月廿日（七日）會議後，沃加克去了遠東。六月三日（五月二十一日）沃加克到達外貝加爾邊疆區時，給阿列克塞耶夫發去電報，大致說明了自己將要向他傳達的聖彼德堡的情況。關於五月十五日（二日）皇帝的意思，沃加克寫道「現已判明由中央進行事務管理是行不通的，認識到有必要將更廣泛的責任許可權授與當地長官，因此將在遠東（關東州、沿阿莫爾州，當然還有滿洲）創設總督制。」遠東總督直屬於皇帝，在中央成立由皇帝主宰的特別委員會。由此可見，此時這種構想已大致成形了。電報詳細地說明道：五月廿日（七日）召開了特別協商會，撤銷了四月八日（三月二六日）協商會的決定，普列韋內相是新路線的支持者，拉姆斯道夫外相是最強烈的批評者。沃加克寫道，他的使命是說服庫羅帕特金，希望阿列克塞耶夫在與庫羅帕特金見面前，先和他本人相見。[184]

然後，沃加克於五天後的六月八日（五月二六日）到達旅順，他將五月廿日協商會的資料交給了正在那裡等待他的庫羅帕特金。根據庫羅帕特金的日本日記，他與沃加克「一直保持著信賴和共鳴」，從他所寫的內容來看，他們的會談似乎很和諧，但那是寫在公開日記上的外交辭令。即使這樣，庫羅帕特金對於沃加克意見書也寫道，「對事態的判斷大部分是正確的」，但最後一頁卻寫道「建議治療疾病的方法不正確」。基本上持反對態度。[185]

說到底，庫羅帕特金的反對意見源於危機在歐洲這種觀點，所以不能為強化遠東軍備而消耗軍費。

就在這時，庫羅帕特金收到了指導他在日本行動的訓令。筆者推測，這是由沃加克起草，別佐勃拉佐夫和阿巴扎所加工的。訓令的正文部分寫道，是時候停止讓步政策了，在遠東，重要的是使我們的關注點和我們的力量保持均衡。為此要謀求強化遠東的軍事力量。為使所有政府部門行動統一，倡議在陛下的指導下，將最高統治權集中到唯一的人物手中。此番陸相訪問日本「要探明日本真實的想法，盡可能地按照以下的方式對這一帝國的政治家進行說明」。[186]

一，承認日本在包括軍事在內的所有領域都取得了巨大的成功。

二，承認日本在遠東諸國中，被保證了一定的發展前途。不過，與俄羅斯擁有正確的關係（沒有說協定）是其條件。

三，指出日本的外交政策、其與英國的同盟以及不斷使用武力威脅、對俄羅斯哪怕最合法的行動也不斷地抗議、新聞失控等等，大概都會帶來完全相反的結果。

四，促使日本想起俄羅斯在遠東付出的巨大犧牲，這些犧牲也是為了其他國家的國民。因此即使俄羅斯不收回投入的資金，也有確保相應利息的正當權利。

五，展示簽署一九〇二年三月廿六日條約所表現的狀態的合法經過。促使其想起一九〇〇年俄羅斯對清國做出宣戰公告，擁有無條件實現一切結果的權利（布拉戈維申斯克攻擊）。

六，如果沒有其他列強妨礙，我們會再度確認履行這一條約。

七，促使其明白，包括日本在內的一部分列強對俄羅斯現在的行動採取完全非正當的、感情用事的態度，有可能會延緩條約的履行。因為俄羅斯不能容忍原本是按照自己的意願開始的從滿洲的撤退，看上去好像是因第三者的壓力而被迫做出的行為。

八，指出由於日本對俄羅斯的行動在沒有任何重大根據的基礎上就採取感情用事的態度，妨礙了俄羅斯對日本的重大利害問題採取應有的態度。在指出此點時，要明言俄羅斯既沒有否定日本重大利害問題的打算，也沒有無視的打算。（但是，要避免討論朝鮮問題。）

九，表明相信日本會竭盡全力與俄羅斯維持正當的、善良的鄰里關係。[187]

這是對日本尋求採取平等立場、尊重相互利害的方針。關於朝鮮問題，不讓庫羅帕特金交涉也是理所當然的吧。

六月十日（五月二八日），庫羅帕特金與沃加克同行，前往日本。[188]

## 朝鮮的反應

這期間，在朝鮮，對俄羅斯進入龍岩浦之事湧現出了強烈的反對意見。《皇城新聞》五月廿五日刊登了題為《西北森林及龍岩浦事件》的社論，廿七、廿八、廿九、三十日做了連載。「現今俄人於滿洲樹立其勢力，影響廣大，已波及我國，為世人盡知。」[189]

六月三日，報紙報導了庫羅帕特金訪問日本，認為「日俄有頗多來往上的有利條件」。也就是說，對俄羅斯是否會圍繞朝鮮向日本提出交易很警惕。六月五日，外報欄刊登了「俄國的強硬論」，據俄人的有力說法，「俄羅斯就算將一部分韓國割讓給日本，也永遠不會放棄滿洲」。

接著，六月八日報紙發表了題為《告佈全國人民》的社論，說韓國現在「危如累卵」，「最應寒心」。具體而言，「日本人經略三南地區，於京釜鐵路線橫貫三南要地，不斷大量購入、佔有土地、房屋。俄羅斯人經略西北關防，號稱租借圖們、鴨綠兩江沿岸要害之地的所有森林，眼下，義州、龍川等地有近百名俄羅斯士兵渡來駐屯，帶領清國匪賊，隨意採伐國禁封山，購買田土，建築房屋，毀損數百人墓，驅逐上千韓人。」

雖然這裡列舉了日本和俄羅斯兩者，但在結論處說「歷觀前史，自三國高麗以來，我國之患常起自西北，終至全國之禍」，更為重視俄羅斯侵略的危險性，「俄羅斯認為即使將韓國的一部分割與日本，也不宜開放滿洲，將韓國視為自家囊中之物，欲對其任意分割。」[190]

社論呼籲「我等同胞須知，父母之邦將轉落為異賊之域」，「嗚呼，全國同胞！嗚呼，全國同胞！」

六月三十日的社論是《辯日俄密約成立說》，指出有傳聞說庫羅帕特金訪日時，以滿韓交換與日本達成了密約，呼籲國人警惕。這裡也提及了「現今東洋中三國」的「輔車唇齒之勢」，勸說國人，日本「保護韓清，即保護自國之和平」。但是，日本「無力防遏」俄羅斯的強力。即使一時「滿韓交換，待到俄國勢力於滿洲穩固下來，也必定會伸臂扼南。俄羅斯如何能容忍日本獨享利益呢？到時候恐怕日本也會變得無法獨立吧。」

這種狀況也令高宗很擔憂。他派侍從訪問旅順的阿列克塞耶夫，以私人會談的形式進行了試探。阿列克塞耶夫在七月六日（六月二三日）的電報中，向外相傳達了此事，他向該侍從斷言「陸軍大臣訪問日本，不會與日本討論就朝鮮問題締結某種協定」。[191] 七月廿九日（一六日），阿列克塞耶夫再次電告，這次連侍從的姓名——金仁洙（譯者註：音譯）都寫明瞭，皇帝派他詢問：有傳聞說俄羅斯與日本締結了協定，給予日本「按自身裁量，指揮朝鮮的權利」，這是否準確。還詢問「俄羅斯是否會因某種原因捨棄朝鮮，將其轉交給日本之手？」阿列克塞耶夫非常明確地表示了否定，說沒有締結那樣的協定。[192] 這是他再一次的強調、說明。

## 參謀本部和七博士

恰在這個時候，日本參謀本部打算確定對俄方針。六月八日，大山嚴參謀總長召集參謀本部各部長會議，討論對俄問題。總務部長井口省吾少將為這次會議準備了長篇的備忘錄，並以此為基礎做了發言。這份備忘錄《帝國對俄國在滿洲行動可採取的處置意見》保存了下來。[193]

井口指出，俄羅斯不執行滿洲撤兵，「於朝鮮國境增加兵力，且無視日俄協商，藉口伐木，讓便服軍人越過滿韓國境，侵入朝鮮國內」。他評價這一動向是「即使對帝國將來無危害，帝國亦不能糜費國力一賭存亡、默然視之的重大事件」。

這種見解的基礎是「俄國國策自彼得大帝以來，即著眼於全世界之統一」。且一貫推進「東方經略」，相繼獲得中央亞洲、東西西伯利亞、滿洲北部、樺太島，「遂至旅順、大連及其他遼東半島之地域，以租借名義占奪」，如此還不「滿足」，「遂藉租借旅順、大連，以預備侵略滿韓地方」。「貪婪無厭，殆不知所止」。因此「若讓俄國於滿洲維持現狀」，「將朝鮮委以彼之毒手……日本帝國蟄伏扶桑一孤島，無伸展手腳之地……如對馬及北海道等帝國主要屬島……亦不保遭遇被其佔領之厄運」。發言頗具雄辯和誇張，述說俄羅斯在控制了滿洲之後，甚至還有佔領北海道的可能，宣揚了俄羅斯威脅論。

那麼該如何對抗這樣的俄羅斯，從而解決「滿洲問題」呢？

「故此，將俄人驅逐至滿洲以外，開放滿洲為各國之相互市場，……讓滿洲成為任何國家都不能伸其毒手的中立地。並落實韓國之佔領，阻俄人南下，迫其返還租借之旅順大連，如有可能，更佔有浦鹽港，以阻塞俄人進入太平洋之門户，為最確實之策。」

為了達成使滿洲中立，並佔領韓國，將符拉迪沃斯托克納為日本領域的構想，「懷抱不惜最後賭以戰爭的決心，嘗試強硬外交談判，彼從我命則可，不從則唯有試以一大決戰。」

關於日俄兩國的兵力關係，戰時，俄羅斯能在東亞投入的陸軍兵力為廿三萬餘，其中西伯利亞、阿莫爾兩軍區和關東州共計十六萬多，其餘七萬要從莫斯科軍區動員，但以現在西伯利亞鐵路的狀況，到達遼陽附近需要一百二十天。與之相比，日本的陸軍兵力為十三個師團，其中有四個師團在開戰時即可投入戰場。因此「今日之境況於我帝國最為有利，於俄國則最為不利」。隨著俄羅斯鐵路能力增強，兵力集中速度加快，狀況大概就會變成「於俄國有利」了。海軍也同樣，「帝國艦隊之勢力，俄國於我為三對四之比率，我方明顯比俄國佔有優勢，雖有十分勝算，但隨著俄國海軍擴張計畫逐次完成，明年六、七月時，兩國海軍之實力殆相匹敵，其後俄國實力將逐年增強……我方終究不及俄國之勢」。因此，「帝國懲治俄國之橫暴，……絕其危害日清韓三國獨立之野心，若失此時，不可復求。」

井口做了結論性的總結：「一，俄國未自滿洲撤兵，會使帝國將來生寒心之結果，不可置之不問。二，……帝國與英美二國共同公然向俄國要求撤兵，且須得遠東永遠和平之確實保障。……帝國即使單獨與之談判，亦不可不公開行之。三，倘若談判決裂，……俄國不應我之要求，帝國不可不訴諸兵力以貫徹目的，依彼我兵力之關係、西伯利鐵路未完成、日英同盟成立、清國國民之同仇敵愾等，以今日為最好時機，若今日失此好時機，絕不可再得。」

他提出了四原則：最重視滿洲問題；最好與英美共同進行交涉，倘若不可行，則單獨進行交涉；如果談判決裂，就發動戰爭；若要發動戰爭，今日是最好的時機。

根據大島健一第四部長的回憶，除井口之外，松川、大島也發表了意見。「三部長所見一致之點，若徒然遷延現況，俄國將於東亞漸次佔據有利地位，與之相反，我國則招致不利之情勢，可謂今日絕不可失此日俄開戰之好時機。」福島安正因故缺席，大澤界雄、落合豐三郎等第三、第五部長沒有發表任何意見。田村次長也一言未發，但在大山總長剛講到「因俄國是大國」就退席了。[194]井口日記中寫道，「總長……流露出反對之意」，他「憤慨總長不溫不火的態度」，得到了松川、大島的勸解。[195]很明顯，參謀總長、次長和下面部長們之間出現了分歧，但這不是本質性的對立。

這個時候，民間也出現了重要動向。六月一日，東京帝國大學教授戶水寬人、寺尾亨、金井延、中村進午、富井政章、小野塚喜平次、高橋作衛七位博士訪問桂首相，提了建議。他們在歸途中也向小村外相請求會面，但遭到了拒絕。翌日，他們又請求會見山縣，同樣遭到回絕。於是他們改成提交建議書，由高橋作衛寫原稿，於六月十日整理成形。在這一階段，七博士並沒有考慮過將建議書的內容公之於眾。然而，六月廿一日，《東京日日新聞》發出批評這份建議書的評論。於是，戶水等人決定邁出公佈建議書全文這一步。六月廿四日，建議書全文在《東京朝日新聞》等數家報刊發表了。[196]

「現已過第二次撤兵之期，而俄國尚不舉其實，當此時，空歷歲月，對條約之不履行付之不問，若逸此千載之良機，竊恐其責終歸諸公。噫！我邦已於歸還遼東問題一度逸失良機，復於膠州灣事件逸之，又三度於北清事件逸之。豈可更蹈此覆轍，一再失策乎。既往者不可追，然不可不講求失之東隅，收之桑榆之策。尤須注意遠東之形勢漸迫危急……再無逸失機會之餘裕。若逸今日之機，日、清、韓恐再無抬頭之日。」

「今俄國漸次於滿洲扶植勢力，依靠貫通鐵路、建築城壁炮臺，逐漸堅固其基礎，尤於海上大集艦隊勢力，增其海陸強勢，以威壓我國，此為最近報告所證明。故遷延一日，即增一日之危急。然獨喜目前我軍力較彼尚稍有勝算。……當此之時，等閒失機，實可謂遺患千秋。

夫俄國今日無與我抗衡之成算。然觀其所為，或無視條約，或煽動馬賊，或入兵朝鮮，或於半島之要地尋租借地，旁若無人。……彼若於滿洲站穩地位，次將臨朝鮮如睹明火，朝鮮既服其勢力，次所欲臨之地，不問自明。故曰，今日不解決滿洲問題，則空談朝鮮，若空談朝鮮，則日本之防禦無望矣。」

「欲乞注意，置外交爭議之中心於滿洲，與置之朝鮮，其間大相徑庭。……爭議之中心置於朝鮮時，滿洲當然屬俄國勢力之內，俄國有解釋之便宜。故遠東現時之問題，必得滿洲之保全，於此不可不決之。若以朝鮮為爭點，其爭議退讓一步，則一舉並失朝鮮與滿洲。」

「縱令俄國政治家以甘言誘我，我亦不能取『滿韓交換』或類似姑息之策，根本之解決仍在滿洲歸還之問題，需以最後之決心，謀永久保持遠東和平之大計。」[197]

這份建議書反映了當時民間主戰論的代表性意見。因此在日本國內引起了巨大反響。然而值得注意的是，這份建議書的主張在韓國也喚起了特別的關切。《皇城新聞》這份擁有四個版面的日報分三天連載了建議書的全文，可謂史無前例。[198]對於這份在前言中就表達了對「滿韓交換」論的反感，批判了俄羅斯的侵略性，批判了滿韓交換姑息政策的意見書，《皇城新聞》似乎頗有好感。不過，第四天刊登的評論中寫到，日俄戰爭是趨勢，還提出問題「我韓國位於兩者之間，面對危急切迫之狀，該如何做呢？」。「暗中擔憂恐如俎上之肉，無論如何皆不能避免被吞噬之患。」文章最後以「究竟該說什麼，嗚呼悲之」結尾。[199]

然而，《皇城新聞》在七月廿二日和廿三日的外報欄介紹了戶水的新論文。這是戶水在七博士意見書發表後不久，於七月八日所做的口述文章，其後收入了七博士的《日俄開戰論纂》中。該論文露骨地寫道，日本由於人口膨脹，有必要「踐行帝國主義」，對象是亞洲大陸，其中「朝鮮、滿洲是最適合移住之地……必須於此二地區考慮發展日本國力的道路」。《皇城新聞》在「帝國主義」之後，加上了「於外國發展自己國力之主義」這樣的說明，弱化了論旨。戶水在該論文中還露骨地寫道，「由於朝鮮人是妄自尊大的國民，即使日本吞併朝鮮，如果不一度讓俄羅斯屈服的話，朝鮮人必定會考慮尋求俄羅斯的保護」，「日本僅以朝鮮為殖民地，其實並不夠」。[200]不過《皇城新聞》沒有介紹這些段落。即便如此，《皇城新聞》仍然對戶水論文抱以好意，這究竟是什麼心理呢？

## 庫羅帕特金在日本

在這樣的背景中，俄羅斯陸軍大臣一行訪問了日本。一行在下關登陸，於六月十二日抵達東京。隨行者中排第一位的是索洛古布中將，其次是沃加克少將。日本的報紙認出了曾任公使館武官的沃加克。《東京朝日新聞》寫道：「大佐在日本時，適逢日清戰爭，飛耳長目，忽支那，忽東京，機敏大膽，捷若車輪之動，觀察深刻，示人非凡技藝。日本歸還遼東前後，其名聲忽擴於世上。」[201]

庫羅帕特金翌日謁見了明治天皇。他在日記中寫道：「最初的印象並不是很好。……但是，在更近的地方仔細注視這位在日本歷史上佔有傑出位置、值得關注之人的眼睛，就會感受到，這位統治者有著宏大的器量、高度的理性、大膽以及對掌控巨大權力習以為常。」[202]

在謁見時，庫羅帕特金與桂太郎首相做了短暫的交談，之後又見過一次，但沒有深入交流。庫羅帕特金按照給他的指示說了該說的話。「桂是懷有好意的，他說日本有必要與俄羅斯締結一定的關係。他知道對很多列強來講，讓俄羅斯和日本爭鬥是有利的。桂說，無論是天皇還是日本的統治層，都和報紙以及某些頭腦發熱的傢伙們的看法不同。軍隊不希望與俄羅斯作戰，國民也不希望發生戰爭，因為國家疲弊。我最後說，我們在滿洲做出很大犧牲，因此有權利要求在那裡佔據優勢角色。」[203]庫羅帕特金認為桂「很明顯對俄羅斯懷有好意」。「他指出，大家不知道俄羅斯期望什麼，將要做什麼，很是苦惱。不可這樣下去。他支持與俄羅斯簽訂協定。」[204]

桂在自傳中這樣寫道，庫羅帕特金「談到日俄間存在的問題，表示非常想在兩國間做些什麼，以謀求妥善的解決……，唯請求將已有的西伯利鐵路與東清鐵路等問題置於考慮之外。而我則以萬事探知彼意為主要方針，……對兩國間始終在遠東問題上相互反目，不時出現開啟禍端之形勢，表示十分遺憾；此外……必須指出，諸如要求日本承認鋪設東清鐵路等事，是過分的利己主義」。[205]

很明顯，庫羅帕特金一方想要看到日本方面的善意，因此誤解了桂的本心。庫羅帕特金與元老山縣有朋、參謀總長大山巖的談話不太投機，最讓他滿意的是和寺內正毅陸相的會談。「我們確信寺內是和平的支持者。」庫羅帕特金寫道，「他同意我的意見，認為即使日本勝利，也會完全喪失力量。他坦率地承認日本沒有財力進行大型戰爭。」庫羅帕特金完全被欺騙了。他得意忘形地說，日軍的缺點在於騎兵太弱，如果發動戰爭，俄軍會摧毀日軍的騎兵，那樣一來，日本的步兵失去騎兵的掩護，恐怕會變得很艱難吧。這是瓦諾夫斯基的意見。[206]

庫羅帕特金在參觀了東京守備隊的演習之後，寫道，「承認日本的軍事力量在真正價值上與歐洲的軍事力量對等並不為過。在防禦上，我國的一個大隊能夠和日本的二個大隊對抗，但在進攻上，我們也必須用兩倍的兵力。日軍不遜於土耳其軍，在個別場合，或許有可能再現杜布尼亞克、普列文（均為俄土戰爭的激戰地）的情形。那個時候，由無能的指揮官率領的五、六名俄羅斯士兵，都無法打倒一名在不起眼戰壕中的土耳其士兵。」

庫羅帕特金認為與日軍作戰的最佳方法是利用騎兵的優勢，通過夜間襲擊，在精神上消耗他們。「日軍都是南方人。他們對攻擊熱血沸騰，在晝間的防禦戰中會很拼命。然而，疲憊和反覆失敗很容易使他們在夜間行動中陷入恐慌。」[207]這種分析沒有任何根據。

庫羅帕特金在訪問將要結束時，特別注意到了日本人欠缺宗教心，他在日記中寫道，「這是日軍極大的弱點」、「沒有宗教，沒有對神的事業的信仰，而要忍受戰爭的嚴酷考驗……個別人或許可能，但大眾是不可能的。在日本的學校，取代宗教，教授的是對最高道德、祖國、天皇的愛，對家族的敬意。」[208]

從本質上講，庫羅帕特金對日軍的評價是輕視日軍力量的。不得不說，他保留了瓦諾夫斯基的看法，卻忽略了沃加克直視的問題。

六月十四日（一日），庫羅帕特金與小村外相進行了會談。剛一交談，庫羅帕特金就感受到了日本對朝鮮強烈的執著。「在朝鮮所發生的一切都最切實地，甚至可以說近乎病態地反映到了日本。小村的眼睛和整個面部都充滿了光彩。他說，因為日本在朝鮮的利益巨大，為了保護這些利益，日本可以做出任何犧牲，不惜面對戰爭。」對此，庫羅帕特金反駁說，根據以往締結的協定，俄羅斯可以派遣與日本同等數量的軍隊進入朝鮮，但我們沒有那麼做，儘管如此，日本卻要求我們履行一九〇二年三月廿六日的條約，這是奇怪的，對於大國俄羅斯來講是屈辱的。庫羅帕特金寫道，小村說「對於該怎麼回答這個問題，我也很困惑。」但他仍然固執地反覆說，日本為了保護在朝鮮的利益，可以做出任何犧牲。不過，小村在即將告別時也說，「相信有辦法解決目前的事態，只要找到就好了。」[209]

即使在這裡，庫羅帕特金仍然認為妥協是可能的。他在俄羅斯公使館會見了伊藤博文。伊藤確實是支持與俄羅斯簽協定的人。羅森公使有一個方案是，宣佈滿洲具有與波士尼亞和黑塞哥維那（波黑）同樣的地位，但條件是「我們也要停止在朝鮮的任何積極行動」，因為「如果不那樣做的話，與日本的決裂將不可避免。」羅森在數年前曾提過以平壤—元山一線將朝鮮分割為南北勢力圈的方案，現在他也認為以達成這個協定為目標進行交涉為好，如果不可行，可以放棄整個朝鮮。庫羅帕特金則陳述了他一貫的主張，如果俄羅斯取得整個滿洲，日本取得整個朝鮮，俄羅斯就必須在遠東部屬大量兵力，而如果俄羅斯只控制北滿洲，或許可與日本達成協定，不讓日本軍隊進入朝鮮。「羅森男爵很明顯同意這一論據的重要性。」[210]

六月十七日（四日），庫羅帕特金從京都給皇帝尼古拉二世發去電報，彙報了自己通過與日本各路要人談話得出的結論

「現在位於政府頂層的人們承認，確實有必要從困擾人們的、俄羅斯在遠東表現出的不確定的立場中擺脫出來。這些人們，包括伊藤侯爵在內，都認為對日本來講，與俄羅斯決裂是危險的，他們是滿懷關注和敬意對待俄羅斯在滿洲的利害的。遺憾的是，輿論被強力的、有影響力的黨派操縱，對俄羅斯懷有不信任和敵意。這個黨派的代表一直高調地宣稱即使俄羅斯放棄了朝鮮，也不能允許它在滿洲表現出主人的面孔。」

「關於滿洲問題，我們不用擔心會與日本發生衝突。但條件是，儘管我們在朝鮮擁有無可爭議的權利，但要克制積極地行使這些權利。」[211]

庫羅帕特金完全被日本方面的態度迷惑了。

## 日本確定對俄方針

庫羅帕特金結束了在東京的行程，前往京都後，日本政府彷彿一直在等待似的，邁出了與參謀本部共同商定對俄政策的一步。六月廿三日召開了御前會議。雖然這個御前會議的經過不是很清楚，[212]但在會議的前一天，六月廿二日，參謀總長大山嚴向天皇和政府提交了《關於解決朝鮮問題的意見書》。這份意見書是田村怡與造次長基於參謀本部內高漲的日俄開戰論，為向政府呈報意見而寫就的。大山參謀總長對其做了若干修正後，給伊東祐亨軍令部長過目，想要聯合署名提交，但伊東雖然同意這份意見書的內容，卻沒能共同提交。海軍軍令部內也是自次長以下全都意見一致，只有山本權兵衛海軍大臣持有「諸如韓國失去亦可，防衛帝國固有領土足矣」的意見，反對提交意見書。

大山意見書以「我日本帝國以朝鮮半島為我獨立之保障地，乃開國以來一定之國策」開篇，斷言「俄國勢力突然東漸，……掌握滿洲實權，其膨脹之迅速實為預料之外。帝國若旁觀之，放任其為，不出三、四年朝鮮半島必歸彼領有。」「彼果真取之，我失唯一保障。西海之門戶將被破壞。僅隔一衣帶水，直接虎狼強大之國。……我帝國臣民之寒心憂慮，豈有過之哉。」接著是對現狀的認識和提案：

「我帝國宜於今與俄國交涉，從速解決朝鮮問題。若於今日交涉之，或未必訴諸兵力，容易得以解決。若不幸至開戰，彼之軍備今日尚有欠缺之處。……彼我之兵力未失均衡，尚足抗衡。故為國家百年之長計，解決朝鮮問題唯在此時。或因循逸此良機，彼今日欠缺之處，不僅三、四年內盡可消除，更佔有強固之根據地，以威力壓迫，縱令我軍備更充實擴張，終究不能追及與彼相等之程度。……遂唯有飲恨受辱。」[213]

日俄戰爭良機論是參謀本部一致的意見。不過這份意見書論述的是解決朝鮮問題，尋求為此開展交涉，如果無法解決，再訴諸以戰爭。而在參謀本部，井口等人一直主張的是為解決滿洲問題而談判和戰爭，他們的主張被大幅修改，《秘密日俄戰史》寫道「參考了田村次長之意見書（滿洲經營委於俄國，韓國收歸於我）。」[214]角田順認為大山意見書是「首尾一貫的滿韓交換論」，[215]或許與此相關。但是，大山意見書沒有觸及對滿洲的政策，雖然在交涉過程中，也容許滿韓交換論，但不惜發動戰爭，而且認為現在正是發動戰爭的良機，既然要在滿洲開戰，其實已經預想到了進入滿洲問題。反而可以說，這是為了將參謀本部的滿洲問題解決方案作為實際的國家方針，才將解決朝鮮問題方案當作具有現實可行性的國家政策。考慮到與歐美列國的關係，以日本的處境，因滿洲問題而發動戰爭是不可想像的。可以推測，如果大山、田村想以陸海兩軍的名義提出這份意見書，他們勢必與桂首相、小村外相做過相應調整。大山意見書與小村為御前會議準備的意見書在內容上大體是一致的。

六月廿三日，伊藤、山縣、大山、松方、井上等元老，桂首相、寺內陸相、山本海相、小村外相出席了御前會議，小村外相提交了意見書。該意見書以「顧念東亞時局，慮其將來，思帝國所應執政策」開篇，從「帝國之防衛與經濟活動」這兩大政綱出發，列舉朝鮮和中國福建作為著眼大陸的要點。

意見書首先論述「韓國恰如利刃，自大陸指向帝國之首要部位，其突出半島之尖端，與對馬相距僅一衣帶水。若至他之強國奄有該半島，則帝國之安全常處其威脅之中，到底難保無事」、「隨時預防之，可謂帝國向來之政策」。接著論及了福建，不過由於這方面的問題「並非燃眉之急」，只是一帶而過。然後寫道：

「而韓國事情與之大異，俄國已……不僅租借旅順大連，還事實上繼續佔領滿洲，進而又向韓國邊境試行諸般設施。若就此旁觀，不僅俄國於滿洲地位絕難撼動，且其餘波將立及韓國半島，漢城之宮廷及政府迫於其威壓，至唯命是從……終至危殆帝國之存立，乃不容置疑。」

這裡論述了因俄羅斯統治滿洲，從而威脅到了對日本而言生死攸關的、重大的統治韓國之事，這點與大山意見書相同。

文中寫道，「為帝國計，於今對俄國試行直接交涉，以圖事局之解決，極為緊要，今日時機既熟，若空錯過，將來或再難逢同一機會。大局既去，乃至貽憾萬世。」交涉的背後考慮到了戰爭，之所以說現在是解決問題的良機，其真實的含義就是如果戰爭的話，現在是好時機。在這一點上，小村意見書和大山意見書完全吻合。

小村認為與俄羅斯交涉，具體應該爭取以下四點：

一，維持清韓兩國獨立，領土完整及工商業上機會均等之主義。

二，日俄兩國互相承認當前在韓國及滿洲保有的正當利益，並可採取必要的保護措施。
三，日俄兩國為保護上述利益……承認有出兵權。
四，日本有為韓國內政改革提供建議和援助的專權。216

這個交涉內容為：相互承認日本在韓國的權益，俄羅斯在滿洲的權益，並主張日本在韓國的權益為「專權」，雖然是以朝鮮問題為主，但即使在這個程度上，也有必要涉及到滿洲問題。俄羅斯沒有拒絕過就朝鮮問題進行交涉。而且日本就朝鮮問題與俄羅斯交涉時，也能夠得到日英同盟的另一方——英國，乃至美國的支持。但如果是滿洲問題的話，俄羅斯採取的態度是這是俄清之間，或者說是清國與列強之間的問題，並非俄羅斯應該與日本協商的問題。而且，滿洲問題也是英國和美國關心的事，因此他們不會贊成日本隨意交涉。但是，如果就朝鮮問題交涉時附帶著滿洲問題，或許可以接受。從日本方面來講，這樣做就可以在日俄交涉時，獲得英美的關注、支持了。

另外一點是，日本國內有以元老為中心的對俄綏靖論，如果不加以抑制，就無法邁向戰爭。小村所提議的日俄交涉在形式上得到了包括對俄綏靖派在內的一致贊成，倘若交涉破裂，邁向戰爭就成了唯一的辦法。《東京朝日新聞》的主筆池邊三山為了採訪御前會議，於廿四日會見了很多人。他的結論如下：御前會議的「備忘錄因解釋者之心不同，其見解自異。而對俄之照會亦近於協議，山座領會為ultimatum，清浦等人領會為agreement」。山座是政務局長，是小村的心腹政務局長。「ultimatum」的意思是「最後通牒」。清浦指清浦奎吾，為閣僚中的司法相。御前會議的備忘錄一方面可以看作是「最後通牒」，另一方面也可以看作是呼籲「協定」（agreement），這樣的推進方式真是用心良苦。池邊還見到了被北京的內田公使派遣到東京來的公使館員島川毅三郎，內田被視為是主戰論者，他是出於焦慮讓島川回東京一趟。池邊記下了島川的話，「小村對島川說，與外交相比，內交更難，內田雖獨自焦慮，亦無濟於事，此事內田應知，何必無情催促，反生敗事之由。」[217]

日俄圍繞朝鮮曾簽訂一八九六年的山縣・洛巴諾夫協定、一八九八年的西・羅森議定書。雖然這些協定因俄羅斯與韓國的關係發生變化，已經形同一紙空文了，但由於協定本身並沒有作廢，因而日本要求俄羅斯承認，將過去的這些協定全部廢除，日本對韓國獨佔地進行政治指導、軍事援助、推進經濟活動等事項。總之，就是要求俄羅斯承認將韓國作為日本的保護國。若不承認，就意味著俄羅斯將來想要向朝鮮伸手。因此，如果通過外交交涉，俄羅斯不肯承認此事的話，那麼就要訴諸戰爭迫使其承認，而且如果要戰爭的話，錯過現在就沒有好時機了。

在御前會議上，外相的提案沒有任何異議地獲得通過。其後，在閣議中這一提案也得到承認，因而作為政府方針確定下來了。[218]雖然俄羅斯的陸軍大臣就在眼前，還和他交談過，但日本政府沒有賦與此事任何意義。

## 尼古拉和阿巴扎的新方針

恰好在這個節點，尼古拉二世在前一天——六月廿二日（九日）召見了負責留守的阿巴扎，[219]他們談及遠東局勢時，尼古拉突然說承認日本領有朝鮮。這距他上次在協商會上說要修正單純的一邊倒的讓步政策算起，還不足一個月的時間。而且他的兩名輔佐官還去了遠東，不在身邊。像這樣根據自己心情而搖擺不定，是尼古拉致命的弱點。六月廿四日（一一日），阿巴扎給別佐勃拉佐夫發去了電報：

「皇帝陛下命令告知你，他最終做出了一個決定：許可日本完全領有（zavladevanie）朝鮮——大致北邊邊境到我們在圖們江的利權地，西邊邊境到我們在鴨綠江的利權地。確定更準確的日本領有朝鮮的邊境是將來的問題，必須要按照俄羅斯的想法去做。可等俄羅斯派遣的軍隊到達外貝加爾邊疆區之後，將這一許可通告日本，不要讓他們感覺是在讓步。陛下大概想通過在朝鮮問題上的讓步，消除我們與日本發生衝突的風險吧。陛下委託你把整個這件事傳達給侍從將軍阿列克塞耶夫，這個新的提議對他來講就是指令。阿列克塞耶夫可以將此事傳達給雷薩爾、羅森、巴甫洛夫，但要嚴守秘密。阿列克塞耶夫必須斟酌整體狀況和公使們的意見，選擇適當時機來報告向日本宣告此事的時間。」220

別佐勃拉佐夫、阿巴扎的想法是俄羅斯該確保圖們江、鴨綠江，把它們作為屏障。此刻決定的新鮮之處在於俄羅斯承認直至屏障邊緣的區域歸日本領有。這個方案得以獲得皇帝的支持，可算是阿巴扎用力過猛的結果。阿巴扎將方案告訴了海軍元帥阿列克謝大公，大公指出那樣的話，關東州和旅順就被封鎖了，與符拉迪沃斯托克的聯絡也有被切斷的可能性。對此，阿巴扎回答日本得到朝鮮後，無論是北邊、西邊、南邊都被我們包圍了，因此它會努力保持與俄羅斯的友好關係吧。大公說那樣的話，條件就是朝鮮沿岸不能要塞化，也就是說要保障俄羅斯艦船的航行自由。

阿巴扎將此事報告了皇帝，並起草了文書《將來日本與我國關係的基礎》附於報告內。這是先前給庫羅帕特金的對日方針的前六項，又加上了皇帝的新決定。文中的表述為，承認「日本在朝鮮無條件地確立」，以圖們江和鴨綠江流域的分水嶺為境。還有一項是，朝鮮沿岸的要塞只能設在面向日本和俄羅斯共同敵人的地方。文中進而展望，俄羅斯在滿洲經濟上的穩固，與日本在朝鮮的穩固互相結合起來，將會創造出「工商業的共同關心」來，有助於兩國確立睦鄰友好關係。[221]

對比日本的內閣決議和俄羅斯皇帝的決斷，我們在這其中能夠看到妥協的可能性嗎？日本統治朝鮮的要求既不允許俄羅斯控制鴨綠江，而且也和俄羅斯繼續領有旅順、大連相矛盾。另一方面，從俄羅斯皇帝的角度來講，雖然承認日本統治朝鮮，但還想控制鴨綠江，扼制日本北上，想通過這種方式獲得包括旅順、大連在內的安全保障。也就是說，他想讓日本立下誓約，獲得朝鮮後，就不要再有其它野心了。可見兩者的立場不可調和。具有諷刺意味的是，恰好在這個時候，通往戰爭的道路開啟了。

## 庫羅帕特金離開日本

庫羅帕特金對當時的狀況一無所知，十分悠然。他在日本參訪士官學校、參觀大阪博覽會後，又逗留了很長一段時間，然後於六月廿九日（一六日）離開日本，前往旅順。[222]在日記中，他這樣記述訪問日本得出的結論：

一，俄羅斯在遠東的利害關心順序，第一是沿阿莫爾地區，接著是滿洲，然後是朝鮮。
二，以俄羅斯的力量無法做到佔領整個朝鮮，此舉也不會帶來利益。
三，將朝鮮分割為南北會增強俄羅斯的地位，但需要巨大的犧牲。
四，但是，日本佔領整個朝鮮對俄羅斯是不利的，因此不能承認。
五，無論日本還是俄羅斯都能夠佔領朝鮮，但會有相當的消耗。
六，因此「無論對我們來講，還是對日本人來講，朝鮮不被其中任何一個國家佔領是有利的。」
七，但是，日本大概會為朝鮮向我們宣戰，英德將從中獲利。
八，「俄國與日本的戰爭在最初階段即使得不出任何結果，也不會因此而結束。相反，這場戰爭大概會開啓綿延數次的日俄戰爭之路。」
九，我們不能被敵人牽著走。從歐洲戰線和國內問題來看，在遠東我們必須要慎重。
十，因此，「與日本維持和平必須是近年在遠東行動的基礎。這比一切朝鮮的利害都重要。」關於滿洲，要確保北滿洲，在南滿洲給與列強一定的行動自由，可以再度提出由列國保障朝鮮中立的方案。[223]

結果，庫羅帕特金訪日只給他自己留下了有可能與日本締結協定的幻想。日本輿論對庫羅帕特金表現出的友好姿態沒有做出特別的反應。在庫羅帕特金到達日本時，《東京朝日新聞》寫道「儘管吾人一貫反對俄國之遠東政策，亦不禁衷心歡迎將軍之情也」[224]，在歸國之際，《東京朝日新聞》的記者採訪了庫羅帕特金，詢問他對日本的感想。[225]但是，沒有更深入的東西。不知道陸軍大臣到底為何訪日，這樣的情形其結果似乎反而加強了民眾莫名的反感。俄羅斯財政部在東京的代表羅斯波波夫六月廿日（七日）以分條書寫的形式向維特發去報告：

一，俄羅斯陸相的到訪，為滿洲問題和朝鮮問題……增添了特別的緊張。訪問沒有使輿論沉靜，反而火上加油。

二，無論從庫羅帕特金將軍與上述問題相關的角度來說，還是從「眾所周知，他討厭日本」這個角度來說，他的為人使他遠遠不能在日本引起共鳴。

三，日本的氛圍是毫無模糊明確，絕不允許任何對民族利益或尊嚴的侵害，為了維護這一點，不惜採取任何極端的手段。

四，俄羅斯陸相應該特別將這種氣氛銘記在心，不能因為一部分大臣或元老和藹可親或溫文爾雅的態度而產生誤解。他應該在聖彼德堡明確說明此時，為了迴避戰爭，必須對滿足「日本在滿洲和朝鮮的合法主張」施以影響。[226]

## 旅順會議

別佐勃拉佐夫到達旅順後，與阿列克塞耶夫進行了會談。此時的他，已不再是年初來的時候那個來歷不明的人物了。他既有樞密參贊的頭銜，又攜帶著由皇帝主持的協商會的決定。兩人就增強遠東兵力方案達成了一致。六月三十日（一七日），庫羅帕特金一行返回了旅順。別佐勃拉佐夫大概先與沃加克碰頭商談過了，話題的中心是阿巴扎傳達的皇帝決定的電報。兩人商談的結論是反對皇帝的這個方針。其後，別佐勃拉佐夫在七月四日（六月二一日）給皇帝發去了對日本和朝鮮的考察結論，他對日本的看法頗為嚴厲：

現在大約有三萬日本人在朝鮮，大多數為「社會渣子」，他們遭到了朝鮮人的「憎惡」。由於日本人「蔑視」朝鮮人，一直對征服的地域施以「傳統式的殘酷」，因此有可能引起朝鮮人的大規模叛亂。日本的「最終目的」是「使該國零落，利用人民叛亂實現無人化，然後讓本國國民遷入朝鮮」，即「先掠奪，後抹殺」。「雖然眼下難以判斷應用這種帖木兒時代的政治倫理能在多大程度上順利地進行下去，但無論政府再怎麼軟弱，國民再怎麼無力，想將這個國家的民眾從他們的土地上簡單地抹殺掉，其可能性很值得懷疑。」

「日本人在朝鮮做軍事準備的目的不僅在於佔領該國，而且還要在大陸建立切實發起反俄行動的跳板。日本人在其民族自我意識中，無法抑制隨著時間推移，將我們從滿洲驅逐出去，成為黃色人種盟主的想法。因此，即使他們佔領了一部分或全部朝鮮，也無法期待他們會就此滿足，變得安靜起來。」

接著別佐勃拉佐夫強調了朝鮮北部、鴨綠江流域的戰略意義，如果日本得到了這裡，它會進一步進攻俄羅斯方面，而如果俄羅斯得到了這裡，則會對俄羅斯有利。他雖然不清楚日本方面在多大程度上理解這點，但認為日本軍部「比我們理解得更透徹吧」。

別佐勃拉佐夫寫道，為了對抗日本在朝鮮影響力增大的局面，俄羅斯「應該超越單獨在北部維持支配地位的思維，不是往前走，而是用心構建與其它國家民間商業的協調關係」。他認為在獲得朝鮮礦物資源的利權，開展事業時，有必要引入美國資本，現在沃加克正在和美國實業家漢特接觸，如果成功的話，「會讓陶醉於自己帝國主義願景的日本人返回正常狀態」。[227]

別佐勃拉佐夫等人認為通過承認日本獲得直到鴨綠江邊的朝鮮這種方式，不能解決問題。他無視了皇帝的決斷。別佐勃拉佐夫沒有遵從皇帝的命令，向阿列克塞耶夫傳達放棄朝鮮的決定，這點是確實的。[228]

很快，自七月一日（六月一八日）起，庫羅帕特金、阿列克塞耶夫、別佐勃拉佐夫三人召開了協商會。不知為何，沃加克沒有參加首日的會議，從次日的第二次會議起才出席。

首日，與會的三人一致認為，主要從清朝政府的態度、部分從列強的行動方式來看，嚴格按照字面意思履行一九〇二年三月廿六日條約是不可能的。隨後，三人又對為了捍衛俄羅斯尊嚴，確保俄羅斯在滿洲有著與它的付出相稱的優越地位，有必要強化關東州和東清鐵路沿線的軍備這點達成一致。為此他們編制了三千萬盧布的特別預算，之後每年還需要六百萬盧布的支出。增強關東州駐屯軍隊的辦法是，從滿洲的部隊調遣兩個狙擊兵聯隊、兩個炮兵中隊、一個工兵大隊。還要移動第二西伯利亞軍團司令部。要立即強化要塞防備，為調入的部隊預備物資、糧食。為了給這些部隊再加上六個狙擊兵聯隊修建臨時宿舍，需要國庫緊急給阿列克塞耶夫匯款二百五十萬盧布。

三人就這樣首先針對強化軍備對策達成了一致，不過這可能是阿列克塞耶夫和別佐勃拉佐夫事先已達成一致，庫羅帕特金也不得不贊成的吧。筆者推測當時庫羅帕特金沒有特別反對，而是接受了這個方案。其實這個時候，別佐勃拉佐夫已準備好了批判庫羅帕特金軍政的意見書《為闡明遠東戰略形勢的軍事力量計算》。但是，由於這天看到大家的意見一致，就沒有將意見書交給庫羅帕特金。

在一般政策層面，三人確認了有必要審議為徹底解決滿洲問題，是否應該將在滿洲的利害和在朝鮮的利害分開，即滿韓分離論。[229]

七月二日（六月一九日）的第二次會議，沃加克和駐韓公使巴甫洛夫也參加了，會上討論了滿韓分離論。按照庫羅帕特金和阿列克塞耶夫的意見，提出了優先在滿洲獲取必要的成果，「稍稍推遲我們在朝鮮的活動」這個方案。俄羅斯不論佔領整個朝鮮還是只佔領北部都不是上策，因此不應該這樣做。同樣，日本不論是佔領整個朝鮮還是南部，對俄羅斯來講也不是上策。但是，日本可能會借鑒俄羅斯在滿洲的行動，佔領朝鮮南部，因此必須為此做準備。不過到那時候，俄羅斯可以採取只抗議，而不出兵佔領朝鮮北部等的對策。至此為止，別佐勃拉佐夫都予以贊成。

隨後「確認了俄羅斯為爭取時間，應該向該帝國（日本）政府發表聲明：俄羅斯在滿洲的行動與朝鮮沒有任何關係，對於朝鮮，俄羅斯衷心希望遵守現行的條約協定，且沒有任何侵略的意圖，將會與以往一樣努力支持朝鮮的獨立」。另外，為了不使日本方面將鴨綠江林業公司看作帶有軍事政治色彩的企業，確認了要賦予該企業在鴨綠江的活動「純商業的性質」，有必要立即採取措施不讓現役軍人參與，不將林業事業委派給預備役將校或公務員。這是阿列克塞耶夫的意見。別佐勃拉佐夫對這二點是反對的。[230]

這天還舉行了第三次、第四次會議，主題是滿洲撤兵問題。與會人員在上述五人的基礎上，又加上了駐清公使雷薩爾。首先，雷薩爾公使在第三次會議上做了報告。公使於六月十一日（五月二九日）再度與清國展開了交涉。雷薩爾說，儘管清國的慶親王起先給了他清國將要接受俄羅斯要求的預期，但慶親王與列強協商後，又擺出了只要俄羅斯不撤兵，就不同意交涉的態度。他已經準備好了相應的資料，證明由於清國沒有履行一九〇二年條約規定的義務，俄羅斯也不能履行條約，這樣一來，俄羅斯與清國即便不是永久，也會在一定時期內無法維持友好關係了。

別佐勃拉佐夫對此發言，他主張無法維持友好關係雖然對政府來講是損失，但清國國民卻因俄羅斯的庇護，有可能從現在的「行政混亂」中解脫出來，他認為這是好事，而且清國政府如果明白了無法將俄羅斯從滿洲驅逐出去的話，也可能會順從，反倒主動來尋求俄羅斯的支持，他的發言很是樂觀。

庫羅帕特金講述了他一貫主張的重視北滿洲論。如果只是北部，就不涉及除中國人以外列強的利害，但是南滿洲不僅有清朝的龍興之地奉天，同時也會讓日本不安，因此將這裡合併並非上策。所以應該將滿洲分為南北，將北部合併或置於俄羅斯的完全支配下，南部則停留在允許外國人開發這種程度。

對此，阿列克塞耶夫說不論是奪取滿洲整體，還是奪取其中一部分，都一樣影響到了和清國的關係。雷薩爾和巴甫洛夫也提出了質疑，佔領北滿洲會刺激清國，使俄羅斯在南部變得非常艱難。會議的結論是，將滿洲併入俄羅斯需要巨大的支出，因此無論是全部還是僅限於北部，合併在原則上來講都是不理想的。庫羅帕特金也不得不接受這個結論。

接著，根據阿列克塞耶夫的提議討論了只要清國不付出相應的補償，就不履行一九〇二年條約的辦法是否可行。最後決定確認這一補償的內容。231

暫時休會後，第四次會議在同一天——七月二日（六月一九日）召開，與會者相同。庫羅帕特金提出了應該要求的補償專案，為以下十七點：

一，接受已經提出的條款。
二，清國不得在滿洲部署軍隊。
三，清國不得讓外國教官進入滿洲。
四，為了鐵路的安全，俄羅斯能夠在租借地帶擁有必要的軍隊。
五，為確保軍隊需用的土地，清國應幫助擴大租借地帶。
六，承認軍隊在北滿洲租借地之外的臨時駐留，直至租借地帶的兵營建成為止。
七，為保障松花江的航行和電信聯絡，允許俄羅斯在數個地方擁有哨所。
八，為便於鐵路和布拉戈維申斯克（海蘭泡）之間的交通，允許俄羅斯在齊齊哈爾—布拉戈維申斯克之間的道路上擁有數個哨所。
九，為保障阿莫爾河（黑龍江）的航行，允許俄羅斯在阿莫爾河右岸（清國方面）擁有十處哨所並部署守備隊。
十，撤兵後，全權委員仍駐留於長春。
十一，清國當局若無能為力，俄羅斯軍會在必要的時候協助維持滿洲其它地域的治安。
十二，根據與清朝政府的協議，為防備馬賊，俄羅斯軍可以在鐵路外的諸個地點駐屯。

十三，只要俄羅斯軍認為有必要，就可駐屯於琿春。
十四，中國人移民至鐵路幹線和俄羅斯國境之間的地域，要得到俄羅斯當局的許可。
十五，在與俄羅斯達成共識的基礎上，可以在滿洲各地設置外國領事館。
十六，除營口之外，滿洲的任何港口都不得作為協定港。
十七，為避免糾紛，在租借地、俄羅斯軍佔領的地點，只有在與俄羅斯達成一致的基礎上，才能個別地允許外國人定居。

在討論中，雷薩爾說，大概清國政府不會接受這裡的大多數條款吧。與會者逐項進行了討論，特別是第十五項，庫羅帕特金、阿列克塞耶夫、雷薩爾、巴甫洛夫都贊成，別佐勃拉佐夫說要提出特別的意見書，沒能全員一致通過。

庫羅帕特金提議如果清朝政府拒絕這些要求，就聲明不能履行一九〇二年條約，與會者對此達成一致。關於滿洲的將來，與會者認為滿洲無論是全部併入還是部分併入俄羅斯都不理想，對此「達成了一致的結論」。就這樣，這次會議確認了不廢棄一九〇二年條約，但有必要用威脅合併滿洲的辦法，繼續佔領三年。阿列克塞耶夫提出，有必要合理解決在滿洲的外國人地位問題。另外，根據別佐勃拉佐夫的提案，確認了可以提出恢復符拉迪沃斯托克為自由港的問題。[232]

該日，別佐勃拉佐夫向庫羅帕特金遞交了意見書《為闡明遠東 戰略形勢的軍事力量計算》。[233]休息了三天後，七月六日（六月二三日）召開了第五次會議。會上討論了在俄清交涉時，如何排除外國列強介入。討論的結果，一致決定給外務大臣發電報，與清國就補償問題進行交涉時，有必要將問題只限定在與清國的關係上，注意不去觸及外國人的商業利害。「俄羅斯應該採取的方針是，不妨礙清國將滿洲的一部分城市向外國商業開放，但是不承認其作為外國人的居留地。」

雷薩爾問道，如果清國接受了所有的補償要求，下一步該怎麼做。對此，會議確認這種情況下就有必要履行三月廿六日條約。不過，庫羅帕特金主張從南滿洲撤出部隊，只留下租借地，而在北滿洲有必要特別留下俄羅斯的勢力。別佐勃拉佐夫對此進行了反駁，他說，如果從鳳凰城撤兵，鴨綠江就守不住，木材公司也就完了，因此不能贊成會議提出的意見。於是會議決定此事日後再議。[234]

在七月七日（六月二四日）的第六次會議上，再次討論了鴨綠江公司問題。公司方面的巴拉舍夫和馬德里托夫出席了。實際上，這年五月三十一日，以阿巴扎、翁利亞爾利亞爾斯基、馬邱寧三人，再加上前伊爾庫茨克總督阿列克謝•伊格納季耶夫、皇宮警備司令官格塞、侍從長根德里科夫伯爵、近衛騎兵大佐謝列布里亞科夫四人，共七人為核心的俄羅斯遠東木材公司新成立了。阿巴扎、翁利亞爾利亞爾斯基任董事，巴拉舍夫在特定期限內任總經理。公司的經營對象包括滿洲、朝鮮、沿海州的木材業、礦物資源、漁業、毛皮業、水運業、商業。[235]

巴拉舍夫在這次會議上彙報，現在公司在法律上已經完全沒有問題了。雖然起初韓國方面曾經有過阻礙，但現在已經得到了解決。目前公司有九名經理（其中除馬德里托夫外，還有一名軍官），九十七或九十八名退役士兵，二百名中國人，九百名朝鮮短工。目前正在將伐倒的原木組成筏子，運送到河口的製材工廠。至今已經送出了二百個筏子，到八月底將會送出三千一百個筏子。假設一個筏子有四十五根圓木，就可以出產五萬根長木、一萬二千至一萬三千根短木。另一方面，從漢城來的巴甫洛夫公使傳達了一個壞消息：韓國政府認為木材公司是帶有軍事＝政治性質的企業。會議「承認，雖然木材公司在現實中是商業性企業，但由於有現役軍官參與，他們的工作帶有軍事的特性，因而賦予了企業軍事＝政治性質。」別佐勃拉佐夫不贊成後半段的定義。他質問巴拉舍夫，如果政府拒絕支援企業了，企業能否繼續經營下去或還是不得已得停止業務。巴拉舍夫說正是因為有政府支持，才能拯救這項事業，政府理所當然應該保護具有如此巨大的政治、經濟利益，獲得巨額投資的企業，因此希望至少在鳳凰城、沙河鎮留下軍隊。陸軍大臣說，有必要再次確認七月二日（六月一九日）的結論，這個提議得到了認可。由於別佐勃拉佐夫不同意，庫羅帕特金謀求妥協，提議請皇帝來裁決這個問題，他進而還表示可以向皇帝請求給予公司一些援助，允許退役士兵參與經營，允許他們攜帶武器，以及允許進入公司的軍官離職後恢復原職等等。儘管巴拉舍夫直到最後還是請求不要讓鳳凰城、沙河鎮的部隊撤走，但與會者向他說明了按目前的方針不能採納他的提議。[236]

七月八日（六月二五日）第七次會議完全重新討論了撤兵之際的補償問題，並做出決定。最終歸納為以下十項：

第一項，滿洲的任何部分，無論採取讓步、租借、居住地利權或其它任何形式，都不能讓與其它列強。

第二項，為了松花江的航行和電信聯絡，允許俄羅斯擁有必要數量的渡口。

第三項，為確保現在的鐵路和布拉戈維申斯克的交通聯繫，允許俄羅斯修建數處車站。

第四項，在俄羅斯軍駐留期間，連接旅順和奉天、營口、遼陽、沙河鎮的電信線由俄羅斯經營。
第五項，清朝政府賠償俄羅斯修復和設置滿洲電信線所花費的費用。
第六項，清朝聘用外國人管理行政部門時，不可安排在清國北部。
第七項，俄羅斯當局在營口開展的衛生監督，交還清國方面後也要維持原狀，聘用俄羅斯醫師。
第八項，雖然滿洲所有的俄羅斯企業都受清朝政府保護，但不得禁止其擁有俄羅斯警備員。
第九項，為保護東清鐵路，清朝政府不對運輸貨物徵收特別稅，徵收稅款不得高於陸上、水上運輸。
第十項，鑒於俄羅斯在三年佔領期支出了特別費用，要優待俄羅斯人的營業活動。[237]

可以說要求變得非常克制了。

在上述的主會議之外，七月七、八日（六月二四、二五日）另外舉行了由庫羅帕特金主持的遠東軍首腦會議。別佐勃拉佐夫、沃加克沒有參加這個會議。與會者有國境警備軍外阿莫爾管區司令官奇恰戈夫中將，以及從旅順和關東州來的阿列克塞耶夫、副官沃爾科夫中將、第三東西伯利亞狙擊兵旅團長斯特塞爾中將、州工兵部長巴濟列夫斯基少將、州主計官盧卡紹夫少將、州參謀長弗魯格大佐。會議討論了阿列克塞耶夫的意見書，決定首先在關東州將第三、第四東西伯利亞狙擊兵師團（各有十二個大隊）和一個騎兵旅團重組為一個軍團。進而編制新的第七狙擊兵旅團，由八個大隊組成。在旅順和符拉迪沃斯托克，將普通步兵聯隊升格為狙擊兵聯隊，分別重組為第八狙擊兵旅團、第九狙擊兵旅團。在阿莫爾軍區，以當地居民組建國民兵部隊，使第一東西伯利亞軍團能夠移動集結到南滿洲。為旅順編制一個要塞炮兵大隊。為了能儘快向南滿洲集結，要提高東清鐵路的運輸能力，達到一晝夜可來往哈爾濱—旅順間十趟，哈爾濱—外貝加爾、烏蘇里斯克間七趟。在東清鐵路沿線部署第二西伯利亞軍團，將司令部設於哈爾濱。一個旅團在哈爾濱設置司令部，另一個旅團在奉天設置司令部。這樣一來，東清鐵路沿線的兵力就有五萬人。這個軍團的一個騎兵旅團部署在遼陽。[238]此外，還討論了重組外阿莫爾管區的國境警備軍兵力，由兩個狙擊兵旅團（十六個大隊）、三個騎兵旅團組成一個軍團，在此之上再加上新編制的鐵路兵旅團，但奇恰戈夫司令官提出了異議，因此雖然確定了組織變更，但增員方案沒有獲得通過。[239]會議的結果是，儘管阿列克塞耶夫在意見書中請求淨增四十四個大隊，但只通過了增加符拉迪沃斯托克和旅順兩要塞的十四個大隊，以及新狙擊兵旅團的八個大隊，共計二十二個大隊。最終，庫羅帕特金使阿列克塞耶夫的方案減半了。[240]

此外，東清鐵路建設得以急速推進，義和團事件之際被破壞的地方也於一九〇一年完成了修復。一九〇三年七月，全線與南部線一同開通了。[241]這是巨大的變化。

七月九日（六月二六日）的第八次會議討論並確定了給外相的電報方案。會議決定，雷薩爾公使提出的關於滿洲問題的電報案中沒有必要明言要延長佔領三年。另外，庫羅帕特金承認與日本發生戰爭時，由於朝鮮北部沒有道路，是連綿不斷的荒野，因此有必要將兵力集中到南滿洲。此外，巴甫洛夫公使提出，日本已向韓國政府施壓，要求開放鴨綠江河口的港口義州，但俄羅斯不能承認此事，有必要採取對抗措施。會議討論的結果是，因此事而採取與日本有戰爭風險的措施並不理想，與會者就對日本的行動進行抗議，確保俄羅斯的行動自由達成一致。[242]

在七月十日（六月二七日）的第九次會議上也討論了開放鴨綠江河口的問題。別佐勃拉佐夫提議在電報案中寫入，俄羅斯認為現在承認開港之事不合時宜，待將來滿洲穩定了，可以由俄羅斯提出將鴨綠江向外國人開放之事，此項提議獲得了認可。駐清公使雷薩爾提議在電報案中寫入，雖然認可專家的無法阻礙開港的意見，但如果真的開港了，敵人會將此視為讓步，日後的對清交涉等工作將會變得極其困難。庫羅帕特金提出希望補充上「陸相表示鑒於與日本比較，我方戰爭準備尚不充分，故俄羅斯在此問題上不應對日本、朝鮮採取攻擊性的行動模式」，得到了其它與會者的支持。別佐勃拉佐夫主張，繼續讓步政策會招致嚴重後果，搞不好甚至有可能失去阿莫爾，「只有以實力為後盾的，不做任何讓步、毅然決然的決心」，才會讓敵人停止攻擊性的行動模式。接著他說，只要「我們保衛滿洲穩定的權利不可侵犯」這個要求不被日本等國尊重，就只能向滿洲派去新的兵力進行對抗，他提議應該在電報中加上這樣一句話，「如果日本繼續攻擊性的行動模式，為了維持和平，恐怕我方將不斷被置於繼續義務讓步的立場」。阿列克塞耶夫說，不贊成將有關義州開港的決定視為讓步的觀點。最後，阿列克塞耶夫對與日本的戰爭這樣講道：「從日本得到的一切情報和從那裡來的人給我的印象，導致我確信我們正在逼近與日本發生戰爭的邊緣。因此，我們必須極度慎重地對待有可能促進戰爭爆發的一切行動，必須要細心地注意迴避類似的口實。」這個意見得到了其它與會者的認同。別佐勃拉佐夫發言道，「為了避免人們認為我們恐懼、對日本的侵略性要求做出讓步，維持必要的心理狀態很重要。如果失去了這種精氣神，只剩下執行者機械的技術操作，那麼將來戰爭會變得不可避免。」[243]

最後一天——七月十一日（六月二八日）的第十次會議討論通過了給皇帝的電報中有關政治和軍事問題的部分。別佐勃拉佐夫提出了關於經濟問題的結論案，是極度悲觀的觀察：「必需承認由於安全保障上的問題，財政部所做的、構成我們在滿洲經濟地位骨架的策劃」已經部分失敗了。財政部投入鉅資想要獲得利益，然而卻只熱衷於工商業方面的考慮，沒有考慮到國家的目標。這個目標只有與陸海軍的力量相互作用才能夠達成。如果軍隊撤退，大概一切都完了。筆者推測會議對此雖然進行了討論，但沒有得出結論就不了了之了。[244]

希曼斯基得出的結論是，旅順會議的決定充滿了反別佐勃拉佐夫派的精神，別佐勃拉佐夫是不滿的。[245] 但是，這算是庫羅帕特金的勝利嗎？否定五月協商會，復活三月協商會的路線這樣的事情是不可能的。實際上，對阿列克塞耶夫和別佐勃拉佐夫來講，在增強遠東兵力一事上，得到庫羅帕特金的同意至關重要。關於滿洲，庫羅帕特金的主張被壓制，合併論被否定了，確認的是為撤兵獲取補償，為此確定了十項補償。雖然俄羅斯要求特權，但承認了外國人的商業活動。關於朝鮮，如果日本佔領南部的話，不採取對抗措施。但是不承認日本將整個朝鮮納為己有。與日本的戰爭始終要迴避。鴨綠江木材利權公司作為純商業性的機構維持，當前繼續佔領鳳凰城。對這些事項達成了一致。

## 日本的反應

日本很關注旅順會議。確實，在陸軍大臣訪日後，別佐勃拉佐夫以皇帝代理人的身份來到這裡，遠東的公使們也聚集到一起召開的這個會議，理所當然地會被揣測其中包含了些什麼。但是，牛莊、芝罘的日本領事們只捕捉到了與會者的面孔這種程度的情報，[246] 終究沒有搞清楚會議的內容。他們做出了判斷有誤的報告，認為別佐勃拉佐夫等文官代言宮廷的意見，提倡主戰論，而庫羅帕特金、阿列克塞耶夫等軍人提倡戰爭迴避論。[247]

實際上，在此前的七月一日，桂首相與政友會總裁伊藤博文之間因新稅問題產生了意見上的對立，導致桂首相以這樣下去，無法制訂下年度預算為由，堅定了內閣總辭職的決心，他將內心想法上奏的同時，推薦伊藤為繼任首相的首選。這是桂面對伊藤實力做的奮不顧身的挑戰。山縣、松方被立即傳喚來謀劃如何進行調整，結果伊藤被壓制住了。元老全部就任公職來輔助桂，希望他繼續幹下去。具體而言，對俄融和論的代表人物伊藤博文於七月十三日辭去政友會總裁一職，取代西園寺就任樞密院議長，山縣、松方也成為樞密院顧問官。這樣一來，伊藤等人的行動被大幅封鎖起來。新內閣不同尋常的地方是，兒玉源太郎大將兼任內務大臣和文部大臣。[248]

在這期間，日本政府開始著手向英國政府說明將要與俄羅斯交涉的方針。七月一日，小村給倫敦的林董公使送去說明書，訓令其向英國政府說明。這篇文章的特徵在於，日本對俄交涉的動機是徹頭徹尾的滿洲問題。[249]因為如果只說一般性的原則，英國政府不會信服，七月十三日，林公使對正在考慮的協定內容進行了說明。這是與以往截然不同的朝鮮問題的交涉方案。林公使說明「我帝國政府打算讓俄羅斯承認日本在朝鮮擁有特殊權益。」他隱瞞了要求「專權」之事。[250]

七月十六日，英國外相蘭斯敦將承認日俄交涉的文書送交林公使。上寫道，「我陛下的政府歡迎俄羅斯承認日本在朝鮮的特殊權益」。[251]小村也把將要和俄羅斯展開交涉之事告知了美國，並送去了大致相同的協定內容。[252]

海軍武官魯辛七月十六日（三日）發送了關於桂首相辭職的長篇報告。雖然關於桂的辭職眾說紛紜，但魯辛認為這是厭惡元老干涉的桂內閣在意願上的勝利。他正確地看出了伊藤的影響力將要減退。進而，關於七月十五日兒玉源太郎就任內務大臣一事，魯辛認為由於兒玉是「極其務實、理智、能給人好感的人」，將會強化桂內閣。魯辛在這份報告的最後談及日本正在研究各種措施，使平時的軍事力量能夠迅速轉移到戰時狀態。[253]他在結論中寫道：「日本的海軍和陸軍在平時就處於盡可能的準備狀態。從技術層面來講，一到兩周內向大陸派遣兩個師團（約三萬人）沒有任何困難。全部陸軍可以在兩周內做好動員和準備。如果有三個月的時間，在鴨綠江河口集結十五萬的軍隊是可能的。」[254]

對此，阿列克塞耶夫於七月廿日（七日）給魯辛發去電報，他很擔心「如果與日本決裂，會在多大程度上遭到突然襲擊，事先沒有外交上的交涉，發生衝突的可能性有多大這類問題」，希望魯辛能明確地說明日本的狀況。[255]持續性的緊張局面已經出現在遠東的最前線了。

阿列克塞耶夫在這之前的七月十九日（六日）給海軍大臣發去電報，鑒於日本的緊迫氣氛，在還沒有決定加強關東州陸軍兵力時，「我認為現在有必要從波羅的海將準備好的艦艇全部調到太平洋來，以加強我海軍力量。」[256]海軍大臣阿韋蘭將這份電報送給了陸軍參謀總長薩哈羅夫，詢問他的感想。[257]魯辛的報告也被送到了聖彼德堡。由於剛剛把斯塔克爾貝格分艦隊從波羅的海派往遠東，阿韋蘭大概對此有些不知所措吧。

七月廿三日（一〇日），關東州軍參謀長弗魯格將駐日武官薩莫伊洛夫的報告傳達給了參謀本部。薩莫伊洛夫也報告道，桂太郎首相把伊藤與山縣兩位元老搞定後，變得強硬起來，「對於我們的利害而言，應該說現下的狀態比從前更為惡劣。」日本正在做準備，無論是陸軍省還是參謀本部都在反覆開會。陸軍和海軍的準備達到了前所未有的高水準。[258]廿四日（一一日），駐芝罘武官戴西諾的報告也送到了參謀本部：「根據我獲得的可靠情報，日本有影響力的中產階級對我們極度激憤，期待戰爭的發生。雖然政府和上層階級在抑制，但也許會屈服。」情況與日清戰爭前夕相同，鴨綠江的木材公司是其激憤的原因。[259]薩哈羅夫參謀總長於該日回答海軍大臣：「我認為期待進一步強化我海軍在太平洋的狀態是理所當然的。」[260]

海軍大臣能夠派遣的是在法國土倫建造、一九〇一年下水的戰列艦「切薩列維奇號」和巡洋艦「巴揚」兩艘艦艇。兩艦在兩個月後的九月駛向了遠東。

## 開戰論在日本高漲

在日本，新聞就像雪崩一般變成了開戰論。七月影響力最大的，是七月廿九日黑岩淚香在《萬朝報》發表的評論《警告俄國》。這是該報最初發表的開戰論。

「彼俄國之亡狀既如斯。我日本自應先直迫俄國，促其履行滿洲撤兵之約，同時應警告俄國，倘其新增派一兵於滿洲，著手戰備之事，我將以之為敵對行為，視為對我開戰之宣言。」[261]

內村鑒三、幸德秋水、堺利彥等人都是這家報紙的成員，七月七日該報還曾以「一兵卒」的筆名發表了《告戰爭論者》這篇非戰論的評論。該報的變化可以說是翻天覆地的。

《東京朝日新聞》已經站在了主戰論的立場上，七月三十一日，它發表了更加嚴厲的評論《日俄開戰之風評》：

「吾人再言：在歐洲，日俄開戰之說不過是風聲鶴唳。然若俄國之行動一如今日，到頭來，無根之風評終為事實亦未可知。只要俄國不自滿洲撤兵，日本之決心何時也不應改變。俄國之機關報紙曾言，若日本挑戰，俄國有應對之準備。吾人反言之，俄國之行動愈發顯示不遜之傾向，其結果當俄國自負。」

對外強硬派馬上開始了行動。七月廿三日召開了聯合委員會。骨幹是進步黨系的神鞭知常、柴四朗等人，舊國民同盟會的頭山滿、恒屋盛服（盛殷），愛國黨的大野龜三郎，其他還有中正倶樂部議員集會所等等也加入其中。這個委員會決定召開對外硬同志大會。[262]

對外硬同志大會於八月九日下午一時在神田錦輝館召開。翌日，《東京朝日新聞》在頭版的上半部做了大幅報導。與會人數「五百名以上，呈無立錐餘地之盛況。」舊國民同盟會的中西正樹做了開會致辭，表示因俄羅斯超過撤兵期限四個月卻還沒有履行承諾，為了表明國民的決心，故有此次集會。大會首先通過了宣言書。

宣言書提出，「我國忍俄國」多達五次，分別為：第一，因三國干涉歸還遼東；第二，俄羅斯「強借」遼東半島；第三，東清鐵路的鋪設和與旅順、大連的聯絡；第四，日俄締結關於韓國的協約；第五，接受從滿洲撤兵的約定。但是，最後不僅約定成了一紙空文，俄羅斯反而「增遣陸兵軍艦……盡其所為汲汲戰備……」，另一方面，還脅迫恫嚇清國和我國。「嗚呼此果應忍乎，是可忍孰不可忍也。」宣言書認定俄羅斯的南侵方針是不會動搖的。「俄國圖南之志非一日，……特拳匪之變以來，其欲攪亂東亞之和平，奄有滿洲之行動，直淩侮我國天職，不可不謂觸犯我國國策」。宣言書主張，作為日本國家，如果不行「天職」、「國策」，就無法達成「維新更始之雄圖」、「明治中興之偉業」。「故我政府應速下最後判斷，根本性地解決滿洲問題」、「臥薪嚐膽既久，軍備擴張亦既成，吾人於茲聲明信念，督促我政府之決心。」

之後，會議通過了決議：「促俄國履行撤兵條約，使清國斷然開放滿洲，以確保東亞永遠之和平，乃帝國天職。吾人切望我政府不敢懈怠，速執行之。」

之後，有幾人做了演講，舊國民同盟會的中井喜太郎請求採納「認定俄國於龍岩浦之經營為蹂躪日俄協定」的決議。最後，大竹貫一上臺朗讀了歸還遼東的詔勅，與會者全體起立靜聽。大會指定了十名執行委員後閉幕。[263] 大會相關人員在會後聚集起來，就結成「對俄同志會」達成了一致。[264]

八月十一日，對俄同志會的執行委員們訪問了桂首相並請願。桂對他們放出煙幕彈，說龍岩浦事件的新聞報導沒有事實根據。因為儘管這種民間的強硬論對桂來講很值得慶幸，但讓人看出政府對此持同一腔調大概不是上策吧。同志會方面碰了一鼻子灰，很困惑。但是，對俄同志會於八月十三日在神鞭知常委員長的主持下召開會議，確定了方針。其內容為：舉辦演講會，開設同志會事務所，「為促使當局採取強壓手段」請求再次與當局會面。[265]

《萬朝報》在八月推翻了非戰論者的主張。自九日至十一日，連續三天刊登了評論《恐俄病》。廿五日，內村鑒三寫下《解決滿洲問題的精神》。但是廿八日卻又刊登出《拋棄乎？吞併乎？》，拋出沒有必要扶植朝鮮獨立這種露骨的帝國主義主張，立場很是混亂。

《東京朝日新聞》八月十四日發表了社論《請俄國人熟慮》，對《新時報》的論調進行反駁。「只要俄國不從滿洲撤退，只要俄國不廢止侵略性政策，日本在道義上、實際上，無論何時都保有果斷干涉制止之權利。以現狀而論，發動戰爭可昨日，可今日，亦可明日。只以博愛之心憫俄國之困難，姑待其反省。」

## 沙皇訪問薩洛夫修道院

然而，俄羅斯皇帝依舊超然物外。七月廿七日（一四日），返回首都的別佐勃拉佐夫和沃加克、阿巴扎一同謁見皇帝，報告了旅順會議的結果。[266]這些遲早都會以文書的形式詳細地報告。

翌日，庫羅帕特金到達首都，直接前往皇帝所在的克拉斯諾耶。那裡正在慶祝弗拉季米爾大公的「命名日」。翌日，庫羅帕特金在和皇帝同乘列車返回首都的途中做了報告。他說，我和阿列克塞耶夫希望皇帝陛下明確是選擇我們還是選擇別佐勃拉佐夫。他將別佐勃拉佐夫比作果戈里《欽差大臣》中的主人公赫列斯達可夫。這是他講給辦公廳長官列季格爾的話，他對皇帝說的時候可能會更委婉一些吧。不過，庫羅帕特金確實將訪問日本的日記交給了皇帝。[267]

然而，皇帝的心思卻不在此，他一門心思在別的事情上，薩洛夫聖者謝拉菲姆的封聖儀式近在眼前了。謝拉菲姆一七五九年生於庫爾斯克。十八歲時進入位於坦波夫州和下諾夫哥羅德州交界處的薩洛夫森林，在那裡的修道院修行。八年後成為教會執事，又八年後離開修道院，開始在森林中隱遁生活。五十歲後又返回修道院，到了六十四歲，再次返回森林生活。這期間，他逐漸成為傳奇般的聖者，為人們所崇拜。他於一八三三年七十四歲時去世。[268]

一心想生皇太子的皇后亞歷山德拉・費奧多羅夫娜對這位聖者投去了關心，她向皇帝尼古拉請求將其封聖。儘管宗務院總督波別多諾斯采夫反對此事，但皇帝做出了決定，宗務院還是從年初起就啟動了封聖的程式。經過半年的準備，眼看就到了在薩洛夫舉行封聖儀式和謝拉菲姆遺骸開龕的時候了。

七月廿九日（一六日），皇帝和皇后、女兒們一同去往薩洛夫修道院。翌日十一時，他們到達阿爾扎馬斯（譯者註：俄國下諾夫哥羅德州南部城市）車站，下諾夫哥羅德州民代表們前來迎接。皇帝一行從那裡坐上了馬車。沿途隨處都有農民站在道路兩旁歡迎。到達坦波夫州境時，該縣的縣民代表前來迎接。午後六時，皇帝一行到達了薩洛夫修道院。「進入烏斯賓斯基教堂以及左西莫・薩瓦基耶夫教會時，我體會到了某種特別的感情。在教會，我得到了親吻聖教父謝拉菲姆遺骸的許可。」之後皇太后也抵達了。[269]

三十一日（一八日），皇帝等人出席了早晨五點半的早朝祈禱。祈禱持續到七點。從十一點半起，是對聖・謝拉菲姆最後的追悼祈禱。下午六點半，開始了徹夜祈禱。「十字架行進時，為了從聖左西莫・薩瓦基耶夫教會移出遺骸，我們用擔架搬運聖棺。看到民眾，特別是病人們、殘疾人們、不幸的人們對待十字架行進的態度，我很感動。尤其是讚美和親吻遺骸的時刻，真是特別莊嚴的瞬間。」[270]

八月一日也有十字架行進的活動。「昨天和今天都聽說有很多病人康復了。在教堂中，扶著聖謝拉菲姆的遺骸在祭壇周圍繞行的時候，也有病人康復了。」皇帝在日記中寫下了對神的祈禱。[271]

八月二日，皇帝一家離開薩洛夫修道院，訪問了基維耶夫斯基女子修道院。在這裡，皇帝和皇后會見了一位名叫普拉斯科維婭・伊萬諾夫娜的女性瘋癲修行者。傍晚七時，皇帝一家到達阿爾扎馬斯，[272]八月三日

（七月二一日）返回首都。

## 別佐勃拉佐夫和庫羅帕特金的論爭

在皇帝巡禮、參詣薩洛夫修道院期間，別佐勃拉佐夫在首都寫就了關於旅順會議的報告。皇帝返回首都後，他提交了日期標為八月二日（七月二〇日）的文書。他將自己在旅順會議上發表的關於在遠東應採取的行動模式的意見，以文書宣言的形式寫了出來，並報告了其內容。別佐勃拉佐夫寫道：一，軍事問題。「我們在遠東處於薄弱、危機的狀態。」由於軍隊部署的重點在北滿洲，如果發生戰爭，第一期就會失去南滿洲，旅順也會陷落。與其在戰時從後方調動軍隊，不如事先就加強滿洲的兵力。二，外交政策。由於戰鬥態勢沒有整備好，俄羅斯在外交上是軟弱無力的。假如俄羅斯的實力強大，日本意識到無法進行突然襲擊的話，就會改變政策。清國、朝鮮、日本、俄羅斯等遠東的國家間最理想的是締結協定，這個事情應該由俄羅斯發起，但如果俄羅斯在當地不能展現出現實的實力，這是不可能的。關於朝鮮，他認為這是個「無力的國家」，只不過是暫時調整俄羅斯和日本關係的手段而已，「現在我們應該保持行動的自由，等到將來我們奪回了支配性的地位後，必須將其納為我們的保護國。我們暫時的行動模式應是，不妨害日本繼續它在朝鮮南部的企圖，不讓日本人進入對我們來講是屏障的北部。」三，在經濟層面的活動。經濟層面的成功取決於我國的權威和確保狀況的手段。財政部制定的方案不錯，但政治和軍事層面的軟弱是個問題。如果能夠填補這方面的空白，再引入民間的活力，就可以開創第二個務實的實業期。[273]別佐勃拉佐夫只是這樣報告了自己的主張。

這是別佐勃拉佐夫根據自己的主張所總結的旅順會議結果。皇帝得到了這份報告，命令別佐勃拉佐夫將他的意思傳達給阿列克塞耶夫。

別佐勃拉佐夫進而於八月五日（七月二三日）向皇帝提交了關於遠東總督制的意見書。意見書中寫道，在帝國邊境的管理史上，一直是由獲得「排他性全權委任」、位高權重的高官進行管理而取得成果的。因為「基於君主的個人信賴和君主的直接指導」，能夠發揮「很大的彈性」。遠東的困難可以因任命總督而得到化解。「在軍事政治層面，遠東仍然處於為確立我國在那裡的國家性而集中鬥爭的時期。」為了「創造出我們在遠東的霸權」，無論是和黃色人種，還是與歐洲的競爭者，都需要搞好關係。因此，「應該將我國的軍事政治權力統合到一個負責人手中」。別佐勃拉佐夫寫道，「我們主要的敵人是海洋帝國（日本）」，我們的兩個據點是「海上要塞」，在遠東作戰將會是海軍和陸軍的共同行動，從這點來講，總督在個人經歷上與海軍有所相關較為適合。而且重要的是，我們最終不僅要從遠東收回投下的資金，還要使之發展成穩定的收入源，為此，吸引外國資本是不可欠缺的。別佐勃拉佐夫提議設置特別委員會，作為聯繫皇帝和總督的機構。[274]

列姆涅夫在他的書中指出，以這個意見書為底本，總督制在這天「被最終確定了」。[275]雖然導入總督制在五月份就已決定，但這個意見書提出了更為具體的意象，包括暗示阿列克塞耶夫海軍中將為總督人選。皇帝做了批准。

在兩天後的八月七日（七月二五日），別佐勃拉佐夫提交了具體關於對日政策的意見書《從整體狀況的出路》。指出因日英同盟的存在，英國將妨礙日俄協定，而且日本當前在事實上支配著朝鮮南部，正蓄謀不久將朝鮮北部也奪取過去，從這兩點來看，與日本締結協定很困難。即使俄羅斯在朝鮮問題上讓步，日本大概也不會覺得應該感激，從而產生日俄協定的念頭吧。因此，當前的出路是，第一，「強化我國在太平洋岸的軍事政治力量」，第二，使日本孤立於英國以外的其它國家。如果只有英國，事實上也無法幫助日本。如果這樣的政策取得了效果，日本國內的想法或許會改變，會推進與俄羅斯協調的路線。[276]

另一方面，庫羅帕特金也不甘落後。八月六日（七月二四日），他向皇帝上奏了關於對日作戰的軍事措施的長篇意見書。[277]他首先提及一九〇一年參謀本部編寫的《對日行動的一般性原則》。這份文書將對日作戰分為日本只試圖佔領朝鮮（這個概率最高）以及不滿足於此，還要進攻滿洲及俄羅斯領土這兩種情況，進行了討論。對於後一種情況，該文書認為由於初期日本軍佔優勢，應該採取「防禦性」的行動，避免決戰。這份文書於一九〇一年八月十四日獲得皇帝批准，在過去的兩年中，鐵路運輸能力得到大幅改善，符拉迪沃斯托克和旅順的防衛也得到了強化，東清鐵路防衛兵力也得以增強，海軍實力也得到強化。但同時日本軍也增強了實力。而且因我們佔領滿洲而心懷不滿的列強也有可能援助日本，如果爆發戰爭，阿富汗、西方、南方都有可能受到攻擊。「所到之處聚集了太多的可燃物」，作為陸軍省必須「在所有的方面」強化戰鬥準備。其結論是「現在也和兩年前一樣，我們必須對日本堅持防禦性的行動模式」。我們應該在開戰時不去想徹底守衛南滿洲，做好旅順會被長期孤立的精神準備，等待增援兵力到來再轉守為攻。但是「由於我海軍實力強於日本海軍，增援會極其迅速地到達，因此我們完全可以對戰爭的結果放心。」[278]

庫羅帕特金立足於這種樂觀的分析，逐個討論了別佐勃拉佐夫提交的意見書並進行了反駁。首先，他列舉了一九〇一年七月十九日（六日）的意見書《局勢評估》，批判了向朝鮮北部派遣五千騎兵和山炮隊，展開游擊戰的構想，順帶批判了科爾夫男爵主張鴨綠江利權意義的報告書《一八九八年秋朝鮮北部派遣隊一員的主要結論》，進而批判了一九〇三年初別佐勃拉佐夫向鴨綠江派遣武裝部隊的構想。他寫道，如果沒有阿列克塞耶夫「賢明的慎重」，現在這時候我們已經在與日本作戰了。[279]

接著，庫羅帕特金批判了四月八日（三月二六日）協商會上阿巴扎提交的意見書中所展開的「屏障（zaslon）論」。首先，現在就連大海也無法成為「屏障」。第二，如果掌控了整個朝鮮和對馬，可以成為「有效的屏障」，但「必須承認這超出了俄羅斯現有的能力」。第三個可能的「屏障」是佔領朝鮮北部，但這也需要「巨大支出」，「會損害當前俄羅斯的利益」。第四個「屏障」是鴨綠江，但即使從地形上來講，它也不適合做「屏障」，而且這「也需要常駐軍事力量和相當的支出」。需要鋪設與東清鐵路相連的線路，佔領南滿洲將不可避免。「需要極其巨大的支出，卻沒有相應的利益。」因此，俄羅斯應該採取的措施是，從朝鮮收手，與日本締結協定，保障日本的軍事力量不出現在朝鮮北部。既沒有被日本也沒有被俄羅斯佔領的朝鮮，能夠起到與阿富汗（兩強之間的緩衝）同樣的作用。[280]後來的朝鮮北部中立地帶化方案就是從這裡萌發的。

接下來庫羅帕特金列舉了別佐勃拉佐夫在旅順交給他的《為闡明遠東戰略形勢的軍事力量計算》作為第三份意見書。這份意見書主張將兵力集結到南滿洲，為了能夠進攻，遠東兵力至少要增加五萬人。別佐勃拉佐夫主張，「在考慮已經存在於遠東的戰鬥力和手段時，不要算上我海軍和第一、第二西伯利亞軍團」，要在序戰中開展進攻作戰。然後他將日本的兵力算為實際實力的二倍，俄羅斯的兵力算為二分之一。其結果，他高呼兵力差距的危險，主張有必要增強三個師團。別佐勃拉佐夫建議在不看海軍和第一、第二西伯利亞軍團的基礎上謀劃增強遠東的戰鬥力，在開戰後的一個月內要將登陸的日本軍趕下海裡。庫羅帕特金以「將委任給軍隊最高領導者的一切廣泛圍事業中最重要的國防事業，與毫無準備的、不相稱的人協商完全不合適」[281]為由，斷言別佐勃拉佐夫的意見不值一提。

庫羅帕特金讚美了遠東的兵力。現在沿阿莫爾軍區有五十一個大隊、二十三個騎兵中隊、十六個炮兵中隊，關東州有十一個大隊、十二個騎兵中隊、四個炮兵中隊。加上國境警備軍的五十五個中隊（十四個大隊），遠東的步兵有七十六個大隊，再加上戰時預備的十六個大隊、哥薩克四個大隊，步兵多達九十六個大隊。「遠東軍隊的總數在過去十年間幾乎增強為原來的四倍。再加上我太平洋艦隊也在這期間強大（groznyi）起來，由此可知俄羅斯為了取得這種在其它邊境地帶至今無法見到的成果，做出了多大的犧牲。」雖然我們有必要做好開戰初期旅順被包圍，在相當長的時期內被孤立的精神準備，但主力能夠堅持到援軍趕來，轉為攻勢，毀滅日本軍之時。「現在遠東俄羅斯邊境的防衛變得更加強固。我們完全可以對沿阿莫爾地區的命運安心，即使對旅順的命運也可以安心。」[282]

旅順會議上提出了五年間需要二三三〇萬盧布的兵力增強方案，與其它計畫加在一起，五年需要三八八〇萬盧布。再加上其它花費，共需要六二一〇萬盧布。「將這樣龐大的支出編入有限的預算必然會動搖我國在西方的戰鬥準備，若不停止經陛下反覆確認不可遷延而著手開始的諸種措施，是不可能的」、「我們在西方已經顯著落後於鄰國的戰鬥準備」、「這種落後，會使不安逐年增加」、「這就是我希望陛下作為專制君主指明應該選擇的道路的緣故，給我們的疑慮畫上休止符，以使陸軍省能夠最好地履行今後數年所要承擔的國防任務，無論是在遠東，還是在其它邊境。」[283]

接著，八月十二日（七月三〇日），別佐勃拉佐夫向皇帝提交了對庫羅帕特金八月六日（七月二四日）上奏的反駁。[284] 他嚴厲批評陸相的討論是同義反覆，錯上加錯。他在旅順會議上已經駁倒了陸相的討論。雖然本不該使陛下煩惱，但沒有辦法，他打算再次論述一下事情的本質：一，一九〇一年制定的對日戰爭計畫是「將我們置於絕望狀態」的計畫。日本方面已經掌握了這點，認為俄羅斯軍不足為懼。阿列克塞耶夫等人預感到旅順將要成為「光榮的塞瓦斯托波爾」的命運。一九〇一年計畫到現在還有效力是「積極的虛偽（nepravda）」。旅順在陛下的命令下，得到了顯著強化，與陸相無關。這個要塞的早期陷落是致命的。二，庫羅帕特金所列舉的遠東軍事力量的成功「沒有任何實際意義，敵人也在進步，他提議的做法『是最合適敵人襲擊我們的方式』」。如果我們希望將遠東的事態導向戰爭，那麼繼續庫羅帕特金推薦的「行動模式」即可。三，就庫羅帕特金對我的意見書的態度而言，他幾乎無視遠東，不理解鴨綠江的戰略意義。他所說的使這個地區中立化是新的「自我欺騙」。

在這般闡述後，別佐勃拉佐夫在結論中指出，雖然庫羅帕特金主張放棄整個南滿洲，在北部的森林地帶構築陣地，但「這樣一來，已經支出的財物就會打水漂，……如果發生戰爭，我們事實上大概無法在這樣的陣地上堅持下去。」

對此，庫羅帕特金一方做了進一步反駁，他重視別佐勃拉佐夫的意見書《為闡明遠東戰略形勢的軍事力量計算》，用對照表的形式做了反駁，於八月十四日（一日）提交給了皇帝。

首先，關於一般的兵力對比，別佐勃拉佐夫認為日本能夠派出三十三萬兵，一一三四門炮，而俄羅斯傾盡全力也只能派出十四萬兵，二四〇門炮。對此，庫羅帕特金指出俄羅斯軍隊的總能力為三百萬，別佐勃拉佐夫所列舉的只是在朝鮮、滿洲、阿莫爾州的兵力。另一方面，日本的常備軍為士兵十九萬三千人，軍官七千五百人，這裡必須要減去二十個要塞大隊，以一中隊二百人來計算，必須要減去一萬四千人，首都警備必須留下一個師團，因此無論如何也到不了三十三萬人。別佐勃拉佐夫認為以俄羅斯的兵力無法阻止日本軍在符拉迪沃斯托克、旅順登陸。庫羅帕特金回擊在符拉迪沃斯托克，俄軍的力量更勝一籌，只不過在旅順日軍有若干優勢而已。別佐勃拉佐夫認為，用鐵路從伊爾庫茨克向旅順和符拉迪沃斯托克運送兵力分別需要四十四天、四十三天，而庫羅帕特金卻主張這兩個地方都只需要十三天。別佐勃拉佐夫認為由於兵力對比不利，因此能夠採取的戰鬥計畫是「先不進入戰鬥，盡可能多地分派兵力確保自己的後方，直到集結所有力量為止。」這是出於應該在松花江的中游地區集結兵力，不得已要放棄南滿洲所做的判斷。對此，庫羅帕特金認為由於俄羅斯擁有佔據優勢的騎兵力量和優秀的部隊，即使兵力遜色，也能夠阻止日本軍的進攻，讓其體驗嚴重的失敗。他的結論是，日本軍不會進攻到松花江。

兩人決定性的不同體現在對海軍力量的評價上。別佐勃拉佐夫認為，由於太平洋艦隊被分散在旅順和符拉迪沃斯托克，俄羅斯無法從日本海軍那裡奪到制海權，因此，日本海軍會掌握先發權。對此，庫羅帕特金寫道，「我們在太平洋保有優秀的海軍，我海軍擁有與日本海軍大致均衡的實力，且大概不久就會淩駕其上。」我們為海軍編制了巨額預算，彙集了最優人材，改善了艦船和艦炮，那種認為海軍力量分散在黃海和日本海的想法不過是恣意的估量，「我海軍首腦層難道會犯那樣的錯誤嗎？」「鑒於我海軍與日本的力量對比關係，只要我海兵拿出勇氣來，對日本海軍作戰時就會取得輝煌的勝利吧。戰爭無疑會始於兩國艦隊的戰鬥。即使日本海軍被打敗，日本軍也許仍然會堅決實施登陸作戰，但將處於我艦隊不斷的威脅之中，只能在朝鮮南部登陸。相反，即使我艦隊被打敗，藏身於旅順，根據阿列克塞耶夫大將的意見，對日本軍來講，仍然能威脅他們向鴨綠江、營口登陸。」

別佐勃拉佐夫對於戰爭的展開給出了悲觀的看法。「我們不能適時地向薄弱的部分——旅順的渡口、守備隊送去增援。因此，我們或者放棄旅順，或者事先就做好陷落的精神準備，在開戰的同時，首先要減少符拉迪沃斯托克的野戰軍，接著在決定會戰地點之際（要考慮），必須要努力強化旅順守備隊。」對此，庫羅帕特金寫道，「旅順來自海上的防衛是強有力的，可以從沿岸的眾多炮臺炮擊接近陸軍戰線的道路。雖說陸上的防衛還沒有完成，但包圍戰中必要的正面攻擊無法攻下旅順。」[285]

別佐勃拉佐夫認為，俄軍與日本軍相比處於劣勢，需要從根本上進行加強，只有這樣才能阻止戰爭的爆發。這不是他一人的判斷，筆者推測應該是基於沃加克的見解吧。我們反而可以認為是沃加克的判斷被以別佐勃拉佐夫的名義提出來了。而庫羅帕特金的觀點是，俄軍與日軍勢均力敵，即使發生戰爭也不用擔心，當然也不要挑釁日本，如果不挑釁日本，大概也就不會發展成戰爭。

這兩種對現狀的認識和兩套對策之間，沒有妥協的餘地。就連俄羅斯參謀本部的正式戰史也指出，從旅順會議歸來的陸相「認為我國在遠東的軍事態勢完全良好。」但別佐勃拉佐夫完全不那麼看，「比較兩份意見書，就會明白陸相和樞密參贊別佐勃拉佐夫的見解差別相當大。」戰史進而判定，「雖然有陸相的意見，但不言而明，當時我們應該將注意力從西部國境轉向太平洋沿岸。」[286]

大概別佐勃拉佐夫的意見書通過沃加克代言了薩哈羅夫的參謀本部、阿列克塞耶夫的遠東軍的意見吧。

如果庫羅帕特金陸相不認可這種意見，就有必要想辦法換掉庫羅帕特金。很明顯，別佐勃拉佐夫考慮到了這點，並去做了。但是，至此為止一直與別佐勃拉佐夫同一步調的皇帝，對此事卻很抵觸。這不是理論問題，而是個人的好惡問題。

## 施行遠東總督制

八月上旬（七月末），就在公佈遠東總督制的前夕，發生了嚴重的問題。皇帝和別佐勃拉佐夫等人認定的唯一的總督人選阿列克塞耶夫海軍大將八月四日（七月二三日）給別佐勃拉佐夫發來電報，以自己不僅沒有做好就任這個職務的準備，而且四年來作為關東州長官工作，已經筋疲力盡為由，推辭出任總督。[287]別佐勃拉佐夫數次勸說阿列克塞耶夫。沃加克也於八月八日（七月二六日）給阿列克塞耶夫寄信勸說，他是皇帝認定的唯一的人選，只有他才能夠完全地實現沙皇的意志。[288]但是，阿列克塞耶夫直至最後，都在堅決推辭就任總督之職。八月十日（七月二八日），別佐勃拉佐夫和阿巴扎謁見皇帝很久，[289]大概在那時候做出了最後的決斷吧。

八月十二日（七月三〇日）頒佈了遠東總督制設置令，宣佈將阿莫爾總督府和關東州合併，設置特別總督府。將該地區的民政最高權力從財政部的管轄中剝離出去，交給遠東總督。另外，給予遠東總督管理東清鐵路沿線地域秩序和安全的最高權力。隸屬總督者，只能通過總督與省廳進行交涉。總督集中了與接壤國家和該州問題相關的外交交涉權，並被委以太平洋艦隊和該地區的軍隊指揮權。為調節總督的命令和省廳的活動，設置由皇帝主導的特別委員會，命令被任命為總督的阿列克塞耶夫制訂遠東各州管理法案。[290] 這樣一來，財政部的滿洲鐵路王國迎來了終結。

頒佈這道敕令一事絲毫沒有告知陸相、財相、外相等人，也沒有和他們商量，是由皇帝專斷實行的，而且也沒有得到被任命為總督的阿列克塞耶夫的同意，就強制推行了。八月十八日，阿列克塞耶夫在符拉迪沃斯托克才首次得知這道敕令，也就是在那時，他才首次表明會遵從皇帝的意志。[291]

另一方面，皇帝的大臣們也通過《官報》得知了這道敕令。維特深受打擊，他拿起《官報》，匆忙趕往庫羅帕特金處。庫羅帕特金受到的打擊比維特更大，因為他把這樣的決定視為對他缺乏信任的表現，表示不得不請求辭職。庫羅帕特金在這天還見到了內政大臣普列韋，得到了他的寬慰和勸解：

「表現出對大臣不信任的徵兆，沒有通過他們就頒佈重要敕令，這是自亞歷山大一世以來所有皇帝陛下共通的地方。這與專制的基本原則相關。專制君主表面上傾聽自己大臣的意見。……但是，往往有第三者輕易地潛入他們的內心，給陛下……植入對他的大臣的不信任。」[292]

普列韋說，就連亞歷山大三世那樣意志堅定的君主，也在批准以弗拉季米爾大公為議長的協商會上討論「實質上的憲法」的同時，頒佈了「強化專制的詔書」。當納博科夫司法相宣讀完詔書後，雖然阿巴扎財相（別佐勃拉佐夫的盟友阿巴扎的伯父）和洛里斯—梅利柯夫深感激憤，立即辭去了職務，但米柳京卻沒有那麼做。你也應該學習米柳京陸相。普列韋說，那個詔書是由波別多諾斯采夫寫的。在二十二年前的一八八一年五月十一日（四月二九日），普列韋也作為新任內政部警保局長出席了這個宣讀詔書的會。因此，他是以親身經歷說出這番話的。

對總督制設置令最感震驚的大概要數外相拉姆斯道夫了。因為遠東的外交交涉權集中在總督那裡的話，那麼是否意味著眼下正要開始的日俄交涉就不需要外相了呢。

八月廿日（七日），魯辛從日本發來報告。設置以阿列克塞耶夫為首的遠東總督制給日本國內留下了「強烈而深刻的印象」。魯辛認為，日本將此舉看作俄羅斯政府決意的表達，效果頗為理想。魯辛表明了期待日俄交涉的態度。[293]

# 第七章　日俄交涉

## 交涉開始

有著開始日俄交涉想法的，是地位受到別佐勃拉佐夫威脅的俄羅斯外相拉姆斯道夫。他的想法是由自己來進行日俄交涉，就可以保住外相的地位了。

就在庫羅帕特金陸相即將結束訪日之時，羅森公使提出了與日本締結協定，將朝鮮，至少將朝鮮南部讓與日本，作為俄羅斯獲取滿洲的補償的方案。六月廿六日（一三日）和廿八日（一五日），羅森把寫有這個宗旨的電報發給了阿列克塞耶夫，可能也發給了拉姆斯道夫。[1]曾於五月末下令試探對日交涉的外相，一下子撲到了羅森的方案上，就打探對日交涉一事取得了皇帝的支持。六月廿九日（一六日），他給羅森發去電報，指示他向小村外相傳達俄羅斯準備與日本政府就朝鮮問題和滿洲問題交換意見。拉姆斯道夫認為日本在不久的將來有可能會向朝鮮派兵，佔領朝鮮南部，現在是與日本政府進行意見交換的好時機。他指示，儘管無論過去還是現在，俄羅斯都沒有讓過步，也沒有讓步的打算，但可以用羅森提案的宗旨試探日本方面的態度。電報上還寫道，滿洲問題超出了羅森的管轄範圍，在滿洲問題上，要遵從阿列克塞耶夫傳達的陛下的指示。[2]此時，拉姆斯道夫似乎還沒有獲知皇帝將要設置遠東總督制的新決定。

然而阿列克塞耶夫對此表示反對。六月三十日（一七日），他給羅森發去電報，「與日本締結分割朝鮮的協定，將半島的南半部作為獲取滿洲的代價讓與日本對我們沒有好處」，較好的方式是讓日本隨意佔領，俄羅斯進行抗議。那樣，「我們可以保持抗議的權利，留下隨時根據自己的判斷自由行動的可能性」。出於這種考慮，阿列克塞耶夫提出了逆向方案：繼續佔領滿洲，「不與日本締結協定，只堅決表明對朝鮮沒有任何侵略意圖」，這種做怎麼樣？[3]

羅森與阿列克塞耶夫聯繫，因受中央政府委任，他將要進行「關於俄羅斯給予日本在朝鮮自由行動之事」的交涉。反對交涉的阿列克塞耶夫於七月十八日（五日）給外相，[4]翌日給皇帝發去了電報，[5]申辯道，在旅順會議上達成的共識是對朝鮮政策保持克制，即使日本做出侵略行為，也不以武力對抗，而只停留於抗議，也就是說，「我方事先不對日方行動給以任何協議」，而現在這樣的交涉違反了共識，頗為「危險」。本書前面已經講過，朝鮮皇帝曾在此前後詢問阿列克塞耶夫日俄是否締結了關於朝鮮的協定，阿列克塞耶夫做出了否定的回答，此事他曾兩次報告給拉姆斯道夫。可能阿列克塞耶夫的想法是光是考慮到和朝鮮的關係，也不應該締結承認日本可以在朝鮮自由行動的協定吧。

筆者推測阿列克塞耶夫的意見抑制住了拉姆斯道夫的提案。皇帝再一次動搖了。羅森沒有向日本方面提出交涉。[6]日本方面的資料也沒有發現這個時候俄羅斯方面的交涉提案。

眾所周知，日俄交涉是由日本方面提議而開始的。七月廿八日（一五日），小村外相給栗野公使發去電報，指示他開始與俄羅斯協商交涉，日俄交涉由此開始。七月三十日，栗野公使訪問拉姆斯道夫外相，傳達了普通照會。從拉姆斯道夫那裡得到了積極的回應，八月三日，小村給栗野公使送去了協商基礎方案。八月五日，拉姆斯道夫答覆栗野公使，皇帝允許開始進行交涉。小村發出電報，指示將協商方案遞交俄羅斯方面。[7]

七月廿九日（一六日），俄羅斯駐日海軍武官魯辛給軍令部發去電報，告知小村給栗野發出訓令，提議進行交涉。[8]由於正處於擔憂開戰的狀況中，魯辛在接下來發送的電報說明中，流露出了某種安心和期待。「這樣一來，日本從其待機的、觀察者的立場走出來了。……一切……都根據條件或者提案的情況。毫無疑問，我們在遠東所做的準備越強力、完備，這次交涉就越會順利、越有利於我方。大概日本外交的這一步，是被我陸海軍在遠東的準備和強化而喚起的。……我熱切期待日本提出的條件是理性的，不走極端，讓帝國從尊嚴和國家利益出發有可能接受，也讓遠東有可能走出現在不確定的政治局勢。畢竟俄羅斯在滿洲已經投入了太多的金錢和勞力。」[9]

## 日方的第一次提案

一九〇三年（明治三十六年）八月十二日（七月三〇日），栗野公使親手將日本方面的提案遞交給了拉姆斯道夫，提案內容如下：[10]

第一條，相互約定尊重清韓兩帝國的獨立及領土完整，並保持各國在兩國商工業上擁有均等機會。

第二條，俄國承認日本在韓國的優越利益，日本承認俄國在滿洲經營鐵路的特殊利益，並……相互承認兩國為保護各自利益，日本於韓國、俄國於滿洲有採取必要措施的權利。

第三條，相互約定不阻礙日本於韓國以及俄國於滿洲的商業及工業活動的發展，此外，俄國約定，今後韓國鐵路延長至滿洲南部，不阻礙其與東清鐵路……接續。

第四條，相互約定為保護本協約第二條所提及的利益，並且為平定會引起國際紛爭的暴動或騷亂，有必要從日本向韓國，或從俄國向滿洲派遣軍隊時，無論何種情況，所派遣軍隊均不得超過實際需要人數，且上述軍隊完成任務應立即召還。

第五條，俄國承認，在韓國，為促進改革及實施善政的建議及援助（包含必要的軍事援助）屬於日本的專權。

第六條，本協約取代以往日俄兩國間締結的有關韓國的所有協定。

這個方案的前提是尊重清、韓兩國的獨立和領土完整，對象是朝鮮和滿洲。但是，日本要求俄羅斯承認日本在韓國擁有特別利益，而日本只不過承認俄羅斯在滿洲關於鐵路的利益而已。這算不上是滿韓交換論。滿洲的鐵路是俄羅斯根據與清國的協定修建的，即使日本承認了這點，俄羅斯也什麼都沒有得到。日本還要求將韓國的鐵路連接到這條鐵路上。又要求俄羅斯將滿洲派兵人數限制在必要情況下的最小限度內，並且要迅速撤走。與此相對的是，日本要求俄羅斯承認日本有給予韓國建議、援助的「專權」，即獨佔權，並且還要求承認獨佔的派遣軍隊的權利。與一九〇一年的伊藤提案、一九〇二年的栗野私案相比較，我們可以看出，這份提案對上述方案中的禁止戰略上的利用、禁止妨礙沿岸自由航行的軍事措施等限制予以拒絕，並要求俄羅斯承認日本無限制的統治韓國。真可謂是一邊對俄羅斯在滿洲的地位加以限制，一邊要求俄羅斯承認將韓國作為日本的保護國。[11]這是使日本利益極大化，而將俄羅斯利益限定在最小程度的方案。

此外，小村決定在進行這個日俄交涉時，先擱置義州開放問題。七月廿四日，他指示林權助公使「森林一事乃解決時局大問題之附帶，待與俄協議後再予考慮」，「擱置大問題，單就森林問題起衝突，甚為不好」，「當前應先擱置」。[12]小村沒有把韓國看作權力博奕中的一員，他沒有想過日俄韓三國來交涉森林問題、義州開放問題才合乎道理。小村的眼中沒有韓國政府。

日本和俄羅斯的交涉從一開始就完全沒有公開。日本國內也沒有新聞報導。之後，九月四日的《東京朝日新聞》只刊載了「據當局者的明確說法，眼下，帝國政府和俄國政府正在就滿洲問題進行直接交涉。」

## 俄方的情況

當日方將提案遞交給俄方時，俄政府內部正處於混亂狀態。八月十二日（七月三〇日），別佐勃拉佐夫一派所推進的設置遠東總督制得以斷然實施，舊派對此表現出了強烈的抵抗。

未參加旅順會議的維特請求進行大臣協商，得到了尼古拉的同意，定於八月十四日（一日）舉行財相、陸相、外相的協商會，然而由於設置遠東總督制的命令猝不及防地宣佈，作為被皇帝完全無視的這三位大臣，也只能在這場大臣協商會上發洩一下自己的憤怒而已。別佐勃拉佐夫起初也預定出席協商會，但他藉口要見皇帝，時間不夠，抵制了這場協商會。[13] 戰爭已經在兩派之間展開了。

根據這場協商會的議事錄，[14] 三大臣首先就滿洲提起問題，俄羅斯是否應該合併滿洲整體或其中一部分，三人達成的共識是就連其中一部分都不應該合併。接著在撤兵問題上得出了與旅順會議相同的結論，認為原封不動地遵守一九〇二年條約撤兵有困難，撤兵時確保俄羅斯利益的對策是必要的。不過，關於應該從清國獲得的補償，則修改了旅順會議的十項，認為確保以下五項是必要的：一，清國不能將被歸還的滿洲讓與外國人；二，在松花江和阿莫爾河右岸保留軍事據點；三，在連接齊齊哈爾和布拉戈維申斯克的道路上保留據點；四，清國北部不能由外國人經營；五，保護東清鐵路商業上的利益。

它保留了旅順會議第一、二、三、六、九項的內容。其他諸項，或是因為若俄羅斯事實上掌握著滿洲，就沒有必要提出，或是因為會招致其他列強的強烈反對，或是因為不太重要等理由而刪除了。三大臣認為，如果這五項條件得到承認，就可立即從營口、鳳凰城、沙河鎮、遼陽撤兵，四個月內從吉林的大部分，一年內從吉林剩餘部分和黑龍江地區撤走。

會議關於朝鮮問題的討論結果與旅順會議的決定相同，三位大臣達成一致，「為了和平、穩妥地解決對俄羅斯而言非常重要的滿洲問題，在朝鮮問題上有必要無條件地避免一切有可能招致與日本發生危險衝突的積極政策。」庫羅帕特金說，鴨綠江公司所追求的在滿韓國境建立「屏障」的目標，「不具有防止與日本發生衝突的特別重要性，反而會成為這種衝突的原因，在朝鮮將我們帶入疲敝的武裝和平狀態。」他斷言這會損害俄羅斯在西方的戰鬥準備態勢。財相維特也說，這個公司會成為「遠東和平的恒常威脅」，國家將不堪其日益增多的費用。外相則主張，該公司的政治目的會刺激日本的輿論，妨礙與日本的協定。三大臣針對「為了國家利害，有必要無條件地中止該公司的積極活動」這點達成了一致。考慮到木材利權的重要性，因此應該「使其立足於完全不同的、純商業的基礎上」，三大臣的結論是，國家可以給予該公司與其它在外國活動的俄羅斯企業同等程度的支援。這是中止鴨綠江公司活動的意見，是三大臣對別佐勃拉佐夫一派的挑戰。

俄羅斯學者盧科亞諾夫寫道，這簡直就像是在聖彼德堡發生了「政變」，大臣們似乎掌握了實權，[15]但三大臣協商的所有結論不可能得到與別佐勃拉佐夫攜手站在一起的皇帝的尊重。九月八日（八月二六日），別佐勃拉佐夫給阿列克塞耶夫發去電報，寫到三大臣協商的「議事錄在陛下眼裡沒有意義，事情實際上掌握在你的手裡」。雖然外交大臣謀劃著要奪回遠東政治問題的指導權，但我「已經毫無保留地將想法上奏了，採取了措施」，正在等待陛下的回答。我認為陛下首先會讓我和大臣們辯論。那樣的話，「就有可能一舉擊潰首都各大部門對陛下已經決定好的、不能後退的遠東新路線的反抗。」[16]

大臣們此時莫說氣焰囂張了，甚至都不得不擔心自己的職位能否保住。

不過，關於滿洲問題，三大臣協商的結論被採納了。那是俄羅斯約定的最終撤兵期限十月八日（九月二五日）迫在眼前，駐清國公使雷薩爾請求決定的緣故。八月十四日協商會的議事錄於十九日（六日）呈交給了皇帝。[17]皇帝命令詢問總督的意見，八月廿四日（一一日），外相給阿列克塞耶夫發去了這一旨意的電報。儘管拉姆斯道夫要求迅速回答，但阿列克塞耶夫卻遲遲沒有動靜，終於在九月五日（八月二三日），阿列克塞耶夫才給皇帝發回回覆的電報。阿列克塞耶夫主張旅順會議的第四、五項可以刪除，但第七、八、十項應該保留。接著他寫道，像鴨綠江森林利權這樣的企業「值得加以一切保護」，在旅順會議上確認了鳳凰城和沙河鎮的守備隊有必要暫不撤退，直到清朝政府承認這一利權為止。因為如果公司變弱了，利權就有可能落入日本手中。[18]但是，拉姆斯道夫外相不待這個回答，就於九月二日（八月二〇日）向北京公使做出指示，令以三大臣協商的五項與清朝政府進行交涉。九月六日（八月二四日），阿列克塞耶夫向外相傳達，雖然他知道不應該推遲滿洲問題的決定，但他認為「放寬在旅順會議上確定的要求等於沒有任何補償就履行三月廿六日協定」，他始終表示反對。

## 三大臣更迭的危機

別佐勃拉佐夫理所當然開始設法驅逐三大臣了。第一個目標如前文所述，是庫羅帕特金。庫羅帕特金在手記《滿洲悲劇的序曲》中寫道，得知設置遠東總督制的敕令後，他在最初上奏的時候就請求辭職，並再三請求。[19]但是，根據他的日記，情況並非如此。八月中旬（上旬），皇帝觀摩了普什科夫附近舉行的夏季陸軍演習。八月十五日（二日），侍奉皇帝的庫羅帕特金與皇帝談論了總督制的敕令。

庫羅帕特金問到，事前是否向阿列克塞耶夫傳達了敕令的內容，對於連沿阿莫爾總督府和軍區都要聽從他的指揮，他有什麼樣的反應。這些問題直指要害。皇帝自然無法回答第一個問題，對於第二個問題，皇帝回答說從其它地方聽說阿列克塞耶夫表示，連沿阿莫爾總督府都歸他指揮實在無法勝任，但皇帝認為他這是「謙遜」。庫羅帕特金說，正因為有「陛下的信任」，自己才能擔任陸軍大臣。作為陸軍大臣有權期望在所管事項發生變化時，被徵求意見。沒有被徵求意見是「不再信任的證據」。尼古拉回答說，之前詢問過庫羅帕特金的意見，這件事一年半之前就已經決定了。這與事實不符，不可能一年半前就決定了此事。

這裡，庫羅帕特金提到了別佐勃拉佐夫的問題，這是讓他難以繼續留任陸軍大臣的原因。庫羅帕特金說，別佐勃拉佐夫經常對軍隊的秘密多嘴，對西部國境戰略道路的建設總是提反對意見，吹噓是他讓華沙的演習取消了，就連從歐洲．俄羅斯向遠東調去兩個旅團也說是他推動的。對我的日本之行也表示反對，看到不能阻止後，又「提出給我配上沃加克這樣一個監護人」。庫羅帕特金吐露著怨憤和艱辛，哽咽著央求皇帝，「如果您已不再信任我了，我能請求您將我從這個職位上罷免嗎？」庫羅帕特金是用將來時說的。尼古拉反覆說了三次「沒有人可以取代你」。最後，庫羅帕特金說自己並不是要抗議，只希望可以休假兩個月，那之後就知道該怎麼做了。皇帝批准了他的休假。[20]

皇帝很喜歡庫羅帕特金。無論別佐勃拉佐夫的遠東兵力增強方案具有怎樣的現實性，他都沒有考慮過將自己喜歡的陸軍大臣解職。

八月十八日（五日）和廿二日（九日），庫羅帕特金兩次向皇帝上奏。[21]八月三十一日（一八日），庫羅帕特金在做完遠東出差的報告後，與皇帝談了話，他在日記中這樣寫道：

「我說了有關別佐勃拉佐夫的事，給陛下指了我在日記中是如何看待他的。我不認為他不能帶來一定的利益。是的——陛下插話道——他喚起了我們對很多事情的注意。陛下此時這樣說道，『兩年前別佐勃拉佐夫說我們在遠東選擇了錯誤的道路時，我們聽到那些能愉快嗎？但是，我承認他是正確的。當然，總是聽他批評所有的大臣、所有的事情、所有的人，這並不讓人高興。批評很容易，特別是對沒有責任的人來講。』於是我說，他是個狂熱的活動家。他有益的作用已經完成了。在陛下的手中，夢想指導沙皇政治的別佐勃拉佐夫不過是個單純的道具而已。陛下將這個道具握在手中，用他來嚴厲地鞭策我們這些大臣們。別佐勃拉佐夫就像是陛下手中的膏藥，認為有必要進行一定的治療時，無論是人還是事業都可以貼上去。現在目的達成，別佐勃拉佐夫就像用完的膏藥一樣，有必要揭下來扔掉了。陛下的臉上浮現出開朗的笑容，打斷了我。『我知道，必須要將他扔出去了』，『的確是這樣，陛下。是時候將別佐勃拉佐夫從窗戶扔出去了。因為陛下，如果膏藥一直貼著的話，不僅不會變好，還會變得更糟糕，會腫起來的。所以說別佐勃拉佐夫也不能一直待在您身邊。』」[22]

庫羅帕特金日記中的這段記述，成為後來尼古拉摒退別佐勃拉佐夫這一神話的基礎。[23]由於皇帝沒有讓庫羅帕特金辭職的打算，因此這番話是順著他的意思說的。基本上，皇帝是想按別佐勃拉佐夫的建議改變遠東政策的，也就是說，皇帝打算讓庫羅帕特金和別佐勃拉佐夫這兩駕馬車並駕並驅。筆者認為，庫羅帕特金這樣將皇帝隨口說的話記在日記中，相當於偽造了皇帝對他的信任的意義。

結果，皇帝在這三位大臣中，將他內心最反感的財相維特解職了。八月廿四日（一一日），皇帝和阿列克謝大公、普列韋內相共進早餐。他大概從普列韋那裡也聽取了關於維特的意見吧。廿八日（一五日），皇帝召來維特，對他說希望他就任大臣委員會主席，也就是解除財相之職。接著，皇帝召來帝國銀行行長普列斯克，任命他為代理財相。皇帝在日記中寫道，「做完這兩項說明後，我的心情輕鬆多了。」[24]

對於維特來講，這無異於晴天霹靂，他詛咒了皇帝、普列韋和別佐勃拉佐夫。將維特解任顯示出了別佐勃拉佐夫一派的實力。

普列斯克的父親是波羅的海．德意志人，曾任聯隊長。普列斯克畢業於皇村中學，一八七二年進入財政部，一八八九年成為特別信用局次長，一八九二年升任局長，從一八九四年起就任帝國銀行行長。後來，他與庫羅帕特金一同坐火車時，對庫羅帕特金說，他在宮中沒有一個熟人，雖然居住在首都，但「過著封閉的，如同土撥鼠一般的生活。」他很恐懼與大公們以及宮中的人交往，想盡可能躲開，作為財政大臣，他沒有「打破」迄今為止的政策、改弦更張的打算。「很穩妥的官僚，神態和舉止帶著濃厚的德意志人式的優雅。」這是庫羅帕特金個人的觀察。[25]

然而，別佐勃拉佐夫早早就察覺到普列斯克不會像他希望的那樣行事。八月十七日（四日），他給皇帝寫信，普列斯克「絕不會真心地與我聯合到一起」。[26]大概他認為普列斯克是完全沒有政治原則、只會對皇帝唯唯諾諾的人吧。對別佐勃拉佐夫一派來說，無論是更換庫羅帕特金，還是更換拉姆斯道夫都沒能成功，那麼瓦解財政部，以新路線推進遠東經濟開發之事，與完善遠東總督制的組織結構一同成為了他們的任務。

## 庫羅帕特金隨侍皇帝

九月二日，（八月二〇日），皇帝從首都出發前往利巴瓦（Libava），即現在拉脫維亞的港口城市利耶帕亞（Liepāja）。庫羅帕特金隨侍皇帝視察了利巴瓦要塞。要塞是一八八九年庫羅帕特金主導修建的。庫羅帕特金想起沃加克也在當時的委員會中。庫羅帕特金的目標是設法使彙集到這個港口的物資不落入敵人之手，而海軍卻執著於將利巴瓦建為軍港，並獲得了皇帝的批准。但是，現在人們都對利巴瓦軍港很不滿意，說「將艦隊弄成了袋中的老鼠」。庫羅帕特金在日記中寫道，「現在波羅的海上沒有艦隊，軍艦全都去了遠東。與十至十五年前相比，我們在主要的海戰舞臺波羅的海的實力變得非常薄弱（與德國相比）。」[27]

視察乘坐的是皇帝的遊艇「斯丹達特」。在皇太后的遊艇中吃午餐的時候，庫羅帕特金和鄰坐的皇后亞歷山德拉之間有一段很有意思的對話。庫羅帕特金一如既往地訴說道，「利巴瓦在軍事上特別薄弱，由於沒有錢，連艦隊都沒有。現在一切都被遠東取走了，這裡很危險。」然而，皇后表現得很嚴厲，她以平靜的語氣堅決地反駁道，「現在一切資金和力量都必須投向遠東，因為主要的危險在那裡。也許那裡馬上就會爆發戰爭。必須增強我國在那裡的力量，尤其是海軍。如果未來四年，那裡完全做好準備了，再將注意力轉向西方即可。」僅聽這番對話，真有點讓人搞不清到底誰是陸軍大臣了。

庫羅帕特金堅持說，「我們在西方的主要威脅正在日益成熟、壯大，如果我們比鄰國落後的話，就會被打敗，即使所有二級戰場上的勝利都無法彌補這點。」皇后淡淡地說，「不會發生歐洲戰爭的，現在恐怖的是黃色人種來襲，因此有必要進行反擊。」一直聽著他們談話的皇帝對陸相耳語道：「你輸了。」[28]

之後，皇帝和庫羅帕特金從利巴瓦乘坐火車前往華沙軍管區檢閱軍隊演習。皇帝在途中順道去了別洛韋日（Belovezha）的獵場。在結束弗沃達瓦（Woldawa）三天的演習後，皇帝又返回了別洛韋日，在那裡狩獵十多天。九月下旬，他前往皇后、皇女們等候的達姆施塔特（Darmstadt），開始了漫長的暑假。[29]庫羅帕特金也前往了自己位於普什科夫州的領地度暑假。[30]

## 俄清交涉中止

在此期間，俄清進行了交涉，但早早就結束了。

駐北京公使雷薩爾得到外相指示後，九月四日向清國外務部提出五項補償要求。九月八日，清國方面將內容告知了日本公使、英國公使。[31]清國的外交負責人慶親王對內田公使說，「此次俄公使就歸還滿洲提出新的五項要求方案，與前案有異，甚為穩妥，未侵犯我方主權。」日本方面表現出了憂慮。九月九日，小村外相立即給內田公使發去訓令，讓他通告清國方面，日本經過慎重研究，感到實在無法滿意。與清國方面的認識相反，日本認為「俄羅斯方面的要求明顯侵害了清國的主權，毋庸置疑無視了其它列強條約上的權利。」日本政府「正式表示嚴重抗議」，如果無視這次抗議，「對清國來講，或許會招致最為嚴重的後果。」[32]

得到這樣強硬的警告，清國方面招架不住了。清國推遲了回答，同時於九月廿九日（一六日）以文書的形式給雷薩爾送去了拒絕的答覆，對在松花江、通往布拉戈維申斯克的道路上保留據點，在清國北部禁止外國人參與管理以及工商業企業問題等表示拒絕。阿列克塞耶夫在廿五日（一二日）就給皇帝發去電報。「目前在北京進行的交涉，清朝政府拒絕了我們所有的重要要求，它得到日本以及其他列強的支援，十分明顯表現出了想讓我們得不到任何補償就從滿洲撤出的意圖」、「日本的協定案明白地顯示出日本的活動將向南滿洲推進這一意圖」、「這種情況下，我認為在佔領三年後放棄滿洲必然會降低我國在遠東的政治地位，因此斗膽上奏，……由於在北京進行的交涉無法取得成功，我提議現在中止為好。」[33]

十月一日（九月一八日），皇帝批准了這個提案。就這樣，因日本的壓力，俄清達成協議之事受阻，「俄羅斯得以在事實上繼續佔領滿洲。」（希曼斯基）對於這個決定，拉姆斯道夫外相是反對的。[34]

## 俄方準備答覆

這個時期，俄羅斯在準備答覆日本政府。

想想遠東總督制在沒有三大臣參與的情況下就推行了，那麼日俄交涉也很有可能由別佐勃拉佐夫輔佐皇帝來推進。作為被別佐勃拉佐夫死死壓制，不久前還請求辭職的外相拉姆斯道夫，大概始終都在琢磨該怎樣做才能由自己來輔佐皇帝吧。鑒於遠東總督制已經開始施行，拉姆斯道夫提出應由總督阿列克塞耶夫負責推進已經開始的日俄交涉，筆者推測他想製造出自己插進阿列克塞耶夫和皇帝之間的局面。而且如果將羅森公使安插給阿列克塞耶夫的話，也可以從這方面進行操控。

八月二三日（十日），外相請來栗野公使，提出因有必要聽取阿列克塞耶夫總督的意見，希望在東京進行交涉。[35]而日本方面則希望在聖彼德堡進行，小村於八月廿六日、廿九日、九月二日三次給栗野發去電報讓他提出照會。[36]雖然每次栗野都與拉姆斯道夫進行了交涉，但俄羅斯方面的態度沒有改變，最終，小村在九月七日的電報中表示，不得不接受在東京交涉。[37]乍看，這個舉措似乎使拉姆斯道夫放棄了自己的交涉權，將其交給了阿列克塞耶夫，實際上它阻止了別佐勃拉佐夫介入交涉，可以說，拉姆斯道夫成功還擊了。

八月十三日（七月三一日），外相將日本方面的提案送交給了阿列克塞耶夫。[38]到八月廿六日時，外相向阿列克塞耶夫傳達，已遵照皇帝命令通告了日本公使，探討研究日方提案一事委派給了阿列克塞耶夫，令阿列克塞耶夫和羅森公使一同制訂俄羅斯方面的對應方案，在皇帝批准其內容後於東京進行交涉。[39]

拉姆斯道夫本人認為終究無法接受日本的提案。他於八月廿八日（一五日）給羅森和阿列克塞耶夫發去電報，寫道：

「現在日本的提案令人實在難以容忍，因此，將一九〇一年伊藤侯爵提出的方案作為交涉的出發點會更為理想。如果能夠像期待的那樣，在近期最終明確地確定我們在滿洲的地位，毫無疑問會使與日本的交涉變得簡單、容易。」[40]

羅森認為，如果在東京與日本進行交涉，理所當然地應該重視作為專家的他的意見。因此，羅森對外相的電報主動提出建議，以一九〇一年伊藤博文和拉姆斯道夫的交涉作為「出發點」，俄羅斯只要將那時的對應方案遞交給日方即可。[41]贅言一下，該方案的內容為：一，尊重朝鮮的獨立；二，日本不以軍事戰略目的利用朝鮮；三，不在朝鮮海峽沿岸修建阻礙航行自由的軍事設施；四，俄羅斯承認日本在朝鮮擁有工商業方面行動的自由，根據與俄羅斯的協定，擁有向朝鮮提供建議和援助的優先權，也包括軍事援助；五，日本可以在必要範圍內派遣士兵，但軍隊不得進入俄朝國境附近規定的地帶。六，日本承認俄羅斯在與其接壤的清國領地擁有優越權，不妨礙其行動自由。七，本協定取代以往協定。

九月六日（八月二四日），拉姆斯道夫慌忙給羅森發去電報，建議將一九〇一年的方案作為「給現在的交涉創造條件的資料」使用，而不是作為對應方案提交給日本方面，他指出，即使內容很合適，也必須參考日方提案，給出「完全不同形式」的方案。[42]他的意思是不要拿出一九〇一年的方案，讓日本方面感覺俄羅斯打算將新的提案拒之門外。

當然別佐勃拉佐夫等人也制訂了方案。別佐勃拉佐夫在財相維特被解任的翌日——八月廿九日（一六日），向皇帝提交了答覆方案。

答覆方案的前言中寫到，由於日本受到日英同盟的束縛，俄羅斯也必須遵守現行條約協定，儘管俄羅斯希望與日本締結協定，但為此，日本必須恢復行動自由。其內容為以下五項：

一，尊重清國和朝鮮的獨立與領土完整。
二，兩國承認日本在朝鮮，俄羅斯在滿洲現存的同類利益。
三，不妨礙俄羅斯和日本的工商業企業活動。
四，俄羅斯承認日本擁有為使朝鮮貫徹改革和確立善政，向其提供支持和建議的權利。
五，再次確認以往兩國間存在的一切協定。[43]

俄羅斯承認日本向朝鮮提供建議的權利，但認為維持以往條約規定的模糊的日俄共同管理體制是必要的。別佐勃拉佐夫的意見是最明確拒絕日本方面提案的。[44]不清楚皇帝看到這一方案時是如何處理的。後來，這個方案被收入阿巴扎所編制的遠東委員會資料集時，拉姆斯道夫的外交部表示不知道這份文書的存在。[45]這意味著皇帝沒有給外相看。也就是說，別佐勃拉佐夫被從日俄交涉的道路上摒棄了。這是拉姆斯道夫策略的勝利。

然而，遠東方面也有問題。因為阿列克塞耶夫和羅森合不來，羅森認為進行日俄交涉是自己的工作，有輕慢阿列克塞耶夫之處。他似乎於九月三日（八月廿一日）和四日（八月二二日）也向阿列克塞耶夫送交了他給外相的、以一九〇一年方案為基礎制訂的對應方案。阿列克塞耶夫於九月十二、十三日（八月三〇、三一日）給羅森發去回電，表達了他的想法。俄羅斯在佔領旅順的同時，停止了與日本在朝鮮的競爭，最終並沒有實施俄日行動上的平行性協定。這樣的態度助長了日本的氣焰，以至於造成「現在這個國家隸屬（於日本）」這種局面。鴨綠江公司雖然引起了騷動，但由於有合法的活動根據，日本也無可奈何，俄羅斯政府也撤去了現役軍官，使其成為了商業性公司。因此，俄羅斯還沒有到日本被甩出最後通牒的地步。「我們似乎應該正確地認識到，日本現在的無恥要求，是我們主動地……系統地放棄屬於我們的一切權利的結果。」如果明言滿洲問題不承認外國干涉的方針不變的話，那麼「我們就應該以最明確的方式駁回日本的提案。如果因過去的讓步，我們要承擔其後果，同時又必須要迴避戰爭風險，為了不發生戰爭，我認為有必要承認日本在滿洲具有一定商業上的權益，這個問題可以在今後的交涉中討論。」[46]

羅森在九月十日（八月二八日）詢問阿列克塞耶夫，是將俄羅斯的答覆方案案文送過去，還是等待阿列克塞耶夫將案文送來。[47]阿列克塞耶夫九月十五日（二日）發去電報，希望羅森到旅順商量。羅森沒有去旅順，取而代之，他送去了自己的方案，並說由於不能離開日本，雖然非常想見面，卻無法前往旅順。[48]

羅森的答覆方案內容如下：

一，尊重韓國的獨立和領土完整。
二，不將韓國領土的任何部分用於戰略目的。
三，承認日本為韓國改革給予支持和建議的權利。
四，日本擁有根據與俄羅斯的事前協定，向韓國派遣軍隊的權利。但是，其規模不得超過為達成目的所必要的程度，且被賦與的任務實施後應立即召還。日軍無論在任何情況都不得進入包括鴨綠江流域在內的被規定的北緯度線以北的地區。
五，日本承認滿洲在自己的利害圈外。
六，本協定締結後，取代以往的協定。[49]

阿列克塞耶夫大概很不高興吧。他在接下來的信中寫道，對羅森不能過來感到遺憾，現送去自己制訂的對應方案。阿列克塞耶夫文書集中收錄了《一九〇三年阿列克塞耶夫案》，雖然沒有日期，但筆者推測它應該就是這時被送過去的阿列克塞耶夫方案。其內容如下：

一，將尊重韓帝國的獨立和領土完整作為相互的義務。
二，俄羅斯承認日本在韓國優越的利害，承認日本為使韓國民政更加公正而給予其建議的權利。但是，一切以不損害第一項為前提。
三，俄羅斯負有不妨害日本在韓國為發展工商業活動並保護其利益而採取對策的義務。但不得損害第一項。

四，俄羅斯承認日本為達成同樣的目的，在照會俄羅斯的基礎上，向韓國派遣軍隊的權利。但是，日本負有其規模不得超過現實所需，且視任務完成情況，召還軍隊的義務。

五，相互有義務不將韓國任何部分用於戰略目的，不在韓國沿岸區域採取任何有可能威脅朝鮮海峽自由航行的軍事措施。

六，相互有義務將鴨綠江及其沿岸寬五十俄里的地區作為軍事上的中立地帶，不能用軍隊佔領這一地帶，不能修建要塞設施。

七，日本承認俄羅斯在滿洲完全的行動自由。俄羅斯負有尊重日本在該國工商業方面的正當利害的義務。

八，本協定取代以往兩國間存在的一切協定。[50]

這兩個提案都是一九〇一年拉姆斯道夫方案的改進版，內容大致相同。阿列克塞耶夫的中立地帶提案比照搬一九〇一年方案的羅森方案有所進步。有意思的是，這個方案與後來日本作為逆向提案所提出的方案相當相似。阿列克塞耶夫九月十五日（二日）給羅森發去電報，「我認為，如果不能在朝鮮北部維持優勢的影響力的話，至少將鴨綠江流域轉化為非軍事的中立地帶較為理想。」[51]

阿列克塞耶夫在外交報告中寫道，除第八項外，都是「是我提出的答覆方案。」[52]

九月十七日（四日），羅森接到了皇帝斥責的電報，「如果阿列克塞耶夫召喚你，你應該去旅順」。於是，羅森給阿列克塞耶夫發去電報，表示將遵照陛下的命令，放下手頭的事情前去拜見。九月廿二日（九日），羅森去往旅順。[53]他在回憶錄中寫道，在那次和阿列克塞耶夫的會談裡，他勸說道「我們能做的唯一合理的事情，大概就是固守滿洲，儘快逃離朝鮮吧。」他感覺阿列克塞耶夫似乎「傾向於同意」他的看法。[54]但是，實際上是羅森原封不動地接受了阿列克塞耶夫的方案，只對第七項，要求日本承認俄羅斯在滿洲的行動自由提出了異議，他認為這條違反了俄羅斯應該自主決定在滿洲的行動這個原則。然後，他提議將第七項改為，「日本承認滿洲及其沿岸在日本利害圈外。」阿列克塞耶夫對此沒有異議，採納這個意見後，制訂了答覆方案。[55]

## 別佐勃拉佐夫的動向

別佐勃拉佐夫在更換庫羅帕特金這件事上碰壁後，將精力集中到完善遠東總督制的制度和通過遠東公司開發遠東經濟的工作中。

別佐勃拉佐夫在九月八日（八月二六日）制訂了遠東委員會方案。皇帝任主席，成員為內政、外交、財政、陸海軍各大臣以及皇帝特別任命的個人，委員會設置事務局長、副事務局長。委員會負責審議與遠東相關的所有事務，由總督執行其決議。即在由皇帝授予全權的遠東總督和皇帝之間設立遠東委員會，推進統一的遠東政策。[56]別佐勃拉佐夫將這個方案拿給內相普列韋，徵詢了他的意見。

九月廿二日（九日），別佐勃拉佐夫給阿列克塞耶夫寫信：

「遵照陛下的命令，同信附寄了我於各個時期提交給陛下的精心準備的構想。所有的問題正等待你返回首都聖彼德堡做出系統性的決定。就我所見，近年成為大問題的各部門的抵抗正在逐漸減少。……在遠東，你所領導的組織將會引導事業走向成功吧。陛下在所有的方面都在全力支持著你，而且我們也都在努力竭盡一切力量和能力援助這項事業。我個人在這個過渡期完成陛下交給我的任務後，不打算直接參與此事業。關於木材公司及其業務，最近，在維特退任後，新的代理財相還沒有足夠時間找到自己的方法。……無論如何，對這項事業而言，萬事順利。在各個機構被組織起來後，事業會自己沿著軌道前進吧。內相大概將於九月廿一日（十月四日）左右返回首都聖彼德堡，……遠東問題委員會法將最終定稿。那時，陛下大概會召集協商會，並在這個委員會設置令上簽名吧。那樣將產生首個應對遠東所有問題的中央組織。」[57]

翌日，別佐勃拉佐夫又給阿列克塞耶夫寄信傳達了皇帝的意向：「朕的遠東總督是該地區的全陸海軍總司令官」，「是領土的主人，是外交、行政、政治經濟問題上的庇護者，是朕的意志的執行者」。[58]

另一方面，遠東公司一直在設法吸引外國資本、美國資本。與此相關的是，沃加克於九月九日（八月二七日）起草了意見書《關於俄羅斯在遠東的企業吸引美國資本的問題》。沃加克提出了如下觀點：

「我國現在採取的強化遠東軍事態勢的策略無疑可以讓我們對未來安心，沿著選定的方向穩步前進。使我們不用去在意那種普遍認為日俄戰爭不可避免的謠言。但是，從吸引外國資本的可能性的角度來看，則必須重視這個謠言。因為戰爭將要臨近這種擔憂所傳播的範圍通常比想像的要遠遠廣泛得多。」

沃加克認為，為了徹底解決這個問題，只有兩種辦法，與日本戰爭，或與日本締結協定。締結協定方面，「日本在朝鮮問題上極度貪婪」是個問題。有必要理解，日本「在朝鮮問題上，沒有與俄羅斯的協定將無法進行下去」，而只要日英同盟繼續存在，協定就是不可能的。日本對自己的軍事力量過於自信。為了阻止日本在朝鮮無限制地擴大勢力，必須向它展示俄羅斯的力量。雖然伴有危險，但隨著俄羅斯在滿洲的地位確立，同時通過「強化我們的戰鬥準備」，迫使日本放棄日英同盟，接受「我們的協定條件」以及「符合俄羅斯尊嚴的協定形式」是很重要的。[59]

## 韓國政府謀求中立

韓國日益感受到日俄之間的戰爭將要臨近。八月一日，《皇城新聞》發表社論《日不得不戰》，寫道，如果允許俄羅斯侵略，不僅「對韓日清三國唇齒相依之勢問題嚴重」，而且也會危及日本的生存之道，「將至殲滅東洋黃種全族之境」，日本除了與俄羅斯戰鬥外，別無他路。像這樣，民間輿論是反俄的。

在這種狀況下，暗中得知日本對俄羅斯提出交涉之事的韓國皇帝擔憂起事態來。因為他預見到了交涉將會走向戰爭。高宗立即行動起來，於光武七年（一九〇三年）八月十五日給俄羅斯皇帝寫了秘信。

「貴國軍隊集合於滿洲。此事在東洋政界引起無限恐慌的情緒，形勢急迫為前所未有。最近，日本媒體猛烈煽動輿論，日本宮廷最終恐無法免於決意開戰。可以預見，此事遲早會成為貴國和日本決裂的端由。如果戰端開啓，朕擔心我國不免成為戰場。若如此，貴國軍隊無疑將會獲得勝利。朕謹預先表示慶賀。朕的意向如何，將明報貴國軍隊的將軍。幫助貴國軍隊勢力，號召我人民在敵人到來時移藏錢糧，隱身山野，使用清野之策（焦土作戰）。請求陛下（尼古拉二世）理解我國的困難狀況，給予祈禱並祝福。這封書信在有事之際，足以成為朕對陛下深厚友誼的憑據。對於迄今為止陛下對朕的諸多好意，朕常懷感謝之念。」[60]

在這封信中，高宗向俄羅斯提出戰時合作，並表明精神上將站在俄羅斯一側。然而這樣的約定原本就沒有實行的保證，只不過表達了高宗的個人願望而已。

寫了這封信後，高宗讓外部大臣李道宰給駐日、俄兩國公使發去訓令，令向日本和俄羅斯兩國尋求將韓國作為中立國的承諾。訓令中寫道，由於日俄已經開始的關於滿洲問題的對話，有可能演變成「兩國友好關係決裂」這種事態，韓國處於對立的兩者之間，「我們必須事先宣佈打算嚴格保持中立」、「因此，我們要求日本和俄羅斯將我國視為中立國。如果將來戰爭發生了，希望不要在我國境內展開任何作戰，也不允許任何軍隊通過我國領土。要尋求明確的回答作為保全我國國境的保障。」[61]這是現實的主張。

八月廿一日，懂法語的宮內官玄尚健帶著給俄羅斯皇帝的密信和給公使的訓令經旅順前往俄羅斯。廿五日，禮式院參書官高義誠帶著給公使的訓令出發去了日本。[62]

像這樣，高宗在向日俄雙方尋求戰時中立的承諾的同時，秘密地向俄羅斯表達了無限協力合作的意思。得到訓令的駐日大使高永喜於九月三日將信函送交日本外相小村壽太郎，照會希望在日俄發生戰爭時，保障韓國的中立。[63] 理所當然地，日本政府對此很不高興，遲遲沒有作出答覆。

而玄尚健則先去了法國，隨後又去了荷蘭、德國。他從柏林進入俄羅斯的時間實際上是這年的十一月十四日。[64] 搞不清他為什麼做這樣的行程安排。

在韓國，龍岩浦租借的動向成為了民間的話題，警惕俄羅斯侵略的氣氛越發凝重了。《皇城新聞》九月十日發表評論《破滿韓交換之謠言》，認為滿韓交換論是俄羅斯使出的「詭詐手段」，是巧妙的詐術。韓國乃「東洋一獨立帝國」，非「日俄之保護屬邦」。豈可隨意交換，對此很氣憤。九月十四日，該報報導了日俄交涉正式開始之事。內容為，日本提出如果俄羅斯不妨害日本在韓國獲得鐵路鋪設權，而且承認迄今為止獲得的既有權利的話，日本就承認俄羅斯在滿洲獲得的權利。

對於韓國政府提出的希望保障戰時中立的照會，九月廿六日，小村將日本政府的回答送給了韓國的駐日公使。「帝國政府沿襲歷來之政綱，努力維持和平、增進修睦，復無他餘念，於今談兵戎，語中立，豈止不祥，又頗不合時宜。以上趣旨望能諒解。同時望充分理解帝國政府為貴國乃至東亞全域盡瘁之微意。」這個答覆的意思是，日本正在為不發生戰爭而努力，不願意談論戰時中立等事。

進而小村還在口頭上添加了，「日本從來於他國交戰之際，宣告局外中立」，但若出現交戰國蹂躪此宣告的情況，日本亦「自有斷然抵制之決意。」若韓國「欲為中立國，則自身需要有保持這點的決心與實力，併合二為一。今日韓國最大之急務在於充實國力，圖謀國家之富強。」為此有必要「安固皇室」、「革新財政」、「改革兵制」。日本「擁護現韓國皇室之永久存續」，對此有「確定不移之決心」，其餘兩項改革如果希望援助的話，日本也會回應。處理韓國在日流亡者的問題雖然很困難，但會根據皇帝陛下的願望盡力而為，希望將此敬告皇帝陛下。[65]不得不說，這是巧妙的威脅和虛偽的約定，還夾雜著小小的誘餌。

話雖如此，但小村還是從韓國政府的這個動向中感覺到了危險。三天後的九月廿九日，他給林權助公使發去另外一份訓令。「此際拉攏韓國皇帝至我方，於帝國政策極為緊要……日俄間和平眼看即將破裂，韓國皇帝之向背於全域利害關係尤深自不待言……日韓間應締結某種密約。」[66]訓令指示接觸對日本懷有好意的大臣，努力促成秘密條約的締結。

雖然韓國提出想保持中立，日本卻不承認此事。日本打算一旦開戰，立即將韓國置於自己的指揮之下。《皇城新聞》十月七日發表社論，題為《日俄開戰的關係如何》。如果開戰，雖說「我韓國唯有成為中立國，絲毫不與其間發生關係」，但其實關係很大。社論主張政府「應十倍振奮精神，採取自國防衛之方針」。這是正確的主張。

十月十四日，林公使發電報寫道，如果有「果斷解決事局，且於其解決後，全然如我意處理韓國之決心」，秘密條約反而會成為一種束縛，若還是要締結這種條約，有必要「用韓帝最忌憚之流亡者問題，對韓帝加以某種牽制」、給出巨額借款、給予宮廷內有勢力者「相當的活動經費」，將京城守備隊的士兵「增加一倍」。[67]到了十月三十日，林感慨韓國宮中和政府「毫無統一」，「以其現狀，如欲吸引韓帝於我，可謂甚是絕望。」[68]

在俄羅斯首都的栗野公使於十月廿一日會見了外務次官奧博連斯基，想就此事進行商談。但次官以戰爭不可能發生為由，拒絕談論此事。[69]

## 駐日武官的警告

日本國內的激憤愈加高漲。民眾指責政府的政策優柔寡斷，應該更加強勢地進行交涉，還強烈提出應該向朝鮮出兵的意見。

九月初，日本出現了認為維特失勢顯示出俄羅斯政府內部軍人地位得到強化這種觀點。[70]該月，對俄同志會的活動在全國如火如荼地展開。九月七日，《東京朝日新聞》刊載了委員長神鞭知常的訪談，文中寫道，「現在除卻我對俄同志會外，即便政府的意志也變得最為強硬，故對俄談判也有了意外的進展，首先……可以充分預見能夠取得比滿韓交換更好的結果。」神鞭信心十足。

九月十日，對俄同志會在福岡召開九州大會，通過了決議：「斷不忍坐視」俄羅斯的行為，「警告政府須嚴責俄國，迫其執行撤兵條約，……捍衛帝國名譽與利權……從速決斷實行」。[71]

十四日，同志會的三名代表訪問桂首相並遞交了警告書，「我政府當局者此際當以最後之決心促俄國政府最後之明確答覆」。[72]十七日，對俄同志會在仙台召開東北（譯者註：東北地方，日本的地區之一，位於本州東北部，也稱「奧羽地方」。雖然法律上沒有明確規定其範圍，但一般指青森縣、岩手縣、宮城縣、秋田縣、山形縣、福島縣這六縣。仙台是宮城縣政府所在地，是東北地方最大的城市。）大會，聚集了三千五百人，決議變得更加激進：

「俄國近日之行動乃對我帝國無言之宣戰。帝國若仍容忍承認之，則是不忠於東洋之和平，且不顧帝國自身之利益及名譽。當局者宜從速斷然實行最後之手段。」[73]

這已然是開戰前夕的氣氛。俄羅斯駐日武官對此深感不安。他們從九月初起就敲響了日本軍可能出兵朝鮮北部的警鐘。海軍武官魯辛九月二日（八月二〇日）發送的報告，大概是最詳細的分析了。[74]魯辛在報告開頭寫道，已經開始的日俄交涉「根本沒有達成一致的態勢」。

「日本人自我意識異常膨脹，他們得到英美的精神支持，不會允許桂內閣採納對俄羅斯國家利益來講勉強能夠容忍的分割遠東勢力圈的條件。在過去幾年裡，由日本政治家和報刊新聞推動的敵對的反俄運動幾乎從來沒有間斷過，……為俄羅斯與日本締結牢固的協定設下了重大障礙。我方無論做出多大的讓步，比如承認朝鮮與日本的關係為從屬國，在滿洲給予日本諸多權利，也無法長期保障遠東的和平。因為日本很快就會不滿足於這些條件，又開始要求新的讓步了。」[75]

「只有來自我方的堅決反擊、以俄羅斯在遠東的軍事實力為基礎的反擊，才能讓日本恢復正常的精神狀態。哪怕是暫時的，我們也必須具備充分的軍事力量，讓日本人對自己在戰場能否勝利有所懷疑。日本人知道我方軍事力量在遠東的情況和部署，因而強化了期待，確信自己的軍隊會在戰爭初期取得勝利。他們夢想著通過首戰的勝利，鞏固自己政治上、軍事上的威信，然後憑藉這些，儘早締結對自己有利的、光榮的和約。」[76]

魯辛看透了日本軍部的戰爭計畫。他認為，雖然日本國民各階層自命不凡的自我評價膨脹到了近乎病態的地步，但日本陸海軍省並沒有受此影響。「他們不會冒然在沒有做好準備的時候就發起戰爭，他們會以日本國民性中特有的周密和組織計劃性謀求萬全之策。」魯辛進而還注意到陸海軍「以示威性地、過於公然的方式」進行戰爭準備之事，不得不承認這是以鳴響武器的方式來威嚇俄羅斯。但是，他認為，由於國內輿論變得無法控制，無法與俄羅斯達成一致的桂內閣陷於窘境，必須要尋找出路。

「有人認為日本會隨便找些藉口，就向朝鮮發出最後通牒，將軍隊送到鴨綠江。另一方面，也有人不否定日本與俄羅斯直接衝突的可能性。不過，隨著我們越來越有能力從歐洲－俄羅斯向遠東快速地派送更多的軍隊，後者的可能性會降低。為檢驗鐵路運輸能力，我們從歐洲－俄羅斯向外貝加爾州運送幾個師團之事，製造出對我方來講極度有利的印象，由此可以印證這種推測。即使日本也非常明白，在我軍隊和艦艇已經開往遠東的情況下……越晚對俄羅斯越有利。」[77]

魯辛認為，增強俄羅斯在遠東的陸海軍力量可以抑制日本的行動。這的確是具有現實性的結論。

雖然魯辛於九月上旬視察了大阪、吳港、宇品，但沒能判斷出日本軍正在做著意料外的運輸登陸的準備。日本艦隊正在佐世保裝載煤炭。魯辛從那裡去了長崎。[78]

然而，到了九月廿日（七日），魯辛給符拉迪沃斯托克發去了電報。

「有傳聞說，日本正準備十天後向朝鮮北部派遣一個混成旅團。請發電報告知海軍軍令部長。」[79]

這個情報也在旅順和漢城傳開。九月廿二日（九日），阿列克塞耶夫告知漢城的巴甫洛夫公使，駐日武官薩莫伊洛夫傳來消息，說日本將於翌月向朝鮮派遣選拔出的旅團。[80]翌日，巴甫洛夫回電，韓國皇帝也通過李容翊傳來了同樣的資訊，雖然需要警惕，但巴甫洛夫本人認為日本還沒有做出這樣的決斷。[81]到廿九日（一六日），阿列克塞耶夫向巴甫洛夫提出要求，由於駐日武官們告知傳聞仍在持續，如遇到情況要立即聯絡。[82]這是危機警報的開端。

此時，俄羅斯皇帝正在悠閒地狩獵度日。他於九月七日（八月二五日）到達了別洛韋日，[83]這裡位於俄羅斯和波蘭的交界處，涅曼河、西布格河、普里皮亞季河穿流而過，是綿延的森林地帶。這裡有皇家狩獵場。九月九日（八月二七日），皇帝觀摩了華沙軍管區部隊的演習，十二日（八月三〇日）又返回別洛韋日，在與弗拉季米爾大公、尼古拉大公等人匯合後，開始了連日的狩獵。九月廿三日（十日）是皇帝在此地逗留的最後一日，他記下了這次狩獵的成果：野牛十二隻，駝鹿六隻，鹿六十九隻，（字跡辨認不清者）三十六隻，羊廿一隻，野豬八十三隻，狐狸四十一隻，總計四四八隻。[84]皇帝當日離開這裡，去往了更西邊。九月廿五日（一二日），他到達了皇后的家鄉達姆施塔特（Darmstadf）。翌日，拉姆斯道夫來到這裡，廿七日（一四日），皇帝接受了拉姆斯道夫的上奏。可以推想，拉姆斯道夫在上奏時，無論是日俄交涉的情況，還是駐在武官的警告，拉姆斯道夫都大略地做了彙報，但皇帝的日記中沒有記錄他的反應。[85]

## 俄方的第一次答覆

九月廿八日（一五日），阿列克塞耶夫將與羅森一同制訂的俄羅斯答覆方案上報給了皇帝。皇帝大概是同拉姆斯道夫一道接受的吧。阿列克塞耶夫還添寫了如下一段話：

「制訂這個方案的困難之處在於，日本的方案奪去了以其為基礎、與日本達成協議的一切可能性，表現出令人完全難以容忍的貪婪。對我們來講，唯一有可能成為協定基礎的是，日本承認滿洲完全在自己的利害圈外，作為補償，我們可以在朝鮮做出一定的讓步。這一界限在我們的方案中做了陳述。但是，只有在事先決定繼續佔領滿洲的情況下，才能著手以這個方案進行交涉。」

阿列克塞耶夫主張，佔領滿洲符合俄羅斯在遠東的地位，在交涉時，必須允許羅森公使表明，哪怕使用武力，俄羅斯也打算維護自己在滿洲的利益。[86]

準備好的答覆方案立即得到了皇帝的批准。筆者推測，此時原方案的中立地帶一項被修改了。雖然沒有證據，但可以推測到應該是根據皇帝的意見而修改的。十月一日（九月一八日），外相將這一答覆案傳給了阿列克塞耶夫。[87]同時還傳達了皇帝同意中止與清國交涉的消息。十月三日（九月二〇日），羅森返回了日本，當日就將答覆方案遞交給了日本方面。其內容如下：[88]

第一條改為「尊重韓帝國之獨立與領土完整」，去掉清帝國，採取不讓日本言及清國的態度。第二條改為俄羅斯「承認日本於韓國之優越利益」，承認「不違反第一條之規定，給予改良韓國民政的建議及援助」是「日本之權利」，刪除了日本提案中的「軍事上之援助」，而且堅決拒絕「給予建議」是日本「專權」的主張。第三條表明不妨害日本在韓國的工商業活動，不反對採取保護措施，接受了日本的主張。第四條雖然承認日本向韓國派遣軍隊，但以「在知照俄國的基礎上」為條件。以上四條與阿列克塞耶夫的方案相同。

進而，俄羅斯方面根據一九〇一年的拉姆斯道夫方案，在第五條中試圖對日本統治朝鮮加以限制。「相互約定不將韓國領土的任何一部分用於戰略目的，並不在韓國沿岸設置有可能妨害朝鮮海峽自由航行之軍用工事。」第六條雖然包含了中立地帶要求，但採用了與阿列克塞耶夫方案不同的表達方式。

阿列克塞耶夫方案的表達方式是，將自鴨綠江以南五十俄里作為中立地帶，而在正式答覆方案中變為「將韓國領土北緯三十九度線以北部分視為中立地帶，兩締約國相互約定皆不向此派入軍隊。」如果按照五十俄里計算，雖然西至宣川，但東部的清津沒有包含在內，地域相當狹窄，但如果是北緯三十九度以北，那麼平壤、元山就都包括在內了，地域相當廣闊。這是根據皇帝尼古拉二世的提議所做的修改。

進而根據羅森方案加上了第七條，「日本承認滿洲及其沿岸全然在日本利益範圍外」，要求日本約定不向滿洲伸手。第八條同意廢除「日俄兩國間締結的所有協定」，與日本方案相同。

一八九六年的莫斯科協定、山縣—洛巴諾夫協定中都有中立區域，但那時規定日俄兩國均可向朝鮮派兵。這次，俄羅斯放棄了派兵的權利，取而代之要求設立中立地帶。俄羅斯承認日本方面對韓國三分之二領土的有限的統治權，作為回報，要求日本承認滿洲為俄羅斯獨佔的勢力圈。[89]

## 秋季的危機

就在阿列克塞耶夫和羅森制訂出對日答覆方案之後不久，危機正式出現了。海軍武官魯辛九月廿九日（一六日）發電報：傳言仍在持續，報紙報導了第十二師團的動向，將以小倉為出發港，租用了五艘民船。同日，魯辛又發電報，「日本艦隊出航馬山浦」。十月三日（九月二〇日），魯辛發出語氣更加強烈的警告電報，第十二師團正在召集預備役，並讓運輸船保持準備完畢的狀態。[90]除魯辛外，駐日武官薩莫伊洛夫也發送了日本出兵朝鮮的警告。

魯辛等人的電報讓阿列克塞耶夫很恐慌。十月三日（九月二〇日），他給身在達姆施塔特的皇帝發去電報。首先報告，接到中斷在北京的交涉和將對日答覆方案交給日本方面的命令，已立即執行。接著，他寫道：

「考慮到今後在東京的交涉，我向陛下報告，鑒於日本目前的氣氛，不能排除日本派遣軍隊佔領朝鮮北部的可能性。這一點可從現在收到的駐日武官的報告中得到確認。我認為我們現在有必要明確，如果日本方面採取這類措施將上述意圖付諸實施時，我們為了維護自己的利益並盡最後的可能迴避軍事衝突，應該採取什麼樣的行動模式以應對他們的挑戰。」

阿列克塞耶夫認為問題在於日軍以什麼樣的規模在朝鮮的什麼地點登陸。需要重視的是從黃海一側的西部海岸登陸，日軍在距滿洲及關東州咫尺之遙的地方登陸是不能默視的。那樣的話，「就不能停留在以違反一八九六年條約為由向日本抗議的程度了。妥當的做法是在抗議的基礎上，還要警告日本政府，概不允許向朝鮮進一步派兵，我們會為了維護自身合法、公正的利益而採取軍事對策。」

阿列克塞耶夫提議的對策如下：一，日軍在仁川、鎮南浦或鴨綠江河口登陸時，我方以海軍力量阻止其後續部隊的登陸。二，立即動員關東州和滿洲的軍隊，令其集結於奉天，在全滿洲頒佈戒嚴令。三，在外貝加爾、西伯利亞、莫斯科、喀山軍區召集預備役。[91]

十月七日（九月二四日），阿列克塞耶夫進一步請求，加急為旅順運送十萬噸、為符拉迪沃斯托克運送六萬五千噸煤炭並補足空缺人員，應補充的軍官包括：炮術軍官十五人，水雷軍官十七人，普通軍官四十人，技師三十人，專家型士官五三三人。[92]

的確，十月初，日本媒體的論調愈發過激。導火線之一是有傳聞說俄羅斯進入龍岩浦後，正在可以俯視當地的龍岩山頂修建炮臺。九月三十日，日本駐韓公使首次向本省報告了此事，當時的報告說是「類似炮臺之建築」，而翌日的電報中變成了「察為炮壘」。[93] 十月四日，林公使根據日野大尉的現場報告，傳達了「炮臺建築屬實」。[94]

這一消息擴散到了普通新聞，輿論為之激昂。《大阪朝日新聞》十月二日的社論《促國民之決心》中寫道：「諸如解決滿洲問題，若不全然驅逐俄國可謂不充分……。於此不得已一戰不俟言矣」。[95]《東京朝日新聞》在十月六日頭版頭條刊登了特派員的新聞稿《龍岩浦炮臺建築實況》，報導與日野大尉一同去實地查看，看到山上確有炮臺，「現雖未備大炮，然已有三個炮門」。翌日，該報發表社論《俄國的炮臺築設》，認為此舉對韓國而言是「以暴力吞食友國領土」、「構成了事實上的宣戰」，對日本則是「侵入我利益圈範圍」、「迫害帝國在韓國的地位」。俄羅斯在滿洲問題上做出「暴戾不遜之舉」，又佔領龍岩浦，看到日本不回應這些挑釁，終於做出「築設炮臺，架設大炮，派兵登陸的舉動」。由於此舉「違反日俄協約」，應讓其撤退，首先必須讓其以十月八日為限，從滿洲撤退。社論的結論是，「望政府先提出此先決問題，視其同意與否，再做一刀兩斷之決斷。」

十月五日，對俄同志會在東京歌舞伎座召開全國大會，通過了宣告書和決議。決議內容如下：「第三期撤兵期限僅餘三日，而俄國屢屢食言，毫無履行之意，正傾注全力於戰備」，「故吾人確信，我天職及我國是絕無與俄國遠東經營相容之餘地。」

決議接著講道：「吾人觀察今日事態，認為已到採取最後手段之時機。決不許當局者苟且逡巡。」

工藤行幹提議選出委員，作為後援督促政府，在不得已時，「採取帝國臣民權能上最大限度之手段，鞭撻政府」，還應向天皇上奏。大會選舉出包括頭山滿、柴四朗等人在內的三三名委員。最後，大會介紹了臥病在床的近衛篤麿和板垣退助的致辭。板垣說，「東洋和平遭遇一觸即發之危機，我帝國存亡日益窘迫」，結尾講道，「今日之事，只在決斷，而時機已至眼前。……上下四千萬同胞尚有何惑，對俄同志大會務必要致力於此。」[96]

六月時主張對俄開戰的七位博士也在俄羅斯第三次撤兵期限——十月八日之前，出版了《日俄開戰論纂》一書。該書收錄了七人的新主張，並收錄了六月份的建議書。戶水在書中寫道，「我認為日本取代俄羅斯，掌握滿洲主權，各國人不至挾有異議」，「日本為自衛，有必要發動戰爭」，「日本在戰爭中取得勝利，則日本必須取得西伯利亞東部，尤其是烏蘇里地區」。[97]

到這時，曾在報紙上交替出現開戰論與非戰論這一奇妙景象的《萬朝報》也終於轉為徹底的主戰論。該報繼十月八日刊載《最終日期》之後，九日刊載了署名「天山」的《最後一斷（理由業已充分）》。

「彼俄國，既於滿洲淩辱我幾至其極，又於韓國毀傷其主權與獨立，並蹂躪日俄協商之正文，膽敢無禮如斯，若忍之，天下孰事不可忍？休矣，口上警告，紙面抗議，空空千萬言，究竟何效？」

十月九日，反戰的內村鑒三、幸德秋水、堺利彥三人從《萬朝報》辭職。十二日，該報刊載了內村鑒三的《退社之際贈涙香兄之書》和幸德秋水、堺利彥的《退社之辭》。內村寫道，「確信同意日俄開戰即意味著同意日本國滅亡」，「鑒於舉國之民皆決意開戰，小生於情不忍反對。」幸德等人寫道，雖然「自平生研究社會主義之見地，視國際戰爭為貴族、軍人的私鬥，國民多數成為其犧牲品」，既然《萬朝報》也站在「認為戰爭終不可避，若不可避，當舉國一致以助當局前進」的立場，「予等在朝報社，不得不立於保守沉默之立場」。[98]

這是凸顯日本言論界完全被舉國一致的開戰論所籠罩的事件。但實際上，政府正處在與俄羅斯開始交涉的階段，還沒到發起軍事行動的狀況。因此，陸軍內部有人認為政府、軍隊首腦過於慎重，變得越來越焦躁。參謀本部總務部長井口省吾大佐十月八日的日記就表現出對尚未做出出兵韓國決定的焦慮。

「雖本日為第三期滿洲撤兵期限，然俄國無撤兵之狀，且俄國以護衛公使館之名，欲送百名騎兵至韓國京城，復欲從陸路向義州方向進兵，……陸續傳來於仁川買入可乘一百五十人之艀舟三十艘等情報。又在京城及義州對在韓邦人極度無禮。時機已後，若今日內閣不以一大決心出兵韓國，則無法為邦家、為東洋和平抑制俄國之橫暴。因外交談判亦生不利之結果，請求福島次長代為敦促山縣元帥及桂總理大臣下此決心。然桂總理大臣之決心不確。優柔寡斷，貽誤國家大事。噫！川上大將（明治）三十二年（一八九九年）五月已逝，前日田村少將亦追隨大將而逝。大山參謀總長又無戰意。加之陸海軍有欠協和，兩大臣中，山本大臣無見機之明，決無啓戰之意。帝國大事將去，呼嗚！」[99]

參謀次長田村怡與造於十月一日去世，由於繼任者一時沒有定下來，井口們的情緒變得更加陰鬱。不過，到了十月十二日，曾任臺灣總督、內相的軍方大老兒玉源太郎就任之後，參謀本部又恢復了元氣。十月廿日，在兒玉次長和部長們的會議上，終於制訂了作戰計畫。如果不能獲取制海權，就讓一個師團（第十二師團）在馬山登陸，向漢城進軍，如果獲取了制海權，就讓三個師團（近衛、第二或第十、第十二師團）在鎮南浦登陸，向平壤進軍。在翌日的會議上，由於海洲灣在冬季有流冰的資訊得到確認，故將登陸地改為了仁川。[100]然而，行動的決定仍然給人前途茫茫的感覺。

## 日俄海軍力量比較

那麼這個時期日俄的海軍力量是怎樣的呢？《東京朝日新聞》九月廿六日刊載了紀事《日俄海軍勢力比較》。據此可知，俄羅斯「東洋艦隊」的主力艦在一月時有戰列艦「塞瓦斯托波爾」（一八九五年下水，一〇九六〇噸），「佩列斯維特」（一八九八年下水，一二六七四噸），「彼得羅巴甫洛夫斯克」（一八九四年下水，一〇九六〇噸），「波爾塔瓦」（一八九五年下水，一〇九六〇噸）；裝甲巡洋艦「格羅姆鮑伊」（一八九九年下水，一二三五九噸），「俄羅斯」（一八九六年下水，一二一九五噸），「留里克」（一八九二年下水，一一九二〇噸），輕巡洋艦「瓦良格」（一八九九年下水）八艘。然而在三月輕巡洋艦「阿斯科爾德」（一九〇〇年下水），五月戰列艦「列特維贊」（一九〇〇年下水，一二九〇二噸）、輕巡洋艦「戴安娜」「帕拉達」（均為一八九九年下水）、「諾維克」（一九〇〇年下水），六月輕巡洋艦「博加特里號」「包亞林」（均為一九〇一年下水），七月戰列艦「勝利」（一九〇〇年下水，一二六七四噸）到達後，就成了十六艘，總噸位達十四萬五千噸。日本的巡洋艦、戰列艦為十七艘，總噸位十七萬噸，因此差距不過只有二萬五兩噸。[101]俄羅斯有戰列艦六艘、裝甲巡洋艦三艘，輕巡洋艦六艘，而日本海軍有戰列艦「三笠」（一九〇〇年下水，一五一四〇噸）等六艘，裝甲巡洋艦六艘，輕巡洋艦則是一八九七年之後建造的新銳艦五艘。

然而，儘管戰列艦的數量相同，但俄羅斯的旗艦「彼得羅巴甫洛夫斯克」等三艦建造於一八九四、一八九五年，較為陳舊，而且噸位也只有新銳艦的三分之二左右，明顯處於劣勢。俄羅斯和日本各有一九〇〇年前夕建造的新銳艦三艘，但日本艦在噸位上壓倒了俄羅斯艦。日本裝甲巡洋艦的數量是俄羅斯的一倍，而且全部是略小於一萬噸、速度快的新銳艦。而俄羅斯的新銳艦隻有一艘。俄羅斯在這方面處於實力懸殊的劣位。輕巡洋艦方面，在所列舉的新銳艦中，俄羅斯占一些優勢，但日本還有七艘舊型艦，如果加上這些，則日本方面更為有利。

當然，日本方面為了使這種優勢更具決定性，還在努力獲得新造艦。而俄羅斯方面也正打算將新造艦送往遠東，進而還準備從歐洲派遣增援艦隊。在七月的階段，羅熱斯特文斯基決定向遠東派去增援艦隊，任命海軍軍務局長威列紐斯少將為司令長官。[102]威列紐斯曾在英國懷特黑德公司進修，是一名水雷專家，他於一八八〇年代擔任駐德國武官，其後歷任「亞速紀念」號、戰列艦「勝利」等的艦長，自一九〇一年起擔任軍務局長。一九〇二年晉升少將。[103]據說，他為人溫和沉穩，但頗引人注目。無論如何，羅熱斯特文斯基將現任軍務局長任命為派遣艦隊的司令長官，將負責作戰的軍務局委任給助理施滕格爾大佐，採取這樣的做法，大概是出於認為戰爭不會真的發生的緣故吧。

威列紐斯於八月初到達巴黎，從那裡去往了土倫。因為在土倫建造的戰列艦「切薩列維奇」（一萬三千噸）將是艦隊的核心。同樣在土倫建造的巡洋艦「巴揚」雖然已被交付給波羅的海艦隊，但最終也加入了增援艦隊中。此外，在新海軍工廠用了很長時間才造成、於一八九八年下水的戰列艦「奧斯利雅維亞」，在新海軍工廠建造、於一九〇〇年下水的巡洋艦「阿芙樂爾」，還有一八八三年下水的老朽巡洋艦「德米特里・頓斯科伊」，以及原本作為遠東總督遊艇建造，卻被緊急改裝為輕巡洋艦的「阿爾瑪茲」等，都確定要加入增援艦隊。此外，還決定加上十一艘水雷艇。[104]

八月，戰列艦「奧斯利雅維亞」穿過直布羅陀海峽時，損壞了艦底，需要時間修理，威列紐斯艦隊因此推遲了出發時間。於是決定由格里戈洛維奇大佐率領戰列艦「切薩列維奇」和巡洋艦「巴揚」兩艦先行出發。九月九日（八月二七日），兩艦啟航。[105]由於兩艦到達符拉迪沃斯托克的時間是十二月，因此危機發生之時，它們還在外洋航海中。

這些情況都是戰爭恐怖騷動的背景。

## 俄羅斯政府的應對

九月廿五日（一二日），皇帝尼古拉二世到達達姆施塔特，兩天後前往維也納。十月二日（九月一九日），皇帝在米爾茨施泰格（譯者註：即米爾茨施泰格阿爾卑斯山脈，是奧地利北萊姆斯通阿爾卑斯山脈的一部分，橫跨施蒂利亞州和下奧地利州）與七十三歲的奧地利皇帝弗朗茨・約瑟夫進行了會談。[106]日本以為在這個時候，俄羅斯皇帝從奧地利皇帝那裡獲得了奧地利帝國在俄羅斯進行遠東戰爭時保持中立的約定。但實際上完全不存在那樣的事情。尼古拉返回達姆施塔特，於十月五日（九月二二日）給皇太后寫信，談到了他訪問奧地利的印象。

「我們爬山、在山間漫步，我很滿意。讓所有人都驚訝的是七十三歲的老皇帝，他幾乎不用休息，兩小時一直不間斷地爬山，一點也不喘氣，簡直令人不敢相信。除了卻皇帝，一直與我們同行的是皇太子法蘭茲・斐迪南。皇帝父子對我表現出的親愛之情令我很感動。」[107]

雖然並不清楚事情的先後順序，但皇帝尼古拉返回達姆施塔特，看到阿列克塞耶夫的電報後很驚愕，陷入了恐慌。他急忙命令前來上奏的拉姆斯道夫「必須立即給阿列克塞耶夫發電報，告訴他我不希望發生戰爭，趕緊起草電文」。拉姆斯道夫寫好電文草案後，皇帝將「草」字刪除，命令直接發送出去。[108]這封發送於十月五日（九月二二日）的電報內容如下：

「日本軍正在準備登陸朝鮮的傳聞從多方面得到了確認。很明顯，對於俄羅斯超過與清國約定的期限繼續佔領滿洲之事，東京政府想以這個措施進行抗議。儘管如此，我極其期待以閣下和羅森所制訂的方案路線，與日本達成現實的協定。實際上，日本侵入朝鮮半島南部，進而侵入中部的做法可能會逐漸削弱他們的力量。如果日本軍佔領了從漢城到鴨綠江的整個地域，雖然從根本上講令人非常不愉快，但是，面對這種情況我們也不要衝動、失去理智，必須迴避一切有可能引起衝突的事情。朕確信，閣下會履行朕的殷切期望，將俄羅斯從現在的狀況、會給我們帶來深刻災厄的戰爭恐怖中拯救出來。」[109]

這是在命令不要攻擊日本軍。尼古拉進而還叮囑道：「雖然北京的交涉中止了，很令人遺憾，但希望閣下不要忘記有必要根據清國和我們在關係上的共識，盡全力去做調整。」[110]

這封充滿緊張感的電報與給皇太后的溫情脈脈的信在同一天發出，或許也顯示出這位皇帝在根本上並沒有認為事態很嚴重。

阿列克塞耶夫得到皇帝的電報後，立即於十月八日（九月二五日）發了回電。

電報中首先寫道，雖然我們期待與清國簽訂完全的協定，但以清國的現狀，這是不可能的，「確保我們利益的唯一手段只有繼續佔領這個國家。」然後指出，如果日本不接受我們的答覆方案，向佔領朝鮮的方向邁進的話，它佔領朝鮮北部會成為「對我們在遠東地位的真正的威脅」，「不能允許」。在此基礎上，阿列克塞耶夫這樣回覆了皇帝的要求：

「履行陛下的『消除軍事衝突的藉口』這個意志，是我最神聖的職責，是我一直以來在一切行動上都堅持不懈的追求。但是我深信，只有在還不算太晚的時候採取堅定的措施，迫使日本克制實現其極度魯莽的意圖，才是達成目的的最佳方法。」[111]

很明顯，阿列克塞耶夫對皇帝的電報不滿，才故意不明言遵從命令，而是提出了異議。就在像這樣的緊張較量正在進行的時候，陸軍大臣庫羅帕特金卻在休假。臨時代理陸相薩哈羅夫接到阿列克塞耶夫的電報後，在將其轉送給庫羅帕特金的同時，向西伯利亞、莫斯科、基輔軍區司令官下令，立即檢查計畫派遣到遠東的部隊的動員準備工作。[112]身在位於普斯科夫州的領地舍舒里諾的庫羅帕特金於十月六日（九月二三日）得知阿列克塞耶夫的電報後，決定提前一個月結束休假，在十月十五日（二日）之前返回首都。[113]

聖彼德堡的海軍省接到這個情報，於九月三十日（一七日）給人在巴黎的海軍元帥阿列克謝大公轉送了阿列克塞耶夫的電報，同時，還通知了外交部的奧博連斯基——涅列金斯基次官。[114]十月三日（九月二〇日）阿列克塞耶夫發的電報也到了，電報的要點告知了給皇帝。[115]軍令部長羅熱斯特文斯基發出指示，告知塞瓦斯托波爾（譯者註：Sevastopol，俄羅斯海軍基地，黑海艦隊司令部所在地。）、喀琅施塔得（譯者註：Kronstadt，俄羅斯軍港，芬蘭灣東端。）等各艦隊司令長官「總督發來電報告知衝突臨近」，請加緊向旅順派遣支援人員。[116]但令人吃驚的是，海相阿韋蘭十月八日（九月二五日）居然向外務次官諮詢：總督提議的「所有這些措施，在海軍省的正規預算內無法滿足。」當然，在戰時超預算的支出是必要的。這裡他想詢問一下，「以外交部的意見，是否認為遠東形勢嚴峻且具有威脅性達到了需要滿足遠東總督陳情的程度。」[117]有自己部門派駐的武官的報告，還有身為海軍中將的總督具陳的意見，卻要向外交部諮詢是否應該批准這筆超預算的請求。此舉暴露出大臣阿韋蘭、軍令部長羅熱斯特文斯基等海軍省首腦的無能和無魄力。

大臣們這般不靠譜，皇帝也半斤八兩。皇帝禁止阿列克塞耶夫進行戰爭，卻一如既往地過著悠閒的生活。這年秋天，皇帝一家首次入手了汽車，他們乘著車到處兜風，正處於狂熱狀態。十月十三日（九月三〇日），皇帝一家乘三輛車去了沃爾夫花園（Wolfsgarten；譯者註：是以前黑森－達姆施塔特王室一處打獵時的行宮，位於今德國黑森州，在法蘭克福南大約十五公里處）。四年前，他們曾在這裡逗留。[118]翌日，一家又乘汽車去往法蘭克福，「沒人知道我們的情況」，皇帝在日記中寫道。[119]此前不久，皇后懷孕了，這是第五次，[120]皇后與皇帝都相信這次或許會是兒子。

《新時報》的社長蘇沃林也在避暑地，他得知阿列克塞耶夫給皇帝發電報，請求允許阻止日本軍的行動，還聽說外相發去了皇帝「希望和平」的回電，蘇沃林在日記中這樣寫道：

「日本人在他是皇太子的時候，用佩刀砍傷了他的腦袋。雖然現在日本人還在繼續砍他的腦袋，但這只腦袋實在太不清楚該做什麼，能做什麼。他在等待皇太子的出生，在那個『喜悅』來臨前，他什麼都不想做。」[121]

十月廿五日（一二日），拉姆斯道夫前來上奏。[122]十一月二日，他又從巴黎趕來上奏。[123]這樣的國家體制無論怎樣都無法與日本進行戰爭。

在龍岩浦炮臺問題上，雖然十月十二日，英國武官德友卡托認為「不是要塞，是信號所」的話傳到了東京，[124]但同一天，義州的日野大尉卻向韓國的日本公使館傳去了誇張的消息：「危險光景迫在眼前，邦人開始撤退」。[125]林公使開始注意到日野和在義州的公使館員新莊的意見不一致。十月十四日，東京的小村以日俄正在交涉，不想因這種「區區事件」而發生衝突為由，要求萩原守一書記官進行現場調查。[126]十月廿三日，萩原書記官將第一份視察報告發給東京，他會見了德友卡托，「該大佐所見與本官自遠方的觀察一致，其為炮臺無疑，土工已成，只待大炮到來」。後來，萩原取得俄方同意，於十月三十日到山上做了實地調查，他報告道，根據相關人員的說明，因為擔心馬賊襲擊，「雖多少曾有於山上修建防禦設施之計畫，然今……打算將山上建為婦人之散步場，已開始施工。」「無論從哪個角度看，現在都非炮臺設備，表面看似運動場之計畫」，「本官看中央煉瓦柱及龍岩山之地勢，推測計畫設置無線電信」。[127]就這一問題，韓國外部大臣代理李夏榮也於十月廿日向俄羅斯公使送去了抗議文書，巴甫洛夫十月三十一日（十月一八日）做出否定回覆，一切「都是虛構，沒有任何根據」。[128]總之，設置炮臺的話題就這樣消失了。

無論如何，我們不得不承認希曼斯基的觀點是正確的：很明顯，鴨綠江問題是「被日本主戰派掌握在手中的，使國家輿論和國民大眾對俄羅斯保持敵對情緒的手段；也是當事態趨於平靜，國民大眾開始變得冷靜時，用來煽動這種情緒，使之保持在一定熱度的手段。」[129]

就這樣，當陸相結束休假、返回崗位，於十一月六日（十月二四日）向皇帝報告這期間採取的措施時，危機已經趨於平靜。[130]

## 日方的第二次提案

日本政府完全不知道俄羅斯方面九月至十月間處於極度緊張的狀態。小村接到俄方的答覆，或許認為這樣的答覆在意料之中吧。日本方面提出的無限制統治韓國的要求被拒絕了。但即便如此，這個時候還必須繼續交涉。因為無論是出於有必要給國際輿論留下日本為和平解決問題做了努力的印象的考慮，還是出於與同盟國英國關心的滿洲問題密切相關的考慮，交涉都是符合目的的。根據廣野好彥對英國外交文書的研究，小村似乎對英國公使麥克唐納說過，最大的問題是關於滿洲條款的第七條，除此之外只要進行適當修改就可以解決。[131]當然這只是口頭說說，日本是不會接受俄方關於朝鮮問題的答覆的。

十月六日，小村召見羅森，開始交涉。八日，雙方也進行了交涉會談。小村提出保持清國獨立和領土完整，保障日本在滿洲商業上的利益等內容，雙方展開激烈交鋒。羅森表示，雖然俄羅斯在韓國問題上做了大幅讓步，但在滿洲問題上，是不能接受附加條件的。[132]

十月一四日，小村迅速提出了修正案。其中尤其值得注意的是，加入了以下三條以取代俄方的第七條：

首先，第七條加入「關於滿洲問題，尊重清國的主權及領土完整」，「與俄國約定，不得妨害日本在滿洲的商業自由」；第八條加入「日本承認俄國在滿洲的特殊利益，且限於不違反前條的規定」，「承認俄國有權採取必要措施」。也就是說，日本承認俄羅斯在滿洲的特殊利益，但條件是不侵害清國主權，並且要求日本的商業自由。第九條是關於連接韓國鐵路和東清鐵路的約定。另外，關於韓國，修正案在第四條中加入了在國境兩側五十公里設中立地帶的條款，以取代俄方的第六條。[133]

羅森回覆，雖然他個人對中立地帶方案沒有異議，但需要和本國政府商量。而他堅決拒絕小村用三項條款取代第七條的提案。[134]

十月二四日，日方召開了元老會議，討論下一步該如何做。[135]這次會議大概是因元老的介入而召開的吧。《山本權兵衛和海軍》中收錄了推測是為這次會議準備的文書。該文書從內容來看，大概是小村準備的。文中寫道，雖然「反覆數次會見羅森男爵」，但遺憾的是對方沒有讓步。文中指出可以考慮以下三種方策：

第一，認可俄國的主張，承認滿洲全然在我利益範圍之外。

第二，我方承認滿洲全然在我利益範圍之外，同時讓俄國承認韓國全然在其利益範圍之外。

第三，始終努力貫徹我方修正案之宗旨。

第一策不能採用。因為清國的獨立與領土完整是日英協約的根本主張，而採用第一策就成了「承認俄國完全自由行動」。第二策也不能採用。理由是因俄羅斯一直宣告尊重清韓兩國的獨立與領土完整，而第二策卻讓俄羅斯放棄這一宣言，此外，意味著日本承認俄羅斯其在滿洲完全自由的行動。於是結論是只能以第三策去努力，除此別無他法。[136]

從山縣、伊藤的滿韓交換論來看，應該是第二策較好。反而是來自元老們的壓力變大，小村等與之對抗，擁護了第三策。筆者推測，該會議最終沒有得出結論。

一般見解認為，日方的第二次提案帶有讓步性質是元老們捲土重來的緣故，[137]但筆者認為與此相比，小村等人必須更加重視的是同盟國英國的意見。

小村將修正案傳達給英公使麥克唐納，徵求蘭斯敦外相的意見。就此，日本開始與英國就滿洲條款中該提出怎樣的修改要求交換意見。十月廿二日，麥克唐納聯繫了蘭斯敦外相；二六日，蘭斯敦表示大致贊成日本的修正案，只是在滿洲問題上有些建議。他的意見是考慮到俄羅斯已有的誓約，是否沒有必要設置獨立的第七條，將尊重清國主權以及領土完整，尊重他國商業自由等內容以「限於不破壞現有誓約」的限定句加入第八條中即可。[138]英國提議弱化日本的修正案。小村對英國公使說，從俄羅斯的主張來看，英國的這個提案俄羅斯大概也不會接受吧。

在十月廿六日的小村．羅森會談中，羅森強調「以往俄國在韓國擁有與日本對等的地位，現在予以放棄，作為補償，只要求了第七條。」重申了拒絕的態度。對此，小村說道：「或許俄國有將滿洲和韓國置於全然同等地位的精神準備，若是如此，我方或許亦可考量俄國對應方案的第七條。」對此，羅森表示由於超出訓令範圍，他無法講述意見，但作為個人觀點，他認為禁止戰略上的使用，禁止阻礙自由航行的工事，

「有此二條件，則有考量之餘地。」[139]

這一期間，羅森在十月十四日、十九日、廿五日（一日、六日、一二日）的電報中都向阿列克塞耶夫傳達了日方的情形，此外，還傳達了廿四日（一一日）舉行了元老列席的政府首腦會議這一消息。羅森分析日本的動搖「一方面來自我方在朝鮮的讓步很大，引起了日方的興趣，另一方面來自，日本在滿洲問題上捨棄一直以來所採取的過於無恥的立場意味著奇恥大辱，因此很難下這樣的決心」。[140]確實，羅森在此時似乎也感覺到日本有讓步的傾向了。

對小村來講，問題在於日英協議。小村十月廿八日會見了麥克唐納公使，講到對交涉的展望。麥克唐納公使在給蘭斯敦外相的報告中寫道：

「日本政府沒有考慮會發展成為戰爭，因為認為俄羅斯沒有做好準備，打不起來。日本政府想讓俄羅斯政府最終立下尊重清國主權和保全清國在滿洲領土完整的誓約。這樣做即使不能動搖俄羅斯現在擁有的統治權，至少也能夠防止它合併滿洲吧。（小村男爵承認他認為要將俄羅斯從滿洲驅逐出去，大概需要戰爭。他認為俄羅斯在滿洲的地位正在逐漸穩固。）日本無法使俄羅斯放棄這項事業。但如果交涉能夠成功地得出結論，（小村男爵對此似乎沒有絲毫的懷疑。）將會允許日本確立自己在朝鮮的地位。為了這個目標，他們打算使出渾身解數。」[141]

無法想像小村是從心底這麼想的。因為很明顯俄羅斯沒有承認日本在韓國完全的自由裁量權的打算。

該日，倫敦的蘭斯敦外相欲促使日本做出進一步的讓步，提出了從日本的第八條後半段刪除「尊重主權及領土完整」，只加入「像那樣的措施，只要與日本在滿洲的條約上的權利或商業上的自由不衝突」的方案。[142]歸根結底，英國還是希望日本做出讓步。

日本必須回應英國提出的這種要求。筆者推測，小村於是很不情願地提出了妥協性的新七條。

十月三十日（一七日），小村外相交給羅森公使如下的修正案。第一條「相互約定尊重清韓兩帝國的獨立及領土完整」不變，反對俄羅斯方案中只說尊重韓國的獨立、領土完整。一概放棄第一次方案中提及的俄羅斯在滿洲鐵路的特殊利益，接受俄羅斯方案第七條「日本承認滿洲在日本特殊利益範圍之外」，接著寫明「俄國承認韓國在俄國特殊利益範圍之外」。這個超出了蘭斯敦的提案，採用了十月二四日的第二策。但在第八條，日本抽象地承認俄羅斯在滿洲採取「必要措施」是「俄國的權利」。另一方面，設置第九條，承認日本在滿洲，俄羅斯在韓國各自根據條約擁有「商業權、居住權及豁免權」。

另一方面，關於日本在韓國的統治，首先在第二條中要求「俄國承認日本在韓國的優越利益」，日本向「韓帝國提供改良行政的建議及援助（但包含軍事上的援助）」是「日本的權利」。這部分內容由第一次方案中的第二條和第五條概括而成，恢復了俄羅斯答覆中刪除的「軍事上的援助」。不過，撤銷了第一次方案中的「日本的專權」這個表述，改為了「日本的權利」。但這不過是表達方式上的不同而已。第三條捨棄了日方的方案，將俄方第三條關於日本在朝鮮的商工業活動的權利內容照搬過來。但是在第四條中要求承認為保護工商業利益，鎮壓暴動騷亂，「日本有權向韓國派遣軍隊」，去掉了第一次方案中附加的規模限制和儘早撤兵的約定，要求無條件承認日本派兵的權利。

然後，俄羅斯提出限定統治朝鮮的第五條中，日本只接受「日本約定不在韓國沿岸設置妨礙朝鮮海峽自由航行的軍用工事」，但拒絕不能以戰略目的利用朝鮮的要求。在第六條，日本拒絕俄方的中立地帶方案，逆向提出「於韓國與滿洲邊境兩側各五十公里處設定中立地帶」的方案，若沒有相互認可則不得向那裡派去軍隊。在第十條，日本要求俄羅斯不得妨礙韓國鐵路與滿洲東清鐵路的連接。[143]

日本方面始終要求俄羅斯完全承認日本統治朝鮮。雖然有很多觀點將新七條視為滿韓交換論，認為這是日本斷然向俄方做出讓步的方案，[144]但筆者認為這是處於戰略考慮而提出的讓步方案。日本預見到俄羅斯不會接受這個方案，為了不讓英國認為日本對滿洲有野心，而故意提出「日本承認滿洲在日本的特殊利益範圍之外」這一條款的吧。

## 《東京朝日新聞》要求交涉決裂

在這一時段，十月下旬，《東京朝日新聞》登載了三篇重要的社論。首先，第一篇是十月廿三日發表的《俄國的戰意》。文中寫道，俄羅斯政府內的非戰論者維特雖然下臺了，但其勢力還談不上被一掃而空。阿列克塞耶夫及其幕僚無疑是主戰論者，但「彼等實際是否有與我國決戰搏取勝利之成算，仍是疑問」。「相對於配備有廿萬海軍，十二師團陸兵，運輸兵員、糧食所需船舶亦綽綽有餘的日本帝國，俄國即使欲逞強抵敵，也應知勝敗之數」。無論阿列克塞耶夫等人對自己的實力抱有怎樣的自信，大概也不會忘記這種明顯的兵力差距吧。如果外交交涉終結，要採取最後手段，「我國無疑有百戰百勝之成算」。但是，「鑒於遠東俄國軍人的作為，也不得不做一示威性動作，示之以挑戰的態度。」

社論作者在這裡思維突然跳躍起來，「綜合看此等事實」，可以得出結論，足可確信遠東的俄國軍人懷有「欲迫使本國政府下定一大決心」之意圖。因此不會僅憑計算出兵力差距就安靜下來。

第二篇是廿四日發表的《協商之餘地幾何》，「吾人自最初就不相信滿洲問題存在協商之餘地」，「時至今日，朝鮮之事恐怕亦不存在協商之餘地」。然而政府仍然在交涉。「今日之和平已成為不安之和平。不安之和平，於國民經濟之害，有時甚於戰爭。……國民猶假裝平靜，忍耐痛苦。然而，無期地忍受此痛苦，不如有期地忍受戰爭之痛苦。」這是在勸說開戰。

社論的作者抓住小村－羅森會談自十四日後停止之事，寫道「讓人不得不推測從最初就沒有餘地的協商，已經面臨盡期了」、「當此時，我政府絕不可委曲我主張」。

第三篇是廿八日登載的《日俄交涉之經過》，「俄國將魔爪伸向韓半島之日，即日本不堪忍耐而決裂之時，此乃歐美輿論自滿洲問題之初就期待之處。而吾國事實上竟忍耐至此。……瞭解日本國民性質之列國，實不解如此忍耐對日本意味著怎樣的苦痛。」文中想像著歐美列國的支持，並得出結論，「至今日，……帝國自身決定和戰之時機已成熟。萬無彼不決，我即不可決之理。」

報紙要求政府斷絕交涉，開戰。

## 阿列克塞耶夫佔領奉天

就在日本擬定第二次方案的同一時期，十月廿八日（一五日），俄羅斯軍再次佔領了奉天。事情的起因是駐奉天的軍事全權委員克韋欽斯基大佐逼迫奉天將軍自九月二七日（一四日）起，在三周內執行總督的要求。到了十月十八日（五日）的截止期限，將軍卻沒有執行。於是，克韋欽斯基於十月廿一日（八日）再次向將軍提出八項要求，要求在五日內執行。要求的主要內容為：第一，處死殺人犯；第二，免去輔佐將軍的道台職務並對其進行驅逐；第三，交出一萬六千名清國士兵的名冊，並解散超過這一數目的部隊等等。克韋欽斯基威脅說，如果不執行上述要求就要佔領奉天。克韋欽斯基向阿列克塞耶夫請求，希望讓部隊廿八日早晨之前到達奉天。廿四日（一一日），阿列克塞耶夫向亞科舍夫大佐率領的二個中隊下達了出動命令。阿列克塞耶夫原本只想讓奉天將軍看到這支部隊的身影，從而做出讓步，然而廿八日，四百人左右的部隊到達奉天停車場後，直接進入市內，佔領了奉天。[145]

希曼斯基評價道：「從關東州俄羅斯軍部的計畫來講，佔領奉天本來是對付不聽話的將軍的手段，但很明顯，實施這一威脅行動本身就是某種誤解的結果。」[146]即便如此，佔領奉天與俄軍中止撤退糾纏在一起，致使日本的反俄情緒更加高漲了。

雖然日俄交涉才剛剛開始，但日俄雙方的行動已經喚起對方強烈的恐懼和反彈，而對抗措施又進一步促使恐懼和反彈升級，形成一種惡性循環。

## 日俄軍人們的意見

這其中，軍人們扮演了重要的角色。日本海軍由於山本海相一直壓制的緣故，內部的主戰論者無法隨意行事。山本在九月的階段以韓國是獨立國，反對山縣的向其派遣二個師團的意見。[147] 十月中，海軍更換了常備艦隊司令長官日高壯之丞，任命舞鶴鎮守府司令長官東鄉平八郎接任。這項人事變動十月十九日公佈。[148]

陸軍中，兒玉次長將日本方面的答覆內容傳達給了參謀本部。參謀本部認為「日俄交涉似正傾向於和平」，俄羅斯會接受鴨綠江南北兩側五十公里的中立地帶方案，作為補償，大概會提出禁止朝鮮沿岸成為要塞的要求。參謀本部的意見是這樣的條件會「為帝國的將來貽留禍根」。[149]

十月三十一日起，陸軍省召開了關於韓國出兵計畫的協商會。石本、宇佐川少將、井口、松川部長等人出席了會議。翌日，陸軍省的總務長官、軍務局長、醫務局長、經理局長等也出席了會議，會議制訂了「作戰計畫，丙丁號，二師團仁川及海州登陸」方案，並立即報告給了兒玉次長。[150]

十一月十二日起，陸軍在兵庫縣舉行了大規模演習，直至十五日結束。在此前後，參謀本部第一部長松川大佐向參謀總長提交了文書《關於俄國十月以後的行動情況判斷》。松川總結了俄羅斯陸軍增強遠東兵力的動向，認為「俄國在戰略上，今猶處於甚為不利的位置，困難狀態今日仍在持續」。他判斷俄羅斯「於和平解決時局問題後」，「無疑欲佔領滿洲及咸鏡北道地方」，現在俄羅斯拖延「與我方的談判」，「不可不知此乃為等待戰略上於己有利之日」，對此須警惕。松川由此得出結論：

「我認為，關於時局問題，乘戰略上彼之不利，求政略上於我有利之解決的好時機，錯過今日，再得則難。」151

另一方面，在俄羅斯軍部，大部分人都沒有認真考慮過戰爭的危機。他們在危機過去後再度安下心來。不過，還是有少數人一貫加強了對日本動向的警惕。十月十七日（四日），海軍軍令部員布魯西洛夫中佐向羅熱斯特文斯基部長提交了敲響與日本戰爭警鐘的意見書。其中寫道，按現在彼我的力量關係，我們處於不利狀態，無法與日本作戰。因此，即使做出大幅讓步也必須要迴避戰爭。等到兩年後，隨著我方的兵力增強，處於優勢地位時，就可以發出宣戰公告了。然而，羅熱斯特文斯基並沒有重視這份意見書中的警告。他批寫道，「我們沒有必要在海上擁有對日本壓倒性的優勢。僅需對等的力量，憑此不讓日本獲得制海權即可，將他們從朝鮮驅逐出去，只要能夠容易地集結陸軍就足夠。」這是沒有根據的判斷。他進而寫道，「現在，我們對日本的戰爭準備比任何時候都更充分。但是，我們仍然不希望發生戰爭。因為新的戰爭有可能產生對國家有害的新的緊張關係。」軍令部長沒有任何根據，就斷言戰爭準備沒有問題。152

另外，陸軍方面，阿莫爾軍管區司令官蘇鮑季奇在十月給陸相提交了意見書，是滿洲全面撤退論、放棄南滿洲論。「我們有必要盡可能早地、完全且細緻地清算在滿洲的事業。」一個國家如果想要統治其它國家、其它國民，那麼本國民眾的力量、文化上的優越性、軍事以及政治上的國家的組織能力是必要的，然而在清國化的滿洲、日本化的朝鮮，俄羅斯在哪個方面的力量都無法企及。「無論對滿洲還是朝鮮而言，我們都不是他們所必須的。同樣，在這點上，無論是朝鮮還是南滿洲對我們來講也都不是必須的。承認這點，事情就會變得容易。」蘇鮑季奇主張為了東清鐵路的安全，俄羅斯應該收用北滿洲，他提議應該與清國本著「和平、真誠、有良心的商業交易原則」去達成協議。由於在放棄南滿洲時需要將南滿洲鐵路、旅順要塞、大連港交還清國，可將這些作為獲得北滿洲的代價。最後，他主張應該將遠東總督府從旅順遷到哈巴羅夫斯克（伯力）。[153]這份提案作為構想是很徹底的，但在戰爭迫在眉睫之時，它的現實性幾乎為零。這份意見書極大地鼓舞了庫羅帕特金。大概就是在看過這份意見書後，[154]十月廿八日（一五日），庫羅帕特金向身在達姆施塔特的皇帝提交了自己的長篇意見書《關於滿洲問題》。[155]

從一九〇一年時起，庫羅帕特金陸相就持有北滿洲和東清鐵路沿線對俄羅斯非常重要這種意見。在庫羅帕特金在意見書中寫道，「由於我們向滿洲投入了數億盧布，又不得已投入如此巨大的兵力佔領滿洲，因而從一開始我們就決定了滿洲的未來和命運，那就是必須將滿洲合併入俄羅斯。」這是庫羅帕特金認識的前提。問題是如何實現這個目標呢，庫羅帕特金詳細論述了北滿洲對俄羅斯的意義，主張趁著俄羅斯人能夠自由地向這裡移民的時候，立即將其合併是可能的。而合併南滿洲因在防衛上存在困難，且奉天地區是清朝的聖地，如果奪取了這裡，則會惡化與清國的關係。另外由於此區域鄰接朝鮮國境，可能還會與日本發生衝突、戰爭。問題在於關東州與俄羅斯在領土上是分離的，不過俄羅斯在那裡部署有三個狙擊兵旅團，三個炮兵中隊，一個哥薩克聯隊，且旅順的防備也即將完成，「即使日本軍出動大部分軍力襲擊旅順，我們也不用擔心。我們作戰時哪怕一人對抗敵方五人、十人，仍有徹底守衛旅順的能力和手段。」

兩天後，庫羅帕特金將這份意見書也送給了阿列克塞耶夫。在信的最後一段，他特別引用了這句話作為結尾：「比較我們佔領南滿洲的得失，不得不得出結論，在目前的歷史時期，我們有必要只限定於將北滿洲併入俄羅斯。」[156]這一提案不可能說服執著於旅順安全保障的阿列克塞耶夫。

另一方面，庫羅帕特金得到了維特的支持。十一月九日（十月二七日），維特在國家評議會上表示贊成庫羅帕特金的意見。庫羅帕特金在翌日的日記中寫道：「我非常高興」。「維特過去三年一直不同意我的有必要將北滿洲併入俄羅斯的意見，他終於屈服了。……雖然加上了種種限制，但他讀了我提交給陛下的滿洲問題意見書，承認我們現在……除卻將北滿洲併入俄羅斯之外，別無他途。」[157]

根據盧科亞諾夫的研究，皇帝對這份意見書的反應是做了如下批示：滿洲尚未恢復平靜，我們正在系統性地阻礙此事。[158]他並沒有表現出認可意見書的態度。

## 設置遠東特別委員會和林業公司的問題

讓別佐勃拉佐夫一直糾心的設置遠東委員會在十月終於有了進展。十月十日（九月二七日），經普列韋內相同意，遠東特別委員會設置令的案文提交給了人在達姆施塔特的皇帝。[159]十月十三日（九月三〇日）皇帝簽署了，設置令獲得批准。[160]

遠東特別委員會由皇帝任主席，成員由內政、財政、外交、陸軍、海軍各大臣以及皇帝特別任命的個人組成（第一條）。遠東總督作為委員會委員，在首都逗留期間有義務出席會議。（第二條）。委員中的一人就任事務局長（第三條）。皇帝不出席會議時，由皇帝指定的委員擔任主席（第四條）。委員會管轄範圍為，遠東統治的財政、遠東的工商業、總督的法制修正提案、總督的關於中央政府決定的法律適用的提案、解決超越總督許可權的問題（第七條）。當遠東總督的提案與西伯利亞鐵路、西伯利亞移民問題等相關時，與西伯利亞委員會共同探討研究。（第十條）規定提交給委員會的提案全部需要通過事務局長（第十一條）。十月廿三日（十日），皇帝向別佐勃拉佐夫和阿巴扎下達了擔任個人委員的命令，[161]阿巴扎就任事務局長。馬邱寧加入了事務局，筆者推測沃加克大概也在事務局中工作過。作為皇帝代理的副主席擬定為內相普列韋。

皇帝位於頂點，普列韋擔任代理，別佐勃拉佐夫和阿巴扎主導的遠東特別委員會統合各省的意見，指導遠東總督，總督全權進行統一的遠東統治以及遠東軍事防衛和外交，這樣的機構就此誕生了。

十月廿七日（一四日），別佐勃拉佐夫給皇帝呈送去信函，感謝任命他為遠東特別委員會委員，表明他現在有和新任代理財政大臣普列斯克共同提出《調整後的遠東事業的經濟綱領》的想法。他主張推進「勞動和資本的民營化」，以取代維特所推行的以官營為中心的「國家社會主義原則」。他表達了期待任命普列韋為副主席的願望。[162]

十月廿九日（一六日），皇帝命令別佐勃拉佐夫「與代理財相一同，製作、提交關於遠東財政、政治經濟狀況的判斷」。尼古拉要求計算過去、現在、將來的收支，從財政層面闡明狀況。別佐勃拉佐夫在給阿列克塞耶夫的信中寫道，「陛下知道所有的官營開發事業是何等的欠缺收益。因此，作為更好地將事業發展壯大的手段，原則上，這些官營事業只允許交付給可以信賴的民間企業。到時候，政治經濟計畫要盡可能促使這些民間活動繁榮，使其能夠成為有實力的課稅對象、課稅主體，……歸結於稅制和土地租借的條款。清朝政府的行動模式使我們不得不繼續佔領滿洲，強化我們的軍事防衛能力。」由於從遼河和鴨綠江收取的通行稅達到了六百萬盧布，遠東問題應該不會成為帝國的財政負擔。[163]

然而，鴨綠江公司卻在經濟上破產了。公司事業停滯不前。由於沒有制材工廠，採伐的木材無法賣出去。鴨綠江公司的當地負責人巴拉舍夫九月十九日（六日）寫信給別佐勃拉佐夫，說如果不再注入六百萬盧布的資金，事業就不會產生收益。巴拉舍夫請求先給鴨綠江公司匯一些款項，無論數額多少都可，而別佐勃拉佐夫卻無法回應。他在這一時期手寫的支出記錄保留了下來[164]（日期為俄曆，單位為盧布）。

一月四日，給馬德里托夫五萬
一月二四日，在奉天給其二萬五
一月二九日，給其三萬
二月一日，給其六萬
同日，給克韋欽斯基二萬
二月四日，給阿爾捷米耶夫中佐三萬五
二月五日，給日沃托夫斯基十萬
三月一二日，給馬德里托夫三十五萬
四月七日，給金茨布爾格男爵一萬
四月二二日，給巴拉舍夫五十萬
六月二七日，給其十二萬五
六月三〇日，給其十萬
七月二日，給恰基洛夫二萬

七月二四日，給巴拉舍夫十五萬
九月一七日，給其十萬
別佐勃拉佐夫十月廿四日（一一日）寫信給巴拉舍夫：

「由於木材事業在組織上的薄弱和經理們欠缺信賴，為了組建新的組織，當前有必要停止工作。因此，第一，要盡可能圓滿地結束已經開始的交易，並明確不再進行新的交易。第二，你現在主要的任務是，在總督到達聖彼德堡前，敦促清國當局給予公司林業利權。為此，你應該以追究清國致使公司蒙受損害的責任相威脅。……第三，廿二日（十一月四日）沃加克中將為調研和制訂將來的行動計畫，將會去你那裡，希望協助他得到人們的援助。第四，我得到了很多挪用、盜用公款之類不愉快的消息，犯人會受到懲罰吧，希望將來我們可以不受這些罪犯的連累。」165

兩天後，別佐勃拉佐夫重新振作起來，又給巴拉舍夫寫信談論鴨綠江公司所能發揮的作用：

「雖然執行上有些不愉快的事情，但這裡需要再次確認公司事業的基本任務沒有改變，即防止日本在我國國防上重要的地區扎根，從大陸一側展開行動，以創造出對該地區最有效的影響方法。長期以來，聖彼德堡相關部會不理解遠東這一生死攸關的問題，致使敵人乘隙反擊過來，而這恰好印證了這項國家計畫的正確性。我們在鴨綠江流域的合法權益是由民間的巨大努力創造出來的。之所以這麼說，是因為不得不在相關部會的全面抵制下行事。這當然會影響到企業彙集具有合適資質和知識的人材。基於我們現在在鴨綠江所佔據的地位，我們應該儘早獲得相應的支配性角色。……事情的本質不在於滿洲的林業利權，而在於切實地阻止清國官吏掠奪性的做法致使朝鮮林業利權事業無可爭議地蒙受損害。只有將一切稅賦的控制權交給公司，才可能在鴨綠江建立起應有的秩序。總督根據自己的行政命令，能夠無條件地直接做到這一點。總督如果向清朝政府明言這一意圖，清國方面會被迫立即將所有的積極組織無償交付給公司。而取得林業稅的徵收權，就給了我們在鴨綠江合法地設立河流監視隊、陸上監視隊，安置相應船舶、職員、警備隊的藉口。在此基礎上，我們還可以自由地為公司增添招募的民間企業的林業事業。以這樣的形式，這家民間公司就能夠順利營運，輕而易舉地壟斷鴨綠江的木材交易了。而以迄今為止的那種形式繼續林業是不太合適的。但是，完全地保持我們的權益，以此為依託，達成期望的結果是必要的。這樣我們就能夠收回所有的投資，並獲得更加豐厚的物質利益了。不用說也就達成了國家的目的。」

別佐勃拉佐夫希望巴拉舍夫將這封信的抄本送給阿列克塞耶夫看。[166]

十月廿七日（一四日），別佐勃拉佐夫給皇帝去信。他寫道：代理財相普列斯克「由於前任財相的影響，只依靠他自己的力量無法做出決斷中止以前的事業」，「沒有這些決斷，就無法從官營經營——這一沒有出路的狀態中拯救事業」。別佐勃拉佐夫寫道，由於普列斯克與他的意見相對立，他期待委員會副主席普列韋可作為第三者進行調解。作為「調整後的經濟計畫」的核心，他講述了設立「徵稅組織」的構想，強調應該扶持作為課稅對象的民間企業。為此可以考慮在遠東發行對應一定資產的有價證券，將其委託給民間人，讓民間人成為資產的租賃人。「這樣一來，就可以取代維特不管是有意還是無意地，在所有方面推行的國家社會主義原則，創造出勞動和資本的民營化（individualizatsii truda i kapitala）體制來。」[167]

十一月上旬（十月下旬），沃加克再次前往遠東。十一月五日（十月二三日），他向阿巴扎報告他在旅順與阿列克塞耶夫會談的結果。阿列克塞耶夫認為儘管有外相的意見，但還是堅持不採取讓步政策為好。

「總督對於該如何治理滿洲還沒有明確的構想。但我可以理解為，他認為單純的軍事佔領是不充分的。他也不明白營口的問題。但是總督無疑堅定地抱有必須將包括營口在內的整個滿洲掌握在我們手中的想法。他的這一觀點很明確。問題在於該如何實現。……我提出，即便如此，也可以認為如果我們確立了恰當的政治經濟計畫，他所擔心的問題自然就迎刃而解了。這種說法非常合總督的意。他說他自己也賦予了經濟問題完全特別的意義，想和我談談這方面的事情。」[168]

這段話顯示出如果推進經濟開發，那麼與日本的對立也可以用對俄羅斯有利的方法來解決這樣一種經濟主義的觀點。

還有一個問題是林業公司的經營問題，「由於林業組織業務薄弱和經理們不可信賴，有必要暫時停止事業，更換為新組織」。沃加克接著寫了他與巴拉舍夫會談的結果：

「我與伊萬・彼得羅維奇一起度過了整個上午。會談並沒有得出最終結論。所有的事情都過於混亂，為了理清這些，需要相當多的時間。儘管事業是可以救濟的，但為此以下條件是必須的。一，將事業的指導權委託給當地有能力的、完全獨立的人。二，賦予此人選擇……執行人員的全權。三，盡可能限制聖彼德堡向該人發出指示。四，將此人……從與事業的政治性面向的關聯中完全解放出來。」[169]

筆者不得不判斷巴拉舍夫管理的這個政治公司在經濟上破產了。據說十一月時，公司的金庫裡完全沒有錢了。[170]

沃加克將在聖彼德堡商討的遠東管理法案交給了阿列克塞耶夫，阿列克塞耶夫將討論的結果託付給了沃加克。[171]

別佐勃拉佐夫雖然有心制訂新計畫拯救公司，卻沒有成功，他已經筋疲力盡。沃加克勸他去休假，據說別佐勃拉佐夫於十一月去了瑞士，[172]不過此事並不肯定。

別佐勃拉佐夫一派雖然想要追求與維特不同的經濟主義，然而構成計畫核心的這個公司卻陷入了僵局。由此別佐勃拉佐夫一派的方針也隨之陷入了僵局。

## 被毆打的水兵和被獵殺的動物

進入秋天，韓國頻頻發生在韓日本人襲擊俄羅斯外交官與軍人的事件。這體現出日本人反俄情感的高漲。

首先，十一月一日（十月一九日），仁川發生了日本群眾襲擊俄羅斯炮艦「海狸」號登陸船員的事件。巴甫洛夫公使在報告中寫道，醉酒的日本勞工用石頭和棍子襲擊船員，日本警官也加入其中。水兵們擊退了襲擊之後，這群人又投擲石塊。有九名水兵受輕傷，四人重傷。炮艦艦長很肯定地說水兵們沒有過錯。[173]

接著，巴甫洛夫報告，十一月二六日（一三日），副領事吉爾斯在釜山城中遭到了日本勞工的襲擊。在六天後的十二月二日吉爾斯再次經過該地時，又被投擲石塊、並遭到「殺了你」的威脅。[174]

然而，在這個命運攸關之年，俄羅斯皇帝的旅行卻格外漫長，他花費了很多時間去狩獵，獵殺了眾多動物。

十一月四日（十月二二日），皇帝前往威斯巴登會見德國皇帝。日方猜測這次會面與上月會見奧地利皇帝相同，是為了確認當遠東有事時，德國將保持中立。不過，這一猜測似乎與事實不符。十一月廿日，威廉二世給尼古拉寫信道，「與你共同度過的兩天充滿魅力，那種印象至今還沒有消失，它會成為美好的記憶保留下來。」[175]

十一月七日（十月二五日），皇帝從Wolfsgarten出發，踏上歸途。[176]翌日，他到達斯凱爾涅維采，會見了弗拉季米爾大公。之後的一個月時間，他都奉獻給了狩獵。

十一月九日（十月二七日），一行人「總共獵殺了一三七八隻動物」。皇帝獵殺了一隻山鷸鶉，七十九隻雉雞，十五隻草兔，共計九十五隻。十日也是狩獵。「總共獵殺了九七五隻動物」。皇帝獵殺了廿四隻雉雞，十二隻山鷸鶉，四十二隻草兔，共計七十八隻。這日普列韋內相來見，皇帝聽了上奏。[177]十一日雖然早晨下了雨，但太陽出來後，又去狩獵。這天獵到了大獵物，有三隻鹿，三隻中東黇鹿，四十八頭野豬，共計五十四隻。皇帝獵殺了五頭野豬。十二日再去狩獵。「總共獵殺了四五九隻動物」。皇帝獵殺了兩隻山鵪鶉，十八隻草兔。十三日雖然遠足去了湖邊，但在途中也打獵了，「總共獵殺了三十三隻動物」。皇帝獵殺了一頭野豬。[178]十四日，弗拉季米爾大公夫妻去了英國。這日依舊狩獵。「總共獵殺了七五六隻動物」。皇帝獵殺了五十隻雉雞，十二隻山鵪鶉，五隻穴兔，十九隻兔，共計八十六隻。十五日依然是狩獵。「總共獵殺了四五一隻動物。」皇帝獵殺了一隻雉雞，十六隻山鵪鶉，廿一隻兔，共計三十八隻。[179]

黑森—達姆施塔特大公恩斯特•路德維西的女兒於十五日患病，十六日猝死（譯者註：指路德維西長女，八歲的伊莉莎白．瑪麗．愛麗絲．維多利亞，於一九〇三年十一月十六日死於傷寒）。兄長的女兒、年幼侄女的猝死，給皇后亞歷山德拉的精神和肉體造成了衝擊。「阿歷克絲的頭非常痛。」這一天，皇帝讓孩子們去了皇村。十七日，「阿歷克絲因中耳炎引起的發燒和頭痛無法起床。」皇帝從華沙叫來了耳科醫生，據醫生的診斷，是連續數日的旅行太過勞累的緣故。[180]

十八日，謝爾蓋大公和妻子伊莉莎白、阿歷克絲的姐姐（譯者註：指伊莉莎白•亞歷山德拉•路易絲•愛麗絲，她是俄國亞歷山大二世皇帝第五個兒子謝爾蓋•亞歷山德羅維奇大公之妻。）從莫斯科趕來。在將去世女孩的棺材運到車站後，他們乘火車離開了。到了二十日，皇后的狀態已經好了很多，不過之後數天裡，她的耳朵到晚上就會痛，並沒有完全恢復。[181]

尼古拉有些無聊，他於廿一日再度開始狩獵，廿五日到廿八日，他每天都在狩獵中度過。三十日也在外狩獵。「我在森林的帳篷中進早餐。總計獵殺了一五九隻動物。其中，我獵殺了四隻雉雞，三十九隻兔，共計四三隻。」[182]

到了下個月，十二月一日（十一月一八日）的生活依然相同。「早晨閱讀了文件。總共獵殺了一六七隻動物。其中我獵殺了一隻山鶴鶉和三十六隻灰兔。」二日，皇帝去往斯巴拉狩獵。[183]尼古拉在三日的日記中，總結了這段漫長的狩獵期的成果。「在斯凱爾涅維采和斯巴拉的戰果為五八七四隻。我獵殺的了十四隻鹿，五頭野豬，三七五隻灰兔，五隻穴兔，一六三隻雉雞，五十八隻山鶴鶉，共計六二〇隻。」[184]

就在皇帝每日孜孜不倦地獵殺無辜的小動物的時候，戰爭——真正的殺戮正在逼近。我們從皇帝對狩獵的投入和一絲不苟中，可以感受到某種異常的頑固。然而他卻是一個很容易受他人影響的人。皇族的一員、康斯坦丁・康斯坦丁諾維奇大公在日記中記載了他和另外一位皇族成員、尼古拉．米哈伊洛維奇大公的對話：

「我不得不同意他的話，我們煩惱的根源在於陛下的軟弱。陛下總是不斷地無意識地被他人的意見左右。向他報告的人中，最後一人的意見總是正確的。」[185]

十二月四日（十一月廿一日），皇帝一家從斯凱爾涅維采出發，兩天後，終於返回到皇村。[186]自九月二日離開聖彼德堡以來，他們歷時三個月返回了首都。

## 俄方的第二次答覆

十一月七日（十月二五日），拉姆斯道夫從馬格德堡要求阿列克塞耶夫制訂針對日本第二次提案的答覆方案。「陛下命令我向你傳達，他認為有必要繼續交涉，決不能放棄我們的基本要求，他極其期待為協定確立協調的原則。」[187]

十一月中期（十一月二日和三日），阿列克塞耶夫將與羅森商討的結果送給了外相，他在文中寫道，茲送上「修改後變得對日本有利的第二次方案」，「我們認為在此之上的修改無論如何也不可能了。」[188]具體內容為：第一條，拒絕日本的「尊重清韓兩帝國的獨立和領土完整」的方案，不改變第一次答覆案中的僅為「韓帝國」。第二條，承認日本「在韓國的優越利益」，刪除「不違反第一條的規定」這一但書，但是拒絕日方方案中的「包括軍事上的援助」。第四條，承認日本向韓國派遣軍隊的權利，刪除「在知照俄國的基礎上」這一但書。第五條，增加不修築日本所承認的軍用工事這項規定，重申原有的不將韓國用於戰略目的的規定。第六條，拒絕日方關於中立地帶的逆向提案，尋求北緯三九度以北方案或自國境五十俄里方案中的某項。第七條，拒絕日方提出的滿韓交換論，重申與第一次答覆相同的表達方式——滿洲在日本的利害圈外。[189]

阿列克塞耶夫預見到交涉無法取得成功。

「我覺得實在無法再做這之上的修改了，因此，我認為現在就有必要探討當日本拒絕接受我們的提案時，可能會發生的結果。考慮到日本在英國和美國外交代表的贊同和支持下，正在北京、漢城大力開展反俄活動，並且日本一直不間斷地推進強化其戰鬥準備的工作，那麼，一旦當其拒絕接受我們的方案時，就不是我們以前設想的只佔領朝鮮了，它有可能在和清國達成一致的基礎上就滿洲問題向我們提出要求。鑒於可能出現這種情況，為了爭取時間以實施遵照陛下指示開始的強化遠東軍事態勢的對策，我認為推遲交付我們的方案是更為謹慎的做法。反過來，此舉大概會對日本的貪婪施以應有的影響吧。」[190]

這期間，為了審議遠東總督制的機構，阿列克塞耶夫一度被要求返回聖彼德堡，但十一月廿一日（八日），他回答說因要與日本交涉，無法回去。皇帝讓阿巴扎告訴他，同意其不必返回首都。[191]十一月廿一日（八日），拉姆斯道夫給皇帝寫信，告知日本方面大概不會接受阿列克塞耶夫方案。[192]雖然不知道皇帝的意見是否和阿列克塞耶夫相同，但他也想拖延。他給外相回信，「希望以友好的方式繼續與日本的交涉」。那麼該怎麼做呢？外相落入不安，十一月三十日（一七日），他將皇帝的話告知了阿列克塞耶夫。[193]

雖然阿列克塞耶夫希望爭取時間以增強兵力，但進展很緩慢。十一月廿九日（一六日），皇帝下達命令實施六月旅順會議所確定的對策。接著，十二月四日（十一月廿一日），在由索利斯基主持的特別協商會上通過了支出常規預算之外的特別預算一千二百萬盧布的決定，作為編制第七、第九狙擊兵旅團的費用。所有這些都延遲了半年的時間。[194]

魯辛在十一月初預測危機大概會於一九〇四年春發生，[195]但十二月二日（十一月一九日），他向阿列克塞耶夫做了這樣的報告：儘管日本國內的輿論達到了興奮的最高點，但「現在無法想像傲慢的日本人會邁出危險的步伐。可以肯定的是，在今後的一個月中，儘管日本的陸海軍已經做好了準備，但不會採取積極的行動」。[196]魯辛再次修改了時間，之後一個月不會發生戰爭。

在旅順，格里戈洛維奇艦長的戰列艦「切薩列維奇」和巡洋艦「巴揚」於十二月二日（十一月一九日）從法國駛達。因這艘最新銳戰列艦的到來，太平洋艦隊擁有了七艘戰列艦，超過了日本艦隊的六艘戰列艦。阿列克塞耶夫對這方面力量得以增強感到非常高興，於是，他在十二月三十一日（一八日）召集會議，討論是否有必要修改以往的作戰計畫。[197]

阿列克塞耶夫在這次會議上說，由於增加了兩隻艦艇，俄羅斯艦隊的力量已經能夠與日本抗衡了，雖然也想攻擊佐世保，但因旅順和符拉迪沃斯托克是分開的，日本方面依然佔優勢，因為他們的海軍力量能夠集中在一點上。會議的結論是不對以往的計畫進行修改，等地中海的增援艦隊到達，俄方力量達到與日本海軍不相伯仲的程度時再重新考慮作戰計畫。[198]

十二月六日（十一月二三日），返回首都的皇帝終於對阿列克塞耶夫和羅森制訂的俄方第二次答覆方案表達了意見，當日就由拉姆斯道夫傳達給了阿列克塞耶夫。「陛下命令，當日本不接受我們的方案時，要鎮定，但要繼續頑強地、不屈不撓地交涉。」具體而言，陛下命令刪除有關講述滿洲和日本關係的第七條，這算是讓步吧。至於關乎中立地帶的第六條，則「委託給你自己斟酌」。[199]

或許，刪除第七條是拉姆斯道夫的建議。阿列克塞耶夫是反對刪除第七條的。十二月八日（十一月二五日），阿列克塞耶夫給拉姆斯道夫發去電報，表達了他的不滿，「與現行條約相比，我們給予了日本在朝鮮極大的行動自由，而與之交換，我們向日本要求的，只是不介入滿洲問題的義務而已。」[200]

另一方面，這份電報也轉送給了羅森。十二月九日（十一月二六日），羅森給拉姆斯道夫和阿列克塞耶夫發去電報，豈止是刪除第七條，他主張完全改變表述方式。羅森寫到，日本不會接受第七條，而且也無法想像它會改變態度。而如果刪除第七條的話，就成了我方承認我們在滿洲事實上獲得的地位與作為補償——承認日本在朝鮮的行動自由是等價的。這與佔領旅順和大連之後所做的事情相同。「如果簽訂沒有這項條款的協定，雖然不能保證將來日本不會再次向我們提出滿洲問題來，但至少現在能夠導向暫時的和解。」作為他心中構想的另外的替代方案，羅森搬出了迄今為止曾數次提議的只有三條的協定案：俄羅斯承認朝鮮在自己的利害圈外；日本承認滿洲在自己的利害圈外；但是不得在朝鮮沿岸修建妨害朝鮮海峽自由航行的軍事設施。羅森認為雙方應該交換這種一般性的約定。這樣一來，由於對朝鮮原則上獨立的問題沒有任何決定性的說法，有以下好處：能夠防止日本提出滿洲問題。而且「從這個方案否定的、不確定的性格來講，相比積極地承認日本的特定許可權，對朝鮮來講也不是那麼屈辱。」[201]雖然與以往的協定相反，這個方案給予了日本在朝鮮完全的自由，但在和平手段被用盡，而目前無論如何也必須迴避戰爭的危機瞬間，這個方案值得探討。

拉姆斯道夫於該日給阿列克塞耶夫發去第三份電報：陛下命令告知你，不得改變刪除第七條這一意見。[202]阿列克塞耶夫不得不屈服了。

十二月十一日（十一月二八日），俄羅斯方面將第二次答覆方案送交給了日本。

第一條，兩國相互約定尊重韓帝國的獨立與領土完整。
第二條，俄國承認日本於韓國的優越利益，並承認為改良其民政，日本有權給韓國提供建議與援助。
第三條，俄國約定，不反對日本在韓國發展工商業活動，且不反對日本為保護此等利益採取的措施。
第四條，俄國承認，日本有權因前條所示目的，或為平定會引發國際紛爭的暴動或騷亂向韓國送遣軍隊。
第五條，兩國相互約定，韓國領土任何部分都不可用於軍事戰略目的，並不在韓國沿岸設置可妨害朝鮮海峽自由航行的兵用工事。
第六條，兩國相互約定，將韓國領土北緯三九度以北部分視做中立地帶，兩締約國皆不得派軍隊前往此處。203

這時，韓國皇帝的特使正逗留在聖彼德堡。十二月七日（十一月二四日），庫羅帕特金去拜訪外相時，韓國使者正準備離開。韓帝的特使玄尚健於八月離開韓國，是在十一月一四日左右到達聖彼德堡的。他和公使李範晉商量後，去拜訪了拉姆斯道夫外相。拉姆斯道夫告訴庫羅帕特金，特使受韓國皇帝委任，想知道如果日俄發生戰爭，我們希望朝鮮人如何行動，如果抵抗日軍的話，能否期待我們的支援。拉姆斯道夫說，韓國使者誇口說如果有我們的支援，就有決心將日軍驅逐出去。庫羅帕特金寫道，「我對這種表達的真誠度有所懷疑，而且猜想他們是不是對日本人也說了同樣的話。」[204]對庫羅帕特金而言，朝鮮人的意願無關緊要。

然而，玄尚健繼續逗留在聖彼德堡，最終成功獲得了尼古拉二世表示尊重韓國中立的親筆信，返回了韓國。

另外，別佐勃拉佐夫在時隔很久之後，於十二月十一日（十一月二八日）謁見了皇帝。「讀書至七點。別佐勃拉佐夫謁見了我。我們倆人一起度過了夜晚。」十二月十六日（三日），阿巴扎和別佐勃拉佐夫也謁見了皇帝，[205]就清算遠東木材公司一事做出了最終決定。

## 日本輿論要求開戰

對俄同志會向一直被認為反對對俄開戰的伊藤博文展開了攻勢。首先在十一月五日，對俄同志會代表訪問桂首相和伊藤博文並遞交了警告書。當時沒有公佈警告書的內容，但後來以與伊藤對立、為避免誤解為由，於十一月八日公佈了警告書。

對俄同志會表示，儘管當局者即桂內閣的方針，與對俄同志會的方針「大體相同」，但現在卻處於不知日俄談判結果會如何這種令人遺憾的狀態，這是伊藤等人「參與對俄問題的閣議而產生掣肘」的緣故，故對伊藤做出如下警告：

「若萬一侯爵等多少恃至尊之特殊寵遇，妄置喙其間，參與議論，阻妨國是之斷行，如有因此貽誤國家百年大計之事，其罪決不容赦。吾人認為有必要以國民之公憤警告伊藤侯，此亦對伊藤侯之深切情義。」[206]

這樣一來，桂首相只得於十日早晨將同志會的代表佐佐友房、神鞭知常、頭山滿三人邀請至其私宅，言明「雖有傳聞元老、閣臣間欠缺一致者，然從來斷無此事實，完全一致進行中」。

終於，財經界也行動起來了。同樣在十日這天，帝國酒店聚集兩百餘人召開了時局問題聯合大聯誼會。進步黨、政友會、中立系的議員都參加了。報社也有人參加。值得關注的是，還有很多實業家參與進來，領銜的有澀澤榮一、三井財閥的益田孝等人。田口卯吉提名，立憲改進黨議員箕浦勝人被推舉為會長。每日新聞社社長島田三郎說明了會議的宗旨，他於一九〇一年出版了頗具理性的警醒書《日本與俄羅斯》。島田的這一行為象徵著《每日新聞》從以往一貫堅持的非戰論立場轉變成了主戰論。就在上個月，島田在家中遭到了壯士的襲擊。會上，大岡育造提出的決議案獲得了通過。「吾人相信，若時局一如今日之推移，決非東洋永遠之利益。故期望此際舉國一致敦促政府速做斷然處置。」[207]

對俄同志會還將行動指向了山本權兵衛海相。十一月廿四日，他們給山本海相也送去了警告書。「我等認為在對俄問題中，佔據特別要職的海軍大臣山本男爵為閣員中重苟且論者，特於茲警告山本男爵反省、引責。」[208]

雖然各大報刊都是清一色的開戰論，但上月從《萬朝報》辭職的幸德秋水和堺利彥在這個月成立了平民社，自十一月十五日起開始刊行週刊《平民新聞》。第一期介紹了十月廿日在本鄉西片町的中央會堂舉行的集會，幸德、堺、西川光二郎、安部磯雄、木下尚江等人上臺做了關於非戰論的演講。「舉世皆陶醉於戰爭狂熱中，此地卻聚集了六百多名熱愛和平的人道主義者前來聽我等之說，頗令人意外。」[209]作為少數派的集會卻也聚集了六百人，是相當了不起的。

俄羅斯方面不答覆的期間滿了一個月後，十一月廿八日，對俄同志會召開執行委員會，做出決議提交給了政府。「以吾人之見，不得不認為俄國無和平協商誠意。事已至此，當局者宜廢止協商，斷然採取自由行動。」[210]

對俄同志會的聲音現在已經成為了普遍的訴求。十二月一日，《東京朝日新聞》在社論《日俄交涉的遷延》中寫道，日本政府有權向俄羅斯政府要求對日本的提案做出同意與否的答覆，要迫使政府行使這個權利。「《時事新報》及《國民新聞》等有力同行近來對此事持續討論之處，吾人完全同意。」文章指出工商業者現在「即使最終孤注一擲於其最忌諱的戰爭，猶且希望解決今日之時局。」就連工商業界也不堪忍受這種不明朗的狀態了。

由於十二月十日將要召開帝國議會，月初，各個政黨紛紛舉行了大會。這些大會也成為了批判政府，要求斷絕對俄交涉的場合。十二月二日，在野的進步黨召開了議員、前議員、評議員、代議員、支部幹事的聯合會。會上通過了以「現內閣屢誤外交機宜，致使如今東洋形勢日瀕危殆，帝國將受空前屈辱」開篇，要求「促使俄國從滿洲撤兵之同時，開放滿洲要地，且保全帝國於清韓兩國經營之事業」的決議。[211]

三日，進步黨召開大會。黨魁大隈重信在演說中講道，俄羅斯「在遷延交涉期間，或佔領龍岩浦，或伸張滿洲兵力，進一步施加壓力於我，日本對之似殆無所為」，他指出有必要採納決議。於是，前日聯合會的決議成為了大會的決議。

同一天，帝國黨也召開了大會。佐佐友房演講中說道，「我對彼方提案頗為強硬，絕非如報紙所傳」，俄羅斯如果讓步，就會和平，然而「今日形勢似正傾向決不讓步之方針」。大會最終通過了「期待依據帝國大政，速解決時局問題，以保全帝國體面和利權」等四項決議。

接著，第一大黨政友會也召開了大會。接任伊藤成為總裁的西園寺公望在演講中介紹了與東京、京都、名古屋、仙台各地黨組織的聚會，指出「所到之處，若問決議為何，主旨皆為督促政府速解決此外交問題」，他提出了要在議會中嚴厲質詢這一平穩的方針。[212]

十二月十日，眾議院開會。政友會一二九席，進步黨八十五席，帝國黨十二席，此外，中正俱樂部二十七席，交友俱樂部二十四席，同志俱樂部十八席，無黨派六十八席。[213]這屆議會因對敕語的奉答文爭執不下，於十一日即遭解散。

十二月十二日上午十一點，對俄同志會召集神鞭、大竹、工藤、和泉、星、佐佐、遠藤、國友等人，確定了提交給天皇的關於對俄政策的上奏文。此事在此之前已經討論過數次，終於採取了這個決定性的辦法。筆者不知此舉是否與十二月十一日俄羅斯方面做出答覆有關。上奏文於十二月十五日提交到宮內省，該日的報紙進行了報導，大意為：「俄國決無以和平為目標，與帝國協商之誠意」，「雖帝國決非好兵欲戰」，「哪怕不得已訴諸干戈，也不可不行使我天職。我政府過於慎重，流於苟且，屢失時機、貽誤大事。故以憂心遺留國家百年禍患之餘慮，披瀝國民敵愾之誠衷，謹仰聖鑒。」[214]

## 空想小說《日俄戰爭羽川六郎》

這年秋季，日本出版了一部空想日俄戰爭的小說，即出版於十一月的《日俄戰爭羽川六郎》，[215]作者柴四朗是殺害閔妃的三浦梧樓公使的心腹，是對俄同志會的幹部，在當年春季的議會選舉中落選。不用說，署名東海散士的作者就是他，這部作品可以說是《佳人之奇遇》的續編。開本為變型的橫長版，共四百五十頁。

這部小說是以會津藩士之子羽川六郎的傳記形式寫的，首先講述了羽川家三代人和樺太（譯者註：薩哈林島，日本名樺太島，舊時也稱唐太島。）的因緣。在文化年間（一八〇四－一八一八）俄羅斯攻擊樺太的兵營後，祖父被派遣到那裡，在當地病逝。父親在俄羅斯軍艦佔據對馬時去到對馬，為讓俄羅斯撤退而活動。明治維新時，父親返回藩內，跟隨榎本武揚前往箱館（即函館），從那裡渡海前往樺太，從事開發活動。在此過程中，他被俄羅斯方面抓捕，最後去世。母親成為寡婦後與一位名叫藤川夏雄的外交官再婚，藤川是親俄派、日俄同盟派，戰爭開始後，他被當作「俄探」逮捕。

這是故事的背景，父親留下遺言，「俄國人對東方的侵略沒有底限」，「唐太也終將歸俄人所有」，希望兒子與俄羅斯作戰。母親的教導是「俄國實為終天之仇」，「汝成長後報此怨，即對父祖之孝養也」。而一直令母親痛苦不堪的繼父藤川卻說這些都是胡言亂語，是日本先對列扎諾夫表現出了無禮的態度，赫沃斯托夫的行為也有可以辯解的餘地，無論是祖父的死還是父親的死，俄羅斯都沒有責任。

小說的主人公羽川六郎中途從東京帝國大學退學，去往英國留學，歸國後成為海軍工程師，參與了潛水艦的開發。他雖然去清國做了種種策劃，但在日清戰爭時回國了，後來成為議員。到此為止，這一部分情節完全與柴四朗本人的經歷重合。

小說站在對外強硬的立場上，敘述了從歸還遼東到日俄開戰時的日俄關係史，描寫了三浦梧樓的行動、國民同盟會、對俄同志會等。在談及俄羅斯國內情形時，小說引用了很多新聞報導。小說強調了俄羅斯的侵略性，在俄羅斯政界中有以改良內治為目標的「文治派」和以擴張領土為目標的「武功派」兩大派別，「文治派」領袖宇逸提（譯者註：日語發音接近「維特」）雖然視察了滿洲，卻沒能推動俄羅斯撤兵。小說描寫「武功派」領袖黒鳩（譯者註：日語發音接近「庫羅帕特金」）將軍訪問日本的情形，顯現出他迴避戰爭的姿態。小說描寫了旅順會議，在會上，庫羅帕特金認為「今日非與日本作戰之時機」，而關東總督荒鬼（譯者註：日語發音接近「阿列克塞耶夫」）將軍與之形成對立，提出炮擊日本沿岸，在滿洲黑龍江地區進行地面作戰「非無勝算」。「俄帝密使」、侍從武官別佐布拉索（譯者註：日語發音接近別佐勃拉佐夫）少將則提倡征服日本論，極力主張「一小帝國焉足掛齒」。會議後，引人注目的是「荒鬼將軍」即阿列克塞耶夫被任命為「東方大總督」，相當於「俄國副王」，「俄政府現滿廷主戰論者之景」。216

小說沒有明確描寫戰爭發生的時機。戰爭開始於俄方輪船經過停泊在××灣的日本艦隊旁時，俄方突然施以水雷攻擊，致使日本的水雷母艦沉沒。這是俄羅斯偷襲。

「此報一傳到國內，人心之激奮無可比擬。海陸軍立即發出動員令，……頒佈宣戰詔勅，召開臨時議會，即日兩院（參議院、眾議院）全會一致決議通過五億萬日元軍費……將是我神州自建國以來未曾有之大事，國家盛衰興廢全在今後之勝敗」。[217]

日本海軍把握到了俄羅斯增援艦隊穿過臺灣海峽北上的行蹤，俘獲一艘戰列艦、一艘裝甲巡洋艦，擊沉一艘裝甲巡洋艦、三艘驅逐艦。這個消息令國民「幾乎歡喜如狂」。清國很狼狽，而「韓廷……舉動最為曖昧，暗自決定，若日勝則歸附日，俄勝則與俄結盟，對兩國做反覆無常之表白，偽裝局外中立，徐待事局之結果」。[218]

俄羅斯的一個支隊自鳳凰城方面渡過鴨綠江前往平壤，進而有上千人越過圖們江進入了咸鏡道。日軍從仁川和釜山登陸，人數達一萬五千人，俄軍無法前進，日軍控制了平壤。其後，日軍進軍義州，「朝鮮大勢於此定矣」。

之後，俄羅斯艦隊炮擊了富山、石川兩縣，而日本的兩個師團則在俄羅斯領土登陸。這支部隊向符拉迪沃斯托克挺進，與海軍合力展開進攻作戰，在第二次總攻擊時，「我陸軍終於佔領浦港（譯者註：指符拉迪沃斯托克）」。其後，日軍雖然遭到了俄軍來自哈巴羅夫斯克方面的攻擊，但向北挺進，在激戰過後，佔領了尼古拉耶夫斯克（廟街）。

另一方面，俄羅斯艦隊離開符拉迪沃斯托克，集結在旅順、大連。就在德國將成為俄羅斯盟友的謠言滿天飛的時候，日俄兩艦隊在巨文島海面展開了一場大規模海戰。日本以「朝日」號為旗艦，有戰列艦六艘、裝甲巡洋艦六艘、驅逐艦十艘、水雷艇四十艘，俄羅斯以「列特維贊」號為旗艦，有戰列艦六艘、裝甲巡洋艦四艘、驅逐艦十五艘。這場海戰「日本軍歸於八分勝」。

之後，日軍進入遼東半島，向旅順進攻，雖然展開了總攻，卻未能攻下旅順。這時，羽川六郎使用他發明的、還在實驗的飛機從空中投下炸彈，成功佔領了大連。俄羅斯艦隊逃至膠州灣，然而德國政府卻改變了立場，宣佈中立，要求俄艦隊退至灣外。俄羅斯艦隊不得已退至灣外後，與日本艦隊展開交鋒，俄方艦隊全軍覆沒。

小說還寫道，在日本國內，俄羅斯間諜的暗中活動很猖獗。一對間諜父子被逮捕了，然而兒子的妻子、俄羅斯女性卡塔娜從關閉著的俄羅斯公使館挖地道，企圖炸毀帝國議會、炸死大臣議員。這個情節大概借鑑了俄國虛無黨員為暗殺亞歷山大二世，從涅夫斯基大街上的乳酪店下挖地道的故事吧。卡塔娜和德國同伴一同遭到舉報，最後用手槍自殺。[219]

在俄羅斯國內，伊瑪目沙米勒後裔奮起反抗了，波蘭人也公然召開集會要求獨立，芬蘭人也「秘密整備武器，主張恢復舊憲法。俄國內的改革派乘機議論若不設立憲法，不足以拯救危急。改革派與守舊派的傾軋幾乎到達頂點」。經濟破產，失業急增，農民起義蔓延。「由三十國語言構成的大帝國，今將瀕臨失卻統一之權力」。[220]這些描寫相當精准地預測到日俄開戰後，俄羅斯國內的情形。

至此，旅順即將陷落。日本軍對旅順進行了兩次總攻，死傷者達到五千餘人。羽川六郎向陸軍推薦使用飛機轟炸旅順，卻以「非我日本男兒光明磊落之所為」的理由遭到了拒絕。羽川受命負責空中的軍事通信，他將從空中觀察到的情況通報給軍隊，發揮了很大作用，旅順攻擊以日軍勝利而告終。最後，羽川獲得了天皇的感謝電報。「余感動至極，不禁涕泣」。

之後，日軍繼續前進，與俄軍在遼陽展開會戰，一萬五千日軍對陣五萬俄軍。日軍雖然得到了清軍的支援，但在會戰前清軍卻撤走了。即便如此，日軍也取得了會戰的勝利，戰爭結束。

媾和會議在東京舉行，為日、英、美、德、法、義、俄、清八國的列國會議。日本提出如下要求：俄羅斯完全放棄對滿洲的權利；清國在滿洲進行改革期間，由日、美、英派遣顧問，允許日本軍在七年內駐屯兩個師團；將樺太讓與日本；將沿海州作為獨立自治州；俄羅斯賠償日本戰爭費用五億萬日元並出讓東清鐵路；俄羅斯不向東洋派遣十艘以上的軍艦；將威海衛、旅順、大連、膠州灣歸還清國；日本租借廈門、福州。這些要求得到了承認。[221]值得注意的是，這裡沒有關於朝鮮的規定。大概作者認為日本可以憑自己所希望的方式對待朝鮮，不需要得到俄羅斯或列國的承認吧。

與此同時，簽署了日韓修正條約，內容如下：由於韓國沒有局外中立的實力，日本在朝鮮駐屯兩個師團以內的兵力；重大國際事件未與日本協商，不得與列國交涉；郵政電信業務由日本承擔；從日本招聘最高顧問，進行行政司法改革；日本軍官對陸軍進行改革、訓練；日本每年贈與朝鮮帝室費用百萬日元。[222]也就是說，朝鮮成為了日本的保護國。

其後，由日、美、英三國倡議，舉行了萬國和平會議。會議決定用三年時間將各國的軍備減半。這是打算搶奪尼古拉宣導海牙和平會議的功勞。

筆者不清楚這部小說是如何被當時的讀者所接受的。但是，在用正義的戰爭這種神話將日本人推向與俄羅斯戰爭的道路上，它或許發揮了相當大的力量。

## 日方的第三次提案（十二月廿一日）

十二月十四日，小村立即將俄方的第二次答覆方案傳達給了麥克唐納公使。小村在那時表示，「我仍然希望能夠避免交涉決裂。」他還列舉了一些根據：俄方的第七條宣告「滿洲在日本的關心之外」被刪除了，第四條和第七條變得與日本方案相同。[223]然而這只是偽裝。無疑，小村認為決裂必至。

十二月十六日，日本方面在首相官邸召開了閣僚與元老的會議，討論俄羅斯的第二次答覆方案。根據伊藤之雄的考證，山縣表明的想法是，先嘗試以滿韓交換論進行最後的交涉，如果俄羅斯不接受，再邁出戰爭這一步。而桂和小村對此並不贊成，主張「滿洲問題可嘗試以外交手段盡可能談判」，「至於朝鮮問題，則要充分陳述我方希望修正的意見，若彼不聽，則貫以最後手段（即為戰爭）」，並強行予以通過。[224]也就是主張以朝鮮問題為開戰之由。

當天的會議還討論了外交部制訂的《對俄交涉決裂之際日本應採取的對清韓方針》，[225]認為讓清國在交戰之際保持中立是上策。對韓國，《方針》中則提出：

「至於韓國，無論面臨何種情形，皆必須憑藉實力將其置於我權勢之下。但盡可能選擇正當名義為上策。若能如往年日清戰役時，締結攻守同盟或其他保護協約，最為合適。……然其必然成功固不可預期。且縱令其奏效，到底難以期待韓國皇帝始終一貫遵守此條約，最後之成效還是歸結於實力如何自不待言。」

在外相一開始的方案中，接下來還有「於此關係，若能先於俄國送遣有力軍隊至京城，為極上策。韓國上下無人有思念國家之真誠，所慮唯自家之安全與利益，附勢媚強乃其通性，因此如先在京城擁有優勢兵力，即有如收宮廷及政府收於我手中」，這一部分因山本海相的反對被刪除後，方案提交給元老會議。[226]

在元老會議上，山縣做了相當於恢復方案被刪除部分的發言。他提出日本應搶先於俄羅斯，向京城及附近派遣大約兩個師團。對此，山本海相再次表示反對。理由有二，第一「縱令韓國與我國有特殊關係，且為弱勢之國，但終究是一獨立國。向此獨立國派遣我軍隊，列國會做何感想？」第二，「鑒於我陸海軍的實際狀況，我認為不可如此。我想我軍備整體尚未完善出師準備」。山縣再次指出韓國國民的「趨炎附勢」，追問道，「如果韓帝逃至俄、法、德等公使館」該如何應對。山縣幾乎替小村說出了原案中被刪除的部分。山本回應道，「現在不應考慮此等事」。由於山縣突然有事退席，這件事沒有得出結論來。[227]

關於第一個對俄回覆的決定在十八日經閣議後上奏給了天皇。[228]在這個階段，交涉已經明確地成為了面向戰爭的一道程式、一種禮儀了。

小村在十七日向麥克唐納坦言，他開始失去對俄羅斯和平意圖的信任，贊成麥克唐納的意見——俄羅斯在有意拖延交涉。[229]小村不可能在三日內就改變了看法，很明顯，他在演戲。

十二月廿一日（八日），日方將第三次提案送給了羅森公使。廿三日（十日），栗野公使在俄羅斯首都以口頭備忘錄的形式送交給了外相。

其內容如下：第二條，要求俄羅斯承認日本有給與韓國「建議及援助」的權利。援助包括「軍事上的援助」。不過在根本上，繼續拒絕了俄方第一次案、第二次案中要求的禁止以戰略目的使用朝鮮領土和在朝鮮北部三十九度線以北設定中立地帶的條款。在滿洲問題上，由於俄羅斯撤回了特殊利益論，日本也撤回了滿韓交換論。日本始終要求俄羅斯承認日本將韓國作為事實上的保護國，而其回報只是不在韓國沿岸設防。[230]

十二月廿六日（一三日），阿列克塞耶夫將針對日方新提案的意見發給了皇帝。

「日本的新提案等於要求俄羅斯政府正式承認日本對朝鮮的保護國制」、「即便如此，我們即使做出那樣的讓步，仍然不能達到消除現存的不確定狀態這個主要目的。」

「這些要求太過貪婪，以我深刻的信念，我毫不猶豫地認為這個提案不能接受」、「我想在日本無視陛下的和平主義和聖慮，提出超過所有合理界限的要求的現在，讓東京內閣在沒有俄羅斯承認的情況下實現自己關於朝鮮的政治意圖，從所有方面來看都是較為理想的吧。」

「現在所有對日本的進一步讓步，都會以很大的機率決裂，把我們推向巨大的災難」、「為了從這種狀態中找到出路，……我認為有必要將我們在朝鮮的利害與滿洲問題、其他的遠東問題聯繫在一起，進行全面的審議。」[231]

阿列克塞耶夫請求，他已經明確表達了意見，之後的事情希望在聖彼德堡的特別協商會上決定。話雖如此，阿列克塞耶夫的心情卻依然無法輕鬆。他時刻都在聽到韓國局勢越來越緊張的消息。

十二月廿七日（一四日），阿列克塞耶夫給拉姆斯道夫也發去了電報。拉姆斯道夫看了這份電報，翌日（一五日）對皇帝說，如果採取阿列克塞耶夫的辦法，就會發展為戰爭，他這樣講道：

「鑒於以上情況，我還是斗膽認為，對俄羅斯而言，為了迴避極端毀滅性的軍事衝突，更為理想的是，繼續與日本交涉，謀求既不損害俄羅斯的第一級利益，同時又能滿足日本渴望的協定形式。與日本之間存在協定，在一定程度上會束縛日本在朝鮮的行動自由，保障俄羅斯船舶在朝鮮海峽的航行安全。如果讓日本逕自著手以自國軍隊佔領朝鮮半島的話，我們就無法達成那樣的目的了。」[232]

羅森公使更加深了對日俄交涉的疑慮。十二月三十日（一七日），他發電報給拉姆斯道夫，天皇發出勅令，批准了五千萬日元的臨時軍費支出。此舉「顯示日本決意用大約一個師團佔領朝鮮京釜沿線地帶，以獲取與我方佔據滿洲相似的地位。我毫不懷疑，如果日本政府最終明白無論是武力威脅，還是依靠英美的同情而表現出的高壓態勢，都不能迫使我們在滿洲問題上從所採取的原則立場上後退時，他們遲早會著手實施這個計畫。因此我們要像第二號旅順會議議事錄中所講的那樣，完全沉著地應對日本的行動，同時做好將來在朝鮮克制採取一切積極行動的準備，自然可以從現在因日本的責任而產生的危機中找到出路。進而完全沒有必要為了這條出路，締結會使雙方都遭遇困難的文書協定。」[233]

羅森於翌日——三十一日（一八日）給尼古拉發了電報，雖然筆者並沒有找到這份電報，但推測其內容應該是相同的宗旨吧。一九〇四年一月三日（十二月廿一日），羅森接續三十日，再次給拉姆斯道夫發去電報，指出能否迴避因朝鮮問題與日本產生軍事衝突的危險取決我們。滿洲問題不可能成為與日本開戰的理由。我們對日本的態度是「嚴密防衛性的」，無論日本採取怎樣的行動，都具有「無根據的侵略性」。順便需要指出的是，日本也沒有顯示出想要軍事介入滿洲問題的意圖。但它有為了實現在朝鮮的課題，「下定決心不辭發起戰爭的一切徵兆」。[234]

羅森的想法是，無論是朝鮮的事情，還是滿洲的事情，都沒有必要與日本締結協定。在朝鮮問題上，讓日本按照想做的方式去做即可。他的想法接近於阿列克塞耶夫。

## 關於日本軍出兵朝鮮的情報

日本在這時刻向著備戰一路前進了。參謀本部的井口省吾於十二月十九日向兒玉次長呈送了意見。

「只要我帝國沒有放棄韓國之意，在帝國自衛的意義上，應在對俄國行為中儘快停止口舌之爭，向韓國派出部分軍隊，同時，動員一、二師團及樞要處之要塞，示以十分決心，以威力為談判後援。若俄國仍不肯放手韓國，我方應有一大決戰之覺悟。」[235]

在十二月十六日的元老會議上，雖然山縣主張派遣兩個師團，但政府內部有對立，沒有就此問題得出結論。伊藤出面進行了調整。據說政府在廿一日向陸海軍發出了「做好準備、確保隨時皆可出兵的通牒」。該日，陸軍省、海軍省的當局者按照參謀次長的命令協商了出兵韓國的相關事宜。廿三日繼續進行了協商。廿四日，陸軍省召開了關於編制韓國臨時派遣隊的會議，廿六日，該會議繼續召開。[236]

海軍方面也行動起來。十二月廿四日，山本權兵衛海軍大臣向東鄉平八郎、上村彥之丞、片岡七郎三艦隊司令長官通告了交涉經過，告知「在不得已的情況下，即使訴諸最後手段，亦不可不防止俄國對韓國之侵蝕」，「根據最後的決議情形，帝國海軍將制訂一定計劃以參與策劃」，命令艦隊編制也要「不做公開說明地轉為戰時編制」。[237]

在這種背景下，到十二月下旬時，日本軍將要出兵佔領朝鮮的傳言再次流傳起來，駐在武官們接連不斷地將這類資訊從東京報告給聖彼德堡。

十二月十八日（五日），駐日陸軍武官薩莫伊洛夫告知阿列克塞耶夫，「報刊和民眾間又流傳起海軍示威和即將出兵朝鮮的傳聞。甚至還有說海軍省已經採取了若干措施，不過這些傳言都還沒有得到確證」。他加上了分析：如果海軍進行示威，「目的是威脅我們，迫使我們做出進一步讓步，另一方面，也是為了滿足國民的愛國主義情感吧」。[238]

十二月廿日，駐日海軍武官魯辛向海軍部做了更為詳細的報告，雖然日本不接受俄羅斯的提案，但大概仍會繼續交涉。「同時，為了滿足國民的本能，將以準備重大作戰為目的向朝鮮派去一、兩個旅團」，另有傳言說交涉或於來年二月決裂，隨即將開戰。[239]

五天後，魯辛又發出了報告。最近，陸海軍省正在採取措施，補足從春季起推行的「以最快速度將日本軍調整至戰時體制或軍事作戰策劃的準備」。「一部分公開的資訊和無數的傳言」給人感覺完全就像「日本政府故意不隱瞞自己的措施」。我認為其目的是為了滿足民眾的排外本能，現在甚至不惜一戰以威脅俄羅斯。「我預測日本狂熱的示威性騷動將會導致在不遠的將來（近兩三周或更早）向朝鮮出兵」。日本會讓約八千人的混成旅團從釜山、一部分從仁川登陸。為此將租賃八至十艘輪船，由海軍護衛。「日本正式的報刊都在執拗地論證著，為了確保日本在朝鮮半島的利益、抵抗俄羅斯的影響，有必要向朝鮮出兵。」[240]

這些報告直到一月才被送到首都。最後的報告上有一月廿二日（九日）羅熱斯特文斯基閱後的批語。不過，同樣內容的報告應該在數日內就送到了旅順。而且阿列克塞耶夫處還收到了駐韓公使巴甫洛夫發來的、情況更為嚴峻的信。十二月十九日（六日），巴甫洛夫這樣寫道：

「最近漢城的氣氛再次開始變得有些令人不安起來。三天前，我從宮中聽說英國和美國公使暗中通過可靠的人告誡皇帝，日俄交涉完全沒有達成和平結局的機會，軍事行動大概會在最近展開。這一聳人聽聞的消息使皇帝及其親信陷入了恐慌中。」[241]

兩日後，巴甫洛夫寫道：「韓國政府和外國人的氣氛極度緊張。根據秘密情報，宮廷立即提起了將皇帝的宮室從漢城轉移到平壤這個問題。最近，平壤的宮殿建成了。」[242]在西京（平壤）營造離宮一事是一九〇二年三月決定的。當年十二月，太極殿和重華殿得以建成，據說連皇帝、皇太子的肖像都懸掛起來了。此舉被認為高宗有如果日俄開戰，就逃到這裡，進入朝鮮北部，以獲取俄羅斯庇護這種想法。[243]

阿列克塞耶夫的危機意識大概也越來越強了吧。然而，增強兵力的步伐卻十分緩慢。十二月十八日（五日），皇帝下令在一九〇四年五月十四日（一日）之前編制完成第九東西伯利亞狙擊兵旅團。然而，由於這樣操作有很大問題，阿列克塞耶夫與陸軍大臣商量，將第八旅團由八個大隊改編為十二個大隊更為合理。然而，這一設想也未能實現。[244]

另一方面，皇帝卻毫無根據地樂觀。根據盧科亞諾夫的研究，皇帝對羅森通報日本軍可能會在朝鮮登陸的電報做出如下批語：「日本軍登陸朝鮮應該不會對俄羅斯構成挑戰吧。依朕所見，他們不可能向旅順、符拉迪沃斯托克進攻。」[245]

十二月廿九日（一六日），阿列克塞耶夫將日本方面的第三次提案也告知了漢城的巴甫洛夫。

「我認為像這樣蠻橫無禮的要求超越了一切理性的界限，我政府應該拒絕。對於這些要求，我的意見是，無論是從俄羅斯的利益出發，還是從俄羅斯的名譽出發，都不能允許日本在我們的同意下征服韓國，剝奪韓國的獨立。……我雖然不明白我國整體的政治狀況，但我確信，眼下這一時點比任何時候都需要直面一切戰爭的幻影，在對這種災厄不可避免的風險做好心理準備的同時，必須保護我們自己的地位和尊嚴。」[246]

阿列克塞耶夫認為，日本很可能會做出佔領韓國的舉措，他要求巴甫洛夫儘快通報。

十二月三十日（一七日），巴甫洛夫傳來了韓國皇帝更為緊迫的心情。「本日，皇帝只通過一名可靠的貼身宦官向我傳達了如下事項：皇帝已不再懷疑無法避免日本軍佔領韓國之事，每天都在擔心駐在漢城的日本軍是不是會封鎖宮殿，被日本方面收買了的宮廷警備隊是不是會殺掉他本人，因而想徵求我們的意見，他該採取什麼樣的行動，能否期待我們會在危險的時刻允許他到俄羅斯使館避難，進而在我們的幫助下逃到俄羅斯境內。」[247]

阿列克塞耶夫面對這樣的詢問，不得不做出回答。一九〇四年一月一日（十二月一九日），阿列克塞耶夫給巴甫洛夫發去電報，首先聲明是個人意見，「如果皇帝請求到俄羅斯使館避難，恐怕我們無法拒絕吧。不過，對於想來到俄羅斯境內的意願，我想無論是對皇帝陛下本人而言，還是對韓國命運而言，這都是一個會帶來非常重大後果的問題，若沒有經過全面商討恐怕無法決定。」[248]

## 俄羅斯的十二月特別協商會

俄羅斯政府的大臣們也都感覺到了日俄的緊張在加劇。顯然，「新路線」也無法抑制日本的攻勢。怯懦的陸相最終提出了近乎投降的方案。庫羅帕特金修改了十月意見書，十二月七日（十一月二四日）他向皇帝上奏，提議將包括旅順在內的關東州歸還給清國，將南滿洲鐵路出售給該國，作為交換，將北滿洲併入俄羅斯。[249]不用說，這是作為防止與日本戰爭的方案而構想出來的。庫羅帕特金認為，雖然連關東州都放棄了，失去了俄羅斯在遠東的威信，但對曾孫那一代來講是有益的，有必要讓活著的一代擔負保衛關東州和南滿的犧牲嗎？雖然失去不凍港是個重大問題，但在其他方面得到的也很巨大。由於旅順將來有可能成為日本之物，因而在歸還時，需向清國提出條件，令其保有旅順。南滿洲鐵路使得外國商品在北滿洲和西伯利亞氾濫，給俄羅斯工業造成了損失。庫羅帕特金像評論家一般羅列了一堆諸如此類的理由。然而，我們又該如何評價這位在無法避免與日本發生戰爭的局面中，居然提出放棄本該誓死鞏固、保衛的最前線要塞的陸軍大臣呢？

算起來，庫羅帕特金在這決定性的一九〇三年裡有將近一半的時間沒有在聖彼德堡的陸軍部辦公室。從四月廿八日（一五日）起，他去往遠東、日本旅行，回來是七月廿八日（一五日），之後又陪同皇帝視察利巴瓦要塞，去華沙軍管區觀摩演習，返回後，他立即開始休假，直到十月中旬一直在鄉村度過。[250]他連和財政部博弈努力爭取獲得預算的時間都沒有。他也幾乎沒有督促軍隊做戰爭準備，到最後他提出的就是這樣一個類似外交評論家式的放棄旅順、大連、南滿洲論。

在日期標為前一日（譯者註：即十二月六日）的附信上，庫羅帕特金回憶起在一八九六年他被派遣到德黑蘭時，因直率地表達了意見而受到歡迎之事，他寫道「除了為俄羅斯的大義不止一次地流血，在保衛聖駕和祖國的戰鬥中，始終懷有一顆哪怕現在也不惜一死的赤誠之心的老兵外，還有誰能夠對尊崇的俄羅斯軍的最高統帥呈述相應的真實呢？」庫羅帕特金到底還是有些不安，他謙虛地表示他的這份文書有「片面性」，因此在審議決定遠東問題之際，還請陛下同時關注「其它的資料」。[251]

即使對庫羅帕特金來說，這個方案也比十月意見書做了更進一步的讓步，皇帝對十月意見書都沒有給予支持，無論如何也難以想像他會輕易贊成這個方案。[252]結果，皇帝對這個放棄旅順的提案完全沒有反應。

維特和拉姆斯道夫也看過庫羅帕特金這份論述放棄旅順－大連的意見書。維特在十二月十六日（三日）的日記中寫到，到現在，除了這個放棄南滿洲、關東州，確保北滿洲的方案外，沒有其它能夠擺脫現狀的出路了，他贊成此方案。[253]維特也變得相當不負責了，這大概是事實吧。

十二月廿二日（九日），庫羅帕特金陸相將這期間整理編制的一九〇四年至一九〇九年的五年軍備計畫上奏，得到了皇帝的批准。作為陸軍部常規預算外的特別預算，這五年間獲批了一億三千萬盧布，然而其中只有七百萬盧布用於遠東軍的支出。庫羅帕特金在當天的日記中這樣寫道：「成功地將我們主要的注意力從遠東轉向了歐洲．俄羅斯」。[254]無論是皇帝還是陸相都沒有想到，戰爭正在逼近。

然而，到了十二月廿四日（一一日），庫羅帕特金收到了駐清國武官戴西諾發來的標著頭天日期的重要電報，其中寫道，日本的大臣們決定對俄羅斯宣戰，日本海軍已經出航。筆者推測陸相或許認為這是誤報，他收到電報後首先做的事情是訪問外務大臣，探討情報的真偽。外相說，交涉仍在繼續，栗野公使送來了日本方面的答覆，讓庫羅帕特金放心。他接著說道，他「愉快地（s naslazhdeniem）」地讀了庫羅帕特金論述放棄南滿洲、確保北滿洲論的意見書，說「如果這個計畫被採用，我將非常高興。」這也不是認真負責的態度——作為外交大臣，拉姆斯道夫應該十二分清楚，這一意見不會被採用。

之後，庫羅帕特金在日記中寫了下面這段令人匪夷所思的會話：

「以拉姆斯道夫的意見，雖然陛下從逗留達姆施塔特之時起，對遠東問題就不像以前那麼熱心了，不過別佐勃拉佐夫、阿巴扎一夥人的影響力可能還會存在吧。拉姆斯道夫對普列韋在這個事態整體中扮演的角色尤為不安。他有根據認為，對普列韋來講，與日本戰爭並不那麼令人厭惡。普列韋期待戰爭能夠將民眾的注意力從政治的問題上轉移開。拉姆斯道夫還對陛下的意見——認為他能夠讓事態不發展到戰爭那一步——感到不安。阿列克謝•亞歷山大羅維奇大公也是同樣的意見。陛下對拉姆斯道夫說，我國在遠東的強勢舉動是有利的，因為這會成為不發生戰爭的最佳保證。但是，拉姆斯道夫向陛下指出，戰爭與和平問題也許會變得非陛下所能掌控，我們也許會被捲入戰爭之中。『那樣的話，就將別佐勃拉佐夫送上絞首架』，陛下打斷了他的話。拉姆斯道夫認為將陛下推向戰爭的還有德國。威廉（德國皇帝）經常問『別佐勃拉佐夫還健在嗎？』為什麼呢，因為這個人物是他們所信賴的同盟者。」[255]

接著庫羅帕特金寫了與普列韋的談話。這個記述讓人感覺普列韋似乎在期待戰爭。這些全都像是事後討論戰爭是誰的責任似的。因此像這樣的內容或許是後來添加的也未可知。

十二月廿七日（一四日），阿巴扎和「從中國歸來的沃加克」謁見了皇帝。[256]雖然筆者不清楚沃加克此行的使命是什麼，但從此後不久，尼古拉於一九〇四年一月一日（〇三年十二月一九日）給予東亞木材公司二十萬盧布資金來看，[257]可以推測沃加克是為了救濟、整頓公司事業而前往遠東的。

最終十二月廿九日（一六日）上午十一時，在皇村召開了遠東問題特別協商會。會議由皇帝主持，阿列克謝大公、陸相、外相以及阿巴扎出席了會議。這個會議的情形只能從庫羅帕特金的日記中窺探出來。[258]

皇帝說，回想八年前日清戰爭剛結束的時候，俄羅斯對日本斬釘截鐵地說「回到從前」，日本遵從了。「而現在，日本變得越來越貪婪，仍舊是野蠻國。我們該怎麼做呢？是冒戰爭的危險呢？還是繼續讓步呢？」庫羅帕特金評價皇帝講話「特別沉著，經過了深思熟慮」。

最先發言的是外相。外相一直卯足了勁要將交涉權從阿列克塞耶夫那裡奪回來。他說不應該中止交涉，不能發出最後通牒。中止交涉的時機還沒有到來。應該聽取日本的願望，在協定中加入滿洲條款。在確定第二次答覆方案時，依照皇帝的意見，去掉了滿洲條款。儘管拉姆斯道夫使用了柔和的表達方式，但卻不屈不撓地主張，我們必須確定在滿洲想要什麼。

對此，皇帝回答說，這次可以在協定中加上滿洲條款。「無條件地不能讓戰爭發生，時間是俄羅斯最好的盟友，我們每年都在變強大。」因此，現在應該讓步。

阿列克謝大公贊成拉姆斯道夫繼續交涉的方案。他說「即使稍做讓步，也應該獲得協定。在滿洲問題上，我們扮演著乾草上的狗的角色，雖然自己不吃，卻也不願意讓給別人。」大公的言下之意是，沒有用處的滿洲利權又能如何呢。

庫羅帕特金也主張繼續交涉。在朝鮮問題上，於三十九度線處設置中立地帶的條款相當重要，必須爭取。日方的在滿洲國境兩側五十俄里處設置中立地帶的方案無法滿足我們。不將朝鮮海峽要塞化的條款也很重要。剩下的都是次要的。以我們合併北滿洲，日本合併朝鮮南部這種形式去爭取是可能的。朝鮮北部和南滿洲可以作為中立地帶。如果讓日本佔領整個朝鮮，我們佔領整個滿洲，日俄間的戰爭將不可避免。最好的情況大概也會是形勢嚴峻的武裝和平吧。假如我們當初按照約定，遵守條約從南滿洲撤兵，……就不會有現在嚴峻的對立了吧。如果我們能在北滿洲確立地位的話，不會有國家要與我們作戰。

庫羅帕特金將責任推給了別佐勃拉佐夫派。一切根源在於「不幸的謀劃（zlopoluchnoe predpriiatie）」。由於不從南滿洲撤兵、在鴨綠江積極開展活動，在鳳凰城部屬部隊，部隊留在營口，還二度佔領奉天，才引起了日本的騷動。「現在我們或許已經不能阻止戰爭了。」但是，應該在維護俄羅斯尊嚴的同時，用盡一切手段迴避戰爭。必須明確我方在滿洲問題上的訴求。為北滿洲而戰有意義，但為南滿洲和朝鮮而戰則沒有價值。庫羅帕特金最後強調，鐵路運輸方面還沒有做好與日本作戰的準備，以一日三趟列車的頻率無法做到在適當的時候集結三十萬軍隊，因此爭取時間是必要的，如果在遠東發生戰爭的話，難以預測最後會成什麼樣。

阿巴扎說，日本佔領朝鮮的意欲堅定，「如果今天不解決這一問題，無論是明天還是後天，直到日本實現自己隱密的願望為止，任何時候都可能出現。」因此，不要期待通過繼續交涉，這個問題就會消失，現在是做出結論的時候了。[259]阿巴扎的立場是，雖然贊成外相的應該明確關於滿洲政策的意見，但他對滿洲問題不發表意見，只限於朝鮮問題。這時，他以總督阿列克塞耶夫十二月廿六日（一三日）電報中的構想為前提，說道：

日本方面的要求是，俄羅斯承認日本將朝鮮作為保護國。「日本將朝鮮作為保護國一事，如果日本要求就此打住，一點兒也不會損害俄羅斯的利益。但是，我們不能接受這個要求。第一，如果俄羅斯對日本的行動予以承認，有可能在國際上會處於非常困難的立場；第二，日本有可能要求進一步讓步。日本會想，『迄今為止俄羅斯都很容易駕馭，這顯示俄羅斯不願發生戰爭。按東洋人的理解，這是俄羅斯害怕戰爭，因而這意味著，俄羅斯為了迴避戰爭，可以做任何讓步。因此我們日本人什麼都可以要求，而且俄羅斯都會讓步。』正是由於日本的這種意志表明，對俄羅斯而言，繼續與日本交涉變得不可能。我們在滿洲的利害實在太為重要了。」

阿巴扎說，雖然俄羅斯方面的提案是極具讓步性的、和平的提案，但日本並沒有理解到這一點，因此給了俄羅斯自由定奪的理由。

「俄羅斯可以說我們已經到了通情達理的極限，無法再前進了，然後自由地中止交涉。……這會有什麼後果呢？是與日本發生戰爭嗎？日本政府將會意識到，與俄羅斯的戰爭會成為極度嚴重的戰鬥，其最終結果甚至會危及日本的存在本身。我確信俄羅斯實際上不希望戰爭。日本迄今為止巧妙地利用了俄羅斯的和平主義，從而提出越來越粗暴的要求來。」

「在我們最後的提案文本中，我們實際上已經將朝鮮給了他們。但是，他們期待更多的東西。如果俄羅斯停止交涉，其結果，日本或是單獨地，也沒有資金地，在冬季發出宣戰佈告，或是變得老實起來，開始換一種語調說話，或是——這是最有可能的——日本政府為了滿足因長期交涉而燃燒起來的國民的狂熱，在沒有俄羅斯承認的情況下佔領朝鮮。如我前面所講，日本把朝鮮作為保護國，可以看作對俄羅斯無害。……沒有俄羅斯承認的日本的保護國，對我們來講是有益的。」

阿巴扎認為，日本的財政千瘡百孔，「佔領朝鮮，會因當地居民的敵意而舉步維艱，代價很高昂，可能會成為永遠吸取國家資金的黑洞」，因此日本會變弱，從而改變作風吧。由於佔領朝鮮違反了現行條約，日本的行動屬於「非法」行為，還會遭到國際社會的譴責。日本無法從朝鮮獲得利益。阿巴扎評價道，在日本，「商人（akindo）」一詞是個貶義詞——否定地評價做不了大買賣的人的意思。而且日本進入大陸，從三方面與俄羅斯接壤的話，也無法一味地與俄羅斯對立。

作為結論，阿巴扎說道「總督的意見完全正確，應該停止交涉」、「當日本軍在朝鮮登陸的時候，俄羅斯只停留於抗議」、「為了消除任何一點與日本發生戰爭的風險，應該馬上將遠東的兵力增強到陛下所決定的數量。」、「為了維護東方的和平，……不行使武力，但有必要展示武力。」

庫羅帕特金在日記中記述阿巴扎的發言時，寫道，「他堅信，只要俄羅斯不希望戰爭，日本害怕戰爭，就不會發生與日本的戰爭。」[260]這明顯歪曲了原意。

最後，庫羅帕特金再次主張北滿洲合併案，但皇帝明確反對，說應該將統治居民的權力留給清國方面。阿巴扎的意見也遭到了駁斥，尼古拉二世做出了繼續交涉的決定。尼古拉二世詢問是否要將阿列克塞耶夫叫到首都來才可放心，並補充道要在交涉中包括滿洲問題。最終，皇帝讓按照拉姆斯道夫的想法擬定俄方的第三次答覆方案。

十二月三十一日（一八日），亞歷山大・米哈伊洛維奇大公去到皇帝處。尼古拉在日記中寫道，「亞歷山大在我那裡坐了很長時間，還彙報了塞瓦斯托波爾的防衛。」[261]大公的回憶錄中寫道，他在將要出發去歐洲旅行前與皇帝面談時，就日俄關係交換了意見。當大公詢問「是打算一如既往地無論如何也要迴避戰爭嗎？」皇帝馬上以煩躁的口氣反覆說道，「說戰爭是沒有根據的」，「日本人不會向我們宣戰」，「不會硬要那麼做」，「我保證，不管是與日本，還是與其它國家都不會發生戰爭。」大公寫道，皇后懷孕了。[262]

## 日本確定對俄作戰計畫

日本陸軍參謀本部終於在一九〇三年十二月大致確定了對俄作戰計畫。

「若時局推移，不幸至日俄開戰，必先確保佔領韓國，以固我立腳之地。依海軍軍令部判斷，俄國艦隊應集合於旅順避開決戰，故見海戰之結果需在長時日之後。然徒待海戰之結果，遷延時日之際，彼……自北方進入韓國，逞侵略，為此我形勢將與時共窮迫。故應預先講求諸種手段，不依賴海戰之結果，應派遣部分陸兵至京城，以在韓國內領有先制之形勢。」

第一期作戰是「鴨綠江以南的作戰」，送去先遣徵發隊、臨時派遣隊（步兵五個大隊），接著派出後續部隊，完成「軍事佔領韓國」，其後為第二期作戰，進行「鴨綠江以北、滿洲的作戰」。[263]這一計畫正可謂是通過陸軍佔領韓國推向對俄開戰。不過，此計畫並沒有考慮海軍的行動，只是作為陸軍的單獨行動而構想的。

海軍方面也在準備。由於必須從海上向韓國運送部隊，海軍打算在開戰之際承擔主要的責任。十二月廿八日，日本編制了由第一艦隊和第二艦隊構成的戰時編制的聯合艦隊，任命東鄉平八郎為聯合艦隊司令長官。[264]三十日，陸軍參謀本部和海軍軍令部召開共同會議。在激烈討論之後，決定「向京城派遣軍隊，因海軍大作戰而不可，故中止。」[265]並決定在海軍做好準備時開始戰爭。也就是說，陸海軍達成一致，只待命令一下，第一、第二艦隊就圖謀對旅順的敵艦隊發起決戰，從佐世保出發，第三日到達旅順，第三艦隊主力集結於鎮海灣，而陸軍的臨時派遣隊不在海軍行動之前出動，最早也是與海軍同時行動。[266]

另外，當日的閣議還正式確定了「對俄交涉決裂之際，日本應採取的對清韓方針」。由於山縣想要恢復的先遣二個師團至韓國的方案遭到駁斥，因此提交給十六日元老會議的方案得到了全案批准。對於韓國，決定不「以實力置於我權勢之下」，而以「締結攻守同盟或其它保護條約」為目標。[267]

進入新的一年，明治三十七年、一九〇四年一月三日陸海軍再度舉行了共同會議。海軍方面的計畫仍然沒有明確。陸軍向第十二師團長下令，準備臨時派遣隊。一月七日，因海軍大臣在閣議中報告一月二十日之前無法完成出兵準備，陸軍參謀本部「不得已，決意不受海軍援助，單獨向韓國派遣軍隊」。[268]

在同一時期，海軍軍令部制定了對俄作戰計畫。海軍判斷，由於俄羅斯海軍分散在符拉迪沃斯托克和旅順，故戰爭的時機在歐洲方面的增援艦隊尚未抵達之時。「帝國能否切實達成戰爭終局之目的，實取決於開戰之初能否制得先機」。作戰計畫由四部分構成，當然第一部分最為重要：「對內外應用盡一切手段確保我軍隊行動的秘密，聯合艦隊自佐世保出發，急擊旅順方面的敵艦隊。」「之後，以第三艦隊扼朝鮮海峽，對峙浦鹽（即符拉迪沃斯托克）方面之敵，保衛海峽。……於鎮海灣設置臨時根據地。」[269]海軍計畫通過突襲旅順的俄羅斯海軍來開啟戰爭。

這個突襲是不做宣戰公告的意思。聯合艦隊司令長官東鄉平八郎以往設想的基本作戰方案是，在發佈開戰公告之後，引誘敵艦隊至旅順港外作戰。但在十二月一五日給海軍軍令部長伊東祐亨的私信中，東鄉寫道，「以突襲旅順港外和大連的敵艦船，代替開戰公告」為「上策」。[270]日本方面眼看就要正式開戰了。

十二月廿九日，倫敦的林董公使按照本國指示，向英國外相蘭斯敦親手遞交了普通照會。其主旨為，日本的第三次答覆方案是「可以接受的最小限度的方案」，「如果俄羅斯政府拒絕再討論他們最後的逆向提案，日本政府無疑打算訴諸更為積極的對策，日本政府希望知道能否得到英國的支援，如果能得到，可以在哪些方面得到支援。」蘭斯敦詢問，我們雖然約定要盡日英同盟上的義務，但什麼是「更為積極的對策」，日本政府希望得到什麼樣的「支持」。林董回答說，關於這點，他還沒有得到訓令，但應該是希望英國保持「友好的中立」。他還提到為日本艦隊提供煤炭，允許利用英國的殖民地轉送通信，以及借錢。蘭斯敦回答，這些事情相當困難。他詢問日本政府是否希望外交上的支持或者斡旋。林回答，我們「現在正因近乎戰爭的準備（warlike preparations）忙得不可開交。」[271]

林董將這個會談結果報告給東京後，小村於十二月三十一日回電，感謝蘭斯敦所言之事，表示在這之上「無任何請求和期待之處」，也不會損害「英國的嚴正中立」，然後表明了如下的決意：

「日俄抗爭終不可避乎，帝國政府確信，帝國無論陸海，皆有充分之勢力和準備。」

小村還表示，由於戰爭費用方面存在問題，如果能夠在開戰前得到財政上的援助，將很慶幸。[272]

## 對韓國方針

日本政府在十二月三十日的閣議上確定了「對俄交涉決裂之際，日本所應採取的對清韓方針」，將以「締結攻守同盟或其它保護條約」為目標，實際上，這點在九月廿九日小村給林權助公使發去的試探可能性的訓令中已經出現了。林權助於十月十四日提出，為了達成這個目標，在流亡者問題上採取讓韓帝滿意的措施、給予「巨額貸款」、給韓廷有實力的人「相當的活動經費」、倍增京城守備兵等對策是必要的。由於高宗身邊的政府實權派李容翊和李根澤是中立主義的支持者，策反他們很難，工作完全沒有進展。十一月，小村利用韓國政府聘用了「深得皇帝信任，與李容翊關係親密的關西財界人士」大三輪長兵衛為顧問一事，想賦予大三輪使命，將其送入漢城，打算讓他勸說高宗等接受「攻守同盟」或「保護條約」。[273]

小村進而想到，還可以利用十一月發生的事件。十一月廿五日，禹範善——曾在殺害閔妃事件時擔任韓國訓練隊大隊長，與日本方面合作過，之後逃亡到日本——在廣島縣吳市被韓國人高永根和魯允明殺害。高永根在九月也曾試圖暗殺禹範善，受到了員警的調查。當時他供述暗殺的動機是因為聽說禹範善「洩漏昔年弑王妃為己意」。在保釋期間，高永根終於成功殺死了禹範善。調查結果表明，這起暗殺事件是韓國政府要人李根澤「唆使」的。與此同時，十一月三十日，閔泳煥等人受韓國皇帝差遣訪問了林公使，傳達了皇帝希望免除高永根死刑的願望。[274]

雖然小村說不可能介入司法之事，但到十二月廿七日時，他給林公使發去電報，表示如果高永根的死刑確定了的話，「為表示對韓國的好意，將考慮上奏，請求特赦，減罪一等，挽救其生命，請將這種意思秘密向皇帝陛下陳奏」。

同日，小村還發去電報，表示對於皇帝所關心的處置韓國流亡者問題，雖然無法引渡，但會處以流刑，「限制自由」，因此希望韓方給出名單。這裡他寫道，「時局愈發緊迫，……極有必要將韓國皇帝爭取到我方」，「為達此目的，要進一步盡力運用手段」。他還加上了同意「贈予相當金額」。[275] 林公使得到這一訓令，翌日發電報表示一定會努力，但在「帝國政府將堅定的決心變為事實之前，欲使韓廷在一定程度上信賴我方，甚為困難」，他請求有必要採取「先依靠兵力，於京城樹立我方威力之方針」。[276]

林權助已經起草了日韓議定書的初稿，是如下的簡單文案：

一，鄭重處置日韓兩國國際上之障礙，完全疏通兩國情誼。

一，關於東亞和平大局，當萬一時變之際，日韓兩國以真誠之情誼互相提攜，永久維持安寧秩序。

一，未備細目由外部大臣和日本代表隨機商定。[277]

這可以理解為日本以佔領韓國為前提構想的僅具形式的簡單協定。日本統治韓國之時已迫在眼前了。

此時旅居漢城的波蘭人謝羅舍夫斯基留下了觀察記錄。他曾經作為俄羅斯帝國的政治犯被流放到西伯利亞。他加入皇家地理學會的調查團，從日本來到朝鮮，並和王宮內工作的一名官吏成為了朋友，聽到了這名官吏內心的想法。王宮經常停電，因為皇帝、政府交不起美國電力公司的電費。「沒有錢啊，雖然最近國庫入帳八萬美元，但現在已經一分不剩了。」「皇帝為人非常好，他的意志就是法，整個國家、國庫還有我們都是陛下的個人財產。」[278]

「我看不到拯救的辦法。……雖然有必要學習、開辦學校、派遣學生到外國留學，但我們沒有錢。錢被官吏們盜竊了。官吏們之所以盜竊，是因為俸祿太過微薄，原因在於國庫裡沒有錢。……你問外國人的事。……說真的，他們只想著怎麼掠奪我們。」

「日本人怎麼樣？」謝羅舍夫斯基小心地問道。

「日本人嘛」，……這個朝鮮人恨恨地說，「那群傢伙最惡劣，他們正掐著我們的脖子，要活活地勒死我們。開設銀行，借錢給我們。然後，我們所有人很快就成了他們的奴隸。你知道嗎？漢城的土地已有三分之一成了日本人的。他們用土地做抵押品，還有人作了二重抵押。」

謝羅舍夫斯基是波蘭人，是俄羅斯帝國的敵人，因而對日本懷有好意。他有點不甘心，故意問道，「不過，只有日本人真心努力在貴國實施好的改革，想要改善統治，提高教育水準，廢除奴隸制，整頓經濟，不是嗎？」

這位朝鮮人回答道：

「確實如此，但是，他們只是在表面上滿足我們，只想改變我們的表面而已。他們想要破壞我們的內裡，絞殺我們的靈魂，給我們留下空殼。」[279]

這裡記錄了日俄戰爭前夕，朝鮮知識份子絕望的心聲。

## 日俄的相互認識

到了這種局面，日本和俄羅斯各自對對方有著怎樣程度的認識呢？俄羅斯一九〇三年大約出版了三本論述日本的新書。其中有一本《日出之國》值得關注，作者為戴維爾蘭（G.de-Vollan），他是彼得時代來到俄羅斯的荷蘭海軍軍官的後裔，長期擔任駐日本外交官，最初自一八八七年到一八九二年擔任駐函館領事，一八九五年到一八九六年為東京公使館一等書記官。這部厚達五百零三頁的書大部分是在日本的遊記。最初一百頁左右為歷史性的概論，最後一百五十頁左右分配給了文化、國家制度、經濟財政。在該書的結論部分，作者這樣評價道：

「日本在較短時間內實現的巨大變革和取得的成功使很多人感到驚異。他們說，三十年前，一個隔絕於全世界的亞洲國家突然之間就由封建體制改造成了具有歐洲式制度的立憲國家。然而，表現出這種驚異的人們完全忘了，我們面對的是擁有千年古老文化的國民。他們的文化是獨特的，並且從外表上來看，它能夠接受歐洲文明的原則。我之所以說『從外表來看』，不是指日本人現在所借用的東西只停留在表面，而是指他們借用的東西沒有觸及到對立於歐洲主義的、日本國民的精神本質本身。」

戴維爾蘭認為日本的特徵在於「缺乏個人性」。日本的領導人認識到難以抵抗歐洲人，轉而「為了維護自國的獨立和獨自性，力爭在盡可能短的時間內吸取歐洲文明所有好的方面」，努力使自己的國家不成為貪婪的歐洲人的餌食。「一旦決定必須要行動時，他們會齊心協力地投入工作。」280

該作者認為，日本人憑藉歐洲文化，「以更符合目的的方式更有效地守護了自身的獨自性。」、「每個男人都認為自己對國家的第一義務是，為使國家變得強大、富裕而奉獻身心。」士兵們都有為天皇犧牲自我的精神，他們看到血染的軍旗，會想到人雖然死了，但名譽留存下來了。「這是新型的武士氣質，是戰士勇敢、不畏死亡、為盡責而犧牲自我的覺悟。」戴維爾蘭提出，問題在於這種精神會指向哪裡。「日本的功名心在於成為亞洲的火炬，將自己的影響力擴大到整個遠東」、「日本人的樂觀主義因獲得的成功而增強了。的確，直到最近為止，日本人的運氣都很好。」[281]戴維爾蘭追問日本今後會成為怎樣的國家，並就此擱筆。可以說，他對日本的分析有相當的水準。

當年年底，《新時報》的社長兼主筆蘇沃林在他著名的專欄中，四次寫到了日俄對立。十二月一日（十一月一八日），他寫了如下文字：

「不用說，被打敗的俄羅斯不是俄羅斯的終結。但是，那將是俄羅斯衰亡的開始，是對偉大的、不曾言敗的國民的國家精神、自我意識的打擊。不管滿洲對我們而言是否必要，我們已經向滿洲投入了數億在鐵路上，在這種情況下，我們不能白白地將它交還。我是在日清戰爭之際，說我們不需要滿洲的人之一，然而大國的悲劇在於無法不損傷自己的威信而後退。

俄羅斯的新聞界未曾呼籲過戰爭，也不希望發生戰爭。然而，俄羅斯的新聞界代言著輿論。它一如普法戰爭前德國新聞界的表現——儘管法國人高喊「打到柏林」，德國卻沒有高喊「打到巴黎」。整個俄羅斯都在安靜地觀注著日俄的紛爭，不相信戰爭，也不希望發生戰爭。但是，如果日本開啓戰爭的話，俄羅斯將會迎頭反擊，就像我們光榮的父祖那樣戰鬥吧。」[282]

綜合雜誌《俄羅斯財富》的國際問題評論家尤沙柯夫在第十一月期的政治專欄中，關注了遠東問題。「人們預想到了日本與俄羅斯之間的戰爭，危機愈發尖銳。」尤沙柯夫試著將日俄軍事力量做了對比，俄羅斯目前能夠投向遠東的兵力是十八萬，即使倍增兵力，也只能到三十二萬，而日本則有四十萬，因此，「很明顯，即便是陸軍力量，也是俄羅斯的敵人佔據優勢。」而在起決定性作用的海軍力量上，日本的海軍力量超過了太平洋艦隊。俄羅斯的戰列艦有七艘，總噸位七萬七千噸，日本的戰列艦也有七艘，但總噸位達九萬二千四百噸，巡洋艦方面，日本遠佔優勢。「當然，如果戰爭長期持續，在歐洲問題不變得困難的情況下，俄羅斯應該能夠制服日本。但是現在，日本擁有很大的機會成功。」不管怎麼說，對俄羅斯和日本來講，戰爭都「只有在生死攸關的利益瀕臨危機時，才能正當化。」所謂生死攸關的利益，大概是確保殖民空間、出海口、泛亞鐵路這三點吧。尤沙柯夫認為，朝鮮不可能成為俄羅斯殖民的對象，大連遜於符拉迪沃斯托克，北滿洲才是俄羅斯的利害之地，他接著寫道，「無論是《俄羅斯報導》報紙還是《歐洲通訊》雜誌都得出了幾乎相同的結論。很明顯，條條大路通羅馬，這個羅馬就是確保北滿洲，讓出南滿洲並且不向朝鮮伸手。日本的利害，美、英的利害都不在北滿洲，特別是清國在北滿洲的利害也很少。而西伯利亞鐵路的安全構成了世界性的利害，特別是日本和英國的利害。」[283]

尤沙柯夫的結論與庫羅帕特金的提案一致。

對此，蘇沃林進行了反駁。

「或許我是拙劣的外交家、政治家吧。但這並不妨礙我確信，理性的計算如果不是基於堅強的俄羅斯人的感情和偉大的國民尊嚴的話，無論什麼樣的事業都不可能永久地持續。凱撒曾言，『我來，我見，我征服』。我們沒有這樣說，相反，我們的態度非常慎重。但是，即使是如此慎重的我們也厭惡讀到勸說國人遵從『我來了、我嗅了、我離開了』這種格言的文章。」[284]

庫羅帕特金的提案沒有現實性。

在俄羅斯，關於日本的書很少，而在日本，關於俄羅斯的書則更少。其中的例外是出版於一九〇三年十二月、葉山萬次郎的《俄羅斯》，它是作為富山房的《世界大觀》的第一冊出版的。「今日舉世之人皆熱衷於滿洲問題，疾呼日俄開戰，至於俄國之況，通曉之人極為罕有」。

葉山仿效法國人利萊—博利厄的著作，嘗試用「矛盾」這一範疇解讀俄羅斯。他列舉出「土地單調和季節變化」、「人種複雜和國民統一」、「政治專制和宗教共和」、「人民服從和虛無黨」、「實驗主義和神秘主義」五大項矛盾的集合體，對俄羅斯進行剖析。他寫道，「余起草此篇之際，努力迴避政治議論，不敢講對俄之策，因其非余之本分。且有其他諸多專門家，余不欲阿投時好，鸚鵡學舌。余不敢大言壯語，唯欲以俄國之真相傳我邦人，冷靜揮筆，不憚非議。」[285]

在卷末，葉山對西伯利亞鐵路進行說明後，又寫道，「及說該鐵路將來之目的如何，勢不可不踏入軍事及政治上之緊急問題，然本書之目的，不在試圖訴之輿論解決時事問題，而在於盡力公平地傳達俄國事情。」[286]

在舉國要求與俄羅斯戰爭的輿論風暴中，敢於刊行這樣的俄羅斯論，很明顯葉山的真意是希望冷靜的俄羅斯觀，迴避與俄羅斯的戰爭吧。但是，這實在是孤獨的聲音。

## 駐日武官的警告電報

進入新年後，俄羅斯駐日本的武官們越來越擔憂起事態來。日本國內，開戰論不斷高漲。一九〇四年一月二日（〇三年十二月二〇日），海軍駐日武官魯辛報告：桂內閣於十二月十一日解散了眾議院，結果以巧妙的方法突破了出現的財政困難。桂為使備戰支出成為可能，請求天皇發佈勅令。現在政府「獲得了足以應對無限制的軍事支出的許可權。」魯辛引用了《Japan Times》十二月三十日的報導。[287]

這份報告大概是在二月初送達聖彼德堡的。它成了羅熱斯特文斯基在開戰前所讀到的魯辛最後的報告。自那以後，他所收到的都是電報。一月五日（十二月二三日），魯辛給旅順發去電報：

「鑒於現在日本各種師團正在進行的準備，不得不考慮日本會在數日內向朝鮮派去三個混成旅團。」[288]

此前一天，陸軍駐日武官薩莫伊洛夫也給旅順發去電報，提醒必須要注意日本近期將會向朝鮮派去二到三個旅團。由此可知，俄羅斯方面掌握了日本陸軍正在積極地準備向韓國派去臨時派遣隊之事。但是完全沒有捕捉到海軍的動向。

## 俄方的第三次答覆

俄羅斯在十二月廿九日（一六日）的協商會之後也沒有制訂出明確的方針。皇帝既反對阿列克塞耶夫的意見，也反對羅森的意見，只是緊緊抓住無論如何也應該繼續交涉這個意見不放。皇帝與外相談話，讓他回覆羅森。十二月三十一日（一八日），拉姆斯道夫起草了給阿列克塞耶夫的電報。皇帝打算讓阿列克塞耶夫將他的想法傳達給羅森。事實上，這是對阿列克塞耶夫和羅森二人意見的反駁。與日本的交涉在性質上「不是交換最後通牒」，繼續商討對雙方有益的條約方案是理所當然的。「在現有的政治條件下，突然地、最終地停止與東京內閣的交涉，會致使俄羅斯與日本的關係徹底尖銳化、日本軍佔領朝鮮，使得迄今為止一直約束日本自由行動的、日本與我國間的現行條約廢止。那樣的狀況會對俄羅斯在世界，特別是在遠東的影響力造成重大打擊。在那種情況下，我們對日本行動方式的抗議也失去了從前的意義。因為日本大概會緊急說明，自己的決定是迫不得以對俄羅斯無限期延長佔領滿洲的抗議。」日本即使佔領了朝鮮，通過條約對朝鮮獨立、海峽自由航行權等進行一定限制也是有意義的。在這方面繼續交涉是可能的。[289]

雖然外相這樣寫了電報，但沒有發出去。似乎皇帝和外相圍繞羅森公使有過少許爭論。一月二日（十二月二〇日），拉姆斯道夫補充了應該在俄羅斯新提案中加入的事項，完成了這封電報。

一，維持當初方案中第五條的規定，不將朝鮮土地用於戰略目的，不在朝鮮沿岸設置軍用工事。

二，維持第六條關於中立地帶的方案。

三，如果日方接受這些條款，俄方準備就滿洲問題加入以下條款。「日本承認滿洲及其沿岸完全在日本的利益範圍之外。同時，俄羅斯在滿洲區域內不妨害日本或其它列國享有通過與清國簽訂的現行條約而獲得的權利和特權（但設定居留地除外）。」[290]

拉姆斯道夫將電報案和信一起呈送給了皇帝。皇帝指示，給阿列克塞耶夫的電報中所談的想法只傳給阿列克塞耶夫，無須傳達給羅森，只需要傳達俄方新方案的主旨部分即可，但皇帝認為還是應該明確地批判羅森的想法。「我的意見是，有必要讓公使認識到他對政治形勢整體的見解從根本上是錯誤的。這也是儘管他如此努力，卻導致與東京交涉失敗這一完全否定性結果的部分原因。羅森男爵囿於無論如何，滿洲都有必要合併入俄羅斯這種純理論的考量，很明顯，他認為為了達成這個目的，將朝鮮完全交與日本之手是理想的。他沒有考慮到，他選擇的對日工作方法，只會導致與東京政府斷絕一切交涉。這樣的結局使遠東局勢愈發緊張，……恐怕不可能防止軍事衝突了。」

說羅森希望合併滿洲，幾乎就是感情上的中傷。外相很興奮。他給皇帝寫信道，「陛下，現在是極度不安之時。只要陛下還讓我留在外相這一責任重大的職位上，我就不能隱瞞自己對於目前所管理的遠東局勢的見解。」[291]

尼古拉二世得到這封信後，回覆說他的意見沒有改變，也就是說，即使批判羅森也無可奈何，但「要讓他清楚地知道，繼續交涉是俄羅斯的和平志向和願望，雖然日本瘋狂了，但俄羅斯仍然希望與它達成某種協定。」[292]

一月四日（十二月二二日），拉姆斯道夫對羅森前一天的電報做出反應，再次給皇帝寫信，勁頭十足地指出了羅森對遠東局勢的「不正確的評價」。外相指出，我們在滿洲問題上的態度不明確，因而引起了日本和其他列國的「擔憂和不滿」，日本在列國的暗中鼓動下佔領朝鮮後，因對滿洲問題不滿，有可能採取措施誘使俄羅斯與日本開戰。[293]

這裡，外相依照皇帝的指示給阿列克塞耶夫發去了電報。收到電報時，阿列克塞耶夫正處於緊張狀態。電報指示，既不採用他的意見，也駁斥了羅森的意見，而且要繼續進行交涉，並提示了應該向羅森傳達的答覆方案的內容。[294]

阿列克塞耶夫接著收到了日期標註為一月三日（十二月廿一日）的阿巴扎電報，說皇帝讓他電報告知，阿列克塞耶夫沒必要返回首都聖彼德堡。「無論是為了審議遠東管理法，還是為了確定今後俄羅斯在整個東方的行動計畫，都非常希望你留在當地。」[295]

阿列克塞耶夫肯定在想聖彼德堡究竟在想什麼。翌日，他立即發去回電，告知已接到外相傳來的陛下的將回覆方案交給日本的命令。「考慮到政治局勢極度緊張，日本已經完全做好部隊登陸朝鮮的準備，我想在當下，回京之事已不可能。」[296]

這種反應理所當然。只能說，皇帝想將阿列克塞耶夫從遠東召回首都的做法太過恣意。一月四日（十二月二三日），阿巴扎又打著皇帝的命令的旗號通告外相，由於遠東委員會開始活動了，今後總督要向陛下或身為遠東委員會事務局長的他直接聯絡，通過這裡與中央各部會交涉。[297]由於似乎沒有給阿列克塞耶夫下達這一宗旨的命令，因此此舉大概只有牽制外相勢力這種程度的意義吧。

一月六日（十二月二四日），阿列克塞耶夫將外相發來的答覆案原封不動地發給了東京。[298]當天，羅森就將俄羅斯方面的第三次提案傳達給了小村外相，其內容如下：

第一條，相互約定尊重韓帝國獨立與領土完整。

第二條，俄國承認日本在韓國的優越利益，並承認給韓帝國提供改良行政的建議及援助是日本的權利。

第三條，俄國約定，不反對日本在韓國的工業及商業活動，且不反對為保護此等利益採取措施。

第四條，俄國承認，以前條所揭示之目的，或以鎮壓引起國際紛爭的暴動或騷亂之目的向韓國派遣軍隊，是日本的權利。

第五條，相互約定，韓國領土的任何部分都不用於戰略目的，以及不在韓國沿岸設置妨害朝鮮海峽自由航行的軍用工事。

第六條，將韓國領土北緯三十九度線以北部分視為中立地帶，兩締約國相互約定皆不向此區域派入軍隊。

第七條，相互約定，今後韓國鐵路及東清鐵路延長至鴨綠江，不阻礙兩鐵路的連接。

第八條，本協約取代日俄兩國以往締結的所有關於韓國的協定。

如果同意上述條件，俄國政府承諾，可將如下趣旨的規約插入本案協約。即：

日本承認滿洲及其沿岸全然在日本利益範圍之外，同時俄國在滿洲區域內，不阻礙日本或其他國家享有通過與清國的現行條約獲得的權利及特權（但設置定居點除外）。[299]

# 第八章　前夜

## 旅順緊張

阿列克塞耶夫接連不斷地收到電報，告知日軍出兵朝鮮，他緊張起來。一九〇四年一月六日（一九〇三年一二月二四日），他將這些消息以電報的形式發給了人在首都的遠東特別委員會事務局長阿巴扎。其後，巡洋艦「瓦良格」自仁川駛至旅順，艦長魯德涅夫送來了巴甫洛夫公使的信，信寫於一月一日和二日（一二月一九日和二〇日）。[1]

第一封信傳達出巴甫洛夫對日本的交涉態度徹底不信任：

「如果日本沒有做出任何犧牲，就在我們的同意下確保了對韓國的完全的保護國制，他們大概會對我們輕易做出讓步感到愜意，不會就此止步吧。」、「我可以預言，在這種情況下，我們將會在不久的將來圍繞滿洲和清國問題，急劇地與日本激化出新的矛盾來。」到時候，日本一定會提出觸及俄羅斯帝國根本利害的要求。「那時，我們將再次面臨與現在相同的二選一問題。」即：是立即放棄自一八九六年以來所做的事情，「做出與我們的尊嚴不相符的、新的、已經是最後的讓步呢」，還是「冒比現在更為危險的戰爭風險呢」。而現在那些「純粹在精神上」支持日本的列強，到那時大概會積極支持日本吧。「因此，如果我們現在確定了無法阻礙日本在事實上對韓國實施軍事佔領和確立對韓國的保護國機制，那麼最好讓日本自行去行動。」[2]

巴甫洛夫感歎道，「我無從用語言表達這樣的想法使我何等心煩意亂、抑鬱消沉，而我又是以何等不安的心情在等待著聖彼德堡的決定」、「所有資料都顯示，日本以大兵力登陸韓國，準確地講登陸仁川迫在眉睫，這點絲毫不用懷疑。」[3]

不管怎樣，在登陸前，日本大概會導演一場韓國的宮廷鬧劇。為此，使用日本駐漢城的守備隊足矣。在這場鬧劇中，皇帝雖然不至於有性命之虞，但日本打算扮演「皇帝的拯救者」，實際上將皇帝當作「俘虜」。英美公使館也預想到了這個劇情，因而讓陸戰隊登陸了。巴甫洛夫寫道：「現在，皇帝本身實質上已經處於完全孤立的狀態。他擔心遭遇背叛，不信任自己的任何一位大臣。」他唯一信賴的是一名宦官。[4]

巴甫洛夫一月二日（一二月二〇日）的信更加迫切。到了這天，被日本控制的電信局終於以線路故障為由，拒絕受理發往聖彼德堡和旅順的電報。巴甫洛夫寫道：「現在我最為擔心的是韓國皇帝可能逃入我公使館。我得到情報，皇帝昨日搬到了距我們地界最近的宮殿。皇帝的繼母明憲太后去世了。這樣一來，從現在到將遺體搬離寢宮的一周內，皇帝大概不會出逃吧。但是，如果皇帝真的逃入俄羅斯公使館，我們的處境會變得極其困難。日本方面很可能會把此事當藉口，在民眾間引起騷亂。如果交涉失敗的話，俄羅斯公使館的處境將十分堪憂。因此我現在正試圖說服韓國皇帝，在沒有萬無一失的徵兆時，逃亡到俄羅斯公使館為時尚早。」[5]

高宗還想過投靠美國公使。根據艾倫的報告，由於皇太后在新年伊始去世，「極其迷信」的皇帝處於「極度亢奮狀態」。這種亢奮似乎有一部分來源於「皇帝對俄羅斯人先前所保證的不會發生戰爭、皇帝不會有麻煩深信不疑」，但現在卻變了。皇帝「似乎很是驚愕」。「數日來我受到了試探，被問詢如果戰爭爆發，能否將皇帝作為客人接進我公使館，我乾脆地、不容置疑地回絕了。」[6]

皇帝高宗的舉動當然是日本公使關心的焦點。一月四日午後，林權助報告：「風聞韓帝或許遷都，或許逃至他國公使館。」晚上九點三十分，林權助報告了李容翊告知的消息，李根澤似乎正在「勸誘宮中，在時局迫切時，諸如播遷至俄國公使館等為上策」。[7]僅因這個消息，林公使就想增加京城守備隊，以加強對高宗的壓力。

阿列克塞耶夫讀了駐日本武官發來的電報以及駐韓國公使的信後，於一月六日（一二月二四日）向尼古拉二世提出採取決定性措施：

基於不久前從仁川駛來的巡洋艦所帶來的情報，日本欲佔領韓國、強制韓國政府同意確立保護國制的意圖已經不容置疑。駐日武官們發送來的種種情報，……顯示日本恐怕已經決定今後不再與俄羅斯交涉，要獨自行動了。這種挑戰性的行動方式使得我有義務請求陛下重新審閱我在九月廿日（一〇月三日）的電報中所呈報的判斷——我們有必要採取防範措施。

預計日本大概會用一萬五千或兩萬兵力來佔領韓國，但如果日本海軍完全進入戰鬥狀態，陸軍兵力也跟進的話，那麼它在軍事上就會變得非常危險。日本有可能挺進鴨綠江、威脅俄軍，或對東清鐵道施加壓力。那樣一來，俄羅斯在南滿洲集中兵力的計畫就會落空。阿列克塞耶夫提出了新的方針：

> 佔領軍的兵力不受限制地佔領韓國，會將我們置於戰略上極其不利的位置，因此，我認為為了不引起軍事衝突，確保完全必要的自衛，我們有義務採取相應措施，恢復因日本佔領韓國而遭到破壞的平衡。

阿列克塞耶夫提出兩種方案：一，在遠東諸州和西伯利亞諸州宣佈動員，在滿洲發佈戒嚴令，佔領鴨綠江下游；二，為增援遠東軍，開始運送已計畫好的第十、十七軍團到伊爾庫茨克，同時準備動員其他增援部隊，在滿洲發佈戒嚴令，向旅順和符拉迪沃斯托克要塞發佈戒嚴令，鞏固防備。他自己認為應該採取第一種方案。[8]

## 皇帝和陸相逡巡不決

一月六日這天按俄羅斯曆算是十二月廿四日，是耶誕節。皇帝整天都忙於聖誕活動。他上午批閱了一會兒檔，十一點半起參加祈禱會，下午二點到四點準備禮物，五點訪問了在加特契納的母親、皇太后瑪麗亞・費奧多羅夫娜，陪著她做祈禱，出席聖誕會，然後共進晚餐，於十點半返回皇村。處於孕期的皇后感冒了，身體不適，沒有陪同皇帝。翌日，聖誕活動仍在繼續。[9]

一月八日（一二月二六日）下午，皇帝「用畢下午茶後召見了阿巴扎」。[10]這個時候，他們大概討論了如何答覆阿列克塞耶夫的電報吧。在阿巴扎編輯的《對日交涉資料》，即所謂的「紅書」中，當天條目下收錄了皇帝批准在遠東諸州宣佈動員、在滿洲發佈戒嚴令，在旅順、符拉迪沃斯托克要塞發佈戒嚴令的電報。這些內容說明皇帝批准了阿列克塞耶夫的第一方案和一部分第二方案，只有佔領鴨綠江下游一項寫著：「我認為現在不理想。最後再批准這一措施。」[11]

皇帝沒有和陸相商量就做出這樣的決定是很反常的。參謀本部的戰史也記載著發了這份電報，[12]但阿列克塞耶夫本人於一九〇六年二月編寫的備忘錄中說，總督沒有收到這樣的命令。[13]筆者推測，真實情況大概是電報沒有發出吧。

根據梅寧的論文，陸相一月十一日（一二月二九日）緊急向參謀本部第八局詢問了關於日清戰爭時日本的行動。一，日本在發佈宣戰公告前動員軍隊了嗎？二，日本在發佈宣戰公告前襲擊清國艦隊了嗎？三，兩國交涉的主題是什麼。發佈宣戰公告前集結軍隊了嗎？庫羅帕特金要求晚上九點前做出回答。對此，負責戰史的第八局回答，日清戰爭時，在宣戰公告發佈之前，日本軍八個師團中有三個師團已經進入了戰時狀態，在交涉過程中、發佈宣戰公告之前，日本的三艘軍艦擊沉了清國的運兵船；發佈宣戰公告前，日本軍佔領了漢城，並在牙山打敗了清國軍。[14]儘管庫羅帕特金得到了這樣的答覆，但他還是認定現在的狀況與日清戰爭爆發時有所不同，他仍然擔心俄羅斯發起行動會刺激日本。一月十二日（一二月三〇日），庫羅帕特金針對阿列克塞耶夫一月六日的電報向皇帝上奏，獲得了批准，他於同日給阿列克塞耶夫發電報傳達皇帝的命令。

「陛下令我電報告知，當日本軍登陸朝鮮時，在你所計畫的對策中，應採取以下對策」：戒嚴令只允許在旅順和符拉迪沃斯托克要塞內發佈，總督指揮下的遠東諸州全軍只做動員準備，批准阿列克塞耶夫請求的三百萬盧布支出，向朝鮮國境派遣部隊僅做準備。其中特別提到嚴格禁止進入朝鮮領內。「即使是單個士兵，也要禁止其進入朝鮮領內，否則將嚴厲追究部隊領導的責任。有必要在國境處採取萬全的對策，防止任何微小的衝突發生，因為這樣的衝突也許會不可避免地導致戰爭。」[15]

無論是皇帝還是庫羅帕特金，都異常恐懼因俄羅斯採取對抗措施而導致戰爭。阿巴扎在這天將皇帝的大致想法發給了阿列克塞耶夫。一，「對俄羅斯來講，和平時期的每一年都是巨大的利益，因此，有必要盡萬全之策，避免戰爭發生。」二，採用「強力的，但形式上謙和的政策」。三，「不承認滿洲問題可以協商，無論是與日本人還是與其他人。」四，「日本佔領朝鮮不是casus belli（開戰理由），相反，甚至可以說對俄羅斯有益。因為如果日本在俄羅斯的抗議下仍然採取這一行動，那麼它就成了施行不法行為的國家。」[16]

總之，聖彼德堡沒有支持阿列克塞耶夫的提案。這個時期，阿列克塞耶夫被視為了危險人物。宮廷警備司令官格塞中將對在火車上遇到的庫羅帕特金說：「陛下沉著應對了阿列克塞耶夫好戰的企圖，制止了阿巴扎」，太棒了。[17]羅熱斯特文斯基海軍軍令部長也在冬宮的新年聚會上碰到不那麼親密的陸軍大臣時，極力貶斥了阿列克塞耶夫。「他完全是個偽善的人，個人名利心優先於工作和其他的一切。」羅熱斯特文斯基之所以這樣憤怒，大概是因為阿列克塞耶夫接二連三地發電報說會發生戰爭，很是煩人的緣故吧。海軍軍令部長本人還把旅順艦隊的情況一貶到底，他說鍋爐的狀況很糟糕，艦隊也沒有做過充分演習，修理工作進行得也不順利，炮彈也不充足。後來，太平洋艦隊司令長官斯塔爾克痛批羅熱斯特文斯基是「頭腦遲鈍的波羅的海混蛋，根本沒有能力指揮艦隊」。面對陸軍的最高領導，海軍的二號人物卻像批評與自己無關的事情一般批評最前線的艦隊，也算是極盡醜態了。[18]

## 舊年，新年

西曆一月十三日相當於俄曆的十二月三十一日。對俄羅斯來講，充滿不安的一九〇三年結束了，決定日俄命運的戰爭之年——一九〇四年馬上就要來臨。尼古拉二世在這一天的日記中寫道：

起得很晚。精神上頗為動搖不安，難以安睡。因為鼻子不通氣，我很小心，沒有去戶外。早朝之後，草原總督區總督蘇霍姆林和托木斯克州知事斯塔爾尼凱維奇謁見了我。早餐是和孩子們一起吃的。下午三點半，媽媽在去聖彼德堡的途中順道來了我們這裡。克謝尼婭（妹妹）和米沙（弟弟米哈伊爾大公）也一起來了。阿歷克絲（皇后）終於下床了，……移到了躺椅上。七點半，我做了祈禱，門開著，她能聽到祈禱的聲音。晚飯是在寢室吃的。早早地上了床。

神啊，希望在新年為俄羅斯帶來和平、穩定、安寧與喜悅。我們無限依賴主對萬物的慈悲，安心地注視著未來。我們會履行好職責，儘管微不足道，也希望能夠報答耶穌基督的無上恩惠……

此時皇帝一定會祈求懷孕的妻子生下皇子。但是，他更想祈求的是和平。[19]

翌日是俄羅斯的元旦。皇帝一人去了冬宮，與皇太后一同參加了上午十一點開始的「出拜」儀式。他在接受各國公使的新年祝賀時，與日本公使栗野談了很長時間，不過他在日記中絲毫沒有提及此事。[20]根據栗野發給東京的電報，栗野向皇帝斷言「日本政府的意願是和平的」，對於遇到「極大困難」的日俄交涉，他希望「依照陛下的好意與寬容，速見這一難局的解決」，他說，「日俄兩國利益密切相關，在遠東，鞏固兩國深入交往為最優政策。」對此，尼古拉回答道，「朕亦與卿所見相同。有必要與日本維護和平與友好關係。」不過，他同時也逞強地說「俄國是大國」，「忍耐亦有限度」。皇太后也說「戰爭恐怖，必須維持和平」。[21]

## 購入義大利軍艦

日本方面正有條不紊地推進著戰爭準備工作。為了增強海軍實力，購買阿根廷向義大利的造船廠預訂的巡洋艦「里瓦達維亞」與「莫雷諾」一事的交涉已進入了最後階段。這兩艦都是一九〇三年剛剛下水的最新銳艦艇，排水量為七七五〇噸。

十二月廿八日（一五日），俄羅斯駐奧地利和義大利的海軍武官卡普尼斯特伯爵將這件事報告給了海軍軍令部，告知俄羅斯出於對抗，有可能購入這兩艦。但是，羅熱斯特文斯基軍令部長根本不關心此事，甚至沒有答覆。到了一月一日（一二月一九日），代理軍務局長施滕格爾回答道，俄羅斯沒有購入軍艦的計畫，不要再提這件事。

然而此時，日本方面已於兩天前以七十六萬英磅的價格成功購入了這兩艦，並將其命名為「日進」和

「春日」，自此兩艦駛向了日本。[22]待到兩艦匯入日本海軍後，戰爭就可以開始了。

## 栗野公使和別佐勃拉佐夫

即使到了這個階段，日俄同盟論者栗野公使仍然希望日俄間最終達成協議。年底，他一方面從英國公使那裡聽說俄羅斯皇帝「目前關於滿洲問題已有斷然之決心」，另一方面又聽說維特等重臣以「在遠東戰爭與俄國輿論最相背馳，對此的非難將集中於皇帝之身」為由，向皇帝進諫應採取「更具調和性的態度」。栗野對此寄與了希望，一九〇四年元旦（一二月一九日），他將此事報告給了小村外相。[23]這一天，他會見了拉姆斯道夫外相。外相說，俄羅斯政府充分審議了答覆案，打算向羅森公使發出訓令，讓他以「友好和諧的精神」繼續交涉，「不得遲滯」。他還說，日俄兩國沒有任何理由達不成協定。栗野也將這些資訊報告給了東京。[24]

而小村外相一方在根本上就持有不同的見解。一月二日（一二月二〇日），外相給栗野回覆：駐東京的英國公使說了同樣宗旨的話，他個人認為，「眼下俄國皇帝似乎全然處於主戰派勢力下。目前主戰派完全得勢，時局盡在該派掌控之中」，因此，儘管拉姆斯道夫外相等重臣很有誠意，但「彼等雖盡力使皇帝傾向於穩和之說，然基本上難以期待其奏效」。[25]這裡的「主戰派」很明顯指別佐勃拉佐夫派。小村解釋說，只要皇帝與別佐勃拉佐夫派一同站在主戰論的立場上，那麼交涉就是浪費時間。雖然小村對俄羅斯的認識是錯誤的，但對於持主戰論的他來說，這種認識是必要的。

栗野公使的問題在於，直到這時，他都沒有準確把握俄羅斯政府內部的動向，也沒有得到關於十二月特別協商會的情報。這並不是他個人無能。美國駐俄公使說，數日前皇帝出席了「特別委員會議」，但什麼都沒有決定下來。法國公使也說，除皇帝之外，阿列克謝大公、外相、海相都出席了，全都表達了以「和平」為目標的意見。[26]到了一月五日，栗野報告說得到了那個秘密會議的情報，維特也出席了會議，由於他主張在滿洲對日本做出讓步，皇帝很不高興。[27]維特出席會議的情報完全是虛報。總而言之，公使們全都沒有掌握到正確的情報。

栗野很長時間以來都對一九〇三年的主角——別佐勃拉佐夫缺乏正確的認識。早在十月，駐德國的井上勝之助公使就將德國相對準確的新聞報導送交了外交部，栗野反而比他落後。[28]到十二月底，栗野才好不容易掌握了關於別佐勃拉佐夫的重要情報。

一九〇三年十二月廿五日，栗野將田野豐翻譯官從近衛騎兵聯隊相關者那裡獲得的情報送交外交部。他在前言中寫道，「關於『別佐勃拉佐夫』氏有種種傳聞。有云其為持金潛逃外國者，又有云不知何故，其數年前曾入癲狂病院，等等不一而足，雖然諸如出奔等傳聞自非事實，然而無疑普遍認為其聲譽不佳。」[29]

對於像這樣全是負面傳聞的人物，栗野公使所掌握的新情報值得關注：別佐勃拉佐夫得到亞歷山大・米哈伊洛維奇大公的庇護，一直在推進鴨綠江畔的森林公司，「眼下該氏勢力呈朝暾之勢，苟有反抗該氏者，其地位危殆」，據說，反對別佐勃拉佐夫意見的庫羅帕特金陸相「不久將被停止大臣一職」，左遷為高加索總督。繼任者的人事安排方案為「作為該氏臂膀工作的」沃加克少將將出任參謀總長，現任總長薩哈羅夫任陸相，但由於沃加克正忙於處理遠東問題，故這一方案還沒有實施。而遠東總督阿列克塞耶夫也是在別佐勃拉佐夫的「盡力」下得以任命的，可以說他完全是別佐勃拉佐夫的「道具」。[30]

這是關於別佐勃拉佐夫力量最強的秋初時的狀況的情報，把握的準確程度令人吃驚。筆者認為，罷免庫羅帕特金是別佐勃拉佐夫暗中謀劃的方案，只有栗野的這封電報傳達了這一資訊。可以推測，很顯然這是別佐勃拉佐夫為謀求與日本公使接觸，進行自我介紹時所提供的資訊。由此使得栗野對別佐勃拉佐夫突然關心起來，也就是順理成章的事情了。

不過，栗野以前就認識實業家翁利亞爾利亞爾斯基。翁利亞爾利亞爾斯基此時從日本訪問歸來，前來拜訪栗野。他說，自己實際上是別佐勃拉佐夫的友人，希望栗野見見別佐勃拉佐夫。翁利亞爾利亞爾斯基說，別佐勃拉佐夫「在日本頗被誤解，認為他是排日黨，或認為他是開戰論的主要提倡者，其實，他贊成與日本完善彼此協作」。栗野表示很願意會見他。不過，因栗野腰痛臥床，會面不得不推遲了。其間，十二月三十日，栗野讓翻譯田野官探訪別佐勃拉佐夫，兩人談了大約兩小時，別佐勃拉佐夫說了很多令人震驚的話。[31]

由於栗野不知道該如何判斷這些話，十二月三十一日，他將這些話告訴了前來探望他的英國公使查理斯·史考特，詢問他的意見。[32]史考特當日就給外相蘭斯敦發去了簡單的報告，外相又將這份報告轉給林董公使，林公使立即以當日的日期——十二月三十一日，從倫敦向東京做了簡單的報告。

根據這份報告，別佐勃拉佐夫說「他本人是最熱切希望和平解決時局問題的人，對日本抱有最友好的感情」。他接著說，在前幾日的秘密會議中，他擔任主席，拉姆斯道夫外相的意見「不重要」，沃加克少將勢力「凌駕於」庫羅帕特金陸相之上，維特的「觀念完全過時」。進而他說「在滿洲問題上，無論如何不能做絲毫的讓步」，但「在韓國問題上，……或可極大地回應日本的希望」。[33]

栗野本人則於一月一日給東京發去了長篇報告，這裡不妨再介紹一下栗野報告中所記錄的別佐勃拉佐夫的話。

別佐勃拉佐夫表示，日本把他看作日本之敵和主戰論巨擘，對此他感到很遺憾。他反而相信日俄兩國敦睦乃最佳之政策，他評論日英協約不過一虛幻物，抨擊該協約根本的主義。他說：「俄國皇帝是國際和平的有力主導者。吾等之盡力亦不過為實現陛下之意而已。」他對日本想要在滿洲獲得商業自由的保障一事感到遺憾。因為雖然俄羅斯絲毫沒有「吞併滿洲的意思」，但投入了「莫大的資金」用於開發和建設鐵道，因此想為「俄國人自身的利益」收穫其成果，而在滿洲與日本人競爭，是「強者向弱者收取紅利」。（譯者註：根據和田先生的解說，此句話的意思是：俄羅斯不願意在滿洲自由競爭，因為俄羅斯投入了資金，所以有權利要求特別的優待。「強者」指日本，「弱者」指俄羅斯。）在韓國問題上，他「本人不僅有原封不動地接受日本提案之意，而且若日俄兩國關係得以鞏固協作，那麼掌管韓國沿岸之事亦肯全然委託日本」。奈何「海軍當局不接受他的意見」，他本人也「不得不多少斟酌」阿列克塞耶夫大將的意見。

他對日俄交涉持否定態度，認為不合時機。他指出，「滿足於紙上空文」是不慎重的，尤其令人「遺憾」的是沒有保守交涉過程的秘密。作為結論，他這樣強調道，「我可以切實地保證，無論如何，俄國不希望發生戰爭，日俄戰爭很明顯對兩國來講都是慘禍，其結果只不過有利於他國。故此，我最為迫切地希望與日本鞏固協作關係，不，如果可能的話，最好訂立同盟關係。此點我已考慮了很久，奈何至今尚未找到能夠實行的方法。」

別佐勃拉佐夫尖刻地評論拉姆斯道夫「是無足輕重的人物」，庫羅帕特金「缺乏政治家的器度」。34

栗野明顯對別佐勃拉佐夫的話很興奮。他在這位一直被認為是主戰派的人物身上發現了與自己相近的日俄協作論調，對此感到很震驚。但是，東京的小村在一月三日得到了這封電報，卻沒有做出任何反應。

史考特公使也於一月六日給蘭斯敦外相發去了長篇報告。由於他已經在三十一日的電報中講述了別佐勃拉佐夫所說的話，這份報告只寫了別佐勃拉佐夫對庫羅帕特金的評點：「他只是靠憐憫保住了陸相的職位，但這也只是到在別的地方給他找到合適空缺為止的事情。關於遠東，沃加克將軍對這個地方的狀況和必要性擁有透徹的知識，他的見解在委員會中遠遠更有分量。」別佐勃拉佐夫對拉姆斯道夫的評價令栗野很震驚，在這點上史考特公使也同樣如此。像別佐勃拉佐夫這樣享有大臣待遇的高官，居然公然對外國公使說本國外相的意見「不足取（of no account）」，使得栗野認為「俄羅斯帝國的協商會接近於無政府狀態」。而史考特則冷靜地寫下了他的見解，別佐勃拉佐夫的所作所為是「企圖超越拉姆斯道夫伯爵」，誇示他自己和沃加克的影響力，大概是在「掩飾他們不安的情緒」。史考特接著還寫道，從俄羅斯方面聽說，這幾天別佐勃拉佐夫的地位變得危險起來，傳聞他被政府高官出入的俱樂部除名了。接下來甚至還寫了別佐勃拉佐夫將要去瑞士的家人處。栗野很想確認別佐勃拉佐夫所說的話在多大程度上是切實的，而史考特則很明顯是以否定的態度對待別佐勃拉佐夫的話的。[35]

栗野雖然不安，但還是將注意力投向了別佐勃拉佐夫。一月二日（一二月二〇日），他掌握了因病長時間閉門不出的別佐勃拉佐夫於該日謁見皇帝的情報，並報告給了東京。這件事無法在皇帝的日記中得到確認，大概是別佐勃拉佐夫為了誇示與皇帝的親近而有意流傳出來的情報吧。不過，值得注意的是，栗野在報告中寫道，很明顯，皇帝「堅定的決心」不是「開戰的決心」，而是「避免開戰」的意志，同時，他強調了皇帝與別佐勃拉佐夫特別親近的關係。[36] 栗野正確地傳達了皇帝的想法。

接著，在五日後的一月七日，別佐勃拉佐夫再次拜見了田野翻譯官，詢問日本正在準備出兵朝鮮的傳聞是否屬實。在那一天，他終於直接見到了栗野公使。別佐勃拉佐夫也向公使詢問了同樣的問題。他說即使假設日本只是採取示威行動，由於阿列克塞耶夫總督已經申請了動員許可，那麼就會演變為戰爭，「可謂萬事皆休矣」。他說這是他的表兄弟「阿布扎」得到阿列克塞耶夫的電報後轉告他的。[37]「阿布扎」即阿巴扎。

兩天後，一月九日（二月二七日），別佐勃拉佐夫會見了田野翻譯官，他說俄羅斯外交部似乎注意到了他與日本公使館的聯絡，他擔心日本的電信密碼可能被破譯了，認為有必要「加以特別注意」。[38]

即使在一月三日到十日之間屢屢得到這樣的報告，小村外相也完全沒有對曾經被認為是主戰派的別佐勃拉佐夫，實際判明是迴避開戰派的人顯示出關心來。因為對於決意戰爭的小村而言，俄羅斯的願望是什麼已經無所謂了。他得到栗野的報告後，考慮的只是設法反向利用與別佐勃拉佐夫的關係這條管道而已。一月九日，他指示栗野向別佐勃拉佐夫證實，有未經確認的情報說，俄羅斯為保護領事館，將偽裝成步兵的兩個中隊的海兵派遣到了仁川。小村還在電文中命令栗野對別佐勃拉佐夫說，公使的個人意見是，「鑒於目前狀況緊張，讓這麼多士兵登陸對和平具有破壞性。」[39]

栗野急忙會見了別佐勃拉佐夫，與他談話。別佐勃拉佐夫說，上次見面之後，他立即給阿列克塞耶夫發了電報，建議只要日本方面不挑釁，俄方就要注意不去採取主導性的行動。然後，別佐勃拉佐夫說派遣兩個中隊是相當「危險」的，他答應立即給阿列克塞耶夫發電報。翌日，栗野將這一結果報告給了小村。[40]

栗野開始信任別佐勃拉佐夫，他已經不再對史考特公使講他與別佐勃拉佐夫的接觸了。

## 別佐勃拉佐夫的俄日同盟方案

別佐勃拉佐夫這個時候無疑深深地擔憂著與日本的戰爭。他大概早已承認了自己推進的「新路線」對於迴避與日本的戰爭而言是失敗的。事態向著戰爭的方向急速前進。於是，他做出大幅轉變，想盡一切努力迴避戰爭。他想到的是俄日同盟方案。可以推測，沃加克也參與了做出判斷和制訂方案。一月十日（一二月二八日），別佐勃拉佐夫寫了關於俄日同盟的意見書。[41]

別佐勃拉佐夫曾經寫過這樣的意見書一事，迄今為止，只有在日本通過《日本外交文書》後來收錄的日期標註為一月一四日的栗野的電報才能得知。但是，這件事幾乎沒有受到重視。無論是在俄羅斯本國還是在歐美，這一事實本身完全不為人所知。筆者從內政部官房文書中發現了這份意見書的全文，於二〇〇五年慶應義塾大學的研討會上首次發表。[42]

這個方案在呈送給皇帝的同時，還提交給了普列韋內相。此外，還給阿列克謝・伊格納季耶夫侍從將軍過目了。[43]當然，也給阿巴扎看了。

別佐勃拉佐夫首先論述了「俄羅斯的利害」。「俄羅斯有必要確保與其太平洋岸版圖的聯絡線」，因此，目標指向了旅順。然而，此舉破壞了我們強化與清國友好關係的期待，清國「敵視我們，我們的聯絡線變得危險起來」。但即便如此，能夠推進到黃海也是很好的。「現在，我們得到了所有必要的東西，因為最近的不凍港和遼東半島事實上在我們手中。不過這樣一來，我們直接的、非常重要的國家利害到此也就應該止步了。越過遼東，無論是向朝鮮半島還是向中國內部擴展，對我們來講非但完全不必要，而且大概還會削弱我們的實力吧。實際上，為強化我們在遼東半島的地位，最短、最有力、最適宜的防衛線橫穿朝鮮北部國境和滿洲南部。因此，（獲得）朝鮮半島只是顯著延長了我們的沿岸防備，對於作為陸上強國的我國而言是絕對不利的。」但是，我們反對敵對勢力在朝鮮確立地位。「如果友好的國家、特別是同盟國擴大在朝鮮的勢力，我們則完全歡迎，願意提供協助」、「同樣，也反對將滿洲併入我國版圖，有這種重大考慮」、「我們在滿洲的一切關注點都只歸結於確保我帝國與太平洋沿岸聯絡線的安全」、「除此之外，我們在滿洲和朝鮮沒有任何利害。」

接著，別佐勃拉佐夫論述了「日本的利害」。日本有必要發展工商業，其活動的舞臺是東亞沿海地區和整個太平洋。「從這個角度出發，日本的國家課題，首當其衝的是中國，是在南進的方向上。」而北部全是森林地帶，現在日本卻在北進的方向上與俄羅斯爭奪對滿洲的影響力，這是由英美的利害促使的。

由此別佐勃拉佐夫論述了「英美的利害」：英美為了工商業，想要控制中國、東南亞和太平洋，與日本形成競爭。因此，英美想促使日本向北進發。別佐勃拉佐夫列舉了很多英美的陰謀事例進行說明。

別佐勃拉佐夫得出結論：「和平，只有以真正調整好了的利害為基礎，通過俄羅斯和日本完全真誠的同盟，才能夠創造出來。」他列舉了同盟的三條件：

一，同盟不是為了侵略性的目的、獲得領土、與特定的外國對抗，而是為了成為當地狀況的主人，在遠東……確立恒久的和平而締結的。

二，俄羅斯不合併滿洲，朝鮮維持獨立國。俄羅斯將日本在朝鮮的行動作為友人、同盟國的行動來對待。保護朝鮮免遭外國的暴力侵略是俄羅斯和日本聯合軍的職責。

三，俄羅斯和日本分別在滿洲和朝鮮成立國策開發公司，俄羅斯在滿洲，日本在朝鮮各自開發天然資源。

如果本意見書論述的思想能夠得到理解事態、掌握權力的人認可，為了使事情成功，立即締結這一同盟至關重要。這樣做的目的是，不給我們的敵人和嫉妒我們的人們機會解讀出我們想要做的事情的真意，從而對這唯一能夠在遠東確立永久穩固的和平的手段採取對抗策略。

將別佐勃拉佐夫的俄日同盟案和庫羅帕特金的旅順放棄案進行對比，無論哪個方案都無助於迴避日俄戰爭，但在這種危機局面中，可以說別佐勃拉佐夫的方案作為和平的姿態有一定的意義。

一月十一日（一二月二九日），別佐勃拉佐夫立即拜見了日本公使館的田野翻譯官，告知他已經寫好了和栗野公使約定的備忘錄，還翻譯成了法語，但因發生不測，政府內部知道了他和栗野的聯絡。阿巴扎告誡「不要遞交任何文書，因為有可能被反對派用作武器。」別佐勃拉佐夫說，阿巴扎與他的意見相同，贊成俄日同盟案。然後，他給田野看了意見書。

田野看過意見書後，傳達給栗野。這份同盟案的內容為：同盟是「防禦性質的」，是「增進兩國繁榮的」「經濟同盟」，「俄國不吞併滿洲，並且日俄兩國相互約定尊重韓國獨立，日本承認俄國在滿洲的特殊利益，俄國承認日本在韓國的特殊利益，且相互承認為保護上述特殊利益，有採取必要措施的權利。」

別佐勃拉佐夫托田野向栗野公使轉達，如果日本方面接受這個構想，由天皇切實地向俄羅斯皇帝發去表明「希望維持和平與緊密協作」的電報，那麼他自己將「為達成最後目的，傾全力和平解決」。據說，他還表示一定能夠說動俄羅斯皇帝。[44]

很明顯，栗野從別佐勃拉佐夫的提案中看到了希望。實際上，就在田野會見別佐勃拉佐夫的十一日，栗野公使會見了拉姆斯道夫外相。拉姆斯道夫問栗野，你見過別佐勃拉佐夫了吧，他說了什麼？怎麼評價我的？然後說，你以為我們不能破解日本公使館的密碼電報嗎？很露骨地施加了壓力。栗野回擊說，我見過別佐勃拉佐夫了，會見像他那樣的人物是自己的職務使然，希望你能理解。於是外相很肯定地說，別佐勃拉佐夫是「一個狂人，與之為伍更無益處」。

的確，別佐勃拉佐夫的想法是腦洞大開的。拉姆斯道夫破解密碼，知道了別佐勃拉佐夫的提案，也許認為他簡直是瘋了。說到底，拉姆斯道夫是一個官僚式的、膽怯的人。正因如此，他才和皇帝一樣，沒有意識到迫在眼前、不可收拾的局面，而是繼續著平常的遊戲。

當日，栗野還會見了一個人，維特。維特說，外相和他在「政略執行上失敗」了，但是，他可以斷言「皇帝希望和平」，「為了和平」什麼都可以做。不過，維特接下來說的話頗有些奇妙。

然眼下形勢，日俄兩國相互不斷擴張其海陸軍，禍因實存於茲。蓋於此軍備競爭中，領先一方可使他方屈從於己之所欲條件。而余之所見，制此先機者乃俄國。……若日本佔領或出兵韓國，則不能避免不斷與俄國衝突之危險。故欲和平，日本大可依海自守。

在日俄間的軍事衝突中，俄羅斯將會佔優勢。如果日本佔領了朝鮮，就無法避免與俄羅斯的軍事衝突。因此，不要越過大海把手伸入大陸是為了日本考慮。這大概是打算以高壓態勢威脅日本，使其打消戰爭的念頭吧。

栗野說，日本在韓國擁有的優越利益不可能放手，因而才尋求日俄協定。維特重申「惟有遵守現存條約」，日本不去採取侵略性行動，才可能維持和平，他斷言：「俄國不希望戰爭，然而現今之情勢頗為困難，紙上之約……無效。」[45]

栗野綜合考量了別佐勃拉佐夫、拉姆斯道夫、維特的意見，他在別佐勃拉佐夫的方案中看到了希望。自己一直認定的主戰派勢力原來希望迴避戰爭，而一直認為是和平派的勢力卻是些缺乏責任心、沒有能力的人。

栗野十二日給小村寫了題為《關於俄國政治家對日本態度之見解》的文書。[46]這份文書展現了對俄羅斯政府內部狀況最深入的認識。栗野將維特和別佐勃拉佐夫放在了對立的位置上。

維特的觀點是，「日本為了切實地排除日俄間的誤解，希望進行日俄協商，然而其要求頑固，不可變通。就連關於滿洲的要求，俄國若不忍讓幾分，日本也不會滿足，最終不惜訴諸干戈。」維特「雖然盡力促使兩國和諧以達成協議，消除將來的誤解，但該氏的主張未得到充分貫徹，反被反對派排擠掉了大臣的地位」，近來，他反而被視為了「反對派」。拉姆斯道夫、庫羅帕特金的處境也一樣。這三人都考慮到了萬一發生不測時的情形，特別是庫羅帕特金，正試圖完善遠東的軍隊部署計畫。

與之相對，別佐勃拉佐夫當初的觀點是「日本決不會訴諸干戈抵抗俄國，故協商應充分貫徹俄國之希望」。阿列克塞耶夫、阿巴扎、海相阿韋蘭、參謀總長薩哈羅夫以及成為皇帝侍從官的沃加克等人都贊成這一觀點。別佐勃拉佐夫原來一直主張「應抵抗、拒絕」日本關於滿洲的要求，關於朝鮮的要求也要「盡可能依俄國情況進行增減」，他提倡「假借日本若以干戈抵抗，俄國也應以干戈回應的名義」，向遠東「派遣軍艦和軍隊」。然而現在，他的想法變了。「彼今日對日本之態度與昔時完全相反」，他擔憂日本會像維特等人設想的那樣，「或有充分之決心，自日本開啟戰端。」

這裡，別佐勃拉佐夫想到的辦法是「導演奇劇以驚天下之耳目，一方面深獲陛下之寵信，一方面乘機掌握政權，同時一舉解決兩國間的協商問題」，那就是俄日同盟方案。別佐勃拉佐夫認為這「是俄國真實需要的」，然而「要讓皇帝首肯這個辦法」，「從最初起就有必要讓日本切實表明態度」，從而策劃了「日俄兩國皇帝陛下交換友誼的電報」這樣的對策。「他對陛下會贊同他的辦法深信不疑。若一朝交換電報之事成立，並公之於世，他即能自陛下處得到日俄協商的全權，從而使自最初起就對他持有異見的所謂反對派諸輩全部陷入窘境」，屆時他將立即召喚阿列克塞耶夫，「讓其朝著與日本同盟的目標，在當下的協商中盡可能讓步，使事情告一著落。」

別佐勃拉佐夫因他的計畫被反對派知道了，所以沒有將意見書交給日本方面。之後他以去日內瓦養病的名義，獲得了三周的賜假，但他推遲了休假，定於十二日出發，「若有來自日本同意的通知」，希望讓沃加克發電報，他將立即歸國，獲取陛下的同意。

不過栗野還寫了他的看法：「本使雖深信別佐勃拉佐夫不喜與日本開啟戰端，但他還維持著最初的主張，難保不經意……煽動軍人，且此人乃具奸雄性質之人物。」

栗野的觀點是，原本主張為了迴避與日本的戰爭，必須增強軍事力量的別佐勃拉佐夫、沃加克等人，作為迴避戰爭的最後手段，提出了俄日同盟方案。栗野大概認為這是重要的提案，是阻止戰爭的最後機會吧。但他同時也是半信半疑的，這點確鑿無疑。

從資料中無從得知栗野的這份長篇分析是如何發送出去的。不過，它也許和後來的電報一樣，為避免俄羅斯方面獲悉內容，而經由德國發送的。十四日，栗野將別佐勃拉佐夫的提案和他與拉姆斯道夫、維特會見的內容分別寫成了電報。栗野在維特的會見內容後，還寫了對維特和別佐勃拉佐夫的比較。二人「互為敵人」，都是「政治上非常有野心的人」，相互「持續以權術陰謀相鬥」是確實的。但維特在宮廷內沒有力量，而別佐勃拉佐夫方面則有總督阿列克塞耶夫、阿巴扎、沃加克以及多數大公的支持。栗野寫道，沃加克「被任命為皇帝的特別侍從武官」。[47]也就是說，栗野想指出，維特那種強硬自大的對決論，在政權內部不過是少數意見，別佐勃拉佐夫的俄日同盟論更有可能性。這裡顯示出了栗野的判斷力。

這份十四日的電報被發送的情形是比較清楚的。栗野對從聖彼德堡發送密碼電報有所顧慮，因而他派密使將電報送到柏林，由柏林的井上公使發出，十五日送達東京。

之後，栗野會見了聖彼德堡的英國公使館一等書記官斯普林·賴斯，請他將自己和維特的會見內容傳達給史考特公使，而別佐勃拉佐夫的話則沒有告訴英國。大概栗野對維特很氣憤吧。斯普林·賴斯寫的備忘錄保留了下來。以英國人的邏輯理解力，這份備忘錄寫得很容易明白。維特強調，「書面、口頭的保證、條約等」沒有意義。也就是說，他認為日俄交涉沒有太大的意義。「因為狀況在變，俄羅斯的政策也在變。」日本將在軍事上變得無法與俄羅斯競爭。「等待遊戲對俄羅斯更為有利。」待將來俄羅斯的力量變得強大，就要推行自己的主張。因此，日本最好不要執著於朝鮮。

栗野對此不能贊同，他發表了如下感想：「也許會變成那樣，不過我一直堅定地認為，一旦交涉決裂，日本攻擊俄羅斯的陣地是不明智的。」他試圖再一次、最後一次勸說俄羅斯。如果以失敗告終，日本將向列國聲明，一直提議承認俄羅斯在清國的某部分擁有特別權益的日本，將尊重現狀和國際法的原則。如果出現對此做出傷害行為的國家，日本保留以最佳的方法保衛本國利益的權利。[48]

電報一月十四日從德國發出，十五日淩晨一點到五點之間送達了東京。與以往一樣，小村對別佐勃拉佐夫的提案不屑一顧。他更看重傳達了與維特會談的電報，並將其送給駐東京的美國公使葛里斯科姆（Lloyd Carpente Griscomb）看了。葛里斯科姆向華盛頓報告，俄羅斯皇帝似乎確實希望和平，由於別佐勃拉佐夫等「戰爭黨」（the war party）稍稍失去了影響力，維特等「較和平黨」（the more peaceful party）如果奪回了對皇帝的影響力，危機有可能以外交方式解決，根據日本駐俄公使的電報，眼下兩派鬥爭很熾烈。[49]小村隱瞞了別佐勃拉佐夫的提案，巧妙地使用了維特意見，讓人看不清俄羅斯的內部情況。

俄都的英國公使也於一月廿日，通過密使將栗野會見維特的談話從聖彼德堡送了出去。這份通信於廿五日送達倫敦。[50]

迄今為止，俄羅斯的學者們也對維特的發言表現出了興趣。羅曼諾夫認為：「一言概之，維特本身就沒有考慮過將朝鮮讓給日本之事，他認為無論戰爭反對派是誰，都要斷然壓制」，而「英美日三駕馬車圍繞挑起戰爭所做的狂熱的政治遊戲」利用了這一點。年輕的盧科亞諾夫則更進一步，推測維特期待挑起戰爭，以便在戰爭的混亂局面中有機會再次登上政治舞臺。[51]不過，這種觀點大概有點過度詮釋了。維特從根本上就認定日本不會進攻，他說這些話大概就是覺得只要威脅一下，日本就不會發起戰爭了吧。這是基於完全錯誤判斷的錯誤印象。

那麼，對於別佐勃拉佐夫孤注一擲的俄日同盟案，皇帝做出了怎樣的反應呢？在保存於皇村宮殿文書中的這份意見書上，沒有任何批語。從皇帝的日記中也探察不出什麼。估計皇帝大概沒有給予支援吧。別佐勃拉佐夫對栗野說將於十二日出發，但為了等待皇帝的答覆，他推遲了行程。由於皇帝沒有積極地回應，別佐勃拉佐夫絕望了，他在提出意見書的三天後，於一月十四日（一日）出發去往日內瓦的家人處。

別佐勃拉佐夫在出發前會見了日本公使館的田野翻譯官。當時他說了些什麼，已不得而知。栗野於一月十五日（二日）向東京報告了別佐勃拉佐夫出發一事：

一月十四日，別佐勃拉佐夫因休假出發去往日內瓦的家人處。預計本月末回國。他對田野說，他得到消息，在日本的電報中，發現了代指他名字的密碼。52

栗野心中因別佐勃拉佐夫的俄日同盟論而點燃的希望瞬間消逝，這是最後的希望。

然而，別佐勃拉佐夫離開之後，普列韋內相開始做栗野的工作。栗野向小村報告，一月廿日，他回訪普列韋時，普列韋對他說了這樣的話：「皇帝決心以和平的方式解決問題，這點毋庸置疑。有些人固執地認為，像俄羅斯這樣的大帝國，不能被日本這樣的小國侮辱。但我自己清楚地知道，兩國衝突除了大災難，不會帶來任何益處，因此，我們必須為防止這一結果而竭盡全力。」……普列韋認可日本因人口增長的緣故，有必要向朝鮮移民。他補充到，「俄羅斯大概會接受日本最後的提案吧。」[53]

普列韋看過別佐勃拉佐夫意見書。小村也知道他不是戰爭黨。但是，對於小村來說，這些沒有任何意義。

## 日本政府確定包含開戰在內的最終答覆方案

就在別佐勃拉佐夫的俄日同盟方案被送來的時候，日本政府正要確定最終答覆方案。一九〇四年一月八日，小村拿著答覆方案以及意見書去桂首相的私邸，並請來山本權兵衛海相、寺內正毅陸相一起協商，所有人都贊成小村的提案。十一日，五元老、三大臣、兒玉參謀次長、伊東軍令部長、伊集院軍令次長聚集到總理大臣官邸。桂首相因流感缺席，山本海相作為代理首相主持了會議。小村的提案在會上得以通過。十二日上午，山本海相進宮謁見天皇並上奏，午後召開了御前會議。除了五元老、三大臣、陸海軍參謀部三位負責人之外，清浦奎吾農商務相、曾禰荒助藏相、波多野敬直司法相、大浦兼武遞信相、久保田讓文相等也出席了會議。這一天，桂首相仍然缺席。會上，伊藤博文說，這一問題關乎「國家存亡」，「望慎重宸慮，謹下聖斷」，而山縣發言只涉及了談判中止後的出兵。全場無人反對，會議通過了小村的提案。[54]

小村的最終答覆方案就這樣確定下來了，其內容為：「關於韓國，毫無退讓餘地，堅持我之主張，刪除朝鮮領土不用作戰略性目的及設定中立地帶的條款」，而對於俄羅斯關於滿洲的提案，增加尊重領土完整一條；此外，還加上關於滿洲、韓國的規定適用於雙方，刪除限制設定居留地的內容。

但是，問題已經不在交涉本身了。小村的意見書論述道：「根據以往的交涉經過，我想即使提出上述方案，俄國恐怕也很難滿足我方之希望，此事終究無法期待。另外，我相信在此之上對時局解決採取遷延之策於我方頗為不利。因此若俄政府遷延答覆，或不能給出令人滿意的答覆，……不得不中斷談判，同時通告俄國政府，為保衛帝國免遭侵迫，並維護帝國既得權利及正當利益，日本保留採取認為最佳的獨立行動的權利，且將立即採取必要手段自衛。」[55]

可以說，小村謀劃的是，這裡做出的是最終的答覆，無論俄羅斯方面是否回覆，都要使交涉決裂，發動戰爭。這一方案得到了御前會議的批准。

一月十三日（一二月三一日），日本方面的最終提案[56]傳達給了俄羅斯方面。刪除了俄方第二次方案中第五條的前半部分，改為「相互約定不在韓國沿岸設置可妨礙朝鮮海峽自由航行的軍事工事」，刪除第六條。對於俄方的滿洲提案，如果做出以下修正，方可接受：

日本承認滿洲及其沿岸在日本利益範圍之外，但俄國約定尊重滿洲領土完整。俄國於滿洲範圍內不得阻礙日本及他國享有與清國在現行條約下獲得的權利及特權。俄國承認韓國及其沿岸在俄國利益範圍之外。

進而還可以增加一條：「日本承認俄國在滿洲的特殊利益，並承認俄國有權利為保護此等利益採取必要措施。」

日本拒絕了俄方所要求的不以戰略目的利用朝鮮領土的條款，還拒絕了關於中立地帶的條款。在滿洲問題上，雖然可以承認它在「日本的利益範圍之外」，但要求俄羅斯保證滿洲領土完整。關於朝鮮，要求俄羅斯承認朝鮮在其利益範圍之外，這是將第二次的方案又老調重彈一次。總而言之，日方的著眼點在於徹底拒絕俄方主張的箝制日本對韓國的統治。

日本的這一方案於一月十五日（二日）送達旅順。遠東總督的外交事務負責人普蘭松如此解讀日方的答覆：由於俄方的提案沒有包含日方所要求的讓步，因此，日方認為這是「一種嘲弄」。於是，「日本人開始報復，提出了俄羅斯明顯不會答應的，遠比之前更為過分的要求。」[57]

然而，聖彼得堡的拉姆斯道夫外相的看法卻十分樂觀。一月十五日（二日），他這樣向皇帝上奏：日本方面是「合作的態度」，但不能同意我們的最終修正方案。他們拒絕了禁止以戰略目的使用朝鮮領土，對此我們可以反問，難道不需要遵守「朝鮮獨立和領土完整」這個原則嗎？現在對我們而言，「即使並非完全不可能，但也遠遠更為困難的是……保護有關『中立地帶』的第六條。」

拉姆斯道夫斷言，俄方在鴨綠江沿岸過早暴露戰略上的任務，招致了日本的對立，「完全不能期待日本會同意在三十九度線設置中立地帶。」他委婉地提議：「現在自然而然地產生了這樣一個問題，徹底打消設置不能回應我們利益的中立地帶的念頭，是不是對我們更加有利。」對於日方關於滿洲的提案，拉姆斯道夫主張，應該拒絕將其與朝鮮問題糾纏在一起。[58]

外相請求皇帝裁決，是否將日本的最終方案和俄羅斯方面的觀點告知法國政府。他私下裡給陸相看了這份上奏，並徵求了陸相的意見。[59]

## 駐在武官們的報告和增援艦隊

在日本政府決定開戰方針的階段，日本的報刊已經不那麼大肆渲染了。一月十七日，週刊《平民新聞》迎來第一〇期，它組織了創刊以來首次的反戰專輯。卷首寫道，「吾人始終不贊成戰爭」。第一頁的下半部刊登了專欄「俄國和日本」。

「俄國侵略滿洲，實為他人之領土。日本所取得之臺灣，果非他人領土乎？掠奪、虐殺，俄人實為之。日本果未為之乎？」、「俄國之平民，日本之平民，皆是人類，是同胞，不可不相愛，不可不相救。為了世界人類同胞，為了和平，為了自由，不可不握手聯盟團結。」這一期刊登了《布洛赫的戰爭論》，介紹了布洛赫的言論，寫道：「俄帝曩日宣導和平會議，全賴此書之感化。」然而《平民新聞》的聲音並沒有傳達到國民的耳中。

日本政府此刻正一心投入在戰爭的準備中。駐日本的俄羅斯武官雖然沒能洞察日本政府已確定開戰，但掌握了正在進一步推進戰爭準備的情況。海軍武官魯辛於一月十三日（一二月三一日）報告：日本政府租賃的民間船舶達到了四十艘，能夠運送兩個師團。由於海外航路被封鎖，或將進一步徵用民間船隻，再運送兩個師團也是可能的。日本正在進行開戰準備。「它可能會直接與我方決裂，進入短兵相接的敵對行動，它最初的圖謀大概會是為解決制海權問題，尋求與我艦隊展開遭遇戰。」

魯辛在報告的同時進行分析：日本有可能不發佈宣戰公告就出兵朝鮮，在那種情況下，推測主要登陸地點將是釜山，其次是鎮南浦。至於他在上一封電報中很肯定地預言派兵朝鮮之事為何沒有發生，他說雖然不知道原因，但有一個猜測，即日本獲知了俄羅斯的巡洋艦離開符拉迪沃斯托克、「格羅姆鮑伊」號進入了元山這個情報，此舉被日本解讀為俄羅斯為妨礙日本派兵朝鮮所做的示威。而日本租賃了這麼多船隻，或許也有以運輸船的名義租進大量船舶，引起騷動，從而對俄羅斯進行敵對示威這種想法在內。此外，魯辛還寫道，他認為俄羅斯即使不接受日本的提案，也不會輕易地決裂，如果決裂，只可能是因為「日本粗野的侵略意圖」。[60]

不過，羅熱斯特文斯基收到這份報告已是二月十二日（一月三〇日），即開戰六天之後了。

一月十六日，大山參謀總長、寺內陸相聯名向天皇提交了如下方案：以步兵第十二師團的四個大隊編制組成前往韓國的臨時派遣隊，任命第二十三旅團長木越安綱為司令官，等待命令。方案得到了批准。[61]這一情報間接傳給了俄羅斯的駐日武官。

魯辛連日發送電報。一月十六日（三日）電報稱，「昨日在佐世保管區內，部分預備海兵被召集起來進行為期三十天的訓練。艦隊在佐世保。租了約四十艘民間船隻。可以運送兩個師團以上。通往澳大利亞、孟買、歐美的航路被封鎖了。」一月十九日（六日），電報又稱，「總計租了四十五艘船，還預留了更多的船隻。第十二師團以訓練的名義召集了所有預備役兵和一部分後備兵。」[62]

魯辛的「日方租了四十五艘船隻」的情報由羅森公使發送給了聖彼德堡的外交部和旅順的總督。一月廿日（七日）的電報寫道，日本政府「意圖在最近著手實施自己在朝鮮的計畫。為了一舉排除俄羅斯的介入、與俄羅斯發生軍事衝突的可能性，他們準備了充足的兵力。我認為，日本在採取向朝鮮派兵這個決定性的措施時，將會以全軍總動員來支持。」[63]羅森也和魯辛一樣，認為日本會邁出出兵朝鮮這一步，但不認為日本已決意與俄羅斯開戰。

阿列克塞耶夫接二連三地收到這種情報，忍無可忍，於一月十七日（四日）給皇帝發去電報，指出自收到庫羅帕特金陸相的電報（一月一二日）以來，形勢持續惡化。新的情報傳達出日本軍正在朝鮮修建作戰基地，已有超過六千名士兵進入朝鮮，處於隨時都能進攻鴨綠江的狀態。與之形成對比的是，我軍在關東州只有薄弱的守備隊，到達鴨綠江需要四周的時間。因此，應該立即無動員令地將第三狙擊兵旅團、外貝加爾・哥薩克旅團轉入戰鬥狀態，讓其進入岫巖、大弧山、鳳凰城。[64]

一月廿日（七日），皇帝將這份電報交給了庫羅帕特金。[65]陸相雖然在一月廿二日（九日）同意將這兩個旅團轉入戰鬥狀態，但一月三十一日（一八日），他最終發出命令時，只讓第三旅團沿南滿洲鐵道線的旅順方向前往遼陽、海城、熊岳城，於十二天內完成這次進軍。也就是說，向距離朝鮮更遠的地點進軍。[66]

這時，由戰列艦「奧斯利雅維亞」，巡洋艦「阿芙樂爾」、「德米特里・頓斯科伊」組成的威列紐斯的增援艦隊於一月十四日抵達了塞得港。因為帶著不適合外洋航海的水雷艇，艦隊的速度極其緩慢。阿列克塞耶夫請求可以讓戰列艦「奧斯利雅維亞」先行，但羅熱斯特文斯基以派遣水雷艇很重要為由，下令要求帶著水雷艇航行印度洋。威列紐斯艦隊在印度洋進退兩難。[67]

## 大韓帝國宣告中立

韓國皇帝高宗感覺事態進入了最終階段。一月十一日，自去年八月以來一直在歐洲活動的皇帝特使玄尚健乘坐俄羅斯軍艦「瓦良格」從仁川登陸回國。[68]玄尚健於十三日向皇帝彙報了訪問俄羅斯的成果，呈交了尼古拉二世的親筆信。皇帝因這封親筆信的內容，以及玄尚健傳達的拉姆斯道夫外相和阿列克塞耶夫的話「受到極大鼓舞」，表示「現在朕不會再屈服於日本方面的任何威脅，決心無論發生什麼，都不在被強加的協定上署名了」。因為此前日本方面向韓國出示了一份協定，內容包括確立日本對朝鮮的保護國制，以及日俄決裂時，韓國也要與俄羅斯決裂，與日本共同行動等。而日本方面得知玄尚健回國的消息後，開始在他那裡做各種工作，不斷拉攏他。這個時候，皇帝判斷強行宣告中立的時機到了。[69]

這天午後，玄尚健拜訪了巴甫洛夫公使，對他說明了皇帝的決心，公使立即對此表示贊成。[70]第二天，十四日（一日），玄尚健再次訪問了巴甫洛夫公使，請求為發表中立宣言提供援助。倆人商量了計畫。[71]而日本方面為了封鎖韓國政府的行動，施加了具體的壓力。一月十五日（二日），漢城的日本軍在郊外舉行了小規模的演習，邀請韓國政府的大臣們參觀。根據巴甫洛夫的記述，此舉「很明顯是為了最終威脅朝鮮的大臣們」。演習有「八百名步兵、五十名騎兵、六門速射炮、六挺機關槍」登場。[72]

這時，日本的林權助公使與外部大臣代理李址鎔、軍部大臣閔泳喆等親日派大臣謀劃，為推進「籠絡韓帝近侍」的工作，拿出了一萬日元的活動經費。[73]他們工作的結果是，策反了以往一直強烈反對日本的陸軍副將李根澤，讓他推進日韓密約。一月十一日，林權助向小村報告了與李址鎔的談話：「韓帝意向近來似大有變化，此際正努力維持與日本的親密交誼，播遷俄法兩館等等全係風聞，可以確認皆非聖意。」[74]一月十六日，林向小村外相報告：「關於拉攏韓廷之策，本使繼續讓李址鎔、閔泳喆兩人勸誘之結果，陛下已有全然信賴日本之意向，本使經李址鎔之手絕密上奏之密約案，不日即可獲簽署。」[75]林權助向皇帝請求委任這三人締結密約。

就這樣，韓國皇帝一邊欺瞞親日派大臣，讓他們蒙在鼓裡；一邊開始了發表中立宣言的行動。一月十八日（五日），巴甫洛夫公使給外相發電報：「朝鮮決定通過芝罘的法國領事發出電報，表明在俄日衝突之際保持中立。」使者將帶著電報原文和訓令於本日乘坐朝鮮的輪船去往芝罘。電報為法語，將發給美、英、意、俄、法、奧、日諸國。

對於皇帝高宗採取的這個措施，巴甫洛夫寫到，他無比期待通過這一措施，切斷日本綁架朝鮮政府、強迫其簽署協定成為日本的保護國與同盟的道路。[76]

不過，這件事情還有內幕。巴甫洛夫這天從韓國皇帝方面得到重要文書，秘密送給了旅順的遠東總督阿列克塞耶夫。這天早上，俄羅斯巡洋艦「瓦良格」艦長魯德涅夫招待入港仁川的德國巡洋艦「漢薩」艦長共進早餐，席間，德國艦長詢問是否需要給旅順送信。雖然巴甫洛夫由於身體不適，缺席了這次早餐會，但他聽到魯德涅夫的問詢後，立即決定借此機會發出韓國中立宣言。他在這個文書包裹外還附上了給阿列克塞耶夫的信，指出由於日本方面正在脅迫高宗，不知何時高宗就有可能改變主意，有必要迅速採取行動。[77]巴甫洛夫相信這份中立宣言的意義重大：

無論如何，我相信從道義上來講，朝鮮皇帝的這一措施對我們極其有利。因為這樣一來，現在日本在朝鮮半島的一切暴力行為就愈發缺乏正當性，更不用說軍事行動。至少從理論上來講，具有了直接侵犯國際法基本原則的性質。[78]

一月十九日，李址鎔、閔泳喆、李根澤等親日三大臣從皇帝那裡得到了全權委任狀，出示給林公使。林將準備好的密約出示給他們。密約規定了三點：兩國「常真誠溝通相互意願，且於緩急之際互相扶掖」，日本保障大韓帝國的「皇室安寧及領土獨立、完整」，兩國不能與第三國締結違反本協約的協定。此外還附上了關於處置流亡者的個別公文案，約定迅速處置乙未流亡者、損害韓國皇室安全以及領土完整的犯人。韓國方面於廿日早晨送來了逆向提案，表示想將此密約降格為公使和外交大臣的議定書，只做抽象內容的協定：兩國「鄭重處理國際性的障礙，完全疏通情誼」，「當時變之際，日韓兩國……互相提攜，永久維持安寧秩序」。「鄭重處理國際性的障礙」指的是解決流亡者問題。當夜，小村發去了日本方面的修正案，接受將此降格為公使和外相的協定，內容大致接近林的方案。[79]

這樣的交涉大概可以說是親日派的獨角戲吧。皇帝的全權委任狀是否為真都令人懷疑。

一月廿一日（八日），在芝罘的法國領事的安排下，世界主要國家都收到了大韓帝國的中立宣言。

鑒於俄羅斯與日本之間發生的紛爭，以及交涉當事者為實現和平的結果而直面的困難，韓國政府遵照皇帝陛下的命令，在此宣告，現在，無論上述兩強國實際的談判結果如何，韓國都決意保持最嚴正的中立。[80]

發表者署名為「韓國外交大臣李址鎔」，但李址鎔並不知曉此事，也沒有參與。

## 俄羅斯政府內的討論

一月十六日（三日），阿列克塞耶夫給皇帝和外相發去電報，對於日本方面的最終方案，他認為「無論從其本質來看，還是從日本通知的語氣來看，都比以往更貪婪、更自信過剩」，他指出「在此方向上繼續交涉……不僅不能達成當初的目的，反而會逐漸使關係尖銳化，恐怕會導致決裂吧」。因此，他提議在決定對日本的答覆時，「我認為有必要將朝鮮問題與遠東全盤的政治形勢聯繫到一起進行全面審議。」[81] 翌日，他給阿巴扎發去電報，再次強調為了答覆日本，有必要進行「最慎重的全面審議」。「在這樣重大的瞬間表現出讓步的姿態，有可能極大地損害俄羅斯的威信，極度地抬高日本在整個東洋的地位。因此，在答覆日本之前，有必要將朝鮮問題與全盤的政治形勢聯繫起來討論。」儘管他本人原本也應該參加這個審議，但現在去聖彼德堡之事恐怕難以辦到。[82]

阿列克塞耶夫要求召開特別協商會，並且他本人無法出席，成為了日俄交涉最終由遠東當地返回聖彼德堡的契機。拉姆斯道夫外相抓住阿列克塞耶夫的提案，逐步奪回了主動權。

庫羅帕特金看過外相的上奏後，同樣於一月十六日（三日）對日本方面的最終方案提出了和阿列克塞耶夫相反的妥協性意見，送給了外相。庫羅帕特金接受日本拒絕俄方第六條設立中立地帶的要求，但認為，為此有必要將俄方提案的第五條「不將韓國領土的任何部分用於戰略目的」改為「不將三十九度線以北的韓國領土的任何部分用於戰略目的」。他表示最好加入「不在韓國沿岸設置妨礙朝鮮海峽自由航行的兵要工事」這一條。他認為，日本承認滿洲在其利害圈外是「為調整問題的很大一個進步」，俄羅斯也承認朝鮮在自己的利害圈外，他主張這兩點「必須是我們與日本協定的基礎」。但是，他要求刪除在滿洲尊重清國領土完整這個義務。這是從合併北滿洲的立場出發的。[83]

很明顯，拉姆斯道夫與庫羅帕特金的側重點不同。法國德爾卡塞外相來信，指出設立中立地帶或許很困難，對此，拉姆斯道夫積極地做出了回應。一月十九日（六日），他給巴黎的涅利多夫公使發去信函，感謝法國政府的建議，寫道：

「至於中立地帶正確的邊境劃分和行政條件，這是一個相當有難度、需要進一步研究的課題。或許完全打消設定這一地帶的想法更好。」拉姆斯道夫認為，可以放棄中立地帶條款，但必須要堅持第五條。因為如果承認以戰略目的利用朝鮮領土，「就等於放棄了遵守朝鮮『獨立』的原則。」[84]

翌日，外相給陸相回信：根據來自法國政府的情報，設立中立地帶很難得到日本的認同，不管怎麼說，將三十九度線作為這一地帶的界線之事很難辦到。為了達成共識，有必要縮小中立地帶，並確定那裡的行政制度。[85]庫羅帕特金即使收到了這封信，仍然做出了與十六日同樣的回覆。他主張雖然可以同意刪除關於中立地帶的第六條，但條件是將第五條改為「不將三十九度線以北韓國領土的任何部分用於戰略目的」。[86]

拉姆斯道夫外相接著徵求了海軍大臣的意見。阿韋蘭海相於一月廿三日（一〇日）回答：能讓日本承認朝鮮北部屬於俄羅斯的勢力圈是最好的。如果無法辦到，就要承認其為中立地帶，但這樣做會給將來製造極大的困難。如果連這點也不能辦到的話，「就相當於我們在旅順的側面有了強勁的敵人。它能夠切斷南烏蘇里地區和關東州的聯絡，波及滿洲的統治，大概用不了多久我們就有可能會失去旅順了」。[87]這雖然是反對拉姆斯道夫的讓步案的意見，卻頗有道理。

一月廿六日（一三日），拉姆斯道夫又給阿列克塞耶夫發去電報詢問，分條羅列了問題。其中第一、第二、第三和最後的第六條很重要。

一，如果堅持不修改我們的要求，那麼現在俄羅斯與日本之間的意見分歧是否嚴重到將會發生軍事衝突的程度。

二，如果第一問的回答是「YES」，那麼為和平解決現在的危機，我們是否仍然應該繼續交涉，直到用盡一切辦法。

三，如果此事不可能，從日本方面決裂了的話，這樣一來，日本就成了遠東的帶有侵略性質的和平破壞者，這對俄羅斯來講是否有利？……

六，與明顯不能無限開放的滿洲問題相關，我想明確以下問題：如果日本中止交涉，擅自佔領了朝鮮，那麼我們在滿洲所佔據的地位會因此在與日本、中國的關係方面有本質的變化嗎？[88]

第四問和第五問是關於與列強關係的問題。

廿六日（一三日）當天，外相向皇帝提交了上奏意見書。外相從批判阿列克塞耶夫重新討論遠東局勢的提案開始，展開了對遠東總督所主導的整個對日交涉過程的批判。他指出，阿列克塞耶夫提議的討論已經進行了很多次，去年的旅順會議和八月的三大臣協商會最為詳細且全面，已經得出了最明晰的結論。無論哪個的結論都是「推遲朝鮮問題，預先結束滿洲問題較為理想」。雖然建議應該讓駐清國公使去交涉，但由於導入了遠東總督制，與清國的交涉被中止了，我國在繼續佔領滿洲的情況下，開始與日本進行交涉。外相批判道，「如果總督在滿洲採取了果斷的措施，可以想像會使日本更克制、穩重」，然而，他卻沒有這樣做。日本越來越強化了戰鬥準備。到了十一月十八日（五日），阿列克塞耶夫為了強化在遠東的軍事立場，「推遲」了交涉。他說，如果能夠增強兵力，將可以抑制日本的主張。然而，雖然交涉推遲了兩個月，日本卻在不斷強化其主張。現在「俄日關係極度緊張，東京政府焦慮不安，正在急切地等待我們對他們的最新提案的答覆。應該說，重新將朝鮮問題和整體的政治形勢聯繫起來進行審議，進一步推遲答覆，這種做法大概並不慎重吧。」[89]

外相的意見是，即使按照阿列克塞耶夫的提議進行「全盤的政治形勢」的協商，也只是在浪費時間，應該迅速制訂出答覆方案。然而，皇帝並不贊成外相的意見，他命令於兩天後，一月廿八日（一五日）舉行大臣協商會，結合「全盤的政治形勢」、商討答覆方案。尼古拉拿不定主意，召開協商會也只是為了拖延。

庫羅帕特金在廿六日（一三日）的日記中記錄了皇帝的心境。「毋庸置疑，陛下一直相信衝突會和平地解決，繼續保持著愛好和平之心。但是，同樣毋庸置疑的是，陛下心中對日本的敵對感情正在不斷高漲。……對英國的敵愾心也越來越強。陛下對英國人在西藏有可能被教訓很高興。」[90]

自去年起，英國的印度總督辦公廳向西藏派去武裝使節團，與西藏方面的關係緊張起來。廿七日（一四日），尼古拉接見了將要被派往西藏的兩名頓河流域的卡爾梅克人。一人是哥薩克的烏蘭諾夫，另一人是喇嘛僧烏里揚諾夫。他們的使命是偵察西藏人的反英鬥爭。[91]這本是按庫羅帕特金陸相的指示派遣的，不過庫羅帕特金很謹慎，他建議尼古拉跟二人慎重地談一下。不管怎麼說，在遠東戰爭危機迫在眉睫之際，派人去西藏探察向英國施加壓力的可能性，考慮得未免太多了。

就在接見兩名卡爾梅克人的一月廿七日（一四日），皇帝給阿列克塞耶夫發去了「僅供閣下個人參考」的電報：

「如果日本軍在朝鮮南部登陸，換言之，從緯度上來講，自漢城以南的朝鮮東部海岸登陸，俄羅斯要裝作沒有看見。不把這件事情當作戰爭的理由」、「可以允許日本佔領直至形成鴨綠江和圖們江盆地的分水嶺的山脈為止的朝鮮。」[92]

這又是聽從了阿巴扎意見的指示。對此，阿列克塞耶夫立即於廿八日（一五日）給阿巴扎回電，稱接到了陛下的指示，但希望「更加明確地指示」。仁川及其以南的西部海岸整體是否都是禁止日本軍登陸的區域？希望更明確地規定允許日本佔領朝鮮北部的「界限」。[93]這是理所當然的反應。

## 尋求仲裁調停

這時，外相拉姆斯道夫開始尋求法國、英國的調停。美國政府一度也表現出調停的意願。一月十日，小村外相指示駐美國的高平小五郎公使向美國國務卿海約翰說明，日本政府認為調停「沒有效力，其結果獨利於俄國」。[94]十二日，高平公使回答，美國國務卿已保證，即使其他國家提出此類方案，美國也不會參與其中。[95]十四日，拉姆斯道夫會見英國的史考特公使，表達了希望調停之意。[96]十五日，拉姆斯道夫再次向史考特請求調停。[97]史考特公使明顯動心了。東京的麥克唐納公使從蘭斯敦外相那裡得知此事後，於十八日訪問了小村外相，試探日本政府對於調停的態度。小村說，由於俄羅斯有「兩個黨派」在鬥爭，即使拉姆斯道夫啟動了調停的手續，恐怕「主戰派」也會使「和平派」的努力化為泡影，因此希望英國政府置身局外。[98]

法國政府的德爾卡塞外相則開始了調停行動。十三日，德爾卡塞向日本駐法國的本野一郎公使表示，日俄兩國的戰爭大概不會為雙方「帶來利益」，他認為交涉的爭執點「絕無賭上一場大戰的價值」，他個人打算盡自己的職責為和平而努力。[99]十六日，駐英國的林董公使訪問蘭斯敦外相，告知德爾卡塞正在考慮調停，林董強調這樣一來就會拖延問題，只有利於俄羅斯。[100]十八日，法國的駐英公使訪問了蘭斯敦外相，表示德爾卡塞認為俄羅斯的答覆（一月八日）「可以令人滿意」，應該能夠達成妥協，詢問英國是否會向日本施加壓力。蘭斯敦回答這很困難，不過他表示正在向俄羅斯方面確認其本意，沒有明確拒絕。[101]廿日，駐法國的本野公使訪問了德爾卡塞外相，詢問調停一事。德爾卡塞說，沒有打算調停日俄間的關係，但是，他認為「為了和平」，有義務將自己的意見講述給俄羅斯外相。[102]翌日，本野公使又聽到了關於調停的消息，他報告了他所推測的德爾卡塞調停方案：關於中立地帶，或接受日本方案，或「以鴨綠江為中心設定」。[103]廿一日，史考特公使向蘭斯敦外相做了報告。他寫道，「整體來講，不得不說，俄日間達成滿意的妥協較數日前更有希望。」他甚至主張，應該考慮「失敗的軍國主義份子」會不會通過公然的反英宣傳來報復。[104]

隨後，蘭斯敦外相也有所動搖，他向前邁出了一步。一月廿九日，他對林董公使說，「雖然我不想談調停一事，但我聽到了列強的一些聲音，即應該努力找到能使雙方不失尊嚴又都能接受的解決辦法」、「很多人感到日本通過其成功的外交，實質上已獲得了它在朝鮮所期望的一切。我國大概也會出現這樣的感覺。可以說，在這種情形下，為了迴避戰爭的災難，列強有責任做出某種努力。我個人很想知道，在為時未晚之際，日本在這點上的感情是怎樣的。」對此，林公使重申了日本的立場。蘭斯敦寫信告知麥克唐納：「林子爵講話頗為乾脆。他留給我的印象是，如果俄羅斯不完全接受日本的提案，就無法避免戰爭。」[105]

林公使將蘭斯敦外相的這席話報告給了本省。[106]小村大概著實思考了一番吧。但是，日本已經破釜沉舟，無法後退了。而且英國應該不會轉變為反對日本對俄戰爭的決定性的一方吧。因為日俄交涉從一開始就是與英國商量推進的，英國站在無法反對的位置上。

## 日本嚴密管控韓國

韓國的中立宣言在日本國內傳開。《東京朝日新聞》於一月廿四日刊載了新聞稿《朝鮮中立的真相》，指出這一舉措源自前幾年韋貝爾訪問韓國時提出的建議，「似乎朝鮮政府內部的親俄黨愈加決心聽從此勸告」、「總之，此次的中立宣言完全是親俄派秉俄國之旨做出的。」接著，《東京朝日新聞》於廿五日發表了社論《朝鮮的中立宣言》，認為日本政府不能承認這一宣言：「今俄兵已入京城，日本駐屯該地之兵何時會遭致攻擊，無從揣測，……況且，俄兵現在於鴨綠江及圖們江邊境出入朝鮮土地，已成為公然秘密。如不扶植朝鮮獨立，則日本獨立也有陷於危殆之虞。要確保朝鮮獨立，我兵或不得不進入朝鮮，一如日清戰役之時。」文章詭辯稱，爭取中立的朝鮮人是俄羅斯的馬前卒，日本出兵朝鮮是為了保護朝鮮的獨立。

一月廿五日，韓國駐日臨時代理公使玄普運向日本政府遞交了中立聲明。[107]日本政府無視這一聲明。

小村得知韓國發表中立宣言的消息後，立即於廿一日夜晚給林權助公使發去電報，命令他在「簽署上次懸而未決的密約基礎上」，向李址鎔確認其是否是中立宣言電報的發送人，並用電報告知真相。[108]林得到指示後，繼續謀劃。他以日韓密約和中立宣言不矛盾為由，勸說韓國方面簽署密約。這一動向被俄羅斯獲知。一月廿五日（一二日），巴甫洛夫公使向聖彼德堡和旅順做了報告。巴甫洛夫寫道，日本通過三位完全服從日本的大臣，向皇帝提出了新的方案。由於韓國發表了中立宣言，協議大幅放低姿態，同時還增加了皇帝可能會喜歡的誘餌。協議如下：「韓國在任何情況下，都負有不對日本採取敵對立場的義務」、「作為交換，日本同意立即引渡所有避身於日本的韓國政治犯，完全由韓國皇帝處置。」不過，皇帝堅決駁斥了這份新提案，並稱前來勸說的三位大臣為「國家的敵人」。[109]

廿五日，林公使在發給東京的報告中以略顯不同的方式描述了同一情形。他寫道，高宗面對強迫他接受密約的三位大臣說：「關於韓國之獨立，韓國若堅守中立即可安心。今日之情形，與日本提攜將招俄國怒，反害韓國獨立，故爾三人為保顏面，可去現職。」[110]

問題在於，這份報告是否正確傳達了高宗的話。高宗不可能徹底相信中立宣言。但無論如何，高宗確實對三名親日派大臣說了：「你們如果不高興，就辭職吧」。

這樣一來，東京的小村也只得反對密約和中立宣言的雙重締結。廿六日，他發去訓令：「當前暫且如此，等待適當時機。」[111]林也於廿八日回電：「以韓帝為首，李容翊一派目前對中立問題尤為熱衷」，即使派策劃好的民間人士大三輪長兵衛面見皇帝，勸說日韓結成同盟，因「無可使韓帝傾聽之理由，反有讓其不快之虞」，決定先中止勸說之事。[112]

一月廿八日（一五日），高宗皇帝給巴甫洛夫公使看了韓國駐俄公使發回的電報，上面寫道，他尚未下定決心將中立宣言親手交給俄羅斯外相，因為玄尚健帶去聖彼德堡的韓國皇帝的親筆信表明，日俄開戰之際，韓國將站在俄羅斯一方，而中立宣言違反了這個約定，故擔心俄羅斯政府會對此不滿。高宗對巴甫洛夫說：「之所以發佈中立宣言，完全是為了面對日本及其支持者的壓力和威脅而保全自身。朕已下定決心，日俄關係實際決裂之際，朕將以日本現已明顯侵害了韓國中立為由，公然宣佈韓國是俄羅斯的同盟國。」高宗說，英國、美國、德國、丹麥、義大利五國已對韓國的中立宣言做出了善意的反應，由於有傳聞說，俄羅斯對中立宣言持否定態度，因此務必想知道俄羅斯正式的反應。[113]

實際上，對於中立宣言的通告，英國政府只是通過駐韓公使回答了「acknowledge」而已。雖然高宗令公使傳達了感謝之意，[114]但這個詞語的意思只是「告知已收到」。美國政府對這份通告也只回答了「acknowledge」，同樣採取了無視的態度。[115]

一月廿九日（一六日），拉姆斯道夫外相給巴甫洛夫公使發去電報，告知俄羅斯對韓國中立宣言的答覆。「允許閣下對韓國皇帝傳達，對於韓國表明在俄日衝突之際，韓國保持中立一事，俄羅斯帝國政府以完全的共鳴給予歡迎（vstrechenosochuvstvenno）。政府會欣然留意此事（prinialo k svedeniu）。」[116] 以往的觀點讓人感覺似乎俄羅斯不承認韓國的中立宣言，[117] 這是不正確的。很明顯，俄羅斯政府給予了實質性的承認。

實際上，這個時候，高宗進行了人事調整，他解除了親日派大臣的職務。首先他在一月廿一日解任了軍部大臣閔泳喆，任命李容翊為繼任者，兼內藏院卿。閔泳喆於廿八日被派任駐清公使。廿五日，高宗任命朴齊純為外部大臣。不過，李址鎔繼續任外部大臣代理。[118]

此外，一月廿五日，林公使向小村報告了清安君李載純秘密通報的巴甫洛夫公使的話。據傳巴甫洛夫說：「萬一事變之際，為陛下安全考量，播遷至俄法兩公使館為上策」，「且韓國之實力，終究不足以嚴守中立，事變之際，不如遁於俄公使館，可與俄國共同提攜。」[119] 這大概是不加分析就向東京報告了捏造的、日本方面喜歡的反俄的錯誤情報吧。從俄羅斯方面的資料來看，巴甫洛夫不可能說出這樣的話。

## 最後的大臣協商會

一九〇四年一月廿八日（一五日），召開了由阿列克塞耶夫提議的特別協商會。[120] 儘管皇帝就在首都，而且當天上午還接受了三次上奏，但不知何故沒有出席。協商會由阿列克謝大公主持，與會者包括庫羅帕特金陸相、拉姆斯道夫外相、阿韋蘭海相、阿巴扎遠東特別委員會事務局長。

阿列克謝大公在會議一開始提出了皇帝所指示的協商主題：「考慮到現在日本輿論處於極度亢奮的狀態，以及我們希望迴避與日本發生武力衝突的願望，我們有必要最終明確，是否應該從大的和平主義出發，同意做出進一步的讓步，也就是說，我們是否應該同意將整個朝鮮讓與日本；或者，我們是否應該止步於某個完全明確的程度，在這之上，無論任何情況都不做讓步。」

日本方面始終反對俄羅斯所提方案的第五條前半部分，即，不將朝鮮領土用於戰略目的，以及關於中立地帶的第六條。但是，這些條款對俄羅斯「最重要」。日本統治朝鮮也必須有界限。

大公說完後，隨即提到海軍部已經陳述過的意見：從海軍的觀點來說，設定中立地帶很重要，朝鮮北部「對俄羅斯具有重大的戰略意義」，「如果不能獲取這一地區的中立，無疑我們就會在旅順的側面擁有強勁的敵人。」[121]

外相發言道，在日本反對的兩項條款中，期待日本接受第六條的可能性微乎其微，因為他們擔心我方在鴨綠江的戰略計畫。大概無法讓他們相信我們不會在朝鮮國內建立強力的戰略地位吧。與之相比，由於雙方都承認朝鮮的獨立和領土完整，因此說服日本同意第五條前半部分是可能的。外相接著彙報：經皇帝許可，他事先徵求了海軍部和陸軍部的意見，海軍部強烈主張保留中立地帶的要求，而陸軍部則表示，如果日本接受第五條的修正，那麼可以刪除中立地帶條款。[122]

阿列克謝大公聽了外相的這番話後要求發言，他強烈反對剛才介紹的陸相的意見，主張如果做出類似這樣的「最終讓步」，那麼「一直到北方我國的國境為止，日本都能夠完全自由地到達了」。這樣一來，拉姆斯道夫只得搪塞說，這部分討論是外交部許可權之外的問題，希望陸相和海相一起商量出意見，再做決定。陸相表示，他在講述自己的意見之前想先聽聽阿巴扎的意見。

阿巴扎開門見山地說，他贊成外相提出的日本不可能同意中立地帶條款的意見。說是以北緯三十九度來劃分，但那不過是觀念性的界線。與之相比，採用圖們江和鴨綠江流域緊南邊與東邊的山頂、分水嶺更好。如果日本接受以此為界線，那麼中立地帶問題就沒有必要了。另一方面，阿巴扎也認為第五條「對俄羅斯來講具有本質性的意義」，他主張重要的是不讓日本在朝鮮沿岸修建要塞，而在朝鮮內陸修建要塞則不用擔心。他認為，「由於日本為備戰支出了巨額資金，國庫匱乏，他們能否在內陸修建戰略陣地值得懷疑。」而且，朝鮮也會進行抵抗，日本應該困難重重吧。[123]阿巴扎認為有可能與日本達成妥協。

陸相庫羅帕特金說，阿巴扎去年六月十二日意見書中講述的內容不能成為現在討論的對象，遠東總督提出的限制日本優勢的條件方案，比阿巴扎的意見書更好。也就是說，庫羅帕特金反對分水嶺方案，主張以三十九度線作為日本前進的界限。這是主張堅持中立地帶條款。他進而反對允許將朝鮮鐵道和東清鐵道連接。他說，一旦提出了朝鮮北部中立化這個條件，還能將其收回，提出新的條件嗎？那樣做的話，交涉會即時決裂，沒有好處。「因此，我認為我們今天應該只討論皇帝陛下指示的事情，從我們與日本之間產生的意見分歧中找到出路。」

但是，庫羅帕特金表現出了他本來的妥協性性格，在發言的後半部分，他問道，日本大概不會答應俄羅斯的要求吧，那麼收回中立地帶的要求，完全堅持第五條是否可行呢？中立地帶在經濟層面沒有意義，因為經濟上已經全部讓給了日本。在戰略層面，無法接受日本進入朝鮮北部。因此，將第五條和第六條統合起來，改為「不將北緯三十九度線以北朝鮮領土的任何部分用於戰略目的」怎麼樣？雖然本來的第五條較為理想，但如果日本不接受的話，有必要以這樣的修正案去爭取。[124]

阿列克謝大公對此評論道，讓日軍進入朝鮮北部後果不堪設想。庫羅帕特金說，北部幾乎都是荒地，居民很少，日本佔領那片區域會很辛苦，因此如果能夠獲取修正第五條的話，我們對朝鮮北部可以放心。

阿韋蘭海相贊成陸相的意見，強調「本質上有必要」保留三十九度線以北的中立地帶。日本軍進入朝鮮北部時，必須事先和俄羅斯協商。[125]

對此，陸相發言道，像那樣的條件不可能實現，如果提出新的方案，交涉就會決裂。這時，阿列克謝大公發言說，如果不能保護俄羅斯在朝鮮的利益，交涉就沒有價值，那麼去掉第五條、第六條和第七條，「以愛好和平的理由讓日本進入朝鮮成為正當行為，將整個朝鮮讓給日本好了。」在這裡，拉姆斯道夫外相表示，「如果希望迴避戰爭」，應該嘗試再度妥協。他主張應該只堅持俄羅斯方案的第五條，提議暗中撤回要求中立地帶的第六條。

阿巴扎這時講道，日本進入朝鮮北部意味著危險。首先，有必要讓日本背負上在出兵時先與俄羅斯進行交涉的義務；接著，能夠獲得三十九度線的中立地帶較好，但如果這點做不到，就必須堅持在分水嶺構築屏障。拉姆斯道夫外相說，無論哪條日本都不會接受。這裡，陸相繼續主張放棄中立地帶方案的立場。他說，「從深層意識來講，因朝鮮而發生戰爭對俄羅斯極其不利。」沒有理由向日本提出它不會接受的條件。四個月或者一年之後，俄羅斯在軍事上會遠遠更為有利。而滿洲是另外的，不能允許日本介入這個問題。[126]

最後，拉姆斯道夫說，「為了爭取時間，有必要締結和平協定」，他將準備好的俄羅斯的答覆方案發給了眾人。

其內容為：一，考慮到劃定中立地帶和在那裡確立行政的困難，同意刪除關於中立地帶的第六條。二，承認日本方案第四條日本派遣軍隊的權利，但維持俄羅斯方案第五條的前半部分，不以戰略目的使用朝鮮領土這個規定，這是依據尊重朝鮮獨立和領土完整原則。三，對滿洲屬於日本利害圈之外不做提及，不承認朝鮮在俄羅斯利害圈之外，只提俄羅斯尊重日本在滿洲擁有的條約上的權利。[127]

會議圍繞這一答覆方案進行了討論，最後，阿列克謝大公匯總眾人意見，將外相方案和協商會總結的關於第五條和第六條的第二方案一同報告給了皇帝。[128]

第二方案如下：

第五條　相互有義務不在整個朝鮮沿岸地帶修建軍事設施。保障海峽的航行自由。

第六條　相互有義務承認北緯三十九度線以北的朝鮮領土為中立地帶。在這個區域內，日本只有根據與俄羅斯的協定，為了維持治安，才能夠派去本國軍隊。[129]

這份方案刪掉了禁止用於戰略目的的使用原則，反而保留了設定中立地帶的部分，大概是海相和陸相戀戀不捨吧。阿巴扎主張先試著提出第五條、第六條，如果行不通，就應該爭取以分水嶺劃分界限。[130]

即使是拉姆斯道夫盡最大努力制訂的方案，日本也不可能接受，因為日本始終拒絕不以戰略目的利用朝鮮這項規定。盧科亞諾夫評價這場協議會，「在上層官僚中，無論是國家理性還是政治意志，都產生了獨特的崩潰」，儘管拉姆斯道夫是「與會者中擁有最健全思維的人」，但他的主張也沒有通過的可能性。[131]不過，拉姆斯道夫配不上這樣的評價。我們可以看出來，包括他在內，俄羅斯政府的大臣們很明顯都不具備應對這場危機的能力。

## 日本方面的開戰準備

日本方面在以猛烈的勢頭推進著開戰準備工作。參謀本部很早就堅定了向朝鮮派送臨時派遣隊的想法，敦促海軍軍令部協助。由於海軍方面回答將於一月廿日準備就緒，原本計畫讓臨時派遣隊在這天出發。但是，後又因海軍傳來一月廿六日之前無法準備就緒的消息，行動只好再度推遲。[132]海軍推遲行動，是因為要等待購入的「日進」、「春日」兩艦到達。

或許是判斷已經沒有必要防範俄羅斯方面了，一月廿二日（九日），日本官府逮捕了魯辛的翻譯高橋門三九。[133]魯辛將這次逮捕視為日本表明了開戰決心。一月廿八日（一五日），他發出了決定性的電報。

「日方總計租賃了六十艘船隻，而且預留了更多的船。艦隊在佐世保，那裡有從廈門運去的大量艦艇用的煤炭。佐世保周邊鋪設了水雷。宇品、下關等港口有大量通過鐵道運輸來的軍事物資，火車運行也被打亂了。數千名工人被送往朝鮮進行鐵道建設。推測將會有總動員。準備的規模達到了五千萬日元，顯示出日本計畫之龐大。日本社會極其亢奮。我的翻譯以交給我重要軍事機密的嫌疑被逮捕了。沒有證據。」[134]

沒有跡象表明羅熱斯特文斯基和海軍部曾對這份決定性的電報予以關注。在阿韋蘭海相的資料中，有從外相處轉來的日期標為二月一日（一月一九日）的羅森公使的電報。[135]這份電報傳達了魯辛的情報，但結論一如既往。

「這些情況給了我們做出以下推測的線索：日本為了能夠讓軍隊在朝鮮北部的西海岸登陸，正在追求確保直隸灣制海權這一目標。」[136]

## 協商會之後的拉姆斯道夫

對協商會結論不滿的阿巴扎於一月廿九日（一六日）給皇帝送去信，彙報了會議內容。同時送去了回答阿列克塞耶夫詢問的方案。第一種變通方案是，允許日本在仁川以南的西部海岸登陸。佔領的北部界限是鴨綠江和圖們江流域的南分水嶺。[137]第二種變通方案是，不允許日本軍在北緯三十六度線以北的西部海岸登陸。佔領的北部界限仍是鴨綠江和圖們江流域的南分水嶺。[138]阿巴扎將自己的分水嶺方案揉進其中。該文書上寫著，皇帝批准了第一種方案。

但是皇帝很迷茫。一月廿九日（一六日），他給阿巴扎送去便條，上面寫道，「到仁川為止，可以對日本軍的登陸視而不見」，但必須要讓他們知道哪裡是佔領的界限，希望那裡「盡可能遠離北方」。[139]而另一方面，皇帝在阿列克塞耶夫一月廿九日（一六日）的電報上，寫下了這些話：「對朕來講，遠東的危機在日本軍登陸朝鮮南部時就變得不那麼尖銳了。」[140]

皇帝認為日本在朝鮮南部登陸後，事態就平息了。顯然，他沒有設想到俄羅斯遭受攻擊這種事情。因此才沒有對阿列克塞耶夫的電報做出回答。[141]

而阿列克塞耶夫對拉姆斯道夫外相的詢問做了如下回答：

「關於第一問，我認為在決意接受日本的交涉提案後，我們追求的主要目標是通過在朝鮮問題上的讓步，獲得在滿洲完全的行動自由。但我們在交涉過程中立即明白，日本在執拗地要求俄羅斯承認日本對朝鮮完全的保護權的同時，絲毫沒有打消參與解決滿洲問題的念頭。而且日本在進行交涉的同時，還在強化自身的戰鬥準備，甚至開始著手在朝鮮修建基地。

所有這些舉動都是為了威脅俄羅斯，以滿足自己的要求。他們很清楚，帝國政府不容許有戰爭這種想法，正在為和平解決問題而竭盡全力。以我的見解，這樣一來，俄羅斯和日本之間本質性的意見分歧在現在的交涉中完全明確地表現了出來，儘管如第二個問題所指出的，和平解決問題的意義變得越來越重要，然而我不知道對此可以在哪些方面做進一步的審議，在哪些專案上能夠達成相互的讓步。因為日本最後的提案十分強硬、自信過剩。」[142]

關於第三個問題，阿列克塞耶夫寫道，「我完全贊成，決裂由日本方面做出，讓日本成為遠東和平的破壞者——實際上也的確是這樣——這個意見」。

「關於第六個問題，由於日本佔領朝鮮會使我們在滿洲的地位發生變化，我們應該立即採取的措施是宣佈按照國際法，俄羅斯全面地軍事佔領滿洲全域。之後如果有必要，可以給清國提供尋求與俄羅斯達成和平協定的權利。」[143]

阿列克塞耶夫的觀點是，不可能與日本達成妥協。應該說，這種認識是正確的。

「結論是，如果要列舉出對俄羅斯的尊嚴生死攸關的重大問題，那麼我們必須關注，在此刻正在經歷的危機中，從更深層次導致我們與日本不和、關係尖銳化的根源。我深信，是日本試圖在遠東佔據優勢、處於統治地位的居心導致了這種不和。對於日本來講，朝鮮問題和滿洲問題不過是為達成這種野心的手段而已。因此，在這個基礎上，雖然與日本的軍事衝突對俄羅斯來講是巨大的災難，但不得不承認這是不可避免的。這個問題可以拖延，但無法根除。這是從俄羅斯在太平洋岸肩負的偉大歷史性使命和日本的野心不能並存這種理論推導出來的。」[144]

阿列克塞耶夫對形勢的判斷是正確的。然而，拉姆斯道夫沒有遵從這一判斷，他始終想著通過讓步迴避與日本的戰爭。他打算勸說皇帝接受自己的妥協方案。

當然，魯辛的電報已經傳入了海軍部。一月廿九日（一六日），電報稱「春日」和「日進」已離開可倫坡，駛向新加坡。原本以為它們將於三十日（一七日）到達新加坡，但二月四日（一月二二日）的電報又傳達出「春日」、「日進」剛駛離新加坡的消息。[145]

一月三十日（一七日）早晨，阿巴扎拜見栗野公使，「說明了到沿岸線的哪個地點為止，俄方可以承認日本在朝鮮的登陸」。據說栗野公使於三十一日（一八日）兩次派去書記官，花了一些時間傳達了日方的要求。[146]二月二日（一月二〇日），阿巴扎為了傳達栗野的要求，謁見了皇帝。[147]這個阿巴扎．栗野會談一概沒有向東京報告。

一月三十日（一七日），小村外相給栗野發電報，指示向拉姆斯道夫外相要求明示俄羅斯的答覆日期。[148]翌日，栗野公使會見了拉姆斯道夫外相。外相說由於皇帝還沒有做出決定，尚無法送去答覆；是讓步的方向，但有界限。栗野公使交給拉姆斯道夫一封信：[149]

「由於對現實事態的發展感到非常不安，我作為閣下真誠的友人，以個人身分冒昧贅言數語。坦率地說，如果俄羅斯對日本最後提案的答覆不能令我政府滿意，我不知道我政府會做出什麼樣的決定。……但是我確信，以現在的狀況，如果俄羅斯政府方面所做的讓步沒有重大到有望達成令人滿意的協約，那麼東京內閣不會認為在這之外還能做什麼有意義的事情，大概會不得已停止繼續交涉吧。」

栗野在尋求讓步。他接著寫道，「我想再次對閣下說，我保證我政府一貫希望通過友好的解決方式走出現狀。」

這段話給了拉姆斯道夫幻想的空間。

大臣們最終對一月廿八日（一五日）協商會記錄達成一致，二月一日（一月一九日），阿列克謝大公將其報告給了皇帝。這份記錄是外相準備的。外相將日期標為前一日的上奏意見書[150]送交皇帝，從正面批判了阿列克塞耶夫。總督樹起「通過在朝鮮的讓步，達成在滿洲完全的行動自由」這樣一種目標而與日本交涉，這是錯誤的。應該在俄羅斯對滿洲的態度最終地、不可逆轉地確立之後，再與日本進行交涉。面對俄羅斯的軍事佔領和軍備增強，日本加強了自身的戰鬥準備」、「結果造成現在的極度緊張狀態，致使通過『相互讓步』從中找到出路之事，在現實中變得非常困難。」[151]

外相寫道，儘管如此，他還是贊成阿列克塞耶夫的想法：如果決裂，要讓日方發起，為此，他主張現在唯一的道路是「以最配合的精神鎮定地繼續交涉」。

認為俄日遲早會發生武力衝突的想法是理所當然的，但正因為考慮到了這種結局，才「為了在所有方面做好準備，不得不努力用盡各種對策向後拖延這種結局」。[152]

「雖然與日本的戰爭理應以俄羅斯的勝利而告終，但從我國的歷史前例來看，俄羅斯軍的勝利將會招來支持日本的其他列強介入這樣一種後果。最終，俄羅斯將會面臨進退維谷的局面：或與日本及其盟邦作戰，或撤退。……在現在的狀況下，戰爭的負擔極其沉重，要付出難置信的巨大犧牲。正因如此，我們有必要用盡萬全之策使我們的祖國免於這場恐怖的災難，或者用一切可能的協調手段，將其儘量地向後拖延。」[153]

外相從上述立場出發，認為以協商會制訂的第五條和第六條與日本交涉無法取得進展，堅持自己的方案。

阿列克塞耶夫和拉姆斯道夫的立場可謂截然相反。阿列克塞耶夫對狀況的判斷具有現實性。而在拉姆斯道夫那裡，我們看不到現實。他所做的事情是自我欺騙。但是，聖彼德堡的皇帝以及大臣們卻全都和外相的想法相同。皇帝大概是在二月一日批准了拉姆斯道夫的方案。

二月一日（一月一九日），栗野公使將拉姆斯道夫外相的話傳達給了東京，同時，還報告了有新聞記者說俄羅斯決定不做答覆的消息。[154]

這一天是宮中舉辦例行的新年大舞會的日子。皇帝感覺「人前所未有地多」。他轉遍了所有的大廳。「幸運的是，我最珍視的阿歷克絲參加了整場舞會。」皇帝夫婦返回寢宮已是淩晨一點之後。[155]舞會上，栗野就先前的新聞記者的消息詢問了拉姆斯道夫外相，外相矢口否認說那是「毫無根據的謠言」。他說，皇帝還沒有批准答覆電文，如果要給阿列克塞耶夫和羅森發電報，他會立即通知栗野。[156]

二月二日（一月二〇日），拉姆斯道夫向皇帝提交了給阿列克塞耶夫的電報文稿，其中包含給日本的答覆方案。[157]

「關於一月三日（一六日）閣下的電報，皇帝陛下批准你有必要指示羅森男爵可如下編輯的俄羅斯的回答方案，親手交給東京政府。

『帝國政府對東京內閣的最終提案投入了全方位的關注，做了最為細緻、認真的討論。

同時帝國政府知道，天皇的政府想要和平地解決提上日程的諸問題這種明晰的願望——這與俄羅斯的意願完全吻合，故帝國政府認為，對日方提出的協定進行如下訂正和變更是可能的。

一，鑒於劃定符合雙方利害的中立地帶，以及在這一區域內建立適當行政機構有障礙，帝國政府同意刪除協定案中關於中立地帶的第六條。

二，鑒於協定案第四條給予了日本為鎮壓起義或騷亂，出兵朝鮮的權利，有必要無條件地原封不動地保留俄羅斯對應提案的第五條前半部分。即，保留「不將朝鮮領土的任何部分用於戰略目的」這段文字。如此限定，在其意義和精神上，完全符合將要締結協定的雙方所堅持的基本原則，故愈發不應該對其表示反對。因為協定案第一條規定了雙方有義務尊重大韓帝國獨立和領土完整，這點在大韓帝國與其他列國的條約中也得到了保證。

三，最後，對於東京政府針對滿洲條款所提出的修改，首先必須指出，日本在滿洲的利害完全不比其他諸國的利害更為重大，帝國政府同樣地給所有列國提供了應有的保障。因此在特殊的關於朝鮮問題的本協定中，納入東京政府提出的追加規定沒有充分的根據。

儘管如此，作為希望消除在想要締結協定的雙方間產生某種紛爭的所有導火線這種由衷的願望的證據，帝國政府表明有在協定案中加入包括以下內容的條款的準備。

俄羅斯尊重日本與其他列國同等的、通過與清國締結的條約所獲得的一切權利和恩典。此時，日本有義務承認滿洲及其沿岸部分在自己利害圈之外。』」[158]

以上是第一號電報，第二號電報中附上了協定案全文，如下：[159]

一，相互有義務尊重大韓帝國的獨立和領土完整。

二，俄羅斯承認日本在朝鮮的優越利益，以及為使大韓帝國統治合理化而給與建議與援助的權利。

三，俄羅斯有義務不妨礙日本在朝鮮發展工商業活動並採取保護以上利益的措施。

四，俄羅斯承認，日本有權為前一專案的或為鎮壓有可能引起國際性問題的暴動或騷亂，向朝鮮派送軍隊。

五，相互有義務不將朝鮮領土的任何部分用於戰略目的，不在朝鮮沿岸謀劃任何有可能威脅朝鮮海峽航行自由的軍事對策。

六，俄羅斯尊重日本與其他列國同等的、通過與清國締結的條約所獲得的一切權利和恩典。此時，日本有義務承認滿洲及其沿岸部分在自己利害圈之外。

七，當朝鮮的鐵道和東清鐵道延長至鴨綠江時，相互有義務不妨礙其連接。

八，廢除俄日間以往關於朝鮮的協定。

這份方案的核心在於放棄了中立地帶的要求。拉姆斯道夫以為傳達了這部分資訊，日本就會做出某種有意義的反應來。該方案涉及滿洲的部分所做的讓步比較小。外相在信的結尾處寫道，「我認為陛下命令事先徵詢一下總督對這一方案的看法或許較好。」[160]他以為還有這種時間上的餘裕，始終表現得不慌不忙。

這天，拉姆斯道夫將「經皇帝批准而制訂的」對日答覆方案發給了陸相、海相、阿巴扎，大概內容相同。給海相的內容如下：

「謹將給侍從將軍阿列克塞耶夫的秘密電報案文呈送閣下過目，此案文根據陛下命令制訂，包括我方對日本最終提案的答覆方案在內。切望閣下在盡可能短的時間內，將對此內容的結論告知在下。」[161]

為了給持慎重論的海軍施加壓力，拉姆斯道夫在二日將東京羅森公使二月一日（一月一九日）的電報抄本也送給了海相。電報傳達了日本軍租賃了六十艘船隻的資訊，並分析此舉是日本海軍想要確保直隸灣的制海權，以便在朝鮮北部的西岸登陸。電報上有羅熱斯特文斯基批寫的「已閱」。[162]

這一天，皇帝接見了阿巴扎，[163]無從得知他們談了些什麼。

據說在這期間，阿列克塞耶夫於二月二日（一月二〇日）給皇帝發去電報，說有必要向遠東和西伯利亞發出動員令。此事雖然有阿列克塞耶夫在戰後審判會上的陳述，軍令部的正式戰史也予以承認，[164]但從文書中無法確認。不管怎麼說，沒有對此的回覆。

## 日本閣議決定斷絕國交

此時，日本已經處於等待開戰之時的緊張氣氛中。一月廿六日，愛國婦人會在會長岩倉夫人（岩倉具視夫人）的帶領下，大山舍松（大山巖夫人）等有志者聯名發出倡議書《急告日本全國姐妹們》。「今將有自開闢以來未曾有之事。須以舉國一致之力，扶翼皇運」，男子流血戰鬥，「女子應慰解將士後顧之憂，努力振興士氣」。廿八日，軍事記者俱樂部在座談會上做出決議。「戰機已成熟，然當局者逡巡不決，將貽誤國家」[165]

《東京朝日新聞》一月廿九日刊登了《俄國內情》。「俄國……之所以表現出一派想盡力迴避戰爭的氣氛，是因對政府不滿之徒彌漫國內，革命機運漸熟。若一朝與外國啟釁，以此為信號，革命黨所在蜂起，內憂外患同期而至之勢無從避免。」給人以俄羅斯不足懼的感覺。「內情如斯，雖有軍隊，方有事之日，果堪幾許之用？……其可謂虛張聲勢，唯恐開戰。」[166]

二月一日，大山巖參謀總長向明治天皇如下報告事態，提出應該做出開戰的決斷：根據參謀本部的諜報，俄羅斯參謀總長和陸相上奏了作戰計畫，得到俄國皇帝的批准，全權委任給了遠東總督，不過總督在拖延開戰，以等待紅海增援艦隊到達旅順、西伯利亞第三軍團編制工作結束以及旅順船塢完工。大山巖斷言，俄羅斯「以外交談判遷延時日，其間大舉擴充戰備，待其完備之時，將翻然蹶起，欲訴諸武力遂行其欲望」、「今日當下定決心，非戰爭無望解決時局，若我政府尚荏苒無所決，……徒陷彼之術中，將至無法挽回之勢。」

這份報告還附上了文書《對於俄軍的情況判斷》。其中最重視的是海軍力量的對比，比較當前彼我艦隊的噸位數等，「明顯優勢在我」。但是，再過五、六周，俄方的增援艦隊，一艘戰列艦、三艘巡洋艦、七艘驅逐艦、四艘水雷艇就能到達遠東。而日本新購的兩艘巡洋艦「春日」和「日進」將於兩、三周後與主力艦隊會合。這些增援艦隊合流後，俄羅斯一方的噸位數將「淩駕」日本方面。因此「對照以上兩國海軍情況，明顯可知儘快掌握先制之機，其利歸我」。關於陸軍，「據可靠報告，如今關東州一部分步兵及炮兵開始向鴨綠江移動，此外，西伯利軍隊開始動員；又據義州報，俄國少將米爾列爾氏率亞總督（阿列克塞耶夫總督）之幕僚若干，於一月廿八日自安東縣入韓國，似視察鴨綠江左岸之地」，文章結尾寫道，「為求解決時局，唯有於今日決心一戰，務必專於戰略上有利之時發動」。

俄羅斯海軍增援艦的消息是事實。但這份文書中所寫的關於陸軍的情況無法從俄羅斯方面的史料得到確認，筆者推測是誇張的情報。這個姑且不說，總之，根據兒玉參謀次長編寫的這份「情況判斷」，大山巖總長提出了開戰。這份上奏報告立即被轉交給內閣。[167]

桂首相得到大山的意見書後，二月三日召集伊藤、山縣、大山、松方、井上五位元老與外務、陸、海軍三大臣在總理大臣官邸開會，決定對俄羅斯發出最後通牒，開始自由行動。會後，桂和小村謁見天皇，請求於翌日下午一點召開決定開戰的御前會議。[168]三日下午四點半，小村外相聯繫栗野公使，告知已沒有必要敦促俄羅斯方面答覆了。[169]

恰好在這天，二月三日（一月二十一日），斯塔爾克中將自早晨五點率領以巡洋艦「阿斯科爾德」為先鋒、除戰列艦「塞瓦斯托波爾」之外的全部六艘戰列艦、六艘巡洋艦陸續從旅順港出航。方向為山東半島。這是總督的命令，目的是「兵員訓練」、「演習」。[170]關於這場演習，儘管盧科亞諾夫認為有可能是阿列克塞耶夫的挑釁策略，是誘使日本軍進攻的「絕望的、非理性的行動」，[171]但是阿列克塞耶夫並沒有做出這種行動的理由，並且盧科亞諾夫也沒有列舉出根據來。然而，無論是日本方面的戰史還是歐美的史書，很多書的寫法彷彿是由於這個事情，致使日本「直接召開元老會議」，從而邁向了開戰。[172]但是，芝罘的日本武官觀察到旅順艦隊出航的行動並報告給東京海軍省是在三日下午七點。[173]這時候已經決定於四日召開御前會議了。[174]不過，由於俄羅斯艦隊「目的地不明」，日本海軍也隨之緊張起來，這倒是事實。軍令部於四日下午八時發出命令，聯合艦隊集結佐世保，做好準備以防佐世保遭受突然襲擊。不過，海軍省認為俄羅斯發起戰爭對其是不利的，沒有前例，艦隊在行動之前應該獲取更加確切的情報，還是很冷靜的。[175]

二月四日上午十點三十分，閣議召開，決定了開戰。「俄國政府左右托言，不僅未與任何答覆」，而且「表面偽裝和平之態度，暗中於滿洲嚴整兵備」。「俄國無誠心誠意與我邦妥協之意」，拖延回答。若如此下去，「我邦外交軍事將共陷無可恢復之不利處境，此點不容置疑」、「事至茲，實乃不得已，帝國政府以為繼續此上談判以達妥協已無望，故決意斷絕之，將通告俄國政府，我政府認為，有必要為自衛和維護帝國既得權利及正當利益採取獨立行動，且認為採取軍事行動緊要」。至於通告日期，由於與軍事計畫相關，要慎重討論。

另外，會議還決定了通告文。文中寫道，日本政府認為「韓國獨立及領土完整之於日本康寧與安全重要且不可欠缺」。因此，「不論何種行為，若使韓國地位不安……則不能旁觀」。實際上，將要採取行動損害韓國獨立和領土完整的恰恰就是日本。接下來，文章寫道，「目前談判已屬徒勞，除斷絕之外，無可選之途」，「為鞏固及保衛帝國地位免遭侵迫，並維護帝國既得權利及正當利益，日本保留採取自認為最佳獨立行動的權利」。在決定的正文中是「採取獨立行動」，而在通告文中則變成了「保留採取獨立行動的權利」。[176]這樣的表達方式也給俄羅斯方面帶來了混亂。

接著，是日下午二點廿五分召開了御前會議，「相信今日之形勢下已無其他應採取的方式」，內閣上奏的方針獲得批准。就這樣，日本決定了對俄開戰。[177]決定發出與俄斷絕邦交的通告並開始軍事行動。會議於下午四時三十五分結束。

御前會議之後，日本政府向陸軍第一軍發出了動員令，命令近衛師團、第二師團、第十二師團集結廣島。第十二師團被授予先遣隊的任務。[178]

明治天皇於當天上午召見伊藤博文，詢問了他的意見，但在御前會議之後，傍晚時分，他對侍從說：「此次之戰非朕之志，然事既至茲，如之何」。他進而說：「萬一事生蹉跌，朕將何以謝祖宗，對臣民。」據說，他流下了眼淚。[179]發起對俄羅斯戰爭之事，給統陸海軍帥權者施加了難以言說的精神壓力。

這一天，在聖彼德堡，阿巴扎對栗野公使說他接到了日本方面準備出動的情報，旅順諸艦「由於須防備非常情況，現已駛到港外」。此舉相當於將軍事上的機密洩露給了日本，但對阿巴扎來講，他大概仍然希望迴避戰爭才這麼做的吧。這一消息被報告給東京，東京的接收時間是二月五日淩晨一點五十分。[180]

## 俄羅斯外相最後的舉措

此時在俄羅斯，外相仍然在煞費苦心地打磨對日回答方案。大臣們接到外相的詢問後紛紛做出了回答。海相到底感覺到了危機迫在眼前，直接在拉姆斯道夫的信上寫下答覆。「緊急告知你，我對對日答覆方案沒有任何評論。……因為這個方案對應的是由海軍元帥主持的協商會的決定之一。」[181]外相大概是於二月三日（一月二一日）收到這份回答的吧。[182]陸相庫羅帕特金也於這一天回答外相「無評論」。[183]外相將二人的回答呈交給皇帝，並寫道，阿巴扎尚未做答。[184]

阿巴扎回覆得有些遲。他寫道，「刪除中立地帶條款，沒有任何界限地容許日本在整個朝鮮佔據優勢」是對日本讓步的極限。然而，日本可能會將此舉視為俄羅斯懦弱的表現，進而要求刪除禁止將朝鮮半島用於戰略目的的條款。那樣的話，俄羅斯就不得不走向軍事行動的道路。或者日本雖然接受這些條文，卻在行為上不予遵守，那麼大概每日都會發生紛爭吧。「基於所有這些情況，我認為迴避戰爭的最佳手段是同意日本的願望，不加入第五條的前半部分，只限於讓其承擔起不將沿岸要塞化這樣的義務。進而，由於日本無論對三十九度線、還是對中立地帶都表示抗議，加入承認日本的扎根是經濟層面的這一新條款，在軍事層面則以分水嶺劃分邊界。」[185]

阿巴扎的意見比拉姆斯道夫方案所做的讓步還要大。因為日本最大的固執點就是拒絕關於禁止將朝鮮半島用於戰略目的的規定。

然而，在最後時刻，皇帝又隨隨便便地提出了意見。儘管尼古拉一度允許拉姆斯道夫刪除中立地帶的條款，但他又改變了主意，二月三日（一月二一日），他給拉姆斯道夫寫了如下的信：

「今天早晨，朕產生了這樣的想法。我們不能放棄中立地帶，而日本一定不會同意這一點，所以我們應該嘗試最後的辦法。也就是說，我們仍向日本提出中立地帶的要求，但是，採取秘密條款的形式。通過這種方法，既可以滿足他們的自尊心和政府對國家的責任，也可以維護我們的利益。你要以這個宗旨和栗野交涉，另外，最好再加上，俄羅斯將日本軍登陸朝鮮北部視為極其不友好的行為。如果有什麼疑問，希望你本日下午六點來朕處面談。」[186]

這完全是皇帝不負責任的想當然爾。他想出來的辦法不過是，始終要維護中立地帶條款，但為了讓日本能夠更容易地接受它，可以用秘密條款的形式做出讓步。這不可能成為替代方案。如果這一方案遭到日本拒絕，該怎麼辦呢？在這種局面中，像這種想當然爾的外交是行不通的。對此，就連拉姆斯道夫都感到了為難。

當天下午茶後，拉姆斯道夫謁見了皇帝。皇帝在日記中寫道，「因商量和日本的協定」，「二人一起吃了飯。」[187]

外相在前面的第一號和第二號電報的基礎上，又起草了第三號電報。可以推測，他在這時給皇帝看了電報內容。

「皇帝陛下命令閣下委任羅森男爵，嘗試讓日本政府簽署在朝鮮北部設定同樣中立地帶的特別秘密條款，以取代從方案中刪除的關於中立地帶的第六條。此時，羅森男爵務必要讓小村理解，這一提案的出發點在於希望兩帝國確立最友好的關係。」[188]

拉姆斯道夫保留了以前兩份電報的內容，他想以分開的方式，使皇帝關於中立地帶的秘密條款方案看上去不那麼扎眼，這是姑息之策。皇帝批准了電文，但他堅持秘密條款方案。

拉姆斯道夫返回外交部後，將第一號至第三號電報發給了阿列克塞耶夫。之後，他給皇帝寫了信。

「遵照陛下的命令，我給總督發去了三封電報，其中含括了給羅森男爵訓令。但是由於這些訓令所涉及的問題極其重大，陛下是否能夠命令阿列克塞耶夫侍從將軍根據當地的情況，如果認為有必要對上述電報內容提出一些意見，希望他能儘快將這些意見回饋回來。與此同時，為了避免某種誤解，我認為羅森男爵在通告東京內閣放棄第六條之前（predvaritel'no），讓日本人接受中立地帶的條件更符合我們的目的。」[189]

也就是說，在答覆放棄關於中立地帶的第六條之前，讓羅森先去交涉以秘密條款的形式設定中立地帶。拉姆斯道夫也許想的是如果他不這樣做，就會失去皇帝的信任。但這樣一來，他就完全走上了絕路。而且到了這種時候，還想著聽取當地的意見，也是放棄了作為外務大臣的責任。

當晚，皇帝去觀看了柴可夫斯基的芭蕾舞《睡美人》，[190]零點過後才返回皇宮。他在拉姆斯道夫的信上批復「完全同意」並交還時已是二月四日（一月二二日）。[191]拉姆斯道夫收到這封信後，給阿列克塞耶夫總督發去了第四封電報。其核心部分如下：

「與此同時，陛下希望，若閣下根據當地的情況，認為此訓令有需要修改的地方，要將修改意見儘快回饋回來。又，為了避免誤解，閣下在向羅森男爵傳達訓令的時候，讓羅森注意這一點極其重要：在通告東京政府我方放棄第六條之前（predvaritel』no），有必要以某種手段努力說服他們接受以秘密條款的形式在朝鮮北部設定中立地帶的妥協條件。」[192]

後來的俄羅斯外交部白皮書《與日本交涉朝鮮問題概覽》（一九〇六年）中只寫道，雖然第一號和第二號電報於二月三日（一月二一日）被發往了東京和旅順，但直到二月七日（一月二五日）才送達東京公使處。[193]而發送第三號乃至第四號電報之事被抹消了。

拉姆斯道夫為會見日本公使做了準備。他製作了法語的非正式文件，這份文件也於二月四日（一月二二日）送交皇帝並獲得了批准。皇帝在案文上批示，「寫得好，無須修改，可直接交給栗野」。[194]皇帝和外相完全是同心同德。

當晚八點，拉姆斯道夫請來了栗野公使。他首先說：對日答覆方案已經發至阿列克塞耶夫總督處，應該會轉給羅森公使。雖然阿列克塞耶夫「可能結合當地的情況做若干修改，不過可能不會有大的變更吧。」接著，拉姆斯道夫說了他個人對答覆方案的意見，他認為：俄羅斯希望朝鮮獨立和完整，希望海峽通行自由，難以同意將朝鮮用於戰略目的，希望在兩國的活動區域之間設置緩衝地帶（buffer region）。

那種哪怕以秘密條款的形式也好，希望保留中立地帶條款的話，拉姆斯道夫難以對栗野啟齒，於是他新提出了「緩衝地帶」的說法。很明顯，他這是想蒙混過關。拉姆斯道夫在會談的最後將非正式檔交給了栗野，那上面也清楚地寫著「une région servant pour ainsi dire de tampon」。[195]

拉姆斯道夫不能說撤回中立地帶的要求，因而使用「緩衝地帶」這個詞取代了「中立地帶」，試圖製造出微妙的變化。這樣一來，栗野認為俄羅斯方面的答覆與以往一樣也是理所當然的了。而且即使去掉中立地帶條款，只要不刪除禁止戰略利用條款，日本也打算發起戰爭，因此，這期間為妥協所做的努力歸根結底不過是一場空而已。

但是，比這更為嚴重的是，俄羅斯的這種努力可以說太遲了。栗野將二月四日拉姆斯道夫的意見發給東京的時間是聖彼德堡時間二月五日早晨五點五分，東京接到的時間是同日下午五點十五分。而日本政府已經在前一天的閣議做出決定，斷絕日俄交涉，為維護本國利益採取獨立行動，五日下午二點，為了將這一決定傳達給俄羅斯政府，小村外相給栗野發去四份訓電，命令將這些交給俄羅斯政府之後，公使就撤離聖彼德堡。也就是說，不管是俄羅斯的第三次答覆，還是拉姆斯道夫的微妙差別，都對日本政府沒有任何影響了。

二月五日（一月二三日），拉姆斯道夫將對日答覆方案發給了巴黎和倫敦的公使。內容去掉了中立地帶條款，大概也沒有傳達秘密條款交涉的指令。希曼斯基寫了這樣一件事：英國外相收到這份答覆方案後，蘭斯敦認為俄羅斯的讓步可以接受，並對駐英公使林董表達了這個意思。林對此很警惕，給東京發電報說，必須在俄羅斯的答覆送到東京之前得出結論。[196]這件事情出自法國人梅維爾的書，[197]但難以置信，筆者推測大概是梅維爾的創作。從蘭斯敦外相五、六日的活動來看，這件事並不可能發生。[198]

希曼斯基在正文中寫與兩位公使聯繫的時間是二月三日（一月二十一日），但在註中則為二月五日（一月二十三日）。由於拉姆斯道夫與栗野談話的時間是二月四日晚，因此他與兩位公使正確的聯繫時間應該是在此之後。

## 狼狽的阿列克塞耶夫

拉姆斯道夫的四封電報於二月五日（一月二十三日）傳到了旅順。這個時候，阿列克塞耶夫陷入了精神上的恐慌狀態。他一直訴說戰爭必至，一直主張進入戰備狀態，但誰也不支持他，山窮水盡，他變得神經衰弱起來。就在前一日，他剛剛向皇帝發去了請求辭職的電報。

「最近東方當地局勢的展開，在陸軍力量發展層面完全改變了我們的狀態。與此同時，最高司令部和軍隊的指揮權問題變得很困難。在發生這種變化的情況下，我想，為了將來可能出現的軍事行動能夠取得成功，海軍大將的權威是不充分的。我對陛下予以我的崇高信任一直深懷無限的感激之念，惟有以惶恐之心請求陛下，以其它完全做好準備的人取代我履行在軍事面如此重要、對陛下的責任如此重大的義務。」[199]

就在戰爭迫在眉睫的這個瞬間，預定就任當地最高司令官之職的人物居然提出了辭職申請，顯示出這個人作為軍人的不自覺、不負責以及狼狽的情形。皇帝收到電報不知所措。阿巴扎一邊竭力寬慰皇帝，一邊於二月五日（一月二三日）給阿列克塞耶夫發去電報，要求他自制。「陛下將你在如此困難的瞬間邁出的這一步，視作是你特有的深刻的巨大自我責任感的意識呈現。」[200]皇帝對阿列克塞耶夫的電報置之不理。

在這種狼狽的氛圍中，阿列克塞耶夫接到了拉姆斯道夫的四封電報。他與外交顧問普蘭松的談話，普蘭松寫在了日記中。[201]

普蘭松誘導阿列克塞耶夫說說對這一方案的意見。阿列克塞耶夫憤憤地說起來，「我早就講過我的意見了，不打算做更多重複。隨便那群傢伙，就按他們的想法去做。他們雖然重新制訂了協定案，但敷衍了這邊，那邊又會出問題，就是這麼一種情況。我為什麼要像小丑似的不停地在這頭那頭鞠躬呢？三天前，我給陛下發去了一封很長的、關於軍事部門的電報，講述了我的意見。我說即使是為了讓日本人理性起來，消除戰爭隱患，我們也必須進行備戰。」

阿列克塞耶夫或許是為了掩飾狼狽，顯示堅強吧。普蘭松進而寫道，「電報全部轉給了羅森，附上了有必要保留中立地帶條款的指示。感覺外相內心似乎覺得實在不行放棄這條也行似的。」這點與四封電報裡的內容不一致。普蘭松以文學的方式記述了阿列克塞耶夫雖有不滿，但還是接受了去掉中立地帶條款的協定案，推動以秘密條款設定中立地帶的交涉。

在阿列克塞耶夫的外交活動報告上寫著：「一月廿三日（二月五日），我收到四封來自外相的電報，日期均標註為一月廿一日，編號相連。……由於我在廿三日得到了這些極其重要的指示，對內容沒有任何異議，並且認為關鍵的是去做最後的和平解決危機的嘗試，一分鐘也不能耽誤，因此，我當日就將四封電報全部轉發給了東京的羅森男爵，並立即通知了拉姆斯道夫伯爵。」阿列克塞耶夫沒有寫任何評論。[202]

普蘭松寫道，阿列克塞耶夫因為這份答覆方案，情緒變得非常陰鬱。這是不正確的。因為在這份答覆方案送到之前，阿列克塞耶夫已經提出了辭去最高司令官的申請。

阿列克塞耶夫發出的電報是何時到達東京的羅森手中的呢？即使他在二月五日（一月二三日）發出，經由日本方面投送也會更晚一些吧。

阿列克塞耶夫二月七日（一月二五日）還給阿巴扎發去請求換人的電報，[203]無論怎麼看，他的精神都算不上正常。

## 日本通告斷交

決意開戰的日本政府，決定不宣戰，取而代之的是通告斷絕國交。二月五日（一月二三日）下午二時，小村外相給栗野公使發去四封電報，通告「斷絕」交涉、斷絕國交。第一封到第三封的內容是二月四日決議的通告文，將其分成了三部分，第三封上寫了結論，通知中止交涉，主張保留「獨立行動」的權利。[204]

這一天是俄羅斯皇帝的「命名日」，預定在埃爾米塔日劇場舉行招待外交官的音樂會。栗野公使在出發前不久，接到了小村外相發來的前兩封電報，他沒有看內容就直接揣進懷裡出發了。[205]

羅曼諾夫家族於晚九時聚集在羅曼諾夫美術館，慶祝「命名日」，之後去往音樂會，因此可以推測，音樂會大概開始於十時左右。[206]

當晚的演出劇目是博伊托的歌劇《梅菲斯托費勒斯（Mephistopheles、メフィストフェレス）》」，夏里亞賓、梅傑婭・菲格納、索比諾夫等當代頂級歌唱家紛紛登台獻藝。栗野懷裡揣著電報，心潮澎湃，難以平靜。他知道，那是「甩給俄羅斯的最後通牒」。俄羅斯的高官們看上去也不平靜，清國公使、法國公使都來詢問是否發生了什麼「重大事件」。栗野晚年在自述中寫道，當時他想俄羅斯方面是不是已經破譯了他懷中電報的內容，感到極度不安。但實際上並沒有這樣的事，只不過是他由於過度緊張產生出的幻覺而已。

音樂會結束後，各國外交官謁見了皇帝。皇帝和其他國家的外交官談話時間大約為五分鐘，卻與栗野談了二十分鐘左右。是為了想要迴避戰爭。十二點過後，栗野返回公使館，這時第三封、第四封電報也已送到，公使館員們徹夜奮戰，進行密碼翻譯。[207]第三封電報講述了通告文的結論。第四封電報是小村添加的，通知斷絕外交關係。

## 日本軍邁向開戰

二月四日（一月二二日）夜，日本的陸海軍首腦召開了軍事會議。會上確定了開戰的軍事戰略。會議決定，在斷絕國交的同時，聯合艦隊就對旅順展開攻擊。翌日早晨，山本權兵衛海軍大臣、伊東祐亨軍令部長、伊集院軍令部次長進宮謁見了天皇。山本上奏，「今日乃開戰之好時機」，他呈交的命令方案獲得了批准。[208]於是，山本當天發出封緘命令，派遣使者送往佐世保。

一，令聯合艦隊司令長官並第三艦隊司令長官謀劃全殲東洋之俄國艦隊。
二，令聯合艦隊司令長官迅速進發，首先擊破黃海方面之俄國艦隊。
三，令第三艦隊司令長官迅速佔領鎮海灣，首先警戒朝鮮海峽。[209]

山本日後寫道，他在做這個決定時，二月三日俄國艦隊自旅順出動的情報「給了我一個動機」，命令發出後，俄國艦隊返回旅順的情報傳來，和這件事聯繫在一起，他考慮的是「如何利用此時機，以利於策動我海軍，便於其掌握先機」。[210]的確，俄羅斯艦隊於四日午後返回了旅順，但這一情報傳到海軍省已是二月五日下午三時三十分。[211]

這晚，陸軍省向臨時韓國派遣隊、第十二師團所屬第二十三旅團兩千兩百四十名士兵下達了登船命令。給旅團長木越安綱送去封緘訓令：在仁川登陸，「仁川登陸後，速入京城，務必確保切實佔領該地」。[212]陸軍最初的目標是佔領漢城。

使者們在二月五日（一月二三日）傍晚到達了佐世保，打開封緘的命令下達後，封緘命令被開啟，進入了執行階段。俄羅斯海軍武官魯辛雖然於當日發電報稱「海軍的所有專家和部分線列預備役被召集起來。所有的師團都在召集部分預備役。」[213]然而，他卻無從獲知日本方面已經下達了開始戰鬥行動的命令。

## 「俄羅斯不希望戰爭」

《新時報》的社長兼主筆蘇沃林在二月五日（一月二三日）的專欄中所寫的文章，很好地反映了俄羅斯的氣氛。

「在我國，人們反覆數百次地訴説俄羅斯不希望戰爭。就連外國的報紙都寫，俄羅斯做出了盡可能的讓步，如果這樣日本仍然不滿足的話，那麼日本就是為了戰爭而戰爭，對此，我們很高興。日本這個國家是個變態的傢伙。

就結論而言，我認為無論俄羅斯怎樣高呼熱衷和平，都是沒有用的。……無論俄羅斯是否希望發生戰爭，一旦戰爭爆發，儘管我們很厭惡戰爭，很厭惡敵國，但我們必須要戰鬥。而且，我們必須不惜生命地投入戰鬥，不論是我們自己的生命，還是敵人的生命。

這是悲劇，是充斥著恐怖和鮮血、充滿了特別的力量的高揚和特別的狂熱的悲劇。」

「敵國得知我們不希望戰爭，即認為我們害怕戰爭，很是高興。以《時代週刊》為首的英國所有報刊雜誌得知這一點都很高興。英國的報刊正使出渾身解數讓日本鬥志昂揚。種種斷言不絕於耳：俄羅斯軟弱，俄羅斯因內部動亂千瘡百孔，俄羅斯沒有做好準備，俄羅斯是野蠻的國度。世界所有報刊中最輕率的是日本的報刊，我們不要忘記它們對挑起愛國心的暗示完全沒有抵抗力。雖然日本的報刊報導了諸多愚蠢荒唐的事情，但由於它們還揣有更多的愚蠢荒唐，因此每當俄羅斯做出讓步，日本的報界人士就又一次得到新的機會宣揚日本比俄羅斯優越。」

「我們在那個地方——遠東尋找什麼呢？我們的目的是什麼，那些目的具有多大程度生死攸關的重要性呢？這是我們必須認真回答的問題。不管是名譽心，還是國民的自豪感，或者是智者、愚者拋向我們的侮辱，這些都會迅速消失，無聊的事情絕不能成為我們的指標。冷靜考量一切的理性以及鬥爭的目的——只有這些才能決定戰爭與和平的問題。如果目的是偉大的，如果是值得為之戰鬥的事情，如果敵人被自信和優越感沖昏了頭腦，我們應該做什麼呢？悲劇終究是悲劇。」214

# 第九章　開戰

本章按時間的推進，逐日再現開戰的過程，敘述以日本和朝鮮的時間推移為基準。

## 一九〇四年（明治三十七年）二月六日（一月二十四日），星期六

### 【東京】

各家報紙當天報導了「禁止外國密碼電報」，主旨是，禁止從日本和韓國釜山、仁川、京城發送密碼電報。報紙還報導了各大臣相繼入宮謁見天皇，海軍省、參謀本部緊急召開會議的消息。《東京朝日新聞》刊登了「各國在東洋的軍艦所在地」，特別列出了俄羅斯在所有港口的軍艦，其中仁川有「瓦良格」「高麗人」兩艦。該報前一天的社論談及了二月四日的御前會議，其中寫道，雖然國人主張對「強盜」俄羅斯採取「強制性干涉手段」，但政府長時間以來一直在「繼續協商」。但是，終於「於昨日之御前會議決議採取擺脫危險的其它方法」。當日社論開始擔憂開戰後股價會下跌。[1]

當日，俄羅斯海軍駐日武官魯辛在第一時間，用僅有三個俄語單詞的電報將日本政府開始戰爭之事，發

給了旅順。

「總 動員 魯辛（Obshchaia mobilizatsia Rusin）」[2]

這是俄羅斯駐日武官發出的最後的電報。

【對馬竹敷港】

細谷資少將率領第三艦隊第七戰隊（戰列艦「扶桑」、炮艦「平遠」、海防艦「濟遠」、「鳥海」、「磐城」、「海門」、「摩耶」）停留在對馬的竹敷港和尾崎灣。戰隊於一月十九日到達該地，二月三日，第三艦隊司令長官片岡七郎中將命令制訂佔領巨濟島的計畫。二月六日早上四時，片岡長官下達命令，「迅速佔領鎮海灣」。早上五時，「濟遠」接到「如有俄國船舶，即捕獲帶走」的特別命令，出發前往蔚山方面，六時三十分，第七戰隊餘下的部分自竹敷港出擊，分兩路駛向鎮海灣。[3]

【佐世保】

上午九時，東鄉平八郎司令長官率領聯合艦隊的第三戰隊從佐世保港出擊。上午十一時，第二戰隊出擊，正午，第一戰隊繼續。聯合艦隊司令長官所接到的命令是，「迅速進發，首先擊潰黃海方面的俄國艦隊」。目的地是旅順。最後，瓜生外吉少將率領第四戰隊於下午兩點駛向仁川，有三艘搭載陸軍士兵的運輸船同行。[4]這些艦隊是在新聞報導完全被管制的狀態下出擊的。

【釜山】

當日清晨，第三艦隊第七戰隊的「扶桑」、「平遠」兩艦從竹敷港出發，於十二時三十分到達釜山港外，與停泊在釜山的炮艦「筑紫」匯合。港內停有俄羅斯的商船「謀克敦」號。細谷司令官下令將其俘獲，下午一時三十分，「平遠」執行此令，沒收了船上裝載的一百箱蜜柑等貨物，並強行將該船帶回了竹敷。接著，司令官派軍官登陸，打算與陸軍的釜山守備隊商量佔領釜山的韓國電信局，但發覺守備隊已於當天早晨佔領了該處。四時三十分，「扶桑」與「筑紫」一同駛向鎮海灣。此外，駛向蔚山方面的「濟遠」在洋面上發現了俄羅斯商船「埃卡契里諾斯拉夫」號，將其虜獲並帶回竹敷。[5]

捕拿「謀克敦」號一事立即由釜山總領事彙報給了漢城的日本公使，然而，林權助公使完全隱瞞了這一消息，同時，他命令漢城郵政電信局的日本人局長，除日本公使館的電報外，停止發送電報二、三日。[6]兩天後，駐釜山的俄羅斯領事以「中立國領海內之船舶，雖為敵國所屬，亦不可捕獲」為由，對此事表示抗議，但日本領事以「日俄外交關係斷絕之今日……已非與俄國領事交涉之位置」，退回了抗議文。[7]

【東京】

下午四時（聖彼德堡時間上午九時），小村外相將羅森公使叫到外交部，通告羅森日俄斷絕了外交關係。小村說，栗野公使將會立即撤回，而閣下由於沒有合適的航船班次，可以推遲數日出發，我方會保證你的安全。羅森回答，交涉沒有取得成效，日本政府決定開戰，對此，我深感遺憾。羅森公使返回公使館時，海軍武官魯辛正在等待他。魯辛向他報告，當天早晨六時，日本艦隊出航了，其中一支艦隊搭載兩個步兵師團，似乎要去朝鮮的西海岸，另一艦隊似乎要去攻擊俄羅斯海軍。由於日本方面不允許發送電報，他無法和旅順聯絡。[8]駐日的公使和武官並沒有誤解當天日本政府通告的含義，兩人清楚認識到，戰爭已經開始了。

**【鎮海灣】**

鎮海灣是位於釜山西側的海灣。日本海軍長期以來一直關注著這裡。海軍作戰計畫中，第一計畫確定為「以第三艦隊控制朝鮮海峽，應對浦潮（符拉迪沃斯托克）方面之敵，警衛海峽」，「於鎮海灣設置臨時根據地」。但書中也寫道，「鎮海灣對於切實掌控朝鮮海峽，維持日韓兩國間的交通可謂必要，無論彼我情況如何，必須首先佔領該地」。[9]鎮海灣最深處有馬山港，海灣入口處有巨濟島，海灣寬闊，是絕佳的海軍根據地。

停泊在鎮海灣執行警戒任務的第三艦隊第七戰隊的炮艦「愛宕」於下午四時駛入馬山港。「愛宕」艦長與駐馬山的三浦領事協商後，直接佔領了韓國的電信局。下午七時二十分，第七戰隊的戰列艦「扶桑」與炮艦「筑紫」一同駛入鎮海灣。「海門」、「磐城」、「摩耶」此前已經到達了這裡。第七艦隊佔領了韓國鎮海灣。隨後立即開始鋪設仿真水雷，設置臨時信號台、設置航路浮標等。[10]

馬山領事二月七日將佔領馬山電信局一事報告給了小村外相。[11]俄羅斯方面的巴甫洛夫公使也大致掌握了這個情況。二月八日，他在發往旅順的電報中寫道：

「據朝鮮電報，一月廿四日（二月六日）傍晚，日本軍大部隊從馬山浦登陸，佔據了朝鮮電信局。之後不久，與釜山、馬山的電信聯絡中斷了。」[12]

就這樣，戰爭開始了，新的朝鮮戰爭開始了。佔領鎮海灣和控制釜山、馬山電信局是這場被稱為日俄戰爭的最初的軍事行動，此舉從本質上來講是對韓國主權和領土的侵略行為。以往的戰史幾乎完全忽視了這一事實。[13]

此外，片岡司令長官率領第三艦隊的第五戰隊、第六戰隊於當天下午四時駛入對馬的竹敷港，在對馬和馬山、鎮海灣形成夾擊朝鮮海峽的態勢。之後，日本海軍鋪設了始於對馬、途經巨濟島通往馬山浦的電信線，以鞏固鎮海灣的臨時根據地並確保韓國各地與日本的通信聯絡。

## 【仁川】

停泊於仁川的巡洋艦「瓦良格」艦長魯德涅夫得到了從英、法、義的軍艦長那裡聽說的日俄斷絕了外交關係的消息。魯德涅夫給漢城的巴甫洛夫公使發去電報詢問，巴甫洛夫回覆道，有這種傳言，「但還沒有足以相信的確鑿證據」，會再聯繫。魯德涅夫給旅順的維特格夫特發去了電報，但沒有收到回覆。[14]同樣停泊於仁川的僚艦、炮艦「高麗人」的艦長大概也知道這消息吧。日本海軍在港內只有一艘三等巡洋艦「千代田」。

【聖彼德堡】

聖彼德堡時間下午四時，日本時間夜晚十一時，栗野公使訪問了拉姆斯道夫外相，親手將通知斷絕日俄交涉、主張獨立行動權利的通告文以及通知斷絕外交關係、撤回外交代表的通告文這兩份文書交給了他。[15]

第一份通告文寫道，「故除斷絕目前已屬徒勞之談判之外，別無他途」、「為鞏固且防衛帝國之地位免遭侵迫，並維護帝國既得權利及正當利益，日本保留採取自認為最佳的獨立行動之權利」。[16]即通告斷絕交涉和保留獨立行動的權利。

第二份通告文寫道，「雖日本帝國政府為消除可能導致將來糾紛的各種因素，用盡一切協同手段，然未見其效」、「日本帝國政府為遠東鞏固且恒久的和平，所提出的正當建議和穩妥無私的提案，這些理應接受的考量，俄國俱不接受，因此日本帝國政府判斷，至此，與俄國政府的外交關係已無價值，決定與其斷絕外交關係」，通告自栗野公使以下的公使館員將從聖彼德堡撤回日本。[17]即通告斷絕國交。

兩份文書不僅通告將斷絕交涉，而且還通告要斷絕邦交，因此，為「保衛」日本的地位，為「維護帝國既得權利及正當利益」、「保留採取自認為最佳的獨立行動之權利」，這些語言當然意味著也會攻擊俄羅斯。但是將通告文分為兩份，在通告斷絕交涉並保留獨立行動的權利之外，又通告斷絕邦交，這使俄羅斯方面陷入了混亂。雖然無法確定此舉是否是為了爭取自通告到開始攻擊的時間而有意為之，但確實收到了這樣的效果。

當晚，栗野公使還私下致函給拉姆斯道夫外相，不清楚此信是隨通告文同時遞出還是隨後送出的。全文如下：

「在因您所知的情況離開聖彼德堡之前，我謹對在停留貴都期間與閣下建立的關係中，閣下給予我的真摯的友情和親睦的共鳴之情，衷心地表示感謝。為使兩帝國關係永久立於堅固和平基礎上而進行的交涉沒能達成幸福的結局，在現在這種狀況中，我奉命離開貴國，對此我感到何等遺憾，想必閣下能夠理解吧。我強烈期待這種外交關係中斷（interruption）的時間盡可能短暫（là plus courte durée possible），同時衷心希望伯爵閣下在接受我所有遺憾表述的同時，再次確認我對閣下最鄭重的感情和最崇高的敬意。」[18]

栗野對這個結局真心感到遺憾。他寫這樣的信，是情不自禁地期望雖然日俄開戰了，但戰爭結束後，會迎來真正的和平吧。然而，拉姆斯道夫似乎卻將這封私信解讀為國交斷絕可能會在短期結束，有可能不發展成戰爭。[19]這件事或許也是導致拉姆斯道夫忽視正式通告文中的通告獨立行動的一個契機。在臨近戰爭期間，讓日俄同盟論者出任俄羅斯公使，小村的這著棋，在這個意義上可以說取得了巨大的成功。

無從得知栗野傳達的斷絕外交關係的通告在經過多長時間後報告給了皇帝。皇帝在當天的日記中只寫道，「傍晚，得到了與日本交涉中止和日方公使撤離的報告」，[20]皇帝沒有特別記錄下感想。他沒有想到被通告斷絕國交了，而且「保留採取獨立行動的權利」這段話本身也沒有報告給皇帝。

拉姆斯道夫外相立即將日本的通告發電報告知了在外的公使們。他給東京的羅森、旅順的阿列克塞耶夫也發去電報。他在電文中只寫道，日本公使前來通告「日本決定中止進一步的交涉，從聖彼德堡召回公使和全部公使館員」，陛下命令東京的俄羅斯公使和公使館員歸國，日本不待俄羅斯方面的回答，就做出這樣的通告，「對兩帝國間因外交交涉中斷（pereryv）而可能產生的後果負有全部責任」。[21]拉姆斯道夫在這封電報中沒有告知日本通告了「保留採取獨立行動的權利」一事。這是拉姆斯道夫最大的罪過。

## 二月七日（一月二五日）星期日

### 【東京】

各家報刊完全沒有報導小村外相向俄羅斯方面通告斷絕交涉、斷絕外交關係的消息。雖然《東京朝日新聞》刊登了社論《協商斷絕》，不過是援引北京來電（這是虛報），寫俄羅斯通告日本，俄方是根據俄清合同處理滿洲行政的，俄羅斯沒有日俄交涉的意思，「俄國政府的挑釁態度今如火明」，這是相反的宣傳。這與該報報導的「俄國公使館準備撤退」，俄羅斯的羅森公使準備從東京撤離異曲同工。

值得關注的是，該報報導了朝鮮的特別電文：「韓廷密使」、前駐俄公使館參事官郭高義攜帶密信前往旅順。

當天早晨七時，拉姆斯道夫外相二月四日（一月二二日）發出的電報與五日阿列克塞耶夫總督發的三封電報同時送到了羅森處。

羅森當日（二月七日）通過法國公使向俄羅斯外交部做了如下報告。「今日早七時我才收到閣下星期四（二月四日）發的電報和總督星期五（二月五日）發的三封電報。因此，昨日午後二時日本外相向我通告時，我無法實施電報中的指示。」[22]

山本海軍大臣認為捕獲俄羅斯商船並不妥當，他給第三艦隊司令長官發去電報，「在實施交戰行為之前，不得捕獲俄國商船」。他認為佔領韓國電信局同樣不妥當，進而給「愛宕」艦長發去電報，「八日上午八時之前，須解除對馬山、釜山之韓國電信局的佔領。此外，應注意不要發生諸如迫害外國人、在韓國陸上隨意使用兵力之行為。將此旨傳達給司令官。」[23]

【旅順】

即使到了這時，遠東總督阿列克塞耶夫仍然想著辭職。當天一大早，他給阿巴扎發去電報，寫到，「希望由陸軍中兼具才能和功績的權威」人物接替最高司令官——總督之職，因為義和團事件時，陸軍對他的指揮不滿，現在他在採取與陸軍相關的措施時，感覺到了懷疑和抗拒。正如俄羅斯歷史學家列姆涅夫所指出的，阿列克塞耶夫感受到了「火藥的味道，一直處於恐慌狀態中」。[24]

阿列克塞耶夫在發出這封電報後不久，收到一封重要電報。上午九時，首都的外相拉姆斯道夫發來電報，讓他向東京的羅森傳達皇帝讓他撤到旅順的命令。這封電報突如其來，讓人摸不清頭腦，阿列克塞耶夫愈發緊張起來。五個小時後，下午二時，外相發來第二封電報，告訴阿列克塞耶夫與日本斷絕交涉的消息和俄日兩國撤回外交使節的命令。[25]拉姆斯道夫就連對阿列克塞耶夫都沒有告知日本通告中最重要的部分——

「保留採取獨立行動的權利」。阿列克塞耶夫立即將電報的內容發給了東京。同時，他也給漢城的巴甫洛夫公使發去電報，令停泊在仁川的巡洋艦「瓦良格」和炮艦「高麗人」立即回航旅順。但是這些電報已經發送不過去了。[26]

根據阿列克塞耶夫的外交顧問普蘭松的日記，阿列克塞耶夫接到斷絕國交的通告後叫來了普蘭松，對他說，「好了，戰爭要開始了。這就是他們的外交、糊塗政策的結果。好吧好吧，希望能狠狠地把那幫傢伙打倒在地。這總比沒完沒了地做無聊的事情要強。」[27]不過，普蘭松的日記恐怕是後來以日記形式寫的回憶吧，這樣的記述不能輕信。阿列克塞耶夫本人在後來的旅順投降審判預審委員會上做了如下供述：他「沒有將交涉中斷（pererysnoshenii）的事實視為宣戰佈告，沒有想到有權利立即做出展開軍事行動這種重大的國事上的決定。」由於受到去年十月五日（九月二二日）電報所表明的皇帝迴避戰爭的意志引導，因此對二月七日（一月二五日）外相的通知採取了特別慎重的態度，認為在政府仍然努力與日本和平解決問題的時候，不應該從自己這邊引發衝突。「我一直承認與日本發生戰爭的可能性，但我發誓，我始終不認為戰爭不可避免。」[28]

想到戰爭迫在眉睫，恐慌的阿列克塞耶夫請求辭去總督，當請求被拒絕後，他在這種斷絕交涉、撤回外交使節的措施中，反而發現了迴避戰爭的可能性，產生了依賴的心理。

阿列克塞耶夫在用早餐前接見了來自漢城的、持有內部大臣書信的使者郭高義。阿列克塞耶夫對郭高義說，「我們遵守韓國中立的要求，但日本人恐怕不會這樣。韓國皇帝的處境會變得特別困難。但無論如何，若沒有與巴甫洛夫公使商量，就什麼都不要做。」[29]他以為還有時間。

阿列克塞耶夫叫來普蘭松，陪關東州軍參謀長弗魯格、太平洋艦隊軍令部長莫拉斯一起用了早餐。不用說，這時他大概告訴這兩人斷絕外交之事吧。

【漢城】

「瓦良格」艦長魯德涅夫乘坐早晨的火車去了漢城。他先訪問了公使館。巴甫洛夫公使說，由於日本方面的妨礙，已經有一星期沒有接到電報了。儘管聖彼德堡、旅順應該可以採取一些措施，但什麼也沒有做。巴甫洛夫提議派「高麗人」去旅順進行聯絡。[30]

林公使當天給駐釜山、馬山、仁川、元山等各港、市的領事發去訓令，讓他們告知韓國臣民，「我政府之方針公正無偏，韓國臣民可安居樂業，若因日本臣民之故而遭受身體、財產上的損傷，應直接向日本官吏申訴」。[31]這儼然是佔領者的口吻。

【聖彼德堡】

這天早晨，各家報刊仍然沒有報導斷絕國交的通告。《新時報》報導了符拉迪沃斯托克的日本居民根據「日本政府的秘密指令」，突然開始出逃。[32]該報的社長兼主筆蘇沃林在當天的專欄中寫道，「我們是完全處於戰爭的前夜呢？還是走在雖然不那麼平坦，有深谷、有危險，但仍然通往和平的道路上呢？」、「日本不瞭解俄羅斯，俄羅斯也不瞭解日本。這兩個國家的頑強的國民是兩個未知數，雙方都在摩拳擦掌」、「或者，近在眼前的悲劇會促使日本和俄羅斯相互認識，相互評價，從而辜負歐洲的一切期待。」[33]蘇沃林仍然認為有迴避戰爭的可能性。

拉姆斯道夫外相當天給庫羅帕特金陸相寫信道：

「將日本公使自聖彼德堡召回和將俄羅斯公使自東京召回仍然不代表俄日間的戰爭不可避免。但是，準確地預測日本為了維護自己在朝鮮和滿洲的利益將會做出什麼，以及完全實施我們已經預想到的所有事情將會在什麼時候，很困難。」、「雖然陛下大概不會發動絲毫不符合俄羅斯利益的戰爭，但我特別擔心我們遠東的英雄們……會不會突然熱衷於某些容易轉化為真正戰爭的軍事性事件。」[34]

外相也沒想到戰爭已經開始了。庫羅帕特金方面也沒有對斷絕外交關係做出任何反應。他的日記自二月四日（一月二二日）到這天為止完全都是白紙，或許是後來銷毀了。

但是，《新時報》在這天出版了號外，報導二月六日（一月二四日）拉姆斯道夫外相通知日本決定斷絕交涉並撤回外交官。附加的解說嚴厲地譴責了日本。「他們譴責我們是為了準備戰爭而拖延交涉。」但是，「現在很明顯，交換備忘錄完全是一出滑稽戲，有必要準備戰爭的不是俄羅斯，而是日本。焦急地等待從義大利購買的兩艘巡洋艦進入清國領海的不是俄羅斯，而是日本。」雖然「斷絕外交關係」還不能說就是戰爭，還留有餘地，但現在我們面臨的選擇項，只有開始「戰爭」，或由第三國「調停」，或「紛爭長期化」，日本大概不會接受調停吧，因此，結局將會是「國民間的、國家間的ultima ratio（最後的手段）。」[35]這大概是忌諱說「戰爭」這種直接的表達方式吧。

聖彼德堡大學教授皮連科在回憶錄中寫道，這份號外的原稿是他寫的。他在寫完原稿後，訪問了他的親戚阿韋蘭海相，海相非常激動，強調道：「你難道不知道嗎？陛下不希望戰爭。戰爭要有對手，無論如何，我們都不會讓事態發展到完全決裂的地步。」

皮連科進而談了他的分析，阿韋蘭更為激動了，他的眼中浮現出恐怖的神色，咆哮道：「不對，你根本不知道你在說什麼。與日本的戰爭不可想像，不可想像！」

海相抱住了頭。那一刻，他那精心修剪過的、捲曲的侍從將軍胡髭烙印在了皮連科的腦海中。

「這真可怕。」[36]

大概到了下午，皇帝給拉姆斯道夫、庫羅帕特金送去了一封信：[37]

「明日一月廿六日（二月八日）十一時，來朕處討論一下我們該做什麼，是繼續對日本軍登陸朝鮮視而不見，還是用武力阻礙他們，希望你們來。」

皇帝深信迫在眼前的日本的行動是佔領朝鮮。他在當天的日記中寫道，「沒有來自遠東的任何消息」，[38]他在等待日本軍登陸朝鮮的報告。

阿巴扎的想法不同。他把斷絕外交關係解讀得很嚴重，想到會發生戰爭。如果這樣，一定不能讓阿列克塞耶夫驚慌失措。他提醒皇帝，阿列克塞耶夫還沒有接到取消皇帝一月廿七日（一四日）電報的指令，他提議發電報給阿列克塞耶夫，如果認為有必要，可以採取行動，阻礙日本軍登陸朝鮮。[39]也就是說，阿巴扎提議告知阿列克塞耶夫，不是說到朝鮮南部為止可以允許日本軍登陸，而是日本軍在朝鮮的任何地方登陸俄羅斯都可以進行攻擊。即他主張如果日本採取行動，俄羅斯也應該行動。阿巴扎還附上了電報的案文。當然皇帝不可能在御前會議之前將電報發給阿列克塞耶夫。

庫羅帕特金要求參謀總長薩哈羅夫為御前會議編寫形勢判斷報告。

**【莫斯科】**

《莫斯科報導》原主筆、右翼評論家吉霍米羅夫在這一天的日記中，粘貼了報導斷絕國交的報紙剪報，他寫道「這一天特別重要，或許是歷史性的一日」。他很冷靜。

「我們的答覆已於星期六送給羅森了，然而在同一天，日本不待我方答覆就召回了公使。此舉意味著軍事行動的開始，更加準確地講，可以視為登陸朝鮮的開始。但是，還可以從別的方面考慮。或許是居間調停者操縱的。也許是美國，也許是其他的騙子。那樣的話，我們大概又要做愚蠢的遊戲了。就戰爭而言，毫無疑問，我們沒有做好準備。無論是軍隊還是彈藥，雖然都已經調往了那邊，但還沒有抵達。……然而，無論我們的準備多麼不充分，與調停相比，戰爭或許更好一些。因為戰爭還有勝利的可能，而調停則不可避免失敗。」[40]

吉霍米羅夫同樣預測日本的行動是佔領朝鮮半島。而且，他認為如果發生戰爭，大國俄羅斯有可能取得最後勝利。

## 【旅順】

阿列克塞耶夫這一天只將日俄斷絕交涉，撤回外交使節的事情告訴了旅順軍隊少數上層，沒有告知陸軍的要塞司令官斯特塞爾。[41]

這天晚上，最新銳戰列艦「皇太子號」艦長格里戈洛維奇見到了驅逐艦「海狸」（譯者註：此處原文有誤，海狸號為炮艦。）艦長布勃諾夫。格里戈洛維奇說，他艦上的電報員截獲到了「發出宣戰佈告」的電報。布勃諾夫說，「要是那樣的話，會告訴我們吧」。格里戈洛維奇又說，還聽說召回了公使。布勃諾夫說，那就向司令長官的副官打聽一下有什麼緊急情報吧。副官的回答是，「沒有任何情報。明天下午一點出航到外部停泊地」。[42]他什麼都沒有告知艦長們。

即便如此，阿列克塞耶夫也在這一天向大概航行至吉布地的增援艦隊司令官威列紐斯發去了命令，要以最快速度駛向旅順，哪怕只是戰列艦「奧斯利雅維亞」也好。然而，威列紐斯按照聖彼德堡的命令，拖著水雷艇從吉布地出發，在即將進入紅海的地方受阻了。[43]這支小艦隊前進失敗，於二月十三日（一月三一日）返回了吉布地。

【竹敷】

第三艦隊的片岡司令長官這一天得到了通報艦「宮古」（譯者註：宮古號屬第一艦隊第一戰隊序列）艦長栃內中佐的報告：「五日夜晚，我方切斷了自韓國通往俄國及滿洲的陸上通信；自韓國通往我邦的電纜在我通信省掌握中；在近期，現在的行動沒有被旅順、浦鹽斯德（符拉迪沃斯托克）及歐美等知曉之虞。」[44]由此可知佔領電信局在軍事上是不可欠缺的作戰。

【漢城】

林公使下午五時向東京報告了韓國宮廷的狀況。「宮中知我陸海軍開始行動……大為不安」。皇帝高宗疏遠軍務局總長閔泳喆、警衛院總監李根澤，信任李容翊以及吉泳洙。政府內親日派勢力強大，皇帝無法抵抗。林公使報告說，他聽了閔泳喆、李根澤所說的情況，擔心皇帝也許會播遷到宮城外。[45]

當天深夜，林公使得到兩條通知。一條來自清安君李載純，告知「宮中人心不穩，皇帝有播遷俄、法公館之意。係李容翊、玄尚健等人所出計畫。」另一條來自李根澤，告知「今日日本軍在馬山、釜山方面登陸的消息傳來，宮中與法公館來往頻繁，其使為玄尚健。」[46]日本進攻鎮海灣、馬山、釜山的消息傳來，韓國政府陷入了非常緊張的狀態。

【仁川】

停泊在仁川港的巡洋艦「千代田」趁著夜色逃到了港外。

【日本海上】

東鄉提督的聯合艦隊主力全速朝旅順方向行進。

## 二月八日（一月二六日）星期一

【東京】

雖然當天各家報紙都報導了羅森公使以及栗野公使各自撤回的消息，但仍舊隱瞞了日本已通告斷絕外交關係的事實。《東京朝日新聞》以《撕破和平的假面》為題報導了路透社關於俄羅斯的電文：俄羅斯的答覆方案於本日送至東京，聖彼德堡期待日本政府「無條件」同意這份方案。接著刊登了紀事《俄廷近況》：雖然以總督為首，阿巴扎、別佐勃拉佐夫、亞歷山大・米哈伊洛維奇大公等人一直「鼓吹」主戰論，但觀大公與別佐勃拉佐夫同時去國外旅行之舉，或許「主戰黨」內部發生了分裂。而尼古拉二世「並非只是絕對信用主戰派」，由於維特一派進言妥協論，皇帝也有「猶豫不決」的理由。然而，一直努力「尋找妥協折衷點」

的羅森、拉姆斯道夫的「苦心最終還是沒有成功的餘地」、「俄帝也被主戰論綁架了」。阿列克塞耶夫是否會指示羅森遞交答覆方案是個「疑問」，「相信答覆方案在旅順即會遭到破壞」。

接著，報紙在第二版刊登了《俄國內幕》這篇紀事，介紹了哲學家索洛維約夫的黃禍論、「黃色患」，同時還涉及了無政府主義者的活動，「日俄戰爭終結之時，俄羅斯必有大革命。雖非預言家，無洞察未來之能力，然大革命或者起於戰爭中亦未可知」、「無政府主義者可能想趁著外患突飛猛進」。也就是說認為俄羅斯不足為懼。

【仁川】

這天早晨，兩天前從佐世保出發的一部分聯合艦隊——瓜生戰隊到達了仁川港外。戰隊由二等巡洋艦「浪速」「高千穗」，三等巡洋艦「明石」「新高」以及一等巡洋艦「淺間」組成。陸軍登陸部隊的第十二師團三千名先遣隊員乘坐運輸船同行。他們聽了趁著夜色逃出港內的「千代田」帶來的情報後，所有艦艇擺開陣勢等待俄羅斯軍艦。

【漢城】

林公使雖然對昨夜清安君傳來的高宗播遷法國公使館的情報稍有懷疑，但考慮到「此際殊有必要給韓國皇帝強烈警告」，於是在早晨立即請英、美兩國公使向高宗秘密上奏，播遷會給「韓國獨立和京城安全」帶來惡劣後果，得到應允。兩公使已經知道了日軍在釜山和馬山的行動，林對他們說，「推測我政府最近將會採取自由行動」。[47]

## 【旅順】

總督阿列克塞耶夫自二月一日（一月一九日）收到巴甫洛夫的電報之後，一周以來再沒有收到任何消息。然而八日（一月二六日），巴甫洛夫公使的電報突然發了過來，推測這是因為電信暫時恢復了聯絡。

「根據朝鮮電報，得知一月廿四日（二月六日）傍晚，日本大軍自馬山浦登陸，佔據了朝鮮電信局。其後不久，釜山和馬山的電信聯絡中斷。到了晚上，日本人又切斷了與朝鮮北部相連的兩條電纜。昨日，朝鮮方面只成功恢復了數小時與義州的電信。傍晚，電纜又在別的地點被切斷，雖然今日又恢復了，但估計不會持續多久吧。外交關係斷絕、日本公使撤離聖彼德堡、日本艦隊將被派往鴨綠江河口、一月廿九日（二月一一日）日本軍將在仁川登陸等等傳聞接連不斷。昨夜，日本軍艦『千代田』趁著夜色熄滅燈火，偷偷駛出了仁川。本日下午二時，我將派炮艦『高麗人』去往旅順。」[48]

日本軍登陸馬山的情報反映出日本海軍第三艦隊控制了鎮海灣，這是俄羅斯方面掌握的日本軍開始作戰行動的最初情報。在日本艦隊逼近仁川之時，由於「千代田」逃到港外，港內的兩艘俄艦頓時成了甕中之鱉。這個電報應該使阿列克塞耶夫真切地感受到日本已經開始行動了。

這天，旅順艦隊司令長官斯塔爾克也向阿列克塞耶夫提交了擔憂事態的報告。報告中建議，派遣兩艘巡洋艦監視駛向仁川的日本海軍艦艇、運輸船，派遣一艘巡洋艦防備駛向旅順的日本海軍。進而需要下達指示，要求泊於旅順外部停泊地的所有艦艇注意不要遭到日本海軍夜間的水雷襲擊。斯塔爾克寫道，如果設置防禦網，緊急時調動艦艇會面臨困難，因為網有可能纏住螺旋槳，因而反對這樣做。阿列克塞耶夫對此做出指示，派遣出的巡洋艦限定為一艘，有必要設置防禦網。於是，旗艦「彼得羅巴甫洛夫斯克」以手旗信號向各艦傳達了準備設置防禦網的指令，不過當日最終並沒有發出設置防禦網的指令。[49]斯塔爾克後來談到沒有越過阿列克塞耶夫的指示、採取警戒措施時辯解，是因為阿列克塞耶夫說「斷絕交涉並不意味著戰爭，他說有理由相信戰爭不會發生」。[50]布勃諾夫寫道，雖然發出了防備魚雷攻擊的命令，但阿列克塞耶夫命令解除幾支軍艦的防禦網，當時他說，「不要攪起不安」，這話傳開，防備魚雷攻擊被大家認為是訓練了。[51]

另一方面，這天早晨，就連旅順的報紙《新邊疆報》終於也捕捉到了斷絕國交、日本公使歸國的消息。代理總編原本打算將此消息刊發為號外，但考慮之後，決定先取得總督的許可。他與總督府聯繫後，得到的回答是，不要刊發這條消息的號外，希望在翌日的報紙上配上解說，一同刊發，並在解說中指出，斷絕外交關係不是宣戰公告，仍然有和平解決的希望。編輯部重新寫了文章交給總督府。不過，得到阿列克塞耶夫首肯的稿件最終沒有被發表在報紙上。[52]

另一方面，自二月六日起開始的日本人撤離旅順的行動到這天達到了最高潮。日本人的商店全都在拋售商品，關閉店鋪。《新邊疆報》記者將這一情況電話告知總督府，但只得到「已經知道了」的回覆。上午，芝罘的日本領事水野幸吉來到這裡，組織所有在旅順的日本人撤離。而俄羅斯方面因日本領事到來，反而強化了日本斷絕國交並非要發起戰爭的印象，阿列克塞耶夫命令部下協助水野領事。[53]下午四時左右，領事帶著所有剩下的日本人與有關旅順的最新情報，乘坐英國船離開了旅順。[54]

要塞司令官斯特塞爾在三月發給格拉佐夫中將的信中寫道，「直到廿六日（二月八日），我們還完全沒有談論過馬上就要發生戰爭這樣的話題，雖然大家原本都確信戰爭將會發生。」[55]

## 【聖彼德堡】

各報報導了日本決定斷絕日俄交涉、召還外交官之事。《新時報》將昨日的號外原封不動地刊登在了頭版頭條。社論指出，英國和美國迴避戰爭的氣氛高漲。而在聖彼德堡，「不用說，當然沒有發生任何可被稱為排外主義的事情」。[56]

參謀總長薩哈羅夫於本日早十點向陸相提交了意見書。薩哈羅夫認為，如果日本佔領朝鮮，將會構成「對我們最初的敵對行動」，對此，俄羅斯應該採取相應的軍事行動。他主張，「在這種情況下，迴避軍事衝突會被理解成我們軟弱，有可能進一步燃燒起日本人對戰爭的血性和自信」。如果俄羅斯方面採取行動，就可以延緩日本的行動，這對俄羅斯來講，就爭取到了必要的時間。他進而這樣對日本攻擊俄羅斯艦隊的可能性論述道：

「一直執拗地要與我們戰爭的日本，在開始向朝鮮運送本國軍隊的同時，為了確保運送工作的安全，會在我艦隊目前所在地攻擊我艦隊，因而有可能導致我海軍對眼下有決定性意義的地點有所麻痹。我認為即使從這樣的考慮出發，我艦隊也最好自主地開始積極行動，移動到日本最初作戰的地域活動。」[57]

但是，與皇帝一樣，庫羅帕特金陸相也沒有傾聽參謀總長的意見。

這天上午，在尼古拉二世御前舉行了協商會。[58]出席的人有阿列克謝大公和阿韋蘭海相、庫羅帕特金陸相、拉姆斯道夫外相，阿巴扎負責記錄。庫羅帕特金在日記中寫道，「阿巴扎沒有做任何發言。他被委任撰寫陛下給阿列克塞耶夫的電報（基於會議精神）」。[59]

尼古拉二世首先徵求了庫羅帕特金的意見，日記後面所寫的皇帝的提問大概是會議剛開始就提出的，這樣推測應該是妥當的。

皇帝說，我們應該堅持什麼樣的行動方式，我想聽聽直率的意見。我們是否應該以武力阻止日本軍登陸朝鮮，如果那樣做的話，在哪裡合適。是像之前指示阿列克塞耶夫的那樣，如果日本軍在仁川以南登陸，就裝做沒有看見呢，還是應該採取不同的應對方案。如果在仁川以北登陸，我們是否應該進攻。皇帝所預想的日本軍的行動是佔領朝鮮，他對此深信不疑。

庫羅帕特金儘量簡要地概述了日本發出宣戰佈告時，地方當局針對海軍和陸軍採取共同行動的意見。九月，我軍在制訂南滿洲的戰略展開計畫時，阿列克塞耶夫主張，我海軍沒有理由失敗，因此日軍在仁川以北登陸是不可能的。那樣的話，日軍在南滿洲接近東清鐵路線大概要在開戰三個月之後了。只要有這麼充裕的時間，足夠俄軍在當地組織反擊。但是，阿列克塞耶夫十月三日（九月二〇日）的電報請求以武力阻止日軍在仁川、鎮南浦、鴨綠江河口登陸。二月三日（一月二一日），阿列克塞耶夫再次請求允許海軍果斷行動。從地面部隊的角度來看，我自己也承認，理論上講，這些行動是極其必要的。因為如果不這樣行動，日軍會在第一時間進軍鴨綠江，在我們準備完善之前，就進入滿洲了。

庫羅帕特金雖然講了這些話，但他又指出，日本在日清戰爭之際，也是在殲滅了清國海軍之後，才進行鴨綠江登陸作戰的，行動頗為慎重，他說，「這次他們也會慎重行事吧。」日本面臨兩條路，一條路是只佔領朝鮮，迴避與俄羅斯的戰爭，另一條是向俄羅斯宣戰，將戰爭擴大到滿洲。如果是第一種情況，由我方發起進攻沒有益處。如果是第二種情況，有必要充分利用我海軍力量。日軍在元山登陸，我們無法阻止，在仁川登陸，我們也不確定能否阻止，那裡防守易、進攻難。但是，在仁川以北的地點登陸，無論如何我們都必須阻止。

不過，庫羅帕特金似乎還談到有必要做最後的努力，迴避戰爭。之所以這麼說，是因為他寫道，接下來發言的拉姆斯道夫外相對他的意見表示贊成，說即使有一點兒迴避戰爭的可能性，都應該利用它。拉姆斯道夫說日本行動輕率，歐美對日本持批判態度等等，總之是主張迴避戰爭，不由俄方展開進攻。

海軍元帥阿列克謝大公表示他同意庫羅帕特金的意見，一定不能讓日本軍在仁川以北登陸。大公說日本的目標不僅僅是朝鮮，它還在窺伺滿洲，不過他認為日本不會去打海戰。庫羅帕特金寫道，阿列克謝大公的發言是對他的意見的反駁，但邏輯上並不通。

拉姆斯道夫再次講述了努力迴避戰爭的必要性，皇帝回應道，「當然」，但當外相提及尋求列強調停時，皇帝說，「已經晚了」。海相阿韋蘭說，我們無法阻止日本軍在朝鮮東部登陸。阿巴扎提議給阿列克塞耶夫發去電報，給予他完全的行動自由，但這個提案沒有獲得支持。而當庫羅帕特金提出阿列克塞耶夫應該親自指揮艦隊時，阿巴扎就說阿列克塞耶夫有意轉移到對馬，在那裡指揮艦隊。庫羅帕特金的寫法似乎有懷疑阿列克塞耶夫之意。庫羅帕特金提議，將他和阿列克謝大公的意見用電報發給阿列克塞耶夫。皇帝接受了這個建議，決定發電報。庫羅帕特金的日記是這樣結尾的：

「在會議結束時，陛下說，如果我艦隊打敗了日本艦隊，通過這個教訓，大概就不會有戰爭了吧。因為日軍登陸的可能性就沒有了。」[60]

協商會後，給阿列克塞耶夫發去了皇帝的密碼電報。

「希望不是由我們，而是由日本方面點燃軍事行動的導火線。因此，如果他們不對我國展開行動，閣下不要阻止他們在朝鮮南部的登陸和在東海岸到元山為止的登陸。但是，如果他們在朝鮮西海岸登陸，無論他們的艦隊是與登陸部隊一起還是分別行動，當越過三十八度線北上時，閣下可以攻擊他們，不需要等待他們打響第一槍。期待閣下，上帝保佑你。」[61]

這是極度曖昧的指令。

庫羅帕特金在日記中還寫下了備選的電報草案：「即使日本方面的艦隊或登陸部隊不主動開始軍事行動，阿列克塞耶夫也不得允許日本軍在北緯三十八度線以北的朝鮮西海岸登陸。允許在朝鮮南部和仁川登陸，也允許在東海岸登陸。即使日本軍進入朝鮮北部，也不要將此行為視為軍事行動的開始，要允許此事。」[62]

這段文字露骨地傳達出庫羅帕特金深藏的意圖。這封電報的目的在於，如果日本軍在三十八度線以南登陸，即使佔領西海岸也可以予以承認。這個意圖是庫羅帕特金與皇帝共有的嗎？即使到了這個時候，決定依舊含糊不清。皇帝本人在當天的日記中寫道：

「早晨在我這裡開了關於日本問題的會議。決定不從我們這邊開始行動。……全天情緒很高昂。」[63]

不用說，擔憂事態的還有軍人。喀琅施塔得軍港司令長官馬卡洛夫中將這一天向海軍大臣阿韋蘭提交了建議書。

「最近，我和從遠東歸來的人們聊天得知，我們正在考慮將艦隊停置於外部停泊地，而不是旅順內港。……將艦隊停置於外部停泊地，給了敵人夜間攻擊的可能性。……這樣的攻擊對我方來講後果應是極其嚴重的。因為防禦網不是覆蓋全舷側的，而且我方的很多艦艇完全沒有配備防禦網。……如果日本海軍沒有封閉的渡口，不得不將全部艦艇停置於外海沿岸的話，我們的戰術是，必須在斷交當晚立即對其艦隊展開最猛烈的夜間攻擊。日本方面不會放棄像這樣的打擊我們的絕好機會。……如果我們現在不將艦隊調入內港，在受到最初的夜間攻擊，為錯誤付出高昂的代價之後，也不得不這樣做吧。」[64]

馬卡洛夫曾經在一八九六年作為地中海艦隊司令長官赴遠東時所寫的報告中警告道，「日本人是英國人的學生，就像英國人所示範的那樣，他們不會猶豫在發佈宣戰公告之前就開始敵對行動」。[65]此時他的話雖然沒有說得這樣明白，但警告的內容並沒有變。但是，無論是海軍大臣還是軍令部長都沒有傾聽他的意見，而且他的警告本身也來得有些遲。

【仁川】

下午三時四十分，炮艦「高麗人」打算前往旅順，啟錨後駛到了仁川港外。洋面上，日本的瓜生艦隊正嚴陣以待。「高麗人」的進路被阻斷了。儘管日本方面主張「高麗人」在這時先進行了炮擊，[66]但「高麗人」艦長甚至都未被告知斷絕國交的事實，沒有理由率先開炮。根據俄羅斯方面的戰史，由於日本的驅逐艦發射了三枚魚雷，「高麗人」不得不還擊了二枚三十七毫米炮後，逃回港內。時間是下午五時左右。[67]這是日俄海軍戰鬥的開端。

「高麗人」逃入灣內後，下午五時許，「明石」、「高千穗」、「千代田」三艘巡洋艦、三艘運輸船以及四艘水雷艇就尾隨「高麗人」，進入了仁川港。下午七時二十分起，陸軍士兵開始公然登陸朝鮮。水雷艇夾在兩側，監視著「瓦良格」。陸軍在艦隊的威壓之下登陸朝鮮，是對宣告中立的大韓帝國的侵略行徑。登陸徹夜進行，於九日（一月二七日）淩晨四時結束。之後，進入港內的日本艦艇在上午九時半前全部駛離了。[68]

【漢城】

日本軍開始登陸前後，林公使請來了代理外部大臣李址鎔和軍部大臣李容翊，告知他們日本軍登陸仁川，其規模為二千五百人左右，並說明「我軍隊絕不會對帝室等採取任何不穩妥舉動」。對此，李址鎔也許不會感到有什麼問題，但中立派的李容翊原本應該對日本軍侵害中立提出抗議。然而，他卻沒有這麼做。林向東京報告，二人保證，「日本軍隊入城，只要不施以某種威壓手段，陛下絕對不會做出播遷其它使館之事」。[69]日清戰爭之際漢城的佔領軍為八千人，這次可算是小規模的了。

【東京】

下午八時，小村外相在大臣官邸召集新聞記者並宣佈，「帝國終於要面臨被迫一賭存亡的大活動的時機」，他發表了「日俄交涉破裂始末」。這是該日擬就的送給首相及各大臣的同名報告書[70]的摘選。文章重複了對俄通告書的開頭部分，接著寫道，俄羅斯「依然佔領滿洲，進而竟敢於韓國領域實施侵略行動。若滿洲被俄國併吞，韓國獨立亦無法維持」，於是日俄開始了交涉。小村說明了交涉的對立點，日本要求保持清國獨立和領土完整，即要求滿洲的完整，而俄羅斯拒絕這一點，俄羅斯要求對「日本在韓國的自由行動權附加種種限制」，而日本拒絕。在這裡我們回顧一下不難發現，至此為止，在日俄交涉中，雙方的爭執點是什麼完全沒有公佈過。結論是這樣的：

「要之，帝國政府始終以穩和公平為政綱，對俄國政府毫無責難，只不過要求該政府承認其累次自發聲明之主義，該政府至今嚴峻拒絕，且屢次不當遷延回答，又於一方充實水陸之軍備，其大兵已壓韓國境上。帝國政府實衷心切念和平，故隱忍至今日。俄國之行動使帝國政府最終不得不打消妥協之望，斷絕談判。」[71]

這時機，這內容，都是經過深思熟慮的表演。

【漢城】

儘管林公使請求謁見皇帝，但傍晚高宗通過參政沈相薰傳達，將盡可能迅速安排謁見之事，事實上拒絕了林的請求。林在焦急之中寫下文字，蓋上印章後交給了沈相薰。內容如下：

「大日本政府之宗旨在於保護大韓國大皇帝陛下之皇室與國土，永久維持其獨立，此度乃出於義舉，萬一陛下信重雜流之言，播遷他館，將難以保全宗社皇室，請務必不採信外臣之保證而輕率動搖……茲保證日兵入城不害人民，不犯宮闕。」

林於晚上十一點半給東京發去電報，請求批准事前未經許可就發出了這份通告。[72]

【旅順】

東鄉司令長官率領日本聯合艦隊主力於二月八日下午五時到達了旅順港外東部四十四海里處的圓島附近。第一、第二、第三驅逐隊的驅逐艦立即從那裡向旅順進發。第四驅逐隊駛向了大連。

這時，旅順港所屬的所有俄羅斯艦艇都停泊在旅順港外的外部停泊地。七艘戰列艦、六艘巡洋艦排成四列拋錨，這些軍艦幾乎都沒有張開防禦魚雷的網。有一個廣為人知的傳聞，說這夜為了慶祝艦隊司令長官斯塔爾克夫人瑪麗亞的「命名日」，士官們舉辦了宴會和舞會，[73]不過這並不是事實。後來於三月初來到旅順的軍官科斯堅科在回憶錄中寫道，他從相關者那裡聽到的情況是，「命名日」的慶祝活動是在白天的正餐時舉行的，到下午四時就結束了。[74]驅逐艦艦長布勃諾夫寫道，下午四時，普蘭松在聚會上耳語告訴他，「公使們被召回了」。[75]到了傍晚，士官們差不多都返回了艦上。艦隊司令長官斯塔爾克於下午八時從總督邸返回旗艦。參謀長維特格夫特到來，召集各艦艦長開會，會上宣讀了斯塔爾克的報告和總督的決定。會議對佈設防禦網的步驟達成一致。晚十一點會議結束，之後，艦長們返回各自的艦上。據說，在艦長們離開時，維特格夫特還說「戰爭不會發生吧」。[76]

這時，日本的十艘驅逐艦已經到達了旅順港外。到達的時間是夜晚十點半（當地時間九點半）左右，但沒有馬上進入攻擊，而是用了大約兩個小時把握情況。因俄方兩艘擔任巡邏任務的驅逐艦接近了日本艦隊，日方陷入極度混亂。但布勃諾夫對執行哨戒任務的驅逐艦下達了「不要開炮，看到可疑跡象即返回」的命令，因此它們看到日本的驅逐艦後立即返回了。[77]但軍令部的戰史中卻寫道，雖然俄方的驅逐艦將照明燈打向了海上，但什麼也沒有看到，因此才改變方向，開始返回。

終於，二月八日晚十一時三十分（日本時間九日零時三〇分），日本的驅逐艦開始對旅順港外部停泊地的俄羅斯艦艇展開魚雷攻擊。戰列艦「列特維贊」艦首左側首先被魚雷命中，受到嚴重損傷。它想要逃入港內，但在港口的淺灘處觸礁，該艦死亡五人。大約在同一時間，戰列艦「皇太子號」艦尾左側的炮塔後部也被魚雷命中，同樣在港口的淺灘觸礁，死亡一人。有七發魚雷射向巡洋艦「帕拉達」，其中一發命中了艦的左側。這艘艦在西岸觸礁，死亡七人。[78]

日本的驅逐艦展開了第二輪、第三輪攻擊，但被俄羅斯方面的炮擊擊退了。午夜零時十分，攻擊結束。

## 【聖彼德堡】

由於聖彼德堡和旅順之間有七小時的時差，[79]旅順攻擊開始時，聖彼德堡時間是八日下午四時三〇分。不用說，在這一瞬間，俄羅斯首都沒有一人知道旅順發生的事情。當晚八時，皇帝觀看了達爾戈梅日斯基的歌劇《魯薩爾卡》（譯者註：《水仙女》），這是夏里亞賓得意的演出劇碼，當晚，夏里亞賓也登臺表演。「太精彩了」，皇帝心滿意足，大概將近十一時才返回冬宮。這時，旅順阿列克塞耶夫發的緊急電報已經送到冬宮。內容為，因日本海軍攻擊，旅順的三艘軍艦嚴重受損。皇帝被當頭澆了一桶冷水。「沒有發佈宣戰公告，戰爭竟然就開始了！主啊，請拯救我們吧」。[80]此時，自日本軍攻擊旅順已經過去了六小時或六個半小時。皇帝因電報內容受到過強的打擊，他親自抄寫了這份電報，沒有加任何批語，就送給了外相。

「從總督處得到了如下電報。『一月廿六日（二月八日）到廿七日（二月九日）零時前後，日本驅逐艦對停泊於旅順要塞港外下錨地的艦隊突然施以水雷襲擊。戰列艦『列特維贊』、『皇太子』、巡洋艦『帕拉達』遭到貫通式打擊。嚴重程度尚不明確。詳細情況也傳達給了大公殿下。阿列克塞耶夫』，明日印刷這封電報。尼古拉。」[81]

庫羅帕特金陸相晚十點三十分左右，在會計檢查院總裁羅普科將軍處見到了維特，從他那裡得知，根據財政部當地專員的報告，日本海軍對旅順港的俄羅斯艦隊施以突然襲擊，擊沉了兩艘戰列艦和一艘巡洋艦。陸相慌忙去了海軍大臣處。然而，即使等到十二點，阿韋蘭海相處也沒有收到任何情報。[82]開戰的首報發到了皇帝和財政部那裡，卻沒有發到陸軍省和海軍省。這樣的狀態實在難以進行戰爭。

當晚，首都的報社也收到電報，獲知了日本海軍攻擊旅順的消息。《新時報》得到首報時，皮連科正在主筆蘇沃林的房間。蘇沃林讀了電報後，發出異樣的叫聲，仿佛呼吸困難般地解開了領帶，臉色發青，手在空中揮舞了一下後，癱倒在床上，引發了腦貧血。等到意識恢復後，蘇沃林叫道：「俄羅斯完了，俄羅斯完了。」[83]

## 二月九日（一月二七日），星期二

### 【東京】

在日本，徹底的新聞管制仍在繼續。這天早晨，各家報紙終於在事情發生三天後報導了日本的「對俄絕交通告」。還報導將在一兩日內發佈戒嚴令，大本營已經完成準備工作，並且登載了昨日小村會見記者時發佈的《日俄交涉始末》全文。

《東京朝日新聞》頭版頭條的報導是《狼狽的朝鮮政府》，文中寫道，「韓廷自駐日代理公使處得到日俄斷絕交涉的電報，甚為恐慌狼狽，各部大臣及元帥等一直待在王宮，至夜半都沒有離開」。在宮廷內很有勢力的吉永洙這個人物，原來是「褓負商的頭領」，兼任鎮衛大隊長。他勸諫皇帝暫時避身「某國公使館」為上策，皇帝也頗為困惑，把平壤鎮衛兵當做了依靠。這則報導露骨地表現出了對韓國皇帝和韓國政府的輕蔑意識。

這天早上，報紙出版了號外《開戰》，該文援引朝鮮特電報導了仁川海戰的情形。該文原本有「俄艦出港後不久，八尾島沖響起炮聲，至今未絕，其響聲震動居留地」這段文字，但因新聞審查被刪去了。

【旅順】

幾乎找不到確切的資料能夠幫助我們探知旅順受到攻擊後阿列克塞耶夫的心情。雖然外交顧問普蘭松的《日記》可信度較低，但這天早晨他從阿列克塞耶夫那裡聽到的話，仍讓人感覺具有一定程度的真實性。

「就像看到的，在這方面存在多大的誤解啊，至少現在陛下也應該意識到他被欺騙了吧。我一直不停地說，應該正視戰爭的可能性，不能安心地期待和平的出路。如果從最初就確立了這種認識，就不會發生戰爭了吧。奈何。」[84]

上午八時，日本的聯合艦隊接近了旅順。俄羅斯艦隊仍然在外部停泊地下錨。日方第一戰隊的四艘巡洋艦首先前來偵察情況。俄方巡洋艦「阿斯科爾德」和「巴揚」發現後，主動出擊，日方立即撤退。眼看戰鬥就要開始，總督阿列克塞耶夫突然以需要狀況報告為由，將艦隊司令斯塔爾克叫到陸上。這一舉動實在太過愚蠢。大約一小時後，斯塔爾克在日軍炮彈激起的水霧中返回了旗艦。日方接著派出了第二戰隊的五艘巡洋艦。俄羅斯艦隊隨之起錨，進入了戰鬥狀態。昨日嚴重受損的戰列艦「列特維贊」和「皇太子號」也加入了炮擊行列，十一點半起，要塞炮臺開始發炮。接著，日方繼續派出第三戰隊。俄方的巡洋艦果敢參戰。馮·埃森艦長的「諾維克號」在吃水線下中彈，死亡一人。維倫艦長的「巴揚」中了十發炮彈，死亡四人，瀕死重傷二人，三十五名水兵負傷。格拉馬奇科夫艦長的「阿斯科爾德」中彈六發，死亡四人，負傷十人。日本方面，旗艦「三笠」也遭到彈襲，整個艦隊死亡五人，負傷二十八人。[85]

## 【仁川】

二月九日（一月二七日），登陸仁川的日軍部隊佔據了仁川車站，開始通過鐵路向漢城移動。瓜生司令官這天早晨給停泊在仁川的各國艦艇的艦長送去通知書，告知鑒於日俄間的敵對關係，如果港內的俄羅斯艦艇在本日正午之前不出港，就不得不對其進行攻擊，希望各國艦艇避讓，以防牽連。戰鬥不會在下午四時前開始。「瓦良格」艦長得知通知後於上午九時與法國、英國、義大利的艦長一同，在英艦「獵犬」號上開會討論，一致認為日本的通告不正當，決定提出共同的抗議文書。九時半，瓜生司令官將通告送給了「瓦良格」艦長。魯德涅夫艦長返回艦船後，召集軍官們協商，決定駛出港外，謀劃突圍。

上午十一點三十分，巡洋艦「瓦良格」和炮艦「高麗人」終於起錨駛出港外。瓜生戰隊的所有艦艇——旗艦「浪速」之下的六艘巡洋艦等早已嚴陣以待。瓜生司令官發出要求投降的信號，但遭到俄方拒絕。

十一時四五分，「淺間」開始炮擊，進入了戰鬥狀態。俄方二艦接二連三地中彈，受到致命損傷，又逃入了港內。炮擊隨即停止。這時是十二時四五分。「瓦良格」死亡三十人，重傷八十五人，輕傷一百人。「高麗人」沒有人員傷亡，但是判明艦體嚴重受損，已經不堪再戰。

「瓦良格」艦長魯德涅夫，「高麗人」艦長別利亞耶夫召集軍官協商後，決定自爆其艦。不過，應同意接收兩艦船員的英艦艦長的要求，「瓦良格」沒有自爆，最終於下午六時十分自沉。在此之前，「高麗人」於下午四時自爆了。[86]

## 【漢城】

日軍部隊接連不斷地抵達漢城，開始控制市內各處。上午，仁川海戰的炮聲也傳到了漢城。俄羅斯公使館內的教堂裡，修道院長赫里桑夫主持儀式，巴甫洛夫公使以下所有在漢城的俄羅斯人聚集在一起，舉行了祈禱會。警備公使館的海軍水兵們在淚水中做了祈禱。赫里桑夫說，「兄弟們啊，戰爭的骰子就這樣被擲過來了。大家都聽到了大炮的轟鳴聲吧。在那邊，我們的兄弟們正在遭受炮擊。我們敬愛的君主為維持和平傾盡了全力，但很明顯，我們的敵人並不期待和平，他們野蠻、殘暴地攻擊了我們的艦艇。讓我們向主神祈禱吧。神啊，……請守護我們勇敢的兵將，請賜予我們勝利，讓這些盲目傲慢之輩屈服在我們偉大君主的足下吧。」[87]

這個時候，林公使和駐在武官伊地知幸介少將拜謁了高宗。兩人「講述了日俄間至斷絕外交關係的經過，且日本帝國政府為克復受俄國侵迫的韓國的地位，無奈出兵韓國，並反覆上奏不會對韓國皇室和臣民採取任何行動」。接著，林鎮靜地問高宗道，「風聞陛下有播遷他館之意」。對於這個無禮的質問，高宗回答：「朕充分瞭解日本帝國政府不得不採取今日行動的緣由，而且今日情形與二十九年之情形又有所異，絲毫沒有播遷他館等考慮。」於是，林最後就「日韓締結同盟」詢問了高宗的意向。高宗答：「雖朕自身亦有此望，但眼下之際，尚有必要表面上示以各國無偏頗交際，同盟締約之事可再熟慮。」

謁見之後，林認為有締結同盟的可能性，給外交部發去了頗為樂觀的報告，[88]不過伊地知則認為高宗的話不過是外交辭令，呈報道「察韓主之言語態度，並無衷心信賴日本之意，或有必要準備完全廢除王室，將韓國納入我領土，至少舉保護之實，掌握其軍事、外交、財政三項」。[89]

伊地知對高宗心意的揣摩較林更為準確。高宗雖然在語言上順著林的意見，但內心暗藏著對日本的憤怒，伊地知感受到了這一點。

【聖彼德堡】

日本海軍在旅順港外發起攻擊的新聞沒有趕上各家報紙的出版，當天沒有對這一事件的任何報導。《新時報》的外電欄中刊載了旅順發來的報導：「數日前，韓國政府向列國通告，日俄戰爭時將嚴格保持中立。列國肯定了韓國政府的做法。由於日本無故破壞韓國的中立，可以預計，其派往漢城的十二門炮和數個中隊步兵必將被召回。」並且發表了社論《朝鮮的獨立》，指出朝鮮獨立是不可忘卻的基本問題。日本人「在如此長的時間，如此系統性地將這個本質上單純的問題複雜化了」。俄羅斯一直承認日本在朝鮮的特權性地位，但「前提是，設想朝鮮在所有方面都是獨立國家。朝鮮獨立是一切交涉的基本前提」。雖然經濟上的從屬必然會影響政治獨立，但是日本在工商業征服的基礎上，再在半島沿岸全域修建要塞的話，「獨立」就無從談起了。「漢城的國王就會變成無用的日本屬州的知事了。」[90]

《官報》刊載了政府關於日俄交涉經過的「公告」，其內容如下：自去年八月開始的俄日間的交涉「雖然保持了友好的性質，但日本的社會團體、內外言論機關使用一切手段喚起日本人的好戰性格，逼迫政府與俄羅斯軍事戰爭。在這種氣氛的影響下，東京內閣在交涉時變得越來越貪婪，同時採取多種策略使國家處於戰鬥態勢」。

俄羅斯在交涉中承認日本在朝鮮半島工商業上的優越地位，也認可在出現騷亂時，日本有權力以軍事力量保護其地位。但是，朝鮮獨立和領土完整是基本原則，我們要求日本不以戰略目的使用朝鮮的任何部分，保障朝鮮海峽的航行自由。然而，日本拒絕俄羅斯方案中的這部分內容，「拒絕接受保障朝鮮獨立的條件」，進而要求將滿洲問題納入協定。「俄方不可能接受那樣的要求。」滿洲問題是清國的問題，是所有列強的問題，不應該加入關於朝鮮問題的俄日協定中。俄羅斯雖然佔領了滿洲，但既沒有拒絕承認清朝政府的「最高權力」，也沒有拒絕承認列強獲得的利權。

日本政府不待俄羅斯的答覆，就決定斷絕交涉、斷絕外交關係。責任在日本政府。「帝國政府在靜觀事態的發展，如有必要，或將會立即為保護自身在遠東的權利採取最毅然決然的措施。」[91]

這份公告反駁了小村於八日傍晚會見記者時的言論。

上午九時，阿列克塞耶夫那份通告旅順發生了戰爭的電報被印成號外，在街頭散發。[92]

尼古拉二世上午接到了旅順發來的續報，上面寫道，「波爾塔瓦」、「戴安娜」、「阿斯科爾德」、「諾維克」

都受到損傷，但損傷輕微。[93]

事情到了這一步，已無是非可言。尼古拉二世於二月九日（一月二七日）這天終於下定決心對日作戰。庫羅帕特金在日記中寫道：

「廿七日上奏（二月九日）時，陛下雖然面色鐵青，但頗為鎮靜。薩哈羅夫也在場。我上奏了西南方面軍的情況。我的提案全部獲得批准。薩哈羅夫退出後，陛下將他得到的情報詳細地告訴了我。我們對日本的行為很是激憤。」[94]

在遭到日本突然襲擊的當日，皇帝沒有為決斷戰爭而召集陸海軍大臣、參謀總長、軍令部長協商。由於俄羅斯不存在內閣，因而也沒有進行閣議。陸軍大臣庫羅帕特金還像什麼都沒發生一般上奏有關奧地利國境西南方面軍的問題。接著，庫羅帕特金提交了十一名滿洲軍司令官候選人名單，以利涅維奇為首，他自己也在其中。至於宣戰詔書之事，皇帝沒有和庫羅帕特金提起。宣戰公告是皇帝和外務大臣拉姆斯道夫商量，令其準備的。

下午四時，皇帝去冬宮內的教堂祈願戰爭勝利。在他將要離開教堂，返回寢宮時，響起了「烏拉」的聲音。皇帝在當天日記中寫道，「無論走到哪裡人們的心情都是一樣的，都可以發現精神高揚和對日本暴行的憤慨。」[95]維特在回憶錄中寫道，「這天的祈禱彌漫著某種陰鬱的氣氛，讓人感到相當悲痛。」在皇帝返回寢宮的途中，有位將軍大喊「烏拉」，但附和的人屈指可數。[96]這裡的敘述明顯有些誇張。

外交部起草了宣戰詔書。外相當日寫信將宣戰詔書草案呈送給皇帝。皇帝批示「同意」後，交還給外相。[97]

## 二月十日（一月二八日）星期三

**【東京】**

各報仍舊只報導了仁川海戰的消息。《東京朝日新聞》的社論為《舉國一致的赫怒》，其中寫道：接受小村外相的日俄交涉經過公告，支持政府的交涉，「以和平的、友誼的、文明的、聖人的方式，與俄國達成妥協的期望，實際上至此已消失」。議論幾乎全是圍繞滿洲的事情展開的。

《韓國中立無效》這篇紀事寫得相當露骨。文中寫道，「沒有足以保持中立的實力，即使宣佈中立，到底也沒有任何效力」是必然的，因為「若不能防止交戰國一方的軍隊進入其領土內，其國之中立既為無效」，該文宣稱「韓國現在就是這種情況」。更何況韓國「其國自身為日俄爭議的目標」，因此，韓國的選項是依附日本或依附俄羅斯的「二選一」。「今後的發展，可謂勢必與日本結成同盟，以抵擋俄國。」這完全是明目張膽的強盜邏輯。

當天刊發了《旅順海戰大捷》的號外。看過號外後，各個社會團體紛紛五十人、一百人地組團去海軍省、外交部表示祝賀。在海軍省，最初山本海相出來做了致辭。銀座的商店點亮了裝飾彩燈，街上一派喜慶的氣氛。傍晚，慶應義塾的兩千多名學生舉行了火炬遊行。他們配備有樂隊，從上野公園經過海軍省門前，進入日比谷公園。在橫濱也有千人舉行了火炬遊行，他們在縣廳和英國領事館前高呼萬歲。在橫須賀，兩千五百名水兵在海軍軍樂隊的帶領下，唱著軍歌，在市內遊行。[98]

在這場慶祝對俄戰爭勝利的狂潮中，感到無處安身的是俄羅斯公使館員和正教會的人們。這天，駐日武官們——魯辛和薩莫伊洛夫來向尼古拉主教告別。尼古拉主教在日記中寫道，薩莫伊洛夫悶悶不樂地說：「就是因為不聽我的意見！發展到現在，還不知道我們能不能獲勝。」他們共同的話題是曾經幫助過俄羅斯駐日海軍武官的翻譯高橋門三九被逮捕。[99]高橋於一月廿二日被捕。葛利高里・高橋被當作間諜、俄探而遭到逮捕之事，使日本的正教會整體陷入了不安。羅森公使強烈建議尼古拉主教回國，但主教表示為了日本的正教徒們，他要留在日本。然而，身處對與俄羅斯戰爭怒不可遏的日本輿論中，他的前路並不平坦。

### 【漢城】

被日軍兩個大隊佔領的漢城，推進了驅逐俄羅斯外交使節的工作。日本政府在八日就給林權助公使發去訓令，指示待日軍進京後，就要求俄羅斯公使和衛兵撤走。[100]林公使原本打算請英國公使幫忙轉達這一要求，並與英國公使進行了交涉。然而，在十日，法國公使受巴甫洛夫公使委託拜訪了林公使。法國公使說，巴甫洛夫明日就會撤走，打算乘法國軍艦去往芝罘。[101]也就是說，俄羅斯公使在日本方面的要求被傳達之前，就考慮撤離漢城了。十日傍晚，法國公使前來傳達，巴甫洛夫同意接受日本的要求，離開韓國。[102]

【聖彼德堡】

《官報》在頭版頭條隆重刊載了宣戰詔書。詔書原原本本地講述了事情的經過。

朕，尼古拉二世作為全俄羅斯的皇帝、獨裁君主，向朕所有忠良的臣民宣佈：

朕殄念維持和平的重要性，為鞏固遠東的安寧傾盡全力。出於愛好和平的目的，朕同意日本政府所提議的協商修改兩帝國間有關韓國問題的現存協約。但未及交涉終了，日本甚至不待受理朕政府最後的答覆，便照會中止交涉並斷絕與俄羅斯的外交關係。

日本政府沒有通告中斷交涉即意味著軍事行動的開始，就令本國水雷艇突然襲擊朕停泊於旅順要塞外側的艦隊。

朕接到遠東總督關於此事的報告後，立即命令以軍事力量回應日本的挑戰。朕在宣佈此決定之際，毫不動搖地相信神的助力，期待朕所有忠良的臣民做好與朕一同為保衛祖國奮起的準備，朕祈求神加護我勇敢的陸海軍。

西元一九〇四年、治世一〇年一月二十七日，聖彼德堡　尼古拉[103]

不過，一般的報紙還沒有刊載宣戰佈告。各報在頭版頭條刊登了阿列克塞耶夫的電報，接著是前一天的

「政府公告」。[104]

《新時報》刊載了蘇沃林的專欄。蘇沃林開篇寫道，「該如何形容這恐怖的一天啊，我在自己的人生中從沒有經歷過這樣的日子。戰爭終於打響了，與真正亞洲人的、與異教徒的無慈悲的、陰暗的、鮮血淋漓的戰爭」。「他們有不同的倫理、不同的準則、不同的外交方式。對他們來講，歐洲史創造的成果等等都是狗屁，所有的高尚，等待宣戰公告都是狗屁。在發佈宣戰公告之前，他們就施以決定性的一擊。……一切都做好了準備，佔領陣地，從聖彼德堡召回代表，就像從陰暗處出其不意地用匕首捅人一刀。」[105]

白天，各個地方都在宣讀宣戰詔書，在莫斯科市會的臨時會議上，在烏斯賓斯基（聖母升天）教堂的祈禱會上。[106]

對日本做出「背叛性的攻擊」十分憤激的右翼評論家吉霍米羅夫在日記中尖刻地評論道，宣戰詔書「沒有魄力，沒有生命氣息，也沒有感情、尊嚴的火花」，[107]但保持了完全的平靜。

庫羅帕特金呈交西伯利亞軍區和喀山軍區的五郡動員令，得到了皇帝的批准。皇帝發出勅令，任命阿列克塞耶夫為總司令官，利涅維奇暫代陸軍司令官。「皇帝對此事相當舉棋不定，他詢問柳博維茨基這個決定是否合適，柳博維茨基開始支支吾吾起來。」庫羅帕特金自這時起，在日記中記下了各方希望他取代阿列克塞耶夫擔任總司令官的聲音。[108]

這天，日本公使栗野慎一郎和公使館員撤離了俄羅斯。他們從華沙車站坐火車去往柏林。俄羅斯方面似乎沒有人送行。人們對日本公使館員不關心。報刊也沒有對他們的撤離進行報導。[109]公使館員中有一位名叫明石元二郎的駐在武官頗為興奮，在開戰之際，他寫了下面這首漢詩表達心境：[110]

城中夜半聞雞鳴，蹴枕窗前對月明。
思結鴨江營裡夢，分明一劍斬長鯨。

【旅順】

阿列克塞耶夫向皇帝請求允許騎兵進入朝鮮領土內。

「謹報告，由於聯絡中斷，軍事行動開始，我方完全缺乏來自朝鮮的情報，日軍已經登陸朝鮮，在事實上侵犯了這個國家的中立性，這點不容置疑。因此，我認為完全有必要讓騎兵部隊盡可能深入鴨綠江左岸（朝鮮方面）進行偵察，並且在圖們江右岸的朝鮮北部進行偵察。」[111]

就連這樣的事情都必須得到皇帝的批准，這是致命的。皇帝大概迅速批准了此事。這是偵察行動的命令，而不是為了作戰行動的進軍。

【東京】

這天傍晚，日本政府也發佈了宣戰詔勅。《官報》連夜印成號外，在市內散發。

「朕茲對俄國宣戰。朕之陸海軍須傾全力從事對俄國交戰，朕之百僚有司須各率其職，發揮權能，努力達成國家之目的。」

「帝國之重在於保全韓國，此非一日之故。不僅因兩國累世之關係，實韓國之存亡關係帝國安危。然俄國不顧其與清國明約以及對列國累次宣言，依然佔據滿洲，且益加鞏固其地位，終欲吞併之。若滿洲歸俄國領有，則無由支持保全韓國，遠東之和平亦根本無望。故朕值此機，殷切期望通過妥協解決時局問題，以維持恒久和平，我有司向俄國提議達半歲之久，屢次交涉，然俄國絲毫不以互讓精神應對。曠日持久，徒然遷延時局之解決，表面宣導和平，暗中擴張海陸軍備，欲使我屈從。足見俄國自始毫無愛好和平之誠意。俄國既不容帝國之提議，韓國之安全方瀕危急，帝國之國利將遭受侵迫。事既至茲，帝國原本欲依和平交涉求得將來之保障，今日唯有求諸旗鼓之間，此外別無他途。朕期待倚靠汝有衆之忠實勇武，盡速永遠克復和平，以保全帝國之光榮。」[112]

這段話使用了三次「保全韓國」、「安全」這樣的詞語，再加上「韓國之存亡」，共使用了四次，強調日本是為了韓國，為了保全韓國而與俄羅斯展開戰爭的。然而這份詔敕隱瞞了日本真實的意圖。已經開始的這場戰爭，是為了讓俄羅斯承認，將宣佈中立、皇帝請求俄羅斯幫助的韓國作為日本的保護國的戰爭，是為了「帝國之國利」，而威脅「韓國之保全」、「韓國之存亡」，最終將韓國作為日本的保護國的戰爭。在這個意義上，不得不說這份宣戰詔敕是矯飾日本戰爭目的的文書。

日本將這份詔勅翻譯成英語，送交了各國政府，包括清朝政府。[113]至於韓國政府，日本甚至認為沒有必要出示宣戰公告，因而沒有送交。[114]

## 二月十一日（一月二九日）星期四

### 【東京】

各報報導了宣戰詔勅。同時，所有版面都被「旅順大海戰實況」、「旅順海戰公報」、「俄國的戰敗公報」、「仁川海戰公報」等報導淹沒了。《東京朝日新聞》在第一版、第二版都刊登了《君之代》的歌詞。

這一天是紀元節，上午十一時五十分，皇居豐明殿舉行禦宴，招待了伊藤、山縣、大山等元老，桂、小村等大臣，野津、黑木、奧、兒玉、乃木等將軍，以及皇族、華族、各國公使共五二一人。天皇朗讀了勅語，其中包含「今不幸不得已與一鄰邦斷絕交際，殊深遺憾」之語。桂首相在奉答中也重複了同樣的話。[115]

這天，自羅森公使以下的俄羅斯公使館員全部撤離日本。上午，友人訪問羅森公使並送來了伊藤博文的信，信中寫道，我作為有公職在身的人，出於立場，不能前來拜訪送別，深感遺憾，希望你知道，我一直在為和平而努力，直到最後一刻。期待在不久的將來，我們的友誼會再度恢復。此外，家住東京郊外的前駐俄羅斯公使榎本武揚前來告別。晚九時前，羅森與家人一同從位於霞關的公使館出發，自新橋站乘火車前往橫濱。在新橋站，各國公使、田中宮內相夫妻、珍田外務次官、石本陸軍次官等前來送別。羅森一行從橫濱乘坐法國輪船，去往了上海。[116]

## 【漢城】

《皇城新聞》自一月廿六日起因財政困難停刊，但在這一天復刊了。作為這期間的新聞，該報報導了二月九日林公使、伊地知少將謁見皇帝高宗。進而該報以《日俄戰捷》為題，報導了仁川的戰鬥情形。

這天，農商工部顧問官加藤增雄與大三輪長兵衛分別拜謁了高宗。加藤專門講解了「日俄至開戰始末」，說「中立宣言對時局無足輕重」，斷言中立宣言與事態沒有任何關係。大三輪則講了關於內政改良之事，最後他指出有必要「締結日韓同盟」，批判了中立宣言。對此，高宗說，「朕曾深信只要將中立通牒送予各國，日俄開戰時即可預防兩國之兵入韓，卻毫無效果。」同席的李容翊頻頻擁護中立論，說大三輪幾年前不也提倡過中立論嗎？為此還與大三輪爭論起來。導致大三輪認定李容翊「是中立論的主動提倡者及擁護者」，是誤導高宗的人物。[117]

林公使向外交部發去電報，因要將宣戰詔勅翻譯成韓語，希望發來日文版。[118]

## 【聖彼德堡】

各家報紙報導了宣戰詔書。《新時報》在社論中寫到，「日本攻擊停泊於旅順外錨地的我方艦隊，是在沒有發佈宣戰公告的情況下進行的。因此，從國際禮節來說，這一行為完全是不恰當的」。[119]接下來是「俄羅斯艦船的損傷」、「朝鮮」等紀事。當日，皇帝任命阿列克塞耶夫為遠東陸海軍最高司令官。[120]

【津輕海峽】

以符拉迪沃斯托克港為根據地的四艘俄羅斯巡洋艦（「博加特里號」、「留里克」、「格羅姆鮑伊」、「俄羅斯」）進入了津輕海峽方面，下午一時，四艘艦艇在青森縣鱸作沖遇到自酒田駛向小樽的商船全勝丸、奈古浦丸，對這兩艘船施以了炮擊。奈古浦丸船體沉沒，船員和乘客被收容到了俄羅斯艦。全勝丸雖也遭到了彈擊，但成功逃脫，於下午八時進入了渡島國福島港。[121]

【大連灣】

在大連灣鋪設水雷的水雷運輸艦「葉尼塞」觸發自己鋪設的水雷而沉沒。尼古拉二世在日記中寫到，「艦長斯德潘諾夫中校、三名士官、九十二名水兵死亡。恐怖的事件。」[122]

## 二月十二日（一月三〇日）星期五

【漢城】

《皇城新聞》發表了社論《從我韓立場論日俄關係》，文中寫道，雖然日俄「同為我友邦」，卻到了「以干戈相向」的地步，這不僅是「兩邦之不幸」，也是「友邦之不幸」。但是，它們交戰的原因與我國相關。

如果有能力的話，我國應該在日本之前與俄羅斯開戰。「首倡滿韓交換之說的是俄羅斯，強行提出韓國分割論的是俄羅斯。我大韓乃堂堂獨立帝國。無論是交換，還是分割，這樣的提法都是何等失禮的侮辱。」韓國「只有與日清兩邦聯合同盟，並力齊肩，鼓勇前進，破其西伯利亞鐵道，逐其至烏拉爾對面，才能保全我東洋大局」。然而國內卻有投靠俄羅斯的動向，這無異於「苦於蚊蟲，自投虎狼之口」。現在日俄已經開戰，在這種情況下，不能再繼續「因循觀望，徘徊顧眄」，應該站在日本一側與俄羅斯戰鬥。

對日本的幻想和對俄羅斯的反感束縛了這名新聞評論員的認識。然而，即便如此，這篇文章也暴露出在日軍佔領下的韓國人極其悲劇性的認識混亂。[123]

這一天，巴甫洛夫公使撤離了漢城。他在即將出發時，向韓國政府遞交了迫於形勢而「暫時出國」，已將維護俄羅斯利益之事委託給法國公使的通告。[124]巴甫洛夫於上午九時廿五分與公使館員、警備公使館的陸戰隊員一同，乘坐臨時列車從漢城出發。很多報導都寫道，這個時候陪伴在巴甫洛夫身邊的年輕夫人一直面帶冷笑。她與巴甫洛夫在美國結婚，剛剛來到漢城不久。她是巴甫洛夫駐清時期的上司喀希尼的侄女。對這位年輕妻子嘲弄般的描寫，是為了襯托在韓國宮廷頗有影響的俄羅斯公使黯然離去時的悲慘情形。這個時候，韓國政府的要人沒有一人能夠前來送行。皇帝的代表也沒來。巴甫洛夫是在日本兵的嚴厲監視下出發的。前來送行的某外國公使對英國記者麥肯齊竊竊私語：「這分明是葬禮啊，只是少了靈車而已。」[125]

此行人去往仁川，在仁川與駐仁川領事波利亞諾夫斯基以下的館員會合。林公使在漢城送別了這行人，日本公使館的伊地知少將陪同去往仁川。一行於當天乘坐法國船「巴斯卡」號離開了韓國。「巴斯卡」直達西貢，巴甫洛夫從那裡前往清國，等待聖彼德堡的指示。之後，拉姆斯道夫外相於二月廿一日（八日）指示巴甫洛夫，其俄羅斯駐韓公使的身份不變，暫時駐留上海。巴甫洛夫在上海安定下來，日俄戰爭期間，他創立了上海機關，活躍於收集日本和朝鮮的情報。[126]

## 二月十三日（一月三一日）星期六

### 【東京】

《東京朝日新聞》發表了社論《帝國海軍的戰績》和《敵之暴虐》。前文寫道，「看已送達的旅順海戰公報，一次決戰之後，我主戰艦隊的戰鬥力寸毫無損，恰如我日本刀之鋒利，極少令吾人失望」、「可以斷定全面掌握日本海制海權之日為時不遠。」後文寫了俄羅斯四艘巡洋艦擊沉日本商船一事，譴責道，「追逐一商船並擊沉之，成何體統？不知文明世界之公法乎」，「罪行大過侵略」。文章煽情地寫道，「俄人料理煮食嬰兒乎，彼食人種族乎」。報紙用了一整版刊登《敵艦寇掠福山》。「由四艘巡洋艦組成的敵艦隊自昨日上午十時許」襲擊了「北海道的一角——福山」，「最終，一支部隊登陸，向民家縱火，恣意橫行，施展其特有之暴行」。但是，第三版的報導中寫道，因沒有關於俄羅斯軍艦攻擊福山的公報，詢問後，從函館得到的回答為「沒有聽說福山炮擊一事」，暗示這是虛報。

另外，該報還刊登了《國交斷絕公文》。這是二月五日栗野遞交給拉姆斯道夫的公文。這大概是為了說明日本方面做了最低限度的通告吧。報紙還報導了「俄探高橋門佐九的預審決定」。

**【漢城】**。

當日，《皇城新聞》以《日俄交涉始末大要》為題，報導了八日小村外相的交涉經過說明。沒有配發評論，大概不知道該如何評論才好吧。

這天，署理外部大臣李址鎔訪問林公使，說道，「韓國上下現今全然歸服日本，對日韓兩國之合作已無持異論者，此時申請交換先前推遲之密約」。[127] 為了迎合日本之意，親日派早早地就開始行動了。

對此，林公使出示了新的議定書草案，如下：

第一條，日韓兩帝國間保持恒久不易的親密交往，為確立東洋和平，大韓帝國政府完全信賴大日本帝國政府，專門接受大日本帝國政府的建議，圖謀改良內治外交。

第二條，大日本帝國政府真誠地保證大韓帝國皇室安全康寧。

第三條，大日本帝國政府切實地保證大韓帝國的獨立及領土完整。

第四條，如有第三國侵害或內亂，大韓帝國皇室安寧或領土完整出現危險，大日本帝國政府應臨機迅速採取必要措施，而大韓帝國政府為使上述大日本帝國政府行動順利，須盡力提供方便。

第五條，今後兩國政府未經相互承認，不得與第三國簽訂違反本協約宗旨的協約。

第六條，與本協約相關未盡之細目將由大日本帝國代表者與大韓帝國外部大臣臨機商定。[128]

海野福壽認為，與開戰前的方案相比，這個方案雖然在「明示韓國對日本的從屬地位這點上」有「程度上的差異」，卻是將韓國作為日本的保護國的方案。[129]

【聖彼德堡】

上午，小學生支持戰爭的遊行隊伍來到冬宮。晚上，皇帝又一次聽到了令人心痛的消息。輕巡洋艦「包亞林」在從旅順向大連航行的過程中觸碰到水雷而沉沒，輪機手九人死亡。尼古拉在日記中寫道，「心痛，難過」。[130]

## 二月十四日（一日）星期日

【東京】

《東京朝日新聞》發表了社論《俄國的宣戰詔敕》，對兩點進行了批判。第一點，說日俄交涉是關於「韓國事態」的交涉，這種說法很可笑。交涉本應是「為在相當於兩國利害接觸點的滿韓兩地，友好地調整相互利益的交涉」。第二點，說只通告了斷絕外交關係就襲擊旅順，也很可笑。「至今猶為此言，若非卑怯，即還有留戀」，日本在通告的結尾不是言明「保留採取獨立行動的權利」了嗎？「是非曲直，環視之列國，皆可知之。」

第三版的報導援引朝鮮特電，刊登了昨日傍晚林公使與伊地知武官一同拜謁高宗皇帝時，偶然聽到的勅語：「昔年播遷俄館乃因內亂，而此次日本是為東洋和平而戰，須安心信賴日本軍隊。絕不應有其他舉動。」

這大概指的是二月九日的拜謁吧，高宗的勅語被歪曲了。

小村外相這天對林公使的議定書草案報告做出指示。他指出第一條中，不僅是「建議」，還應加入「援助」一詞，要加強介入的程度，並且指示第四條中應加上「可佔有戰略上必要之地點」一語。[131]

下午二時，在經濟界和言論界的宣導下，帝國酒店舉行了議員、政黨有影響力人士、實業界、新聞界等兩百五十人的聚會。島田三郎做了開會致辭，「本來此事非關政府安危，乃關國民永遠之安危，而今政府態度決然，畢竟是我們督促政府至此，故不可不云我們作為日本國民有重大責任。」島田感謝了出征的士兵，談到以大國俄羅斯為對手作戰，「為使彼充分屈服」，必須有「長期作戰的精神準備」，他號召大家響應軍事國債的募集。

聚會決議幫助募集軍事國債，決定給東鄉聯合艦隊司令長官、瓜生第四艦隊司令長官送去感謝狀。在感謝狀聯名的執行委員包括：池邊吉太郎（《東京朝日新聞》）、德富豬一郎（《國民新聞》）、黑岩週六（《萬朝報》）、陸羯南（《日本》）、島田三郎（《每日新聞》）、田口卯吉等十四人。[132]

這一天，幸德秋水等人主辦的週刊《平民新聞》第十四期上發表了評論《戰爭來了》。這完全是孤立的聲音。文章開篇寫道，「戰爭終於來了，來攪亂和平了，罪惡橫行來了」，雖然兩國政府都在指責責任在對方政府，但該文斷言，「攪亂和平的責任，兩國政府或其一國政府最終必須承擔。……不可加之於吾等平民也」。儘管在舉國之民似乎都在競相盼望、支持戰爭的時候，這種認識確實脆弱無力。但是，「於是乎，吾人平民必須徹底否定戰爭。……只要吾人有口，吾人有筆，有紙，即應大聲疾呼反對戰爭。而且相信在俄國，吾人的平民同胞必定也是同一態度方法」。這是超越時代的聲音。

【漢城】

小村再度出示修正案後，韓國方面進行閣議，拒絕了第一條的「援助」，改為「忠告」，第四條修改為「可臨機使用戰略上必要之地點」。[133]這表現出了即使是親日派，也不願意失去獨立國的體面這種心態。這一天，林公使向韓政府傳達了翻譯成韓語的宣戰詔勅。[134]

【聖彼德堡】

皇帝在十四日的日記中寫道：「仍然處於昨天的悲傷情緒中。因海軍的狀態，以及國內針對海軍的意見而氣憤、心痛。」這天，皇帝與自暹羅返回俄羅斯的恰庫拉布恩王子共進早餐，席上他們大概談論了日俄戰爭、朝鮮的命運等話題吧。他還接受了羅熱斯特文斯基海軍軍令部長、阿巴扎遠東特別委員會事務局長的謁見。[135]

## 二月十五日（二日）星期一

【聖彼德堡】

《新時報》發表了社論《中立》，文中寫道，世上有各種各樣的中立，其中就有「未被理解的中立」。即使英美的報刊保持沉默，俄羅斯的報刊也應該對此發出聲音。「世上存在這種中立。如果日俄戰爭沒有轉化為野獸般的、否定法律規範的日本瘋狂的話，它就必須存在。我們腦海中想到的是朝鮮」。我們必須質問英美的國際法教師們：「你們有勇氣說日本在朝鮮的行動違反了國際法的基本原則嗎？」作者提到一八九四年，日本從漢城驅逐清軍，八月廿六日，還締結了日韓「同盟」條約，但現在的情況完全不同。「俄羅斯兵沒有踏足朝鮮。沒有需要從那裡驅逐的人。日本自身在各種場合表示，主要是擔憂朝鮮和滿洲的領土完整和獨立。如果是那樣，為什麼日本人覺得自己就可以將中立國轉化為軍事作戰的戰場呢？」[136]

【旅順】

阿列克塞耶夫得到了皇帝肯定的回覆，因此他向米西琴科下令，為了搜集情報，派第一赤塔・哥薩克連隊和第一額爾古納・哥薩克連隊的幾個中隊進入朝鮮，並指示由於這個國家目前是中立國，要溫和對待當地居民，不得侮辱他們。[137]

## 二月十六日（三日）星期二

【仁川】

日本陸軍第十二師團主力一萬七千人，兵站部員七千人自這一天起開始登陸仁川。漸次於漢城集合。[138]

【聖彼德堡】

尼古拉二世召見庫羅帕特金，表達了任命他為滿洲軍總司令官的旨意。[139]

## 二月十七日（四日）星期三

【東京】

小村外相給林公使發去電報，指示韓國政府的修正案「大體尚可」，希望將第一條的末尾改為「採用大日本帝國政府之忠告及援助」，第四條改為「可臨機收用戰略上必要地點」。[140]林將這一方案傳達給了韓國政府。

【漢城】

為了進駐漢城的第十二師團主力，日本公使館照會欲「借用」一個宮城。這天，韓國政府回答「勅許」其使用昌德宮。[141]

【聖彼德堡】

上午十一時，尼古拉二世在冬宮的中庭檢閱了第一東西伯利亞狙擊兵聯隊第三大隊。皇帝用聖謝拉菲姆的聖像祝福了大隊。之後，他召見了取代斯塔爾克被任命為太平洋艦隊司令長官的馬卡洛夫。[142]

## 二月十八日（五日）星期四

【漢城】

日本決定向平壤派遣第四十六聯隊的一個中隊，這天，該中隊從仁川港乘船前往平壤。這是先遣隊。留在仁川的兩個大隊的臨時派遣隊也於同日進入了漢城。[143]

李署理外部大臣訪問了林公使，並回答，在第一條中加入「援助」一詞，「因政府內部出現於國體甚有損的議論，有被悲觀之念打倒者，政府終究難以通過」，希望刪除「援助」，改為「用忠告」。第四條中，對將「使用」改為「收用」沒有異議。林給東京發電報，要麼接受這個提案，要麼固執於「援助」而更迭李署理大臣，只能在其中選一。[144]

【聖彼德堡】

《官報》開始連載《朝鮮和俄日衝突》的長篇論文。從神功皇后最初的征服、繼體天皇的任那支援講起，解說了蒙古襲來、倭寇，一直論述到了秀吉的朝鮮侵略為止。[145]

## 二月十九日（六日）星期五

【聖彼德堡】

尼古拉任命科科夫佐夫為代理財政大臣。[146]

【漢城】

第十二師團長井上光中將進入漢城。臨時派遣隊取消，現在大韓帝國首都處於日本軍第十二師團的佔領下。井上中將是佔領軍司令官。[147]

李容翊、玄尚健等與高宗商量，嘗試進行最後的抵抗。因為俄羅斯方面有可能在陸上戰鬥中戰勝日本，如果現在就站在日本一方，那麼在俄羅斯取得勝利的拂曉，韓國有被吞併的風險，出於這種考慮，以及俄羅斯軍在平壤方面的進軍很顯著這種情報都對他們造成了影響。高宗直到最後都很執著的是，他厭惡日本的「用忠告」這種表達方式，要求改為「容忠告」。[148]

## 二月廿日（七日）星期六

【聖彼德堡】

這天的《官報》刊登了關於日俄交涉的詳細紀事，批判日本開啟戰爭。日方的最終提案是一月十六日（三日）送到的，俄羅斯真誠地準備了答覆。然而，日方不待俄方答覆就斷絕了外交關係。而且，日本在二月十一日發出宣戰佈告之前，於二月八日夜晚就攻擊了俄羅斯的軍艦。該文主張，這是「極端不法的攻擊」，是「違背國際法原則的行為」。[149]

庫羅帕特金拜謁皇帝，討論了勅令的寫法，皇帝猶豫任命庫羅帕特金為滿洲軍總司令官時是否要保留陸軍大臣的稱號。如果幾個月後再任命他為陸軍大臣，那現在就相當於是降級了。尼古拉想起庫羅帕特金以前的願望，說「等你載譽而歸時，任命你為基輔軍區司令官吧。」他在為戰後如何安置庫羅帕特金而苦惱。尼古拉這時說，他正在考慮讓羅普科繼任陸相，至於薩哈羅夫參謀總長，說他「不適合做大臣。」庫羅帕特金在這一天被正式任命為滿洲軍總司令官。[150]

【漢城】

《皇城新聞》當天刊登了日本和俄羅斯的宣戰詔勅。由於日本詔勅提出的宗旨是為保護韓國而戰，因此，新聞看起來似乎對日本的詔勅抱有好感。

高宗會見了美國公使艾倫，對於日本方面的提案，他說「作為保護韓國的回報，日本想要控制政府的政策。」艾倫向華盛頓報告：「韓國政府元首熱切期待獲得合眾國的援助。我沒有承諾什麼，只是安慰了他，婉拒了緊急避難（asylum）的請求。」[151]

第十二師團全部進入漢城。[152]

當晚，日本公使館舉行了宴會，韓方大臣幾乎全員出席。林公使極力述說，「有必要簽署明確日韓兩國提攜之議定書」。只有李容翊表達了仍有字句尚須修正的意見，其他人表示「完全同意」。[153]

## 二月廿一日（八日）星期日

【東京】

《東京朝日新聞》報導了前一天「俄探高橋門佐九的公審」。充滿敵意地描述高橋，「其人色蒼黑，相貌賤劣，自現其心性，左頰有腫物之跡，蓄有八字髭，身著米澤琉球碎白點重疊窄袖便服及同款外褂，舉止粗俗，惟言語明晰」。

【漢城】

林公使將日韓議定書最終方案送給東京，請求批准。小村於翌日批准了最終方案，下令簽署。154

【平壤】

上午十時，二十三名平壤兵站司令部要員進入平壤。155

## 二月廿二日（九日）星期一

【聖彼德堡】

拉姆斯道夫外相在這天給各國政府發去了批判開戰時日本行動的通牒。路透社通訊對其進行了報導，告知了全世界。二月廿五日，這份通牒傳到了日本政府。

在這份通牒中，俄羅斯政府首先呼籲人們注意日本向朝鮮施行的「暴力行為(acts of violence)」。韓國的獨立和領土完整一直受到各國承認，並被下關條約、日英同盟協約、俄法宣言所確認。韓國皇帝於一月發表了中立宣言，各國政府和俄羅斯政府都承認這一點。但是，日本政府「無視所有事實，違反國際法的基本規則」，做出了以下行為：一，在展開敵對行為之前，日本軍就在宣佈中立的韓國登陸。二，在發表宣戰公告的三日前，日本艦隊就在仁川攻擊了俄羅斯的兩艘軍艦。三，在敵對行為開始前，日本就在韓國港口拘捕了俄羅斯的數艘商船。四，通過駐漢城的日本公使向韓國皇帝宣佈，今後韓國將置於日本的行政之下，警告如果不遵從，日本軍隊就會佔領皇宮。五，日本要求俄羅斯公使撤離韓國。[156]

俄羅斯政府的這些主張，至少除第四點之外，都是遵照事實的，因此，日本政府也心虛起來。日本國內完全沒有報導此事。

【漢城】

下午四時，署理外部大臣李址鎔向林公使提出，希望將議定書第一條的「用忠告」之語改為「容忠告」。林給小村發去電報，表示他認為接受修改沒有問題，只要加緊簽署。[157]然而，這樣仍然不行，高宗希望將原定於這天簽署議定書之事延後。林公使認為，高宗得到俄羅斯軍正在平壤、定州方面行動的情報，想要迴避簽署議定書。李容翊威脅署理外部大臣李址鎔，「陛下提出議定書尚有問題，若簽署該議定書，將處置大罪人李址鎔。」李址鎔害怕秋後算帳，於是拒絕簽署議定書，想逃到市外去。[158]

這天早晨，《皇城新聞》刊登了社論《辯傳聞之妄》，寫道「現在聽說我政府打算與日本秘密締結條約」。林公使與本國聯絡，希望控制日本的新聞報導。[159]

【朝鮮北部】

俄羅斯的騎兵偵察隊順著平壤大街道一直南下，經過定州、博州，在這一天到達了肅州。他們一路上沒有遇到日軍，也沒有從居民那裡得到情報。日軍還沒有進入平壤。[160]

利涅維奇於這天發出正式命令，命米西琴科渡過鴨綠江，在義州佈陣，待與額爾古納聯隊的部隊會合後，進行平壤方面的偵察。到時候，即使遇到日本的騎兵部隊，也不要殲滅。如果日軍力量強大，就後退，撤回到鴨綠江的清國沿岸。[161]

俄羅斯兵出現在朝鮮北部，大概確實引起了這一地區居民的恐慌。美國記者麥肯齊後來在平壤見到了從義州逃來的難民，他們喊著「俄羅斯人來了」。[162]不過，俄羅斯騎兵的數量很少，民眾受到的損害，可能心理上的因素更大一些吧。

## 二月廿三日（二〇日）星期二

【平壤】

井上第十二師團長命令組建派遣平壤的一支隊，第十二旅團長佐佐木直少將擔任支隊長，將步兵第十四聯隊以及騎兵、工兵分為五個梯團。第一、二梯團定於本日廿三日，從開城前往平壤。「當時京城與平壤之間道路甚為泥濘，即使是步兵行軍，走一里仍需二小時，各隊因途中無休連續行進，相當疲勞，出現許多病患。」[163]

【漢城】

這天早晨，林公使派公使館員去李署理外部大臣家「制止其逃走之念」，正午，公使館員見到了李本人。李址鎔最終聽從了林的勸說。午後，林公使與李署理外部大臣簽署了日韓議定書。

## 日韓議定書

前文（略）

第一條，日韓兩帝國保持恒久不易之親密交往，為確保東洋和平，大韓帝國政府切實信任大日本帝國政府，關於改善施政，容其忠告。

第二條，大日本帝國政府以確實之親誼保證大韓帝國皇室安全康寧。

第三條，大日本帝國政府切實保證大韓帝國之獨立及領土完整。

第四條，如因第三國侵害或內亂，大韓帝國皇室之安寧或領土完整出現危險時，大日本帝國政府應臨機迅速採取必要措施。而大韓帝國政府為使大日本帝國政府之行動便利，須盡力提供方便。大日本帝國政府為實現上述目的，可臨機收用戰略上必要之地點。

第五條，今後兩國政府未經相互承認，不得與第三國之間簽訂違反本協約宗旨之協約。

第六條，本協約相關未盡細目，由大日本帝國代表者與大韓帝國外部大臣臨機協定。[164]

日本侵入宣佈中立的韓國，佔領鎮海灣和漢城、仁川地帶，進而佔領平壤，在佔領軍的威壓下，迫使大韓帝國政府屈服，簽署了走向日本保護國之路的議定書。這份協約是依靠軍事力量強制締結的協約。可以說，從此韓國走上了保護國之路。

林公使在這天的午後三時，與井上第十二師團長一同謁見了高宗。林向高宗要求派李容翊去日本，高宗無奈只得同意。在佔領者的強迫下完全屈服了的皇帝，其心情可想而知。

這天，內藏院卿李容翊被免去一切現職、兼職，按陸軍參將的資格，以「奉命遊覽日本」的名義拿到了護照。[165]李容翊被護送去了仁川。林公使晚上給小村發電報，報告抵抗勢力的核心人物李容翊「無論何事都有於我不利益方向動搖陛下心理之虞……今後當於我方手中改良韓國內政……其甚為妨礙之根源」，有必要讓他離開韓國去日本。[166]

美國公使艾倫這天給國務卿發去電報，「昨夜，皇帝簽署了確立日本的韓國保護國制（protectorate）條款。」[167]

## 【聖彼德堡】

尼古拉二世受理了被任命為陸軍大臣的薩哈羅夫的上奏。庫羅帕特金也來道別。[168]

## 二月廿四日（一一日）星期三

【旅順港外】

從廿三日夜晚起，日本方面斷然進行了第一次封閉旅順港作戰，企圖在旅順港口沉沒五艘輪船，封堵住港口。其中一船由前俄羅斯公使館武官廣瀨武夫指揮。廿四日午夜零時，五艘輪船在四艘水雷艇護衛下靠近旅順港。然而，旅順的探照燈注意到了這五艘船，開始從炮臺進行炮擊。五艘船未能到達目的地，全部觸礁自爆了。雖然這次作戰以失敗告終，但全體船員基本上都逃了出來。[169]

【東京】

《東京朝日新聞》全文刊載了昨日做出的「俄探高橋門佐九的判決」，為有期徒刑八年。根據判決文，高橋委託橫須賀海軍工廠的繪圖員長谷川正提供橫須賀軍港的圖紙以及軍艦的新舊武裝、艤裝改造及修理等資料、軍艦動向、海軍演習結果等報告、圖紙。他還請求舞鶴鎮守府軍法會議海軍警察瀨野赳夫提供關於舞鶴軍港的同類報告、圖紙。「以上兩人均考慮到事關帝國的利害，僅提供了不涉秘密事項的報告，高橋未能收集到涉及軍事秘密的情報。」

推測事情大概是這樣的，魯辛、高橋的行動一直被日本方面嚴密監視著，與他們接觸過的人會立即受到調查，這些人反而被當局誘導，將當局想給俄方的情報、圖紙交給魯辛、高橋。

據說高橋在公審時辯解，「通過日本員警官吏圖謀帝國利益的事件，毫無惡意」。但是顯然，他是忠於俄羅斯方面的。因此，一直嚴密監視魯辛、高橋的日本方面很可能會故意洩露錯誤的情報進行操縱。高橋在刑期結束出獄後，於一九一二年被聘為俄羅斯神戶領事館的翻譯。[170]

【平壤】

日本軍的先遣隊——第四六聯隊第七中隊於這天的十時二十分渡過大同江，從大同門進入了平壤城。當地的日本僑民三百人手舞國旗前來迎接。[171]平壤當年因日清戰爭，居民逃散，街道遭到破壞，曾經號稱有六、七萬的人口銳減到了一萬五千人，它是從這種地步重建起來的。在美國牧師莫菲特的努力下，市內有四個新教教會招募信徒，筆者推測，當時居民的相當一部分成了基督教信徒。[172]此刻，日本軍正打算佔領這個城市。

【漢城】

林權助公使在這一天給小村發電報，繼李容翊之後，打算讓閔泳喆出任北京公使，將讓他先出發去日本，對李根澤也將採取同樣的做法，至於吉永洙、李學均、玄尚健三人，將「與井上師團長協商後，採取適宜措施」，除去這些反日派，「是出於為了便於整頓韓國的考慮」。[173]

【倫敦】

《泰晤士報》刊登了二月廿二日俄羅斯政府批判日本的文章，沒有附加評論。[174]林董公使在這天將這則報導報告給日本政府時，寫道，《泰晤士報》添加了如下評論：該文與俄羅斯以前的主張相同，「敘述中，向日本問罪的證據比較薄弱」，「抱怨日本侵害韓國獨立及領土完整的話，從直接導致戰爭的主要根源——始終拒絕自滿洲撤退的俄國口中吐露出來，略為奇怪，」這點究竟是沒有影響到拉姆斯道夫呢，還是他忘了「滿洲是清國一部分，而清國的獨立及完整，受到各國（含俄國）充分承認」。雖然在事實關係上有不明之處，但林董傳達出了英國的氣氛。[175]

## 二月廿五日（一二日）星期四

【朝鮮北部】

米西琴科的騎兵部隊從義州出發，目的地是安州和平壤。他們還配有炮兵，考慮一旦遭遇日本軍，就展開攻擊。[176]

【仁川】

李容翊在加藤增雄的陪同下，於這天早晨乘日本船去往東京。[177]

【倫敦】

針對俄羅斯政府批判日本的文章，英國外務次官坎貝爾對林董公使說，不能理解俄羅斯政府發表這篇文章的目的，他說「因為戰爭一掃條約，在敵對行動開始後，條約沒有任何拘束力。」[178]

【華盛頓】

針對俄羅斯公使提出日本在仁川攻擊俄羅斯艦艇違反國際法一事，美國國務卿海約翰對高平小五郎公使這樣說道，俄羅斯的說辭和日本提出的本國主張一樣，「美國都只視為是訴諸友好國的道義上的感情而已。」「美國政府將行動限定於承認注意到了這樣的意見表明，其他什麼也不會做」。[179]

## 二月廿六日（一三日）星期五

【旅順】

前一天，庫羅帕特金發出電報。「前進的米西琴科騎兵部隊是極度不安的因素。我的意見是，有必要在偵察結束、被敵人的優勢力量逼迫撤退之前就向後撤。」利涅維奇接到這一電報，於當天命令米西琴科撤回義州。[180]庫羅帕特金已經害怕起日本軍來。

【倫敦】

針對俄羅斯對日本政府的批判，《泰晤士報》這天又刊登了紐約電訊。無論是從哪方先開始的，很明顯最初的「戰爭行為」是「二月六日傍晚，在日本攻擊旅順的數小時前，俄羅斯炮艦『高麗人』炮擊日本運輸船及其護衛艦。該文用虛假的辯解反駁了俄羅斯的主張。[181]

## 二月二七日（一四日）星期六

【東京】

這天《官報》公佈了日韓議定書。[182]

【朝鮮北部】

米西琴科率領的哥薩克部隊中，一個中隊在平壤北十二公里處，兩個中隊在安州，主力的第一梯團在定州，第二梯團在郭山。由於當地居民的態度是不信任和不關心交織在一起的，因此他們什麼也不願意說。筆者推測，他們確實不瞭解日本軍的情況，即使知道，也不願意說。當地的官員全都逃走了。

這天，別爾菲利耶夫上尉的中隊接近平壤，開始進行偵察。日本軍的偵察兵出現，確認是俄軍之後，從城牆上開始炮擊。哥薩克中隊撤退了。[183]這是日俄地面部隊最初的接觸。

這天下午六時，利涅維奇將軍的撤退命令送達定州。米西琴科發出電報，令部隊在廿九日之前全部撤退。[184]

## 二月廿八日（一五日）星期日

【朝鮮北部】

根據日本參謀本部《明治三十七八年日俄戰史》第一卷，日軍和俄軍的接觸戰是在廿八日。這天拂曉，日軍為了探察俄羅斯騎兵部隊的情況，派遣騎兵偵察兵去往坎北院，在並峴附近發現十四、五騎俄羅斯騎兵。俄羅斯騎兵來到箕子陵北方高地時，遭到來自七星哨所的射擊，退回了北方。[185]

【東京】

《東京朝日新聞》在第一版最上段的中央位置以《韓廷確定國是》為題，對「韓廷御前會議確定如下之國是方針」做了如下報導。

一，為確保東洋和平，韓國將永遠與日本保持交往，一意依賴日本，力求改善內政。

二，保持韓國皇室神聖。

三，韓國以親密友誼依賴日本，謀求獨立及領土完整。

四（省略）、五（省略）

這則報導是說韓國方面以日韓議定書為基礎，制定了國策，是虛假的資訊。報導省略了有問題的條款，以混淆視聽。報紙在第二版刊登了日韓議定書全文，前面配有社論《日韓新關係》，開篇為：「簽訂日韓議定書，雖說是新關係，其實只是舊關係的結果」。這次發佈宣戰公告也是為了韓國的獨立、領土完整。這個事情在議定書第三條也特別寫了出來。「夫韓國弱小，有獨立之名而無其實」，「被有野心之強國侵害其獨立及領土」，而且「其政治紊亂，秩序廢頽，內亂時時勃發，……屢屢危害吾國於韓國之利益。在這種情況下，日本採取臨機必要之措施，一方面為擁護韓國皇室政府國民之安寧和獨立，同時，為永遠維持吾國之利益及遠東之和平，實為不得已。」以第一條為首，「議定書各項條款，實為保全韓國獨立和領土完整絕對必要之條件」。日本與俄羅斯交涉時要求的也是這些條件，由於俄羅斯拒不接受，最終「不得已至開戰」，「韓國政府若不肯承認此等吾之理所當然的要求，吾國或不得不以實力進行強制亦未可知。」此次韓國政府「主動簽署此議定書。吾人不由得衷心為兩國關係之純熟而欣喜。」

作者確信這份議定書會被列強所接受。他認為小村外相發表的《日俄交涉始末》中，日本的要求「公明正大」、「尤其是日本有關朝鮮的要求，理所應當」、「議定書內容不過是綜合了對俄要求，明顯亦當為列國所諒解。」對於俄羅斯一直批判自開戰以來日本的主張，該作者只淡淡地說是「有意思的事」，很是心安理得。他寫道，可以預想俄羅斯的主張「不為世界所認可，一如照鏡」。

【聖彼德堡】

《新時報》在外電欄以《日本將韓國保護國化》為題刊登了數則外電。倫敦電文寫道：「朝鮮問題進入了新局面，引起世人普遍關心。根據從漢城經由紐約傳來的消息，韓國政府命令本國軍隊與日本軍匯合，即將要參加戰爭。皇帝最信賴的顧問官被放逐，準確地說被強制送往日本。內閣由日本及現在公然與日本一同行動的美國的追隨者構成。」可以確認美國政府已經偏離中立立場，站到了日本一側。這樣的意見與法國的意見完全相反。法國「不承認日本將韓國保護國化，認為違反了日英同盟條約。」東京電文則正確地報導了日韓議定書。[186]

《官報》刊登了連載文章《朝鮮與俄日衝突》的最後一回——第四回。在敘述了三國干涉、義和團事件之後，文章提及了日俄交涉。該文指出，俄羅斯明言有尊重日本在朝鮮的「商業上的——經濟上的地位」的準備，不過「執著於朝鮮的獨立和領土完整」，但是「這點恰恰與日本政府的計畫相背離」。[187]

## 二月廿九日（一六日）星期一

【東京】

這天，《東京朝日新聞》以《陸上第一回衝突》為題，報導了廿八日上午九時，平壤北七百米處出現了

「敵人的騎兵」，「因我方射擊而退卻」。第七版刊登了《馬卡洛夫中將的戰術論》，寫道，「此人不僅有領袖氣質，而且有組織頭腦，是俄國罕見的戰術家，他對殘破水雷艇、驅逐艦的利用也頗有可觀之處，我海軍在不久的將來將會喜逢此好敵手。此人所著海軍戰術論在我邦已有翻譯，其精神頗有與日本相通之處。」文後還附上了俄羅斯太平洋艦隊新任司令長官馬卡洛夫的戰術論摘要。

## 【漢城】

《皇城新聞》刊登了日韓議定書全文。其內容果然給了有心的韓國人當頭一棒，韓國社會出現了不穩定的氣氛。

第十二師團主力自這天起從漢城出發，前去佔領平壤。參謀本部《明治三十七八年日俄戰史》第一卷記載了這個時候的狀況：

「日韓兩國二月二十四日締結盟約……雖簽署，但當時韓國官民多有反對此同盟者，京城狀況甚不穩定，韓國內閣不免動搖，若第十二師團前往平壤，京城守備薄弱，如韓國政府意志急變，難保不發生騷亂……」188

於是，日本方面加快了編制韓國駐紮軍的步伐。

【定州】

米西琴科部隊主力不顧命令，留在郭山和定州。米西琴科這天向利涅維奇提出，在鴨綠江構築強有力的陣地，盡可能延緩日軍渡河難道不是必要的嗎？暗中對撤退命令提出異議。最終到三月六日為止他們一直停留在義州。[189]

平安北道的義州、宣州、定州、博川、安州等地在大約兩周的時間內相當於處於俄羅斯哥薩克部隊的佔領下。隨同日本軍到朝鮮北部採訪的英國記者麥肯齊在實地報導《從東京到第比利斯》中，寫下了他從定州的美國傳教士那裡聽到的俄軍作風。

「只出現過一次事故，俄羅斯部隊向橫穿他們戰鬥隊列的朝鮮女性開了槍。原因是害怕招來不幸。抵達這裡的俄羅斯軍人都特別有禮貌。」「犯事的士兵被逮捕起來，判了八年的監禁。據說這是由於軍官們得到命令，要嚴格處理違反紀律的士兵，因而照此執行的」、「俄羅斯軍官與日本軍官不同，他們可以特別自由地說出自己的行動和目的。俄羅斯軍隊訓練得不夠好，射擊水準很拙劣，但是很勇敢。他們給人感覺好像吃不太飽飯。」[190]

【聖彼德堡】

皇帝在日記中寫道：「旅順沒有出現任何新的情況。」191

## 三月一日（二月一七日）星期二

【東京】

《東京朝日新聞》以《平壤方面的情報》為題，報導進入順安附近的「八十名敵方騎兵」於二月廿九日夜撤退到安州方面。

【漢城】

《皇城新聞》發表社論《論韓日協商條約》。文章對第一條「關於改善施政，容其忠告」，批判道「這是怎樣一種失策啊」，「表面上說是忠告，其實暗含某種干涉的態度。」對第四條「內亂……大韓帝國皇室之安寧或領土完整出現危險時……臨機迅速採取必要措施。」批判道，「即使我疆土內有匪徒之變，我兵卒足以鎮壓內亂。為何要待外兵之措施？」對於土地的「隨意收用」，文章強烈抵觸，「名義上號稱獨立，其實就是保護國的實例。其獨立完整之本意何在？」進而抓住協定「無期限」這點，批判道，「就算日俄休戰之後，也要永久遵行」。那麼，此條約「豈不是將我獨立之主權讓予外人掌握，終無返還之日乎。」作者這樣結尾道：「切實締結此等條約，與自刃頭頸何異，筆者實不勝慨恨之切，於此略述數言，以寓憤歎之情。」[192]

終於，韓國有識之士開始充分認識到了日本軍佔領韓國的意圖。

## 三月二日（二月一八日）星期三

**【廣島】**

這天，黑木為楨司令官率領的第一軍得到命令，在鎮南浦登陸。該部隊實際從廣島出發的日期是三月八日。[193]

戰爭的第一階段——朝鮮戰爭仍在繼續。待到春天來臨，積雪融化之時，戰爭將發展為日俄之間的滿洲戰爭。

# 第十章　日俄戰爭就這樣發生了

日俄戰爭首先從朝鮮戰爭開始。日本軍侵入宣佈戰時中立的大韓帝國境內，佔領了鎮海灣、釜山、馬山、仁川、漢城、平壤，強迫大韓帝國皇帝簽署議定書，在事實上承認朝鮮為日本的保護國。並且，日本同時在仁川和旅順對俄羅斯艦艇發動了攻擊，不管怎樣，這些攻擊起到了向大韓帝國皇帝表明俄羅斯無法為其提供保護的作用。日本在掌握朝鮮之後，又越過鴨綠江，將戰火燃燒到滿洲，進入真正的日俄戰爭階段。日本在宣戰公告中宣稱是為「保全韓國」而與俄羅斯開戰，但實際上，日本在將朝鮮納為保護國、置於自己的統治之下後，為了迫使俄羅斯承認此事，進一步推進了戰爭。

而俄羅斯方面的情況是，在遭到日本海軍的突然襲擊後，才不得已發出了抗議性的宣戰公告，完全是被動的。俄羅斯不希望戰爭發生，這點是確實的。

## 日本的目的

不得不說，這場戰爭的根源在於日本對朝鮮的野心。取得明治維新成功的日本人，夢想著在文明開化、富國強兵的基礎上，擴大領土。

對於幕府末年變革時期的活動家們而言，改造國家的範本是俄羅斯彼得大帝的改革。佐久間象山這樣寫道：

「近有魯西亞之主彼得大帝，慨歎其國乏大船，不習水軍，疏於航海，自阿蘭陀（譯者註：即荷蘭）延請擅長諸藝者，教國人習是，……以上諸藝頓開，遂成歐羅巴州中光榮之國」、「上有豪傑之主領導，魯西亞終成不亞他國之雄強。」[1]

如果說彼得大帝的範本是由強力的君主統率，自上而下果斷實行近代化革命，謀求打破舊弊、改革社會、富國強兵的話，那麼彼得大帝的最終功績——開疆拓土也自然而然地成為了效仿的對象。渡邊華山寫道：

「有英主彼得忽然雄起，一代之內，西起蘇亦齊亞（譯者註：即瑞典）一部，東至我蝦夷堺迄，其地凡七千餘里，一舉蠶食，遂成世界第一之大國。」[2]

實現富國強兵後，就要擴大領土、發揚國威。這樣的藍圖幾乎成為了不容置疑的國家目標，鐫刻在日本人的腦海中。

日本如果要擴大領土，其對象就是日本周邊的地區。於是，北邊的樺太，西邊的朝鮮半島，西南的琉球、臺灣就進入了人們的視野，浮現在腦海中。這確實是地理學的問題。但是，侵略他國之舉，終究屬於異常之事，自然不應該成為國家國民的目標。在以上這些地區中，明治政府最早派去軍隊的是一八七四年向臺灣派兵。[3]一八七九年，日本推翻了琉球王權，將琉球完全併入了日本。另一方面，一八七五年，日本在朝鮮的江華島周邊發起軍事行動，在與俄羅斯締結條約放棄樺太之後，一八七六年，日本強制朝鮮簽署不平等條約，迫使其打開了國門。

在這個過程中，日本逐漸形成了以獲取朝鮮為目標的理念。出於和俄羅斯對抗、認為俄羅斯侵略正在逼近的意識，日本從最初起就強調有必要積極地介入朝鮮，保護朝鮮，同時也是保護自己這樣一種安全保障觀。儘管俄羅斯侵略朝鮮這種事情並不具備現實的可能性，但它還是反覆地被人們議論著，或許這樣一來，就使得日本想要統治鄰國的這種野心有了冠冕堂皇的理由吧。

一八八〇年代，朝鮮發生了壬午軍亂和甲申政變，日本起初遭到了保守的朝鮮人的攻擊，隨後它主動轉向支持朝鮮改革派的行動，在這個過程中，日本認識到了朝鮮的宗主國——清國的力量。然而這個時候，日本即使想向清國拋出自己的主張，也要顧及俄羅斯侵略的可能性。由此就產生了這樣的提案：由包括日本、清國在內的五國來保障實現朝鮮的中立，保護其免遭俄羅斯侵略。山縣一系的井上毅的提案等即是其例。

## 朝鮮和俄羅斯

朝鮮在被日本強力逼迫下打開國門後，並沒有確定國家前進的道路。國王高宗與明治天皇同歲。他在被由親生父親大院君所籠絡的保守派和親日改革派交相發起的政變的撼動中，接受了外國顧問穆麟德的建議，既拒絕了自古以來的宗主國清國，也拒絕了逼迫而來的日本，轉而去探索通過北方俄羅斯帝國的保護確立自己統治的道路。他最初的行動傳到日本後，激怒了外務卿井上馨。井上於一八八五年六月五日對清國公使徐承祖所說的話值得我們再次引用：「朝鮮國王君臣之間，其政治之體，所為殆有類小兒處。」此時高宗大約三十四、五歲，「此年齡處事如此，可知縱令送他賢良之人，諄諄勸諭，亦不能進善去惡。」因此，若清國與日本「不謀防阻之法，禍及貴我兩國即在旦夕」、「故須稍加拘束朝鮮王之臨政，使其外交無妄為。」[4]

這是朝鮮國王和日本的關係發展成不可調和的關係的起點。也是從那個時候起到一九一〇年日本合併朝鮮為止的四分之一世紀漫長鬥爭的開端。

另一方面，俄羅斯的態度從最初起就是消極的。俄羅斯擁有廣袤的國土，已經難以應付。因此日本迫使朝鮮開國的時候，俄羅斯並不認為是問題，也沒有打算與朝鮮建立外交關係。俄羅斯的想法是，沿海州接納了大量從朝鮮逃難而來的農民，讓他們從事農業，有益於促進新領土的開發，因此迴避與朝鮮建立正式外交關係較好。俄羅斯與朝鮮締結國交是在一八八四年，俄羅斯的宿敵——英國與朝鮮建立國交之後。雖然首任公使韋貝爾對朝鮮國王抱有同情之心，但俄羅斯本國的「觀望政策」依然沒有改變。對俄羅斯來講，無論朝鮮還是日本都只是遙遠的國度。

俄羅斯強烈意識到日本的存在是通過一八九一年皇太子尼古拉訪問日本時發生的大津事件。皇太子自身始終都被充滿異域風情的美麗的日本所打動。因此，當他被精神有問題的巡警襲擊後，雖然感到了強烈的疼痛和憤怒，但對日本的美好印象並沒有改變。在他對日本印象的最深處，深深地烙下了襲擊發生時慌張逃竄，隨後又返回現場跪地、雙手合十，表達遺憾之情的溫和的日本人的身影。對尼古拉來講，兇猛的、具有攻擊性的、充滿武士精神的日本與他無緣。即便是俄羅斯政府，也認為未能將襲擊尼古拉的警官處死的日本政府本身就代表「軟弱的國家」。

另一方面，對日本全體國民而言，大津事件的衝擊力極其巨大。因恐懼大國俄羅斯的憤怒，上至明治天皇，下至自盡的畠山勇子，所有日本人似乎都要被壓垮了。在這種恐懼之中，西伯利亞鐵路開工建設的消息又攪起了更深一層的不安。

## 日清戰爭及其影響

一八九四年，日本政府邁出了朝鮮戰爭的一步。導火線是朝鮮發生的東學農民叛亂。日本得知朝鮮向清國請求出兵鎮壓叛亂後，雖然自身沒有接到請求，但也產生了應該出兵的想法。陸奧宗光外相和川上操六參謀次長推動了此事。在出兵之後，伊藤內閣確立了將朝鮮從清國的宗屬關係中解放出來，使其成為日本的保護國的目標。日本軍佔領漢城後，最終於七月廿三日佔領王宮，解除朝鮮軍武裝，擒獲了國王和王妃。在此基礎上，日本以應韓方請求讓牙山的清軍撤退為由，開始攻擊清軍，同時還在海上擊沉了運送清兵的船隻。所有這一切都發生在發佈宣戰公告之前。

明治維新締造的新型國家日本，它的陸海軍確實很強勁。俄羅斯駐在武官沃加克對其讚歎不已。日本陸軍在平壤戰役中大獲全勝，隨後越過鴨綠江，攻入滿洲。朝鮮戰爭全面轉化為日清戰爭，日軍戰勝了清軍。

作為勝利的果實，日本不僅取得了朝鮮的獨立，即朝鮮對日本的從屬，還在獲得賠款和割讓臺灣的基礎上，進一步要求割讓遼東半島、南滿洲。即使以帝國主義的標準來看，這些要求也未免過於貪婪。

俄羅斯對此有了反彈，出於自身利益，俄羅斯不允許日本進入滿洲，此舉得到了德國、法國的回應，發展為三國干涉。最終，日本不得不屈服，被迫歸還了遼東地區。這一挫折原本有可能成為改變日本走向的契機，但日本國民的反應卻是「臥薪嘗膽」。

從侵略的受害方朝鮮和清國的角度來講，因帝國主義列強間的對立，日本的野心得到了抑制，這種結果是可喜可賀的。無論清國還是朝鮮都迅速提高了對俄羅斯的期待。朝鮮國王高宗和閔妃轉向投靠俄羅斯，以抵制日本的干涉。而受到打擊的日本對外強硬派的活動家們和軍部始終主張通過戰爭獲得對朝鮮的統治權，以至發生了由三浦梧樓公使主導的殺害閔妃的政變。這實在是不可寬恕的暴行，使日本完全喪失了在國際上的體面。在朝鮮，揭發這一暴行的是俄羅斯公使韋貝爾。日本不僅殺害了王妃，而且逼迫國王高宗下詔斥責王妃，將其廢為庶民，高宗對此很憤怒，於是上演了逃入俄羅斯公使館的逆向政變。一如為收拾事態而去到朝鮮的小村壽太郎所言，日本陷入了「天子被奪，萬事皆休」[5]的窘境。

此時，日本所面臨的課題是，想方設法與在朝鮮實力日益增大的俄羅斯交涉，盡可能地確保自己對朝鮮的影響力。其最初的嘗試是小村．韋貝爾備忘錄。在此基礎上，構想出來的是山縣有朋的日俄勢力圈分割案，它得到了伊藤首相的支持。一八九六年六月，山縣帶著這個方案參加了尼古拉二世的加冕儀式。

然而，加冕儀式外交的主角是李鴻章。他於六月三日與維特簽訂了俄清秘密同盟條約，基於這一條約，俄羅斯獲得了建設橫貫滿洲的東清鐵路的利權。在同一時間，山縣將其在朝鮮以南北劃分日俄勢力圈的構想告訴了洛巴諾夫－羅斯托夫斯基外相。協定案的第五條為，「日俄兩國政府在簽訂協定後，……認為除已駐屯該國的軍隊外，有必要進一步派遣軍隊援助該國官府時，為避免兩國軍隊衝突，日俄兩國須劃分各自軍隊的派遣地，一方派遣軍隊至南部，一方派遣至北部，出於預防，兩國軍隊間須保持相當距離。」[6] 六月六日，山縣答覆，劃分南北的界限定為大同江一帶，即平壤附近。這個方案是以朝鮮獨立為前提，將朝鮮分為南北兩部分，日本和俄羅斯分別行使各自影響力的方案。

如果當時日本和俄羅斯締結了關於共同援助朝鮮獨立的協定的話，朝鮮的獨立暫時就不會受到威脅。或許就為朝鮮開闢了通過國際保障成為中立國的可能性。當然，也可以設想日本不滿足於此，不久又會為了將俄羅斯的影響從朝鮮北部驅趕出去而轉向戰爭這樣的事情。但即便如此，沃加克後來在一九〇三年回顧這一時期時，還是指出在朝鮮問題上，此時是罕見的與日本締結正式協定的機會。

然而，洛巴諾夫－羅斯托夫斯基外相聽了山縣的提案後，沒有認真對待這一方案。結果導致六月九日締結的山縣．洛巴諾夫協定流於形式。一八九六年時，俄羅斯在朝鮮的立場明顯比日本有利。彼時，高宗仍然是俄羅斯公使館的客人，在尋求俄羅斯的保護。繼山縣之後，朝鮮使節閔泳煥也向俄外相提出交涉請求，尋求依靠俄羅斯的力量保護朝鮮，結成俄朝同盟。當然，除朝鮮之外，俄羅斯還有其他必須要考慮的事情，這是事實。但重要的是，俄羅斯對於今後該怎樣對待與朝鮮的關係，怎樣對待與日本的關係沒有一套深思熟慮的方針。

俄羅斯外相與皇帝商議後，拒絕了山縣的提案。日本駐俄公使西德二郎對此進行分析，做出了重要的判斷。他在一八九六年七月提交外交部的報告中寫道，俄羅斯無論是與日本共同地還是單獨地，都「無意」將朝鮮納為保護國，因此「於現今之狀態，俄無意與日本共同分割朝鮮南北」、「俄現今於朝鮮之所望，不過保其現狀而已，未有主動攫取或使其成為保護國之念。」[7]西德二郎由此得出結論，如果日本強勢推進，有可能在不發生衝突的情況下，就將朝鮮納入囊中。

## 俄羅斯進入滿洲

日清戰爭刺激了列強。德國於一八九七年佔領了膠州灣。這一事件進而刺激了俄羅斯皇帝尼古拉。野心勃勃的新任外務大臣穆拉維約夫體察到皇帝的心意，積極推進了一項冒險政策：獲取俄羅斯海軍連想都未曾想過的不凍港——旅順、大連。雖然維特起初強烈反對這項政策，但當其成為既定方針後，他反而最熱心地利用起來。維特規劃修建了東清鐵路的南部支線，將大連納為他的滿洲鐵路王國的終點。

到了一八九八年，朝鮮的反俄勢力——獨立協會發起了極具影響力的運動，致使俄羅斯不得不完全撤回軍事教官和財政顧問。俄羅斯失去了在朝鮮的影響力，在這種狀況下，它在遼東半島擁有租借地，從安全保障的角度來講是極度不安定的。因為旅順、大連與俄羅斯本國只有一條鐵路連接。

因此，當俄羅斯軍憑藉義和團事件和與其相關的俄清戰爭全面佔領滿洲後，對撤兵之事很猶豫，這可以說是必然的發展趨勢。至少，從駐紮旅順的關東州長官阿列克塞耶夫的角度來講，他是不願意輕易從滿洲撤兵的。

日本對於俄羅斯租借遼東半島之事，起初的態度也是很慎重的。直到這時候西外相才首次提出了滿韓交換論，指出如果俄羅斯取得南滿洲，那麼就將朝鮮全面交給日本，但當俄羅斯對這一提案表示拒絕後，日本輕易就撤回了，改為締結西．羅森議定書，只要求俄方承認日本在朝鮮發展工商業。然而，到了俄羅斯全面佔領滿洲之時，日本終於正面提出了滿韓交換論，這是出於認為明確主張如果俄羅斯控制滿洲的話，那麼要求俄羅斯承認韓國是日本之物也無不可這樣一種想法。另一方面，日本的民間輿論開始齊聲譴責俄羅斯進軍滿洲。軍部也加入其中。

韓國皇帝這時首次推出了希望成為中立國的路線，向日本政府尋求交涉。一九〇〇年八月，趙秉式出任日本公使。俄羅斯的駐日公使伊茲沃利斯基強烈支持此方案，在他的勸說下，俄羅斯外交部也支持起來。漢城的巴甫洛夫公使也放棄了自己的判斷，表示贊同。然而一九〇一年一月，日本政府、加藤外相聽取了駐清公使小村的意見後，堅決拒絕了這一方案。小村已經不再持單純的滿韓交換論，他的想法開始發生變化，顯現出要將確保韓國作為牽制俄羅斯統治滿洲的據點的傾向來。如此一來，日俄關於朝鮮的主張完全錯位。我們可以認為，就是從這一時刻起，日俄之間的對立走上了不歸路。

## 桂—小村內閣的成立

俄羅斯歷任駐日外交官都對伊藤博文寄予了厚望。的確，伊藤對俄羅斯的態度是慎重的。但是，在日清戰爭時，伊藤任總理大臣，對開戰負有責任。在下關議和時，他任全權代表，提出了那些強硬的要求，並且也是他決定接受三國干涉的。在一九〇〇年至一九〇一年，韓國謀求成為中立國，俄羅斯對此表示支援時，伊藤又是總理大臣。俄羅斯公使將交涉的希望寄託在伊藤身上，擔心如果他的勢力變弱了，日本和俄羅斯雙方就會逐步走上戰爭。但是，伊藤居首相之位時，卻沒有為改善日本與俄羅斯的關係做出任何事情。

一九〇一年六月，伊藤終於將首相之位讓與了桂太郎。桂任命小村壽太郎為外相。小村外相的登場，使日本朝著日俄戰爭的方向邁進了。以朝鮮為首，歷任了美國、俄羅斯、清國等這個地域所有國家公使的小村，是日本外交部的王牌。他具有傑出的政治能力和戰略構想力。這位身材削瘦的男人極具膽略。他的思考指向如何制訂並實施戰略，以實現將朝鮮完全收歸日本，並且進入南滿洲。

在外交部內部，對抗小村路線的只有栗野慎一郎一人。栗野的日俄同盟論、有限制的滿韓交換論全面否定了小村路線。栗野與伊藤一樣，想避免與俄羅斯的戰爭。然而，當他將自己的想法向小村說明後，小村表示如果你認為那樣好，就那樣做。可以說在栗野相信了小村的話，接受俄羅斯公使之職的那個時間點，他的外交官生命已經等同於結束了。

就在栗野從日本出發到俄羅斯赴任期間，以俄羅斯為假想敵的日英同盟的交涉被一舉推進了。同樣被無視的人，還有伊藤前首相。儘管伊藤出國是為探索日俄同盟的可能性，但他也是在巴黎才得知日英同盟交涉的。

## 日俄交涉

小村開展的日俄交涉是在為戰爭做準備，不是為了通過日本和俄羅斯的交涉，解決爭議從而避免戰爭。

一九〇三年六月，日本政府決定進行對俄交涉時，大山巖和小村壽太郎分別向政權中樞提交了意見書。這兩份意見書表述了同樣的判斷：如果俄羅斯繼續佔領滿洲，掌握滿洲的實權，那麼它遲早會將朝鮮置於其勢力之下。因此，現在要在外交交涉中要求俄羅斯承認朝鮮屬於日本，是日本的保護國。如果俄羅斯拒絕這一要求，就要開戰，而要發動戰爭，現在西伯利亞鐵路尚未完工是最後的機會。從俄羅斯已經表明的立場來看，毋庸置疑，它會拒絕日本的要求。那麼只有發動戰爭，取得首戰的勝利，進入議和階段，迫使俄羅斯在媾和條約中承認日本的要求。也就是說日本的想法是，交涉是為了創造面向開戰的條件而進行的。同時，這樣做本身也是為了在國內，說服對開戰持消極態度的人們；在國際上，讓同盟國英國認可日本已通過交涉做了十分的努力，從而贊同開戰。

高宗認識到日俄開始交涉即意味著戰爭臨近，他從一九〇三年八月開始謀劃戰時中立。在此過程中，高宗給俄羅斯送去密信表明當俄羅斯與日本發生戰爭時，朝鮮將支援俄羅斯的決心，他甚至還在信中提到了「清野之策（焦土作戰）」。這封密信雖然確實不過是一紙空文，但它很清楚地表達了高宗的心情。

列國外交官普遍對高宗的評價極度糟糕，恐怕只有韋貝爾一人對他抱有充滿人情味的同情心吧。但是，從一八八〇年代中期到一九一九年去世，高宗一直在抵抗日本對他的國家的干涉、控制、侵略。雖然他的抵抗方式遭到了各式各樣的批評，但他一直以來都在進行抵抗，這一事實是重要的歷史要素，倘若對此缺乏認識，就無法理解這個時代的東北亞歷史。

## 俄羅斯的新路線

在一九〇三年初，日俄立場的不可調和日漸清晰，戰爭危機露出端倪的時候，對俄羅斯而言，有什麼樣的道路可以走呢？接受日本的要求，交涉是否就能得出圓滿的結果呢？作為俄羅斯，是不能締結承認日本將韓國完全保護國化之類的條約或協定的。無論是從俄羅斯作為大國的尊嚴來講，還是從它一直對韓國皇帝的援助請求做出積極回應的立場來講，都不能這麼做。另一方面，如果不獲得相應的補償，俄羅斯也無法從滿洲撤兵。然而關於補償，只要俄清間即將達成某種妥協，日本和英國就威脅清國，協定隨之就會流產。

如此一來，俄羅斯就必須強化遠東軍備，以警告日本，如果日本展開攻擊，俄羅斯就會進行反擊，給以沉重的打擊。為此俄羅斯建立了將遠東政策一體化，與中央保持直接聯繫的體制。同時，增強遠東的兵力。試圖通過這些措施來迴避戰爭。這是唯一的道路。不用說這也是危險的道路。因為俄羅斯增強遠東軍備，有可能被日本解讀為正在準備發動侵略。

這一路線是被稱為「新路線」的核心，它是由別佐勃拉佐夫和沃加克的風雲際會而產生出來的。沃加克於日清戰爭前夕就來到了清國、日本，在八年的漫長歲月中，他作為駐在武官，一直觀察著遠東局勢。別佐勃拉佐夫接受了沃加克的分析、判斷與建議，放棄了以往投機式的想法，開始推動沃加克提出的更具現實性的選項。俄羅斯專制的悲劇在於，有時候一些對國家而言必要的政策，不得不由諸如別佐勃拉佐夫這樣的被視為某種異端份子、投機家的人物來推動。

皇帝尼古拉看似接受了新路線，他任命了遠東總督。但是，當別佐勃拉佐夫試圖挑戰庫羅派特金陸相時，沒有得到皇帝的支援，皇帝不同意解除庫羅派特金的職務，因為庫羅派特金是他的寵臣。其結果，庫羅派特金繼續擔任這個危機時期的陸軍最高領導人，只要是這樣，別佐勃拉佐夫的新路線事實上也就被擊退了。皇帝直到最後都是不負責任的。

陸相庫羅派特金是個奇特的人。他喜歡寫文章，他的日記作為讀物來閱讀是十分有趣的。他與其說是軍人，不如說更傾向於作家。庫羅派特金作為陸相，在面對別佐勃拉佐夫的批判時，堅持認為遠東兵力充足，海軍力量完備，真是不負責至極。另一方面，他一直主張放棄南滿洲，合併北滿洲，在戰爭迫在眉睫的一九〇三年十二月，他居然提出放棄本應誓死守衛的、與日本戰爭的最前線要塞旅順，可以說他的罪過更加深重了。

至於擔任遠東總督的阿列克塞耶夫，無論是日本還是歐美都將他視為窮凶極惡的侵略主義者、戰爭派，這大概是受《泰晤士報》記者等一知半解的評論的影響吧。[8]阿列克塞耶夫是個懦弱的人，他原本不想擔任遠東總督。他之所以執著於將兵力留在滿洲，只是因為他是旅順地區的負責人。

身為遠東總督的阿列克塞耶夫得到來自韓國皇帝的控訴和請求，他做了回應，甚至包括答應高宗皇帝再度「播遷」到俄羅斯公使館。阿列克塞耶夫認為，日俄交涉是日本軍事行動的掩護，必須準備與日本的戰爭，要採取行動。但是，他的這些主張不斷地遭到庫羅派特金和皇帝的否決。最終他陷入某種神經衰弱的狀態，以至在開戰前夕上演了連日向聖彼德堡發去辭職申請的荒唐劇。

別佐勃拉佐夫的新路線沒能成功地排擠走庫羅派特金，半途而廢，其結果反而促使日本加快了戰爭的步伐。

## 最後的瞬間

開戰迫近之時，拉姆斯道夫仍然在努力制訂俄方的最後提案。俄羅斯青年學者盧科亞諾夫對拉姆斯道夫做出了善意的評價，認為他是俄羅斯政治家中「最理性的」，對他的讓步案沒能及時送達日本感到遺憾。[9]但是，這位外相的理性判斷力致命地低下，同時他也不是能夠在危機時期做出政治決斷的人。他沒能理解在最後的時刻，栗野遞交的日本政府通告文中「保留採取獨立行動的權利」的意義，貽誤了所有的大臣和阿列克塞耶夫，這一點是致命的。他最後的去掉中立地帶要求的答覆方案，因皇帝任性地欲以秘密協定的方式獲取這一條款的命令而變得沒有意義。而且，就算俄方原封不動地將拉姆斯道夫方案送交給日本政府，也不會被接受。儘管希曼斯基在進行細緻的研究後感慨，如果最後遞交了答覆方案……，但這一假設完全不成立。

與之相比，反而是別佐勃拉佐夫接近栗野公使後提出的俄日同盟案更有價值。別佐勃拉佐夫在開戰前夕提出，以滿洲和朝鮮的獨立和領土完整為前提，共同推進俄羅斯在滿洲、日本在朝鮮的經濟開發，雙方通過締結這樣一種同盟關係來迴避戰爭。他提議由明治天皇和尼古拉二世直接聯繫，以推動這一方案。栗野動心了，他最初向東京彙報別佐勃拉佐夫正在探索日俄同盟的時間是一九〇四年一月一日，送去完整的意見書內容是一月十二日和十四日。而日本政府於一月十二日的御前會議中決議通過了小村提交的最終答覆，其中包含了開戰。小村看到栗野電報後，將其發給了漢城的林公使用於參考。日本政府於二月四日做出了開戰的決定。小村事先得到了情報，知道能夠影響俄羅斯皇帝的戰爭黨核心人物是真心希望迴避戰爭的，甚至還對此進行了確認。因此，如果小村想迴避戰爭，他有充分的餘裕停下腳步。然而，對小村而言，別佐勃拉佐夫必須是徹底的戰爭黨。

## 國民精神受到戰爭動員

在日本，民間的在野團體、國民同盟會、對俄同志會的活動很積極。對外強硬的活動家中，曾參與一八九五年殺害閔妃事件的柴四朗、國友重章等人一九〇一年、一九〇三年仍在開展活動。柴四朗以東海散士的筆名創作了戰爭空想小說《日俄戰爭．羽川六郎》，非常精彩。內田甲於一九〇一年撰寫了《俄羅斯亡國論》，對俄羅斯國內形勢做了敏銳的分析。兩人都準確地預見到，如果發生戰爭，俄羅斯就會爆發革命，因此不必恐懼。

一九〇三年中期，日本的報刊無一例外都要求對俄開戰。這一時期報紙所有的版面中最多的是關於朝鮮的報導，接著是清國、俄羅斯的報導。因此，民眾是在知道朝鮮正在發生什麼的情況下，指責政府軟弱，主張儘早做出開戰決斷的。這大概是由於雖然關於朝鮮的報導很多，但卻既沒有關注朝鮮人的外表，也沒有關注其內心的緣故吧。在這個意義上，司馬遼太郎的《坂上之雲》中，高宗和朝鮮政治家全部未出場這點，並沒有偏離日俄戰爭時期日本人的認識。

無論是軍人、官員還是知識份子無一不在等待著政府的決定。人們堅定了決心，只要國家做出決定，作為國民，就會遵從這個決定，無論是戰場，還是何方都會勇往直前。那心情好像在等待參加脫離後進國身份的畢業考試或進入列強行列的入學考試一般。

不過，並不能因此就說所有的日本人都在屏氣凝神地靜待開戰之時的到來。大多數國民完全不知道交涉的內容，他們的生活與這件事沒有任何關係，戰爭開始後，他們只是在驚訝的同時，被動地接受這一事實。在到此為止的整個時期，既擔任過駐韓公使，也做過大臣，還曾是最大政黨——政友會領導幹部的原敬於開戰前二月五日的日記中寫下了這一段很有名的話：

「時局發展過程中，政府過度秘密政略的弊端在於國民不知時局的真相。而且政府最初關於滿洲問題向俄國要求的理由也在逐漸變化，現今似乎不過是爭奪在朝鮮中立地帶的廣狹。如果開戰，國民當然應該一致對外，然而今日之情況，雖多數國民心盼和平，卻口不能言，即如元老皆然。除少數人外，皆內心厭惡戰爭，而戰爭卻實際日日迫近。時至今日，和戰仍未決定，此事利俄而不利我甚明。」[10]

原敬不是一般的市井小民，他是議員，是有勢力的政治家。在寫下這段文字之前的一年內，他的日記中幾乎沒有出現過擔憂日俄開戰形勢的文字，只建議過伊藤博文拒絕小村請求，向訪日的庫羅派特金陸相提出日俄協商（六月一二日），以及調侃在桂首相邸舉行的對俄問題協商會（一〇月一七日）。十二月廿五日，他寫道，「日俄關係頗為危險，坊間傳說紛紜」。到了一月，終於對戰爭有所提及，但即便如此，也不過一個月三次而已。

更何況普通國民，不是說喜不喜歡戰爭，而是他們與正在逼近的戰爭完全沒有關係。雖然報紙整年中都在不斷地訴說要開始戰爭，而國民卻只是忙碌於自己的生活，與此並不相干。然後，戰爭開始了，全體國民被捲入其中。這場戰爭，規定每家要有一人參戰。

## 戰爭擴大

被稱為日俄戰爭的這場戰爭始於朝鮮戰爭。日本在宣戰詔勅中宣稱戰爭的目的是「韓國之保全」、「安全」、「存亡」，到底沒有說韓國獨立。接下來，戰爭就向著迫使俄羅斯承認韓國是日本的保護國的方向邁進了。

戰爭在滿洲展開。日本在南滿洲擊退了俄羅斯軍。順理成章地，原定的戰爭目的就被擴大了。一九〇四年七月，小村外相向桂首相提交意見書時指出：「雖然在戰爭之前，帝國滿足於以韓國為我勢力範圍，在滿洲只維持既得權利，……及至開啟戰端，基於其結果，帝國對滿韓政策與前日相比，自然須前進一步。」一旦進入戰爭階段，目標自然就不會只停留於朝鮮了。這是預定的路線。小村寫道：

「即事實上將韓國作為我主權範圍，按照既定方針及計畫，確立保護的實權，謀求進一步發展我利權，而滿洲則須使其在某種程度上成為我利益範圍，以期維護和擴張我利權。」[11]

## 戰爭之後

在這場戰爭中，日本的確在若干戰役中取得了勝利，比如攻陷旅順、在奉天獲勝、以及在日本海海戰中取得勝利等。就像柴四朗、內田甲預言的那樣，俄羅斯國內以一九〇五年一月的「血色星期日」為導火線，爆發了革命。隨後，在美國總統西奧多・羅斯福的斡旋下，兩國舉行了媾和會議。

在朴茨茅斯舉行的媾和會議，日方的全權委員是小村壽太郎，副委員是駐美公使高平小五郎，成員是佐藤愛麿、安達峰一郎、落合謙太郎。俄方全權委員是維特，副委員是駐美公使羅森，成員是普蘭松、柯洛斯托韋茨、外交部的納博科夫以及國際法學家馬滕斯、駐清公使波科季洛夫、財政部的希波夫、駐英武官葉爾莫洛夫，前駐日武官魯辛和薩莫伊洛夫也參加了會議。[12]

日方全權委員帶去了六月三十日經閣議確定的訓令，列出了以下三項「絕對必要條件」：

一，俄國承諾韓國全然歸日本自由處置。

二，俄國軍隊須於一定期限內自滿洲撤退……

三，俄國將遼東半島租借權及哈爾濱至旅順間鐵路讓與日本。[13]

俄方的訓令制定於六月廿八日，分為「絕對不能接受」的要求和「可以達成某種共識」的要求兩部分。

「絕對不能接受」的要求包括：一，割讓俄羅斯領土。二，支付賠款。三，解除符拉迪沃斯托克的武裝，剝奪俄羅斯在太平洋維持海軍力量的權利。四，轉讓通往符拉迪沃斯托克的鐵路線。「可以達成某種共識」的要求為：一，旅順和大連；二，調整兩國在滿洲的相互關係。三，朝鮮。[14]關於朝鮮的部分如下：

「在確定關於朝鮮的條約上的條件時，我們首先應該銘記，日本軍恣意佔領朝鮮，違反了國際法的一切規定，同時，這一行為是對朝鮮國家的獨立和不可侵犯性的嚴重侵害。在這種情況下，我們不能承認日本代表以所謂東京政府和朝鮮政府之間締結的、賦予日本在朝鮮完全行動自由的協定作為依據。因為我們擁有日本人無法否認的、奪取朝鮮權力是違反朝鮮皇帝意願的文書資料。

無論如何，俄羅斯認為，有必要在媾和條約中包含日本承認朝鮮完全獨立這一條件，進而包含盡可能迅速從朝鮮撤退的義務。

俄羅斯準備承認日本在朝鮮擁有優越地位的權利，但為了消除可能引發紛爭的一切藉口，必須要讓日本承擔起義務，不讓本國軍隊進駐與我沿海地區接壤的朝鮮北部諸道，不在這些地方修建要塞。同時，為維持朝鮮海峽的航行自由，必須盡力使這份條約中包含日本不在朝鮮南岸建設要塞的義務。」[15]

俄羅斯沒有考慮到失敗，想重複開戰前日俄交涉時的主張。然而，這終究是行不通的。

媾和會議自八月九日起，於朴茨茅斯舉行。會議一開始，小村就宣佈了十二項媾和條件。第一項為：「俄羅斯約定，承認日本國在韓國擁有政治、軍事及經濟上之卓絕利益，並約定不妨礙、不干涉日本國在韓國採取自認為必要的指導、保護及監理措施。」[16]十二日，維特提出了關於各項內容的答覆書。第一項寫道，關於處置韓國的自由，「不存任何異議」，承認日本在韓國擁有「優越利益」、「有約定不妨礙、不干涉日本採取指導、保護及監理措施的準備」。然而，按照訓令，加上了「日本國實行上述措施時，應銘記不可侵害韓國皇帝的主權」，進而保留了不得採取「可侵迫鄰接韓國的俄國領土的安全措置」。[17]

當日下午，雙方對此展開了激烈的爭論。小村認為俄羅斯「承認日本於韓國取得充分自由行動一事相當重要」，主張俄羅斯應「同意削除韓國皇帝的主權等字句」、「斷然不能同意」維特所說「繼續全然保持韓國主權的主意。……況且韓國主權即使在今日亦不完整。日本已與韓國訂立協約，該國已將一部分主權委託給日本，現在該國處於外交上無日本之承諾，不能與他國締結條約之地位。」表述得極其露骨。[18]羅森說，雖然俄羅斯沒有「保留干涉日本自由行動權利的意思」，但「倘若締結帶有侵害他國主權意味的條約，對外觀感甚不好。」然而小村不接受。最終維特屈服於小村的主張，說「可以理解」日本的立場，「此次戰爭即因此而起」，今後「日本於韓國之行動一任日本」，和俄羅斯無關。最後，維特提出了新的方案作為依據，欲在其中加入「今後處置對韓國主權有影響的事項，須經韓國同意」這一宗旨。[19]小村提出將這句話留在會議錄中，而維特想將這一條加入條約正文，兩人之間發生了爭執，最後維特做出讓步，決定在會議錄中加入如下文字。

「日本國全權委員於此聲明，日本國將來在韓國採取認為必要的措施會侵害該國主權時，應在與韓國政府取得共識的基礎上執行。」[20]

維特打算通過這種方式維護朝鮮的獨立。維特回國後，十月四日舉行了外相、財相、陸相三大臣的協商會，會議得出結論，「朝鮮的獨立沒有因條約而廢止，與以往一樣，受到帝國政府的承認。」[21]但是，從小村的角度來看，在憑藉和韓國政府簽署的協定奪去其主權的基礎上，留下這樣的文字是完全無害的。

九月五日，小村全權委員和維特全權委員簽署了媾和條約。[22]第一條頌揚了兩國的和平，第二條列出了日本戰爭的第一目的。

第二條，俄羅斯帝國政府約定，承認日本國在韓國擁有政治、軍事及經濟上的卓絕利益，不妨礙、不干涉日本帝國政府在韓國採取自認為必要的指導、保護及監理措施。

終於，日本通過交涉沒能讓俄羅斯接受的韓國保護國化條款，通過戰場上的勝利，在媾和條約中迫使其接受了。

第三條，在規定日俄從滿洲撤兵的基礎上，俄羅斯聲明在滿洲不擁有任何「領土上的利益」。第五條，俄羅斯「以清國政府之承諾」，將旅順—大連的租借權轉讓給日本。第六條，俄羅斯「以清國政府之承諾」，將南滿洲鐵路的一切權利轉讓給日本。第九條規定俄羅斯出讓薩哈林島南部的主權。

基於這一成果，日本立即展開了行動。伊藤博文進入漢城，對高宗和韓國政府閣僚加以威脅，於一九〇五年十一月一七日締結了第二次日韓協約、乙巳條約。

日本國政府與韓國政府希望鞏固聯合兩帝國的利害共通主義，因此約定以下條款，直至韓國實現富強。

第一條，日本國政府應由在東京的外交部監理指揮今後韓國的對外關係及事務，日本國的外交代表者及領事應保護韓國在外國臣民及利益。

第二條，日本國政府完全負責實施韓國與他國之間的現存條約，韓國政府約定，今後不經由日本國政府仲介，不對外締結任何具有國際性質的條約或約定。

第三條，日本國政府在韓國皇帝陛下的闕下設置一名統監作為日本國政府的代表。統監專管有關外交事項，駐在京城，擁有親自內謁韓國皇帝陛下的權利。……

第四條，日本國與韓國之間現存條約及約定，在與本協約不抵觸的限度內，全部繼續 有其效力。

第五條，日本國政府保證維護韓國皇室的安寧與尊嚴。[23]

就這樣，大韓帝國完全成為了日本的保護國。伊藤博文出任首任統監。然而，韓國皇帝高宗沒有停止抵抗。他屢屢暗中派密使前往列國申訴這一協約無效。他最後所做的努力是於一九〇七年向海牙國際和平會議派遣了三名特使。然而，這些特使遭到了會議主辦方的拒絕。伊藤統監追究這一行動的責任，致使高宗被迫退位。一九〇七年七月十九日，高宗退位，皇太子即位，是為純宗。七月廿四日，日韓兩國締結了第三次日韓協約，約定統監可指導韓國政府的全部內政。韓國成為日本保護國的進程至此結束。從這時起到合併韓國，只剩下三年時間了。

# 後記

寫完本書，我作為一名日本的俄羅斯史學家，感覺盡到了畢生的責任並為此感到喜悅。我一直竭力想闡明一個疑問，即對於日本和俄羅斯的命運，以及處於其間的朝鮮的命運而言，起著決定性作用的日俄戰爭為什麼發生？我想，我姑且做到了這一點。若能夠為今後的研究和討論打下一些基礎，我將深感榮幸。在合併韓國一百周年到來之際，我想將本書獻給這個國家的人們研究、討論。

寫作本書時，我得到了很多人的幫助。

首先，我想表達對俄羅斯帝國軍人歷史學家潘捷列伊蒙•希曼斯基少將偉大研究的讚美。本書多處借鑒了八十餘年來一直深藏不露、不為人知的希曼斯基的三卷本。本書下卷敘述了開戰前一年——一九〇三年的歷史，這一部分基於希曼斯基的第三卷『最後一年』而寫成。

當代俄羅斯的朝鮮裔歷史學家伯里斯•朴和貝拉·朴父女關於俄羅斯和朝鮮關係史的四冊著作給我了頗多啟示。如果不依據二人的成果，大概無法完成本書吧。

當代俄羅斯歷史學家盧科亞諾夫精力充沛的文書發掘工作給我提供了極多刺激。可以說，與這位年輕有為的同行競爭的勁頭支撐著我。感謝他無論何時都對我的問題做出準確的回答。

韓國歷史學家李泰鎮先生給我提供了高宗寫給尼古拉皇帝的信函原文。我從先生的著作中也學習頗多。

在查找資料時，我也得到很多幫助。這裡，我想對俄羅斯國立海軍文書館前館長索鮑列夫、俄羅斯聯邦國立圖書館副館長羅格瓦亞、東京大學史料編纂所教授保谷徹、北海道大學斯拉夫研究中心特別研究員青島陽子等先生表達感謝之意。

我還想起了我的韓國學生、尚智大學教授徐東晚君，在我寫作之時，他得知罹患癌症、正在與病魔做鬥爭，但為了本書，他仍然為我導覽了仁川港和仁川市。徐東晚君是韓國代表性的北朝鮮史研究者。在我即將完成本書的二〇〇九年六月，他不幸離世，時年五十三歲。他的妻子、延世大學教授金珍英氏在悲痛之中將自己發現的波蘭人謝羅舍夫斯基的朝鮮訪問記的影本提供給我。在此，我要對這對夫妻表達深深的感謝。

最後，感謝岩波書店的馬場公彥與承擔了編輯工作的奈良林愛兩位先生，是他們推動了本書的出版。

二〇〇九年十二月十八日

著　者

# 日俄戰爭
## 起源與開戰【下】


作　　者　和田春樹
譯　　者　易愛華　張劍
責任編輯　沈昭明
社　　長　郭重興
發行人暨出版總監　曾大福
出　　版　廣場出版
發　　行　遠足文化出版事業有限公司
231新北市新店區民權路108-2號9樓
電　　話　(02) 2218-1417
傳　　真　(02) 8667-1851
客服專線　0800-221-029
E-Mail　service@bookrep.com.tw
網　　站　http://www.bookrep.com.tw/newsino/index.asp
法律顧問　華洋國際專利商標事務所　蘇文生律師
印　　刷　前進彩藝有限公司
初版一刷　2019年7月
定　　價　1200元




國家圖書館出版品預行編目(CIP)資料

日俄戰爭：起源與開戰 / 和田春樹著；易愛華, 張劍譯. -- 初版. -- 新北市：廣場出版：遠足文化發行, 2019.07
冊；　公分

ISBN 978-986-97401-9-7(全套：平裝)
1.日俄戰爭
731.275　　108010023

# 註 釋

## 第六章　新路線登場

1. Nikolai II's Diary, GARF, F. 601, Op. 1, D. 245, p. 83.
2. N. E. Volkov, *Dvor russkikh imperatorov v ego proshlom i nastoiashchem*, Moscow, 2001, p. 130.
3. Dnevnik Polovtsova, KA, 1923, kn. 3, p. 168.
4. Ibid., pp. 168-169.
5. Ibid., p. 170.
6. *Dnevnik A. N. Kuropatkina*, Nizhpoligraf, 1923, pp. 21-22.
7. Ibid., pp. 22-23.
8. *Velikii kniaz' Aleksandr Mikhailovich, Kniga vospominanii,* 1933, Paris, Lev, 1980, p. 211.
9. *Voina Rossii s Iaponiei v 1905 godu.Otchet o prakticheskikh.zaniatiakh po strategii v Nikolaevskoi Morskoi Akademii v prodolzhenii zimy 1902-1903 goda.* Sankt-Peterburg, 1904, pp. 1-2.
10. Ibid., pp. 3-4.
11. Ibid., p. 133.
12. Ibid., pp. 6-9.
13. Ibid., p. 13.
14. Ibid., p. 11.
15. Ibid., p. 12.
16. Ibid., p. 13.
17. Ibid., pp. 14-15.
18. Ibid., p. 16.
19. Ibid., p. 17.
20. Ibid., p. 18.
21. Ibid., p. 19.
22. Ibid., pp. 20-22.
23. Ibid., p. 34.
24. Ibid., pp. 35-38.
25. Ibid., pp. 39-45.
26. Ibid., pp. 47-49.
27. Ibid., pp. 50-52.
28. Ibid., pp. 59-60.
29. Ibid., pp. 23-26.
30. 見傳記。V. Iu. Gribovskii, V. P. Poznakhirev, *Vitse-admiral Z. P. Rozhestvenskii*, Sankt-Peterburg, 1999.
31. Ibid., pp. 112-115.
32. V. A. Shtenger, Podgotovka II eskadry k plavaniiu, *S eskadroi admirala Rozhestvenskogo. Sbornik statei*, Sankt-Peterburg, 1994 (Praha, 1930), pp. 30-31.

33. A. G. fon Nidermiller, *Ot Sevastopolia do Tsusimy. Vospominaniia.* Riga, 1910, p. 88.
34. IKMGSh, *Russko-iaponskaia voina*, Vol. 1, p. 123.
35. Rusin's report, 2/15 January 1903, RGAVMF, F. 32, Op. 1, D. 168, L. 1-1ob.
36. Ibid., L. 3-4ob.
37. Ibid., L. 8-8ob.
38. Ibid., L. 9ob.-10.
39. P. N. Simanskii, *Sobytiia na Dal'nem Vostoke, predshestvovavshie Russko-Iaponskoi voine (1891-1903 g.g.)*, Vol. III, Sankt-Peterburg, 1910, p. 42.庫羅帕特金只在日記中記下了巴甫洛夫、雷薩爾的意見。*Dnevnik A. N. Kuropatkina,* pp. 33-34.
40. KA, 1932, kn. 3, p. 111.
41. 雖然Ibid., pp. 112-113. Ian Nish, *The Origins of the Russo-Japanese War*. London, 1985, pp. 145-146中寫道，陸相和海相明顯都接受維特的希望與日本協定的提案，但海相的意見有所不同。
42. KA, 1932, kn. 3, p. 113.
43. Ibid., p. 115.
44. Ibid., pp. 118-119.
45. Ibid., pp. 119-120.
46. Ibid., pp. 120-123.
47. Simanskii, op. cit., Vol. III, p. 48.
48. Ibid., p. 54.
49. Ibid., pp. 66-67.
50. I. V. Lukoianov, The Bezobrazovtsy, RJWGP, Vol. I, Brill, Leiden, 2005, p. 78. 這是根據阿列克塞耶夫日記提出的想法。
51. Alekseev to Nikolai II, March 15, 1903, RGAVMF, F. 32, Op. 1, D. 173, L. 1.
52. B. A. Romanov, *Rossiia v Man'chzhurii (1892-1906)*, Leningrad, 1928, p. 404. David Schimmelpenninck van der Oye, *Toward the Rising Sun: Russian Ideologies of Empire and the Path to War with Japan,* Northern Illinois University Press, 2001, p. 188. Romanov 認為是1月19日，Schimmelpenninck 認為是1月12日。其中一位是錯誤的。
53. B. A. Romanov, Vitte nakanune russko-iaponskoi voiny. *Rossiia i zapad. Istoricheskii sbornik* pod red. A. I. Zaionchkovskogo, I, Sankt-Peterburg, 1923, p. 146. Protas'ev to Vitte, 30 January 1900.
54. Schimmelpenninck, op. cit., p. 188. Dmitriev-Mamonov to Pokotilov, 24 January 1900,RGIA.
55. Romanov, Vitte nakanune, pp. 146-147.
56. 並未找到直接說明兩人於何處、如何認識的文書。但從以下相關資料的記述中，能夠切實地做出這樣的推測來。
57. Pokotilov to Vitte, 15 February 1903 g. RGVIA, F. 165, Op. 1, D. 5312, L. 9.
58. Ibid., L. 7.
59. Ibid., L. 7ob.
60. Alekseev to Nikolai II, 12 Feb. 1903, RGAVMF, F. 32, Op. 1, D. 170, L. 1-2.

Schimmelpenninck 的書中寫道，阿列克塞耶夫從最初起對佐勃拉佐夫就是否定的（Schinmelpenninck op. cit., p. 189），此說不正確。
61. *Dnevnik A. N. Kuropatkina*, p. 35.
62. Bezobrazov to Vitte, 13 February 1903, RGIA, F. 560, Op. 28, D. 275, L. 29-30.
63. Bezobrazov to Vitte, n.d. Ibid., L.45-45ob.
64. Vitte to Bezobrazov, 18 February. 1903, Ibid., L. 52.
65. A. M. Abaza. Russkie predpriiatiia v Koree.GARF, F. 601, Op. 1, D. 529, L. 27-27ob.
66. VIK, *Russko-Iaponskaiia voina*, Vol. I, Sankt-Peterburg, 1910, p. 323.
67. Girshman to Romanov, 19 February 1903, RGIA, F. 560, Op. 28, D. 275, L. 64-64ob.
68. Lamsdorf to Kuropatkin, 3 March 1903. RGVIA, F. 165, Op. 1, D. 5312, L. 23.
69. Ibid., L. 23-23ob.
70. Protas'ev to Romanov, 28 February 1903, RGIA, F. 560, Op. 28, D. 275, L. 105-105ob.
71. Alekseev to Lamsdorf, 3 March 1903, RGAVMF, F. 32, Op. 1, D. 172, L. 8-8ob. RGIA, F. 560, Op. 28, D. 275, L. 115-115ob.
72. *Dnevnik A. N. Kuropatkina*, pp. 38-39.
73. Kuropatkin to Lamsdorf, March 5 1903, RGVIA, F. 165, Op. 1, D. 5312, L. 28.
74. Lamsdorf to Alekseev, 7 Mar 1903, RGAVMF, F. 32, Op. 1, D. 172, L. 7.
75. Iugovich to Vitte, 9March 1903, RGVIA, F. 105, Op. 1, D. 5312, L. 39-39ob., 40ob.
76. *Dnevnik A. N. Kuropatkina*, pp. 43-44.
77. Simanskii, op. cit., Vol. III, p. 70.
78. Madritov to Alekseev, 26 Mar 1903, RGAVMF, F. 32, Op. 1, D. 178, L. 2.
79. Flug to Madritov, 22 April 1903, Ibid., L. 5. Lukoianov, TheBezobrazovtsy, p. 79.
80. Flug to Alekseev, 29 April 1903,Ibid., L.1. Lukoianov, op. cit., p. 79.
81. 《日本外交文書》第36卷第1冊，456頁。
82. *Dnevnik A. N. Kuropatkina*, p. 38.
83. Ibid., pp. 39-40.
84. Girshman to Romanov, 28 February 1903, RGIA, F. 560, Op. 28, D. 275, L. 108-108ob.
85. Romanov, Vitte nakanune, p. 157.盧科亞諾夫寫道，3月時，在陸相、財相、外相三人的努力下，產生了明顯的結果，別佐勃拉佐夫被召還，(Lukoianov, Poslednie russko-iaponskie peregovory pered voinoi 1904-1905 gg. (vzgliad iz Rossii), *Acta Slavica Iaponica*, Tomus XXIII, 2006, p. 8.)此說不正確。
86. 對於這點，羅曼諾夫有些混亂。Romanov, Vitte nakanune, p. 158.也許是迷惑於庫羅帕特金的日記中寫著「reshil otzvat' ego」和「prikazal vyzvat' Vogaka」。*Dnevnik A. N. Kuropatkina* , p. 39-40.
87. Romanov, Vitte nakanune, p. 159.
88. Alekseev to Nikolai II(manuscript), 15 March 1903, RGAVMF, F. 32, Op. 1, D. 173, L. 1-5.
89. *Dnevnik A. N. Kuropatkina*, pp. 43-44.
90. Ibid., p. 39.
91. Pokotilov to Vitte, 21 March. 1903, RGIA, F. 560, Op. 28, D. 275, L. 193.
92. Ibid., L. 199.

93. Iugovich and Ignatsius to Vitte, 27 Mar 1903, Ibid., L. 205.
94. Nikolai II' Diary, GARF, F. 601, Op. 1, D. 245, p. 135.
95. Ibid., p. 140.
96. GARF, F. 568, Op. 1, D. 179, L. 20.
97. Zapiska Abazy, 15 March 1903, RGIA, F. 560, Op .28, D. 213, L. 31-33ob.
98. Zhurnal Osobogo Soveshchaniia v VYSOCHAISHEM PRISUTSTVII 26-go marta 1903 goda, RGIA, F. 560, Op. 28, D. 213, L. 98-103.
99. Ibid., L. 98. Simanskii, op. cit., Vol. III, p. 85.
100. 《東京朝日新聞》1903年4月9日。
101. 《日本外交文書》第36卷第1冊，60-62頁。
102. 角田順《 州問題與國防方 》，原書房，1967年，154-156頁。《伊藤博文傳》下卷，原書房，1970年，584頁。《公爵山縣有朋傳》下，1933年，541頁。
103. 千葉功《舊外交的形成——日本外交1900-1919》，勁草書房，2008年，113頁。伊藤之雄《立憲國家和日俄戰爭》，木鐸社，2000年，172-173頁。
104. 《公爵桂太郎傳》坤卷，1917年，121頁。
105. 同上書，121—122頁。
106. 《文學者的日記3 池邊三山（3）》，博文館新社，2003年，145頁。
107. 《公爵桂太郎傳》坤卷，122頁。
108. 外交部編《小村外交史》，原書房，1966年，306頁。
109. MacDonald to Lansdowne, 27 April 1903, *British Documents on the Origins of the War 1898-1914*, Vol. II, London, 1927, pp. 199-200. 角田，上述書，156-157頁。
110. Simanskii, op. cit., Vol. III, pp. 48-51.
111. 這是內田公使4月25日向本省報告的。《日本外交文書》第36卷第1冊，79-80頁。林董公使4月27日將這份文本傳給了英國外相。*British Documents,* Vol. II, pp. 201-202.
112. Uchida to Komura, 19 April 1903,《日本外交文書》第36卷第1冊，61頁。
113. 小村給內田的信，1903年4月20日，同上，62頁。
114. Rusin to Rozhestvenskii, 12 April 1903, RGAVMF, F. 417, Op. 1, D. 2486, L. 114a.
115. 《文學者的日記3 池邊三山（3）》，142-143頁。
116. Simanskii, op. cit., Vol. III, p. 73. 羅森的到達，見《東京朝日新聞》1903年4月10日，1版。
117. Scott to Lansdowne, 14 May 1903, *British Documents*, Vol. II, p. 203-204.
118. Simanskii, op. cit., Vol. III, pp. 51-52.
119. Rozen to Lamsdorf, 27 April 1903, RGIA, F. 560, Op. 28, D. 213, L. 131-131ob.
120. 《日本外交文書》第36卷第1冊，454—455頁。
121. 同上書，456頁。
122. 齊藤聖二《解題井口省吾小傳》，《日俄戰爭和井口省吾》，原書房，1994年，2–3頁。
123. 波多野勝編《井口省吾傳》，現代史料出版，2002年，102頁。
124. 參謀本部編《明治三十七・八年秘密日俄戰史》（以下略作《秘密日俄戰史》），第1卷，岩南堂 店，1977年，25頁。
125. 井口省吾日記，《日俄戰爭和井口省吾》228頁。

126. 全文《日本外交文書》第36卷第1冊，879-883頁。另《秘密日俄戰史》第1卷，25-26頁。
127. 《日本外交文書》第36卷第1冊，882-883頁。
128. 同上書，880，881頁。
129. 同上書，883頁。
130. 吉村昭《朴茨茅斯的旗幟——外相・小村壽太郎》，新潮社，1979年，52頁。
131. 井口省吾日記，《日俄戰爭和井口省吾》230頁。關於這次在「湖月」的聚會，見角田，上述書，158-159頁。橫手慎二《日俄戰爭史》，中公新書，2006年，83頁。
132. RGAVMF, f. 32, Op. 1, D. 179, l. 2.
133. *Dnevnik A. N. Kuropatkina* , p. 48.
134. Ibid., p. 49.
135. Ibid., p. 50.
136. K. Vogak, Znachenie dogovora 26 marta 1902 goda v razvitii man'chzhurnogo voprosa, RGIA, F. 560, Op. 28, D. 213, L. 135-141. Simanskii, op. cit., Vol. III, pp. 92-93 認為在5月協商會上朗讀了這份意見書，介紹了內容。Glinskii,op,. cit., p.285雖然言及在5月協商會上朗讀了沃加克的這份意見書，但幾乎沒有介紹內容。羅曼諾夫及盧科亞諾夫在2005年前都絲毫沒有觸及沃加克的這份意見書。
137. Nicholai II's Diary, 25 April 1903, GARF, F. 601, Op. 1, D. 245, p.174.
138. Vogak, op. cit.,L. 140ob.-141.
139. Vogak to Alekseev, 21 May 1903, RGAVMF, F. 32, Op. 1, D. 179, L. 2. Lukoianov, op. cit., p. 80.
140. Nikolai II's Diary, 27, 28 April 1903, GARF, F. 601, Op. 1, D. 245, pp. 176-177.
141. Simanskii, op. cit., Vol. III, pp. 86-89. 筆者未能看到這份意見書的原文。盧科亞諾夫看到了這份意見書，但只提及了其中1、2行的內容。Lukoianov, The Bezobrazovtsy, p. 78.
142. Vogak to Alekseev, 21 May 1903, RGAVMF, F. 32, Op. 1, D. 179, L. 2.
143. Nikolai II's Diary, 29 April 1903, GARF, F. 601, Op. 1, D. 245, p. 178.
144. Nikolai II to Alekseev, 2 May 1903, RGIA, F. 560, Op. 28, D. 213, L. 132-132ob.
145. Nikolai II to Kuropatkin, 2 May 1903, Ibid., L. 133.
146. Iaponskie dnevniki A. N. Kuropatkina, *Rossiiskii arkhiv*, VI, Moscow,1955, pp. 394, 396.
147. VIK, *Russko-Iaponskaia voina,* Vol. I, pp. 323-324.
148. Alekseev to NikolaiII(manuscript), 17/30 May 1903, RGAVMF, F. 32, Op. 1, D. 123, L. 53-57.
149. S. Gurov and V. Tiul'kin, *Bronenostsy Baltiiskogo flota.* Kaliningrad, 2003, pp. 26-43,53-63.
150. *Voennye floty i morskaia spravochnaia knizhka na 1904 g*., Sankt-Peterburg, 1904, pp. 236-239, 244-247. 鈴木在浦潮貿易事務館事務代理給小村的信，1903年5月20日，《日本外交文書》第36卷第1冊，809頁。
151. Simanskii, op. cit., Vol. III, p. 90.

152. L. E. Shepelev, *Chinovnyi mir Rossii XVIII--nachala XIX v.*, Sankt-Peterburg, 1999, p. 189.
153. 記錄即別佐勃拉佐夫寫成的報告Otchet ob Osobom Soveshchanii 7-go maia1903 goda v Vysochaishem Ego Imperatorskogo Velichestva prisutstvii, RGIA, F. 560, Op. 28, D. 213, L. 150-158. 以及五位大臣署名的正式議事錄Zhurnal Osobogo Soveshchaniia v Vysochaishem prisutstvii 7-go maia 1903 goda. RGAVMF, F. 32, Op. 1, D. 180, L. 1-5ob.
154. Otchet..., L.150-151.
155. Zhurnal... L. 5-5ob.
156. Simanskii, op. cit., Vol. III, p. 91.
157. Otchet... L. 151ob.-154.
158. Otchet... L. 154-157ob.
159. 雖然盧科亞諾夫認為5月協商會中別佐勃拉佐夫派的勝利是不「完全的」，但他的觀點只關注到了木材利權公司，也是不恰當的。I.V.Lukoianov, Poslednie russko-iaponskie peregovory, p. 9.
160. Obzor rezul'tatov perliustratsii pisem po vazhneishim sobytiiam i iavleniiam gosudarstvennoi i obshchestvennoi zhizni Rossii v 1903 godu, *Byloe*, 1918, No. 2, p. 213.迄今為止，這1資料完全被忽略了。
161. *Russko-Iaponskaia voina.Iz dnevnikov A. N. Kuropatkina i N. P. Linevicha* [hereafter RIaV], Leningrad, 1925, pp. 137-138.
162. Lamsdorf to Nikolai II, 16 May 1903, GARF, F. 568, Op. 1, D. 179, L. 35-36ob.
163. Lamsdorf to Rozen, 17 May 1903, Ibid., L. 40-40ob.
164. Lukoianov, op. cit., p. 17將這次交鋒與自8月起的日俄交涉結合在一起，很混亂。
165. Lamsdorf to Vitte, 17 May 1903, RGIA, F. 560, Op. 28, D. 213, L. 163, 164-175ob.
166. 這份意見書在V. V. Gluzhkov and K. E. Cherevko, *Russko-iaponskaia voina 1904-1905 gg. v dokumentakh vneshnepoliticheskogo vedomstva Rossii. Fakty i kommentarii.* Moscow, 2006, pp. 53-56中有記載。但日期錯了。請參考167。
167. Bezobrazov to Nikolai II, 23 May 1903, RIaV, pp. 139-141.別佐勃拉佐夫將薩哈羅夫的意見書日期當作了5月16日（俄曆）。
168. Ibid., p. 139.
169. Sakharov to Kuropatkin, 12 June 1903, *Dnevnik A. N. Kuropatkina*, pp. 73-74.
170. Lamsdorf to Nikolai II, 28 May 1903, *Istochnik*, 1999, No. 2, pp. 38-39.
171. Bezobrazov to Nikolai II, 29 May 1903, RIAV, p. 141.
172. Nikolai II to Lamsdorf, 29 May 1903, *Istochnik*, 1999, No. 2, p. 39.
173. Bezobrazov to Nikolai II, 29 May 1903, RIaV, p. 141
174. Bezobrazov to Nikolai II, 2 June 1903, Ibid., pp. 143-144.
175. 摘自內務省的民間人私信秘密閱讀部的文檔。*Byloe*, 1918, No. 2, p. 214.
176. Simanskii, op. cit., Vol. III, pp. 52-53.
177. Jordan to Lansdowne, 25 May 1903; Lansdowne to Jordan, 26 May 1903, *Further Correspondence respecting the Affairs of Corea. January to June 1903*. London, April 1904, Microfilm 405/137 , p. 15.
178. 《日本外交文書》第36卷第1冊，457頁。

179. 同上書，458頁。
180. 同上書，465—467頁。
181. 同上書，481頁。
182. 同上書，482頁。
183. 同上書，483頁。
184. Vogak to Alekseev, 21 May 1903, RGAVMF, F. 32, Op. 1, D. 179, L. 1-5.
185. Iaponskie dnevniki A. N. Kuropatkina, pp. 398-400.
186. Bezobrazov and others'memorandum, 26 May 1903, RGVIA, F.165, Op. 1, D. 872, L. 1-2.
187. Iaponskie dnevniki A. N. Kuropatkina, pp. 401-402.
188. Ibid., p. 410.
189. 《皇城新聞》1903年5月3日。本書使用的《皇城新聞》全部是韓國1976年出版的復刻版。
190. 梶村秀樹率先分析了《皇城新聞》的論調，但他的解讀卻認為其基調是對日批判，沒有注意到對俄羅斯的批判更加強烈。梶村秀樹《從朝鮮看日俄戰爭》，《梶村秀樹著作集》第2卷，明石書店，1993年，257—258頁。
191. Alekseev to Lamsdorf, 23 June 1903, RGAVMF, F. 32, Op. 1, D. 134, L. 12.
192. Ibid., 16 July 1903, Ibid., L. 14.
193. 《秘密日俄戰史》第1卷，27—45頁。
194. 同上書，46頁。
195. 井口省吾日記，《日俄戰爭和井口省吾》232頁。
196. 戶水寬人《回顧錄》，非賣品，1904年，276—280頁。
197. 同上書，282—288頁。
198. 《皇城新聞》1903年7月7，8，9日。
199. 《寫於日博士建議書後》（韓文），同上，7月10日。
200. 《日俄開戰論纂》，旭商會，1903年，1—18頁。
201. 《東京朝日新聞》1903年6月13日，1版。
202. Iaponskie dnevniki A. N. Kuropatkina, p. 411.
203. Ibid., p. 412.
204. Ibid., p. 420.
205. 《公爵桂太郎傳》坤卷，124—125頁。
206. Iaponskie dnevniki A. N. Kuropatkina, p. 414.
207. Ibid., p. 418.
208. Ibid., pp. 436-437.
209. Ibid., p. 420.
210. Ibid., p. 423.
211. Ibid., pp. 421-422.
212. 伊藤，上冊248頁雖然認為是由明治天皇發起，但大概只採用了形式吧。
213. 《秘密日俄戰史》第1卷，47—50頁。沼田多稼藏《日俄陸戰新史》，岩波新書，1940年，4—6頁。
214. 《秘密日俄戰史》第1卷，47頁。
215. 角田，上述書，161頁。
216. 小村《關於對俄交涉之事》，1903年6月23日，《日本外交文書》第36卷第

1冊，1—3頁。

217. 《文學者的日記3　池邊三山（3）》150頁。
218. 《公爵桂太郎傳》坤卷，128-129頁。伊藤之雄和尼什寫道，由於伊藤（博文）和井上主張更穩健的方案，通過的是妥協的決議（伊藤，上述書，206頁。Nish, op.cit., p. 159）。此說有誤。決議並不是妥協性的。
219. Nikolai II's Diary, GARF, F. 601, Op. 1, D. 246, p. 16.
220. *Dokumenty kasaiushchiesia peregovorov s Iaponiei v 1903--1904 godakh, khraniashchiesia v kantseliarii Osobogo Komiteta Dal'nego Vostoka,* [hereafter DKPIa][Sankt-Peterburg], 1905, No. 1, pp. 13-14.
221. Abaza to Nikolai II, 14 June 1903, RIaV, pp. 144-146.
222. Iaponskie dnevniki A. N. Kuropatkina, p. 440.
223. Ibid., pp. 438-439.
224. 《東京朝日新聞》1903年6月12日。
225. 《與俄國陸相對話》，同上，1903年6月28日。
226. Rospopov to Vitte, 7 June 1903, OPIGIM, F. 444, D. 103, L. 71-71ob.
227. Bezobrazov to Nikolai II, 21 June 1903, RIaV, pp. 148-150.末尾寫著聖彼德堡，大概有誤。
228. A. N. Kuropatkin, Prolog manchzhurskoi tragedii, RIaV, Leningrad, 1925, p. 29. Andrew Malozemoff, *Russian Far Eastern Policy, 1881-1904: With Special Emphasis on the Causes of the Russo-Japanese War.* New York, 1977, p. 220. 石和靜《俄羅斯的韓國中立化政策——與維特的對滿州政策的關連》，《斯拉夫研究》第46期，1999年，50頁。
229. Zakliuchenie Soveshchaniia po voprosu o Man'chzhurii.No. 1, 18 June 1903, RGIA, F. 560, Op. 28, D. 213, L. 196-196ob.
230. Ibid., No. 2, 19 June 1903, Ibid., L. 196ob.-197.
231. Ibid., No. 3, 19 June 1903, Ibid., L. 197-198ob.
232. Ibid., No. 4, 19 June 1903, Ibid., L. 198ob.-201.
233. Zapiska Kuropatkina, 24 July 1903, GARF , F. 543, Op.1, D. 183, L. 109.
234. Zakliuchenie Soveshchaniia po voprosu o Man'chzhurii, No. 5, 23 June 1903, Ibid., L. 201-202ob.
235. 公司設立總會議事錄，RGAVMF, F. 417, Op. 1, D. 2865, L. 2.
236. Zakliuchenie Soveshchaniia po voprosu o Man'chzhurii, No. 6, 24 June 1903, Ibid., L.203-205.
237. Ibid., No. 7, 25 June 1903, Ibid., L. 205-206ob.
238. VIK *Russko-Iaponskaia voina,* Vol. 1, pp. 324-325.
239. Zhurnal Soveshchaniia po voprosu ob usilenii voennogo polozheniia na Dal'nem Vostoke 25 iiunia 1903 goda, RGIA, F. 560, Op. 28, D. 213, L. 211-213.
240. VIK *Russko-Iaponskaia voina,* Vol. 1, p. 326.
241. N. E. Ablova, *KVZhD i rossiiskaia emigratsiia v Kitae: Mezhdunarodnye i politicheskie aspekty istorii (pervaia polovina XX veka)*, Moscow, 2005, pp. 54-56.
242. Zakliuchenie Soveshchaniia po voprosu o Man'chzhurii, No. 8, 26 June 1903, Ibid.,L. 206ob.-207ob.

243. Ibid., No. 9, 27 June 1903, Ibid., L. 2070b.- 209.
244. Ibid., No. 10, 28 June 1903, Ibid., L. 209-210.
245. Simanskii, op. cit., Vol. III, p. 170.
246. Segawa to Komura, 3 July 1903.《日本外交文書》第36卷第1冊，813—814頁。
247. Mizuno to Komura, 18 July 1903, Segawa to Komura, 20 July 1903.從俄羅斯方面來看，這份報告未必是錯誤的。
248. 伊藤，上述書，178—184頁。
249. 《日本外交文書》第37卷第1冊，6頁。Lansdowne to MacDonald, 3 July 1903, *British Documents*, Vol. II, pp. 206-207.
250. Lansdowne to MacDonald, 13 July 1903, Ibid., pp. 208-209.
251. Memorandum of Lansdowne to Hayashi, 16 July 1903, Ibid., pp. 209-210.
252. Payson J. Treat, *Diplomatic Relations between the United States and Japan 1895-1905*, Stanford University Press, 1938, p. 176.格里斯科姆公使7月20日向本國報告了日本的計畫。
253. Rusin to Virenius, 3/16 July 1903, RGAVMF, F. 417, Op. 1, D. 2486, L. 142-144.
254. Ibid., p. 146ob.
255. Alekseev to Rusin, 7 July 1903, Iz predystorii Russko-Iaponskoi voiny.Doneseniia morskogo agenta v Iaponii A. I. Rusina (1902--1904 gg.)[hereafter DMAIaR], *Russkoe proshloe*, 6, 1996, pp. 70-71.
256. Alekseev to Avelan, 6 July 1903, RGVIA, F. 400, Op. 4, D. 481, L. 431.
257. Avelan to Sakharov, 8 July 1903, Ibid., L. 430.
258. Flug to Sakharov, 11 July 1903, Ibid., L. 438-438ob.
259. Desino to Sakharov, 11 July 1903, Ibid., L. 439.
260. Sakharov to Avelan, 11 July 1903, Ibid., L. 432.
261. 《萬朝報》1903年7月29日。
262. 《東京朝日新聞》1903年7月24日。
263. 同上，1903年8月10日。
264. 同上，1903年8月11日。
265. 同上，1903年8月15日。
266. Nikolai II's Diary, GARF, F. 601, Op. 1, D. 246, p. 40.
267. Aleksandr Rediger, *Istoriia moei zhizni. Vospominaniia voennogo ministra*, Vol. 1, p. 367.
268. 關於這個人，參照伊利・格拉依諾夫（愛德華・布佐斯托夫斯基譯）《薩洛夫的聖謝拉菲姆》，ぁかし書房，1985年。
269. Nikolai II's Diary, GARF, F. 601, Op. 1, D. 246, pp. 42-43.
270. Ibid., p. 44.
271. Ibid., p. 47.
272. Ibid., pp. 47-49.
273. Bezobrazov to Nikolai II, 20 July 1903, RGIA, F. 560, Op. 28, D. 213, L. 216-220.
274. Bezobrazov to Nikolai II, 23 July 1903, RIaV, pp. 152-153.
275. A. V. Remnev, *Rossiia Dal'nego Vostoka,* Omsk, 2004, p. 372.
276. Bezobrazov to Nikolai II, 25 July 1903, RGIA, f. 1282, Op. 1, D. 759, L. 188-188ob. DKPIa, pp. 15-16中的日期為7月28日。

277. Zapiska Kuropatkina to Nikolai II, 24 July 1903, GARF, F. 543, Op.1, D. 183, L. 95--117ob.; RGVIA, F. 165, Op. 1, D. 879, L. 1-17ob.
278. GARF, F. 543, Op.1, D. 183, L.97ob.-98.
279. Ibid., L. 103.
280. Ibid., L. 104ob.-107.
281. Ibid., L. 111ob.-112.
282. Ibid., L. 112ob.-113.
283. Ibid., L. 115-117ob.
284. Bezobrazov to Nikolai II, 30 July 1903, RIaV, pp. 154-156.
285. Kuropatkin to Nikolai II, 1 August 1903, RGVIA, F. 165, Op. 1, D. 900, pp. 2-15.
286. VIK *Russo-Iaponskaia voina*, Vol. 1, pp. 329-332.
287. Alekseev to Bezobrazov, 22 July 1903, RGAVMF, F. 32, Op. 1, D. 6, L. 1.
288. Bezobrazov to Alekseev, 22 July 1903, Ibid., L. 2-2ob. Ibid., 23 July 1903, Ibid., L. 3-3ob. Ibid., 29 July 1903, Ibid., L. 5. Alekseev to Bezobrazov, 30 July 1903, Ibid., L. 6. Vogak to Alekseev, 26 July 1903, Ibid., L. 7-8. Alekseev to Vogak, 31 July 1903, Ibid., L.9.
289. Nikolai II's Diary, GARF, F. 601, Op. 1, D. 246, L. 55.
290. PSZ, Sob. 3-e, Vol. XXIII, otd.2, Sankt-Peterburg, 1905, No. 23319.
291. Alekseev to Nikolai II, 5 August 1903, RGAVMF, F. 32, Op. 1, D. 6, L. 10.
292. *Dnevnik A. N. Kuropatkina*, pp. 52-54.
293. Rusin to Virenius, 7 August 1903, DMAIaR, p. 71.

## 第七章　日俄交涉

1. Rozen to Alekseev, 17 June 1903, RGAVMF, F. 32, Op. 1, D.156, L. 7.
2. Lamsdorf to Rozen, 16 June 1903, Ibid., F. 32, Op. 1, D. 484, L.2-2ob. Lukoianov, Poslednie russko-iaponskie peregovory, p. 17 將這份電報和拉姆斯道夫5月的提案聯繫在一起，是不正確的。
3. Alekseev to Rozen, 17 June 1903, Ibid., F. 32, Op. 1, D.156, L. 7. Lukoianov, op. cit., p. 17.
4. Alekseev to Lamsdorf, 5 July 1903, GARF, F. 568, Op. 1, D. 179, L. 60-61.
5. Alekseev to Nikolai II, 6 July 1903, RGAVMF, F. 32, Op. 1, D.134, L. 13. Lukoianov, op. cit., p. 17. 盧科亞諾夫說羅森是反對的，此說法有誤。
6. 盧科亞諾夫沒有把握到這個經過。
7. 小村給栗野的信，1903年7月28日；栗野給小村的信，7月31日；小村給栗野的信,8月3日；栗野給小村的信，8月5日；小村給栗野的信，8月6日，《日本外交文書》第36卷第1冊，8-9，10-11，11-13，13，14頁。
8. Rusin to Rozhestvenskii, 17 July 1903, RGAVMF, F. 417, Op. 1, D. 2486, L. 153.
9. Rusin to Virenius, 17 July 1903, Ibid., L. 155-155ob. 康斯坦丁・薩爾科索夫（鈴木康雄譯）《另一個日俄戰爭》，朝日新聞出版，2009年，51-52頁引用了這份電報，但 有傳達出這份電報的微妙之處。
10. 《日本外交文書》第36卷第1冊，12頁。
11. 參考了阿列克塞耶夫的外交報告上的理解。Alekseev, Vsepoddanneishii otchet

po diplomaticheskoi chasti 1903-1904 gg., GARF, F. 543, Op. 1, D. 186, L. 8ob.
12. 小村給林的信，1903年7月24日，《日本外交文書》第36卷第1冊，623頁。
13. Bezobrazov to Alekseev, 26 August 1903, RGAVMF, F. 32, Op. 1, D. 123, L. 48.
14. Zhurnal sostoiashchegosia po Vysochaishemu poveleniiu soveshchaniia, 1 August 1903, RGVIA, F. 165, Op. 1, D. 915, L. 6ob.-18ob.
15. Lukoianov, op. cit., p. 14.
16. Bezobrazov to Alekseev, 26 August 1903, RGAVMF, F. 32, Op. 1, D. 123, L. 48ob.-49ob.
17. 以下的經過見Simanskii, op. cit., Vol. III, pp. 140-142.
18. Alekseev to Nikolai II, 23 August 1903, RGAVMF, F. 32, Op. 1, D. 123, L. 46-46ob. 阿列克塞耶夫回到首都後態度立即變了，對庫羅帕特金懷有強烈的批判心情。Vogak to Bezobrazov, 22 October 1903, RGIA, F. 1282, Op. 1, D. 761, L. 155ob.
19. Kuropatkin, Prolog man'chzhurskoi tragedii, RIaV, p. 34.
20. *Dnevnik A. N. Kuropatkina.* pp. 55-59.
21. Nikolai II's Diary, 5, 9 August 1903, GARF, F. 601, Op. 1, D. 246. pp. 60, 65.
22. *Dnevnik A. N. Kuropatkina*, p. 69.
23. Malozemoff, op. cit., p.222. David MacLaren MacDonald, *United Government and Foreign Policy in Russia 1900-1914,* Havard University Press, 1992, pp. 68, 74. Nish, op. cit., p. 175. Schimmelpenninck, op. cit., p. 189. Lukoianov, op. cit., p. 15.
24. Nikolai II's Diary, 11 and 15 August 1903, GARF, F. 601, Op. 1, D. 246, pp. 71-72.
25. *Dnevnik A. N. Kuropatkina,* pp.72-73.
26. Bezobrazov to Nikolai II, 4 August 1903, RIaV, p. 159.
27. *Dnevnik A. N. Kuropatkina*, pp. 77-78.
28. Ibid., pp. 79-80.
29. Nikolai II's Diary, 25 August - 12 September 1903,Ibid., pp. 82-100.
30. *Dnevnik A. N. Kuropatkina*, p.92.
31. Uchida to Komura, 8 and 9 September 1903,《日本外交文書》第36卷第1冊，354-356頁。Satow to Lansdowne, 9 September 1903, Correspondence respecting the Russian Occupation of Manchuria and Newchwang, London, 1904, pp. 86-87.
32. Komura to Uchida, 9 September 1903, 《日本外交文書》第36卷第1冊，366-367頁。
33. DKPIa, No. 6, pp. 19-20.
34. Simanskii, op. cit., Vol. III, p. 145.
35. 栗野給小村的信，1903年8月24日，《日本外交文書》第36卷第1冊，15-16頁。
36. 小村給栗野的信，1903年8月26，29日，9月2日，同上書，16-20頁。
37. 小村給栗野的信，1903年9月7日，同上書，21頁。
38. Lamsdorf to Alekseev, 31 July 1903, RGAVMF, F. 32, Op. 1, D. 484, L. 3-4.
39. Ibid., 13 August 1903, Ibid., L. 5.
40. Lamsdorf to Alekseev and Rozen, 15 August 1903, Ibid., L. 6.盧科亞諾夫漏看了這份電報，不知道1901年方案一度成為話題。
41. Rozen to Lamsdorf, 21 August 1903, RGAVMF, F. 32, Op. 1, D. 485, L. 136-136ob.

42. Lamsdorf to Rozen, 24 August 1903, Ibid., L. 7ob-8.
43. 這份文書在提交給皇帝的文書檔案中。Bezobrazov to Nikolai II, 16 August 1903, GARF, F. 543, Op. 1, D. 183, L. 8-9. 另外RIaV, No. 5, pp. 17-18.盧科亞諾夫沒有觸及這份別佐勃拉佐夫方案。
44. 希曼斯基在1925年的回憶錄中寫道，這份別佐勃拉佐夫方案「是日本完全有可能接受的方案」，如果沒有後來拙劣的交涉，戰爭可能就不會發生。這是不正確的。Simanskii, Dnevnik generala Kuropatkina, *Na chuzhoi storone,* XI, Praha, 1925, p. 72.
45. Ministerstvo inostrannykh del, *Zapiska po povodu izdannogo Osovym Komitetom Dal'nego Vostoka Sbornika dokumentov po peregovoram s Iaponiei 1903-1904 gg*., Sankt-Peterburg, 1905, p. 7.
46. Alekseev to Rozen, 30 and 31 August 1903, RGAVMF, F. 32, Op. 1, D. 156, L. 9-10. Lukoianov, op. cit., pp. 18-19. 盧科亞諾夫將這份電報與制訂方案的兩人的交涉分開來看待，沒有正確理解。
47. Rozen to Alekseev, 28 August 1903, RGAVMF, F. 32, Op. 1, D. 485, L. 148.
48. Ibid., 3 September 1903, Ibid., L. 152.
49. Ibid., 2 September 1903, Ibid., L. 151-151ob.
50. Alekseev's draft, 1903, RGAVMF, F. 32, Op. 1, D. 134, L. 11.
51. Simanskii, op. cit., Vol. III, p. 158. Alekseev to Rozen, 2/15 September 1903.
52. E. I. Alekseev, Vsepoddanneishii otchet po diplomaticheskoi chasti 1903-1904 gg., GARF, F. 543, Op. 1, D. 186, L. 9.
53. Rozen to Alekseev, 4 , 6 and 7 September 1903, RGAVMF, F. 32, Op. 1, D. 485, L. 154, 156, 158.
54. Rosen, op. cit., Vol. 1, p. 227.
55. Alekseev, Vsepoddanneishii otchet po diplomaticheskoi chasti, L. 9ob. -10. 希曼斯基認為幾乎所有的條款和整體的形式都是羅森的意見，這是不正確的。Simanskii, op. cit., Vol. III, p. 158. 相反，盧科亞諾夫漏看了羅森和阿列克塞耶夫交鋒的史料，認為阿列克塞耶夫過於不願妥協，這是不恰當的。Lukoianov, op. cit., p. 19.
56. 有標註為該日日期的案文。RGIA, F. 560, Op. 28, D. 213, L. 239-240ob.
57. Bezobrazov to Alekseev, 9 September 1903, RGAMVF, F.417, Op.1, D. 2865, L. 6-7.
58. Bezobrazov to Alekseev, 10 September 1903, Ibid., L. 31.
59. Vogak, Po voprosu o privlechenii amerikanskikh kapitalov k russkim predpriiatiiam na Dal'nem Vostoke, 27 August 1903, RGIA, F. 560, op. 28, D. 213, L. 229-234.
60. 韓國的學者團隊從俄羅斯外交部檔案館找到了這封書信，1995年4月26日發表在韓國國內的報紙上。李泰鎮《高宗時代的再照明》（韓文），太學社，2000年，129-130、411頁。承蒙李泰鎮氏好意，筆者得到了這封書信的全文和韓文翻譯。
61. 林公使從英國公使處得到了這份訓令，報告給本國。Yi Do Chai's instructions, 18 August 1903,《日本外交文書》第36卷第1冊，721-722頁。
62. 林給小村的信，1903年8月26日，同上書，720頁。
63. 小村給林的信，1903年9月3日，同上書，723-724頁。
64. Kim En-Su, Koreiskii poslannnik Li Bom-Dzhin i Russko-Iaponskaia voina, *Russko-*

*Iaponskaia voina 1904-1905. Vzgliad cherez stoletie,* Moscow, 2004, p. 220.

65. 小村給林的信，1903年9月29日及10月6日，《日本外交文書》第36卷第1冊，725-726頁。Pak Chon Khio, op. cit., pp. 148-149中從外交部文書引用了傳到俄羅斯方面的這一口頭說明，但卻引用為「日本曾經宣告韓國應該遵守中立」等，文意傳達得完全不正確。
66. 影印版《駐韓日本公使館記錄》19，國史編纂委員會，1991年，533頁。海野福壽《韓國併合史研究》，岩波書店，2000年，100頁。
67. 同上書，534—535頁。海野，上述書，100頁。
68. 同上書，536—539頁。海野，上述書，100頁。
69. 栗野給小村的信，1903年10月23日，《日本外交文書》第36卷第1冊，726頁。
70. 《俄國的一政變》，《東京朝日新聞》1903年9月2日。
71. 《東京朝日新聞》1903年9月11日。
72. 同上，1903年9月14日。
73. 同上，1903年9月18日。
74. Rusin to Virenius, 20 August 1903, RGAVMF, F. 417, Op. 1, D. 2486, L. 156-159. DMAIaR, pp. 73-75.
75. Ibid., L. 156-156ob.
76. Ibid., L. 157.
77. Ibid., L. 159-159ob.
78. Rusin to Alekseev, Stark, Rozen, 30 August/12 September 1903, RGAVMF, F. 417, Op. 1, D. 2486, L. 164ob.-165.
79. Stark to Rozhestvenskii, 7 September 1903, RGAVMF, F. 417, Op. 1, D. 2823, L. 1.
80. Alekseev to Pavlov, 9 September 1903, RGAVMF, F. 32, Op. 1, D. 182, L. 8.
81. Pavlov to Alekseev, 10 September 1903, Ibid., D. 167, L. 46-47.
82. Alekseev to Pavlov, 16 September, 1903, Ibid., D. 182, L. 9.
83. Nikolai II's Diary, GARF, F. 601, Op. 1, D. 246, L. 82.
84. Ibid., L. 98.
85. Ibid., L. 100.
86. DKPIa, No. 7, p. 20.
87. Alekseev, Vsepoddanneishii otchet po diplomaticheskoi chasti, L. 10.
88. 小村給栗野的信，1903年10月5日，《日本外交文書》第36卷第1冊，22-23頁。
89. 《小村外交史》335頁的評價大致妥當。
90. Vitgeft to Rozhestvenskii, 16 and 20 September 1903, RGAVMF, F. 417, Op. 1, D. 2823, L. 4, 6, 16.
91. DKPIa, No. 8, pp. 21-22.
92. Alekseev to Avelan, 24 September 1903, RGAVMF, F. 417, Op. 1, D. 2823, L. 31-31ob.
93. 林給小村的信，1903年9月30日，10月1日，《日本外交文書》第37卷第1冊，560，561頁。
94. 林給小村的信，1903年10月4日，同上，563頁。
95. 伊藤，上述書，213頁。

96. 《東京朝日新聞》1903年10月6日。
97. 《日俄開戰論纂》，旭商會，1903年，18-19頁。這本書在十個月內得以再版。關於此書的出版，見戶水，上述書，321頁。
98. 《萬朝報》1903年10月8，9，12日。
99. 井口省吾日記，《日俄戰爭和井口省吾》257-258頁。
100. 谷壽夫《機密日俄戰史》，原書房，1966年，94頁，千葉，上述書，124-125頁。
101. 各艦的資料根據以下資料，S. Gurov, V. Tiul'kin, *Bronenostsy Baltiiskogo flota. Voennye floty i morskaia spravochnaia knizhka na 1901 god*, Sankt-Peterburg, 1901. IKMGSh, *Russko-Iaponskaia voina*, Vol. 1, pp. 2-5.
102. Gribovskii, Poznakhirev, op. cit., p. 139.
103. *Morskoi biograficheskii slovar'*, Sankt-Peterburg, 1995, pp. 97-98.
104. Gribovskii, Poznakhirev,op. cit., pp. 140-142. IKMGSh, *Russko-Iaponskaia voina*, Vol. 1, p. 142.
105. Gribovskii, Poznakhirev,op. cit., p.142.
106. Nikolai II's Diary, GARF, F. 601, Op. 1, D. 246, pp. 100-101.
107. Andrei Meilunas and Sergei Mironenko, *Nikolai i Aleksandra. Liubov' i zhizn'*, Moscow, 1998, p. 235.
108. *Dnevnik A. N. Kuropatkin*a, p.93.
109. Nikolai II to Alekseev, 22 September 1903, RGAVMF, F. 32, Op. 1, D. 170, L. 10.
110. Ibid., L. 10-10ob.
111. Alekseev to Nikolai II, 25 September 1903, DKPIa, No. 9, pp. 22-23.
112. VIK, *Russko-iaponskaia voina,* Vol. I, p. 333. 正史中記載庫羅帕特金接到電報後立即返回首都，但這種說法掩飾了現實。
113. *Dnevnik A. N. Kuropatkina*, pp. 92-93.
114. Rozhestvenskii to Grand Duke Alexei and Obolenskii-Neledinskii-Meletskii, 17 September 1903, RGAVMF, F. 417, Op. 1, D. 2823, L. 12, 13.
115. Alekseev to Avelan, 20 September 1903, Ibid., L. 19.
116. Rozhestvenskii to Commander of Sevastopol', Ibid., L. 20.
117. Avelan to Obolenskii-Neledinskii-Meletskii, 25 September 1903, Ibid., L.33-33ob.
118. Nikolai II's Diary, GARF, F. 601, Op. 1, D. 246, p. 120.
119. Ibid., p. 121.
120. 皇后於翌年1904年7月30日（8月12日）生產了皇太子阿列克謝。由此推算，可知懷孕是事實。
121. *Dnevnik Alekseia Sergeevicha Suvorina,* 2nd ed., Moscow, 2000, p. 454.
122. Nikolai II's Diary, GARF, F. 601, Op. 1, D. 246, p. 116.
123. Ibid., p. 137.
124. Mizuno to Komura, 12 October 1903,《日本外交文書》第36卷第1冊，568頁。
125. 林給小村的信，1903年10月12日，同上書，625-626頁。
126. 小村給林的信，1903年10月14日，同上書，627-628頁。
127. 林給小村的信，1903年10月23日，11月1日，同上書，629，639-640頁。
128. 李夏榮給巴甫洛夫的信，1903年10月20日，Pavlov to Lee Ha Yung, 18 October 1903,《舊韓國外交文書》第18卷（俄案2），高麗大學亞細亞問題

研究所，1969年，717-718，723頁。

129. Simanskii, op. cit., Vol. III, pp. 77-78.
130. VIK, *Russko-iaponskaia voina,* Vol. I, p. 333.
131. 廣野好彥《日俄交涉（1903—1904）再考》，《大阪學院大學國際學論集》第3卷第2期，1992年12月，11頁。MacDonald to Lansdowne, 16 October 1903, FO. *Correspondence respecting Corea and Manchuria,* Part II, London, 1905. Microfilm 405/139, p. 69.
132. 《小村外交史》335-338頁。
133. 小村給栗野的信，1903年10月16日，《日本外交文書》第36卷第1冊，25-26頁。
134. 《小村外交史》339頁。
135. 這次會議通常被無視。關於這次會議，見谷壽夫，前書，只有112頁的日誌寫道：「10□24，元老會議（無任何決定）。」如後文所講，這次會議曾出現在羅森的報告中，筆者認為無疑是召開過的。
136. 《山本權兵衛和海軍》，原書房，1966年，171-175頁。此書既沒有作者名，也沒有日期。千葉功判斷這份文書是日方提出修正案之後的產物，因此在12月16日的元老會議中討論過。此說有誤。千葉功《日俄交涉——日俄開戰原因的再探討》，近代日本研究會編《年報近代日本研究18》，山川出版社，1996年，304、319頁。同前書，127頁。
137. Nish, op. cit., p. 186.
138. Lansdowne to MacDonald, 26 October 1903. *British Documents*, Vol. II, pp. 218-219. 廣野，上述論文，12頁。
139. 《小村外交史》339-340頁。
140. Alekseev, Vsepoddanneishii otchet po diplomaticheskoi chasti, L. 12.
141. MacDonald to Lansdowne, 29 October 1903, *British Documents*, Vol. II, p. 220. 廣野，上述論文，14頁。廣野就小村的發言寫道：「難以判斷他作為外相，是考慮到英國希望與俄羅斯妥協、不希望發生武力衝突的意向所做出的發言呢，還是受到了元老希望與俄羅斯妥協意向的束縛。」筆者對此判斷持保留態度。
142. MacDonald to Lansdowne, 28 October 1903. Ibid., Vol. II, p. 219. 廣野，上述論文，14-15頁。
143. 小村給栗野的信，1903年10月30日，《日本外交文書》第36卷第1冊，27-28頁。
144. 橫手，上述書，101-102頁。千葉，上述書，122-123頁。
145. Simanskii, op. cit., Vol. III, pp. 166-171.
146. Ibid., p. 171.
147. 《山本權兵衛和海軍》145-146頁。
148. 同上書，187頁。
149. 《秘密日俄戰史》第1卷，51頁。
150. 井口省吾日記，《日俄戰爭和井口省吾》262頁。
151. 《秘密日俄戰史》第1卷，51-55頁。
152. VIK, *Russko-Iaponskaia voina*, Vol. I, pp. 105-106. Brusilov's report, 4 October 1903, RGAVMF, F. 417, Op. 1, D. 2831, L. 1-6.

153. 這份意見書收錄在下列文件中，D. I. Subotich, *Amurskaia zheleznaia doroga i nasha politika na Dal'nem Vostoke,* Sankt-Peterburg, 1908, pp. 19-32.
154. 關於蘇鮑季奇意見書和庫羅帕特金意見書的關係，羅曼諾夫認為後者借用了前者的南滿洲放棄論（Romanov, *Rossiia v Man'chzhurii,* p. 38.），不過庫羅帕特金這時的意見書中尚沒有南滿洲全面放棄論。
155. Kuropatkin's memorandum, 15 October 1903, RGAVMF, F. 32, Op. 1, D. 204, L. 1-23ob.
156. Kuropatkin to Alekseev, 17 October 1903, Ibid., D. 171, L. 7ob.-9ob.
157. *Dnevnik A. N. Kuropatkina*, p. 95.
158. Lukoianov, op. cit., p. 20.
159. Bezobrazov to Alekseev, 3 October 1903, RGAVMF, F. 417, Op. 1, D. 2865, L. 39.
160. PSZ, Sob. 3-e, Vol. XXIII, otd. 3, pp. 930-931.
161. FO, *Correspondence respecting Corea and Manchuria,* Part II, Microfilm 405/139, p. 17 中有這兩份敕令的英譯。
162. Bezobrazov to Nikolai II, 14 October 1903, RIaV, No. 19, pp. 160-162.
163. Bezobrazov to Alekseev, 22 October 1903, RGAVMF, F. 417, Op. 1, D. 2865, L. 40,41-42 .
164. Ibid., L. 47.
165. Bezobrazov to Balashev, 11 October 1903, Ibid., L. 48.
166. Bezobrazov to Balashev, 13 October 1903, Ibid., L. 49-50.
167. Bezobrazov to Nikolai II, 14 October 1903, RIaV, pp. 161-162.
168. Vogak to Abaza, 23 October 1903, RGIA, F. 1282, Op. 1, D. 761, L. 155ob., 157ob.
169. Ibid., L. 158-158ob.
170. Obzor snoshenii Rossii s Kitaiskim i Iaponskim pravitel'stvami, predshestvovavshikh vooruzhennomu stolknoveniiu s Iaponiei, RGAVMF, F. 32, Op. 1, D. 27, L.29ob.-30.; Romanov, op. cit., pp. 450-453.
171. Bezobrazov to Alekseev, 16 November 1903, RGAVMF, F. 417, Op. 1, D. 2865, L. 15.
172. Romanov, op. cit., p. 460.
173. Pavlov to Alekseev, 21 October 1903, RGAVMF, F. 32, Op. 1, D.167, L. 81.
174. Ibid., 28 November 1903, Ibid., L. 102.
175. Meilunas and Mironenko, op. cit., p. 236.
176. Nikolai II's Diary, GARF, F. 601, Op. 1, D. 246, p. 142.
177. Ibid., pp. 143-145.
178. Ibid., pp. 145-147.
179. Ibid., pp. 148-149.
180. Ibid., pp. 149-153.
181. Ibid., pp. 153-154.
182. Ibid., pp. 155-162.
183. Ibid., p. 163.
184. Ibid., p. 165.
185. 1903年9月5日（18日）的日記。Meilunas and Mironenko, op. cit., p. 235.
186. Nikolai II's Diary, GARF, F. 601, Op. 1, D. 246, p. 166.

187. Lamsdorf to Alekseev, 25 October 1903, RGAVMF, F. 32, Op. 1, D. 180, L. 10. Lukoianov, op. cit., p. 21.
188. Alekseev to Lamsdorf, 2 November 1903, RGAVMF, F. 32, Op. 1, D. 134, L. 23. Lukoianov, op. cit., p. 22.
189. Ibid., 3 November 1903, Ibid., L. 24.-24ob.
190. Ibid., 2 November 1903, Ibid., L. 23.
191. Abaza to Alekseev, 16 and 24 November 1903, RGAVMF, F. 417, Op. 1, D. 2865, L. 5- 16ob.
192. Lukoianov, op. cit., p. 22. Lamsdorf to Nikolai II, 8 November 1903, RGIA.
193. Lamsdorf to Alekseev, 17 November 1903, RGAVMF, F. 32, Op. 1, D. 484, L. 11.
194. VIK, *Russko-Iaponskaia voina,* Vol. I, pp. 339-340.
195. 「現在日本似乎普遍預計到來年春天，將會首次直面動用自己軍事力量的必要性，為此，正在努力達到彼時最大可能限度的軍事強度以及集結和向戰場運輸的速度。」Rusin to Virenius, 25 October 1903, RGAVMF, F. 417, Op. 1, D. 2486, L. 172ob.-173. DMAIaR, No. 11, p. 77.
196. Rusin to Alekseev, 19 November 1903, DMAIaR, No. 12, p. 80.
197. IKMGSh, *Russko-Iaponskaia voina*, Vol. 1, p. 82.《1904、5年俄日海戰史》第1卷，114頁。
198. Ibid., pp. 83-84. 同上書，114-118頁。
199. Lamsdorf to Alekseev, 23 November 1903, No. 1-2; 25 November 1903, No. 1-2, RGAVMF, F. 32, Op. 1, D. 484, L. 12-14. Lukoianov, op. cit., p. 23 只使用了12月6日（11月23日）拉姆斯道夫的電報（L.12），但完全誤解了其內容。
200. Alekseev to Lamsdorf, 25 November 1903, Ibid., D. 134, L. 26.
201. Rozen to Alekseev, 26 November 1903, GARF, F.568, Op.1, D.180, L.67ob.-68.盧科亞諾夫認為，羅森最初將這種想法告知阿列克塞耶夫的時間是10月27日（14日）。Lukoianov, op. cit., p. 21. Rozen to Alekseev, 14 October 1903, GARF, F. 568, Op. 1, D. 180, L.16. 筆者沒有討論這份史料。
202. Lamsdorf to Alekseev, 26 November 1903, Ibid., L. 65. Lukoianov, op. cit., p. 22.
203. 小村給栗野的信，1903年12月12日，《日本外交文書》第36卷第1冊，36頁。
204. *Dnevnik A. N. Kuropatkina,* p. 102. Kim En-Su, op. cit., p. 220.
205. Nikolai II's Diary, GARF, F. 601, Op. 1, D. 246, pp. 171, 174.
206. 《東京朝日新聞》1903年11月9日。
207. 同上，1903年11月11日。關於島田的轉變，見黑岩比佐子《日俄戰爭——勝利之後的誤算》，文春新書，2005年，180頁。高橋昌郎《島田三郎傳》，まほろば書房，1988年，151頁。1903年10月15日，島田眼看就要被來自家訪問的壯士用短刀刺殺，千鈞一髮之際，他的學生制止了這位壯士，島田從而獲救。《萬朝報》1903年10月16日。不清楚這一事件是否與島田的轉變有關係。
208. 《東京朝日新聞》1903年11月25日。
209. 週刊《平民新聞》使用了復刻版（《明治社會主義史料集》別冊（3），明治文獻資料刊行會，1962年）。沒有特別附上注記。
210. 《東京朝日新聞》1903年11月30日。

211. 同上，1903年12月3日。
212. 同上，1903年12月4日。
213. 同上，1903年12月8日。
214. 同上，1903年12月15日。
215. 出版社為有朋館。關於這部小說有如下研究：柳田泉《〈佳人之奇遇〉和東海散士》，《政治小說研究》上，春秋社，1967年。長山靖生《日俄戰爭——另一個〈物語〉》，新潮新書，2004年，吉村道男《假想的日俄戰爭和現實的日俄戰爭——〈佳人之奇遇〉和〈日俄戰爭羽川六郎〉之間》，東亞近代史學會編《日俄戰爭和東亞世界》，ゆまに書房，2008年。
216. 東海散士『日俄戰爭羽川六郎』有朋館，1903年，157-162頁。
217. 同上書，312-313頁。
218. 同上書，317頁。
219. 同上書，366-367頁。
220. 同上書，383頁。
221. 同上書，398-400頁。
222. 同上書，401-402頁。
223. MacDonald to Lansdowne, 14 December 1903. *British Documents,* Vol. II, pp. 224-225. 廣野，《日俄交涉（1903-1904）再考》，19頁。
224. 伊藤，上述書，222-223頁。關於山縣的立場，伊藤批判了角田的看法，筆者認為他的批判是恰當的。
225. 千葉功推斷《山本權兵衛和海軍》143-155頁收錄的1903年9月的資料與12月的元老會議相關。千葉，《日俄交涉——日俄開戰原因的再探討》，305—306，319頁。同前書，129-130頁，489-490頁。筆者贊成這點。
226. 《山本權兵衛和海軍》155頁。後來正式採用的文本參見《日本外交文書》第36卷第1冊，45頁。
227. 《山本權兵衛和海軍》145-147頁。
228. 伊藤，《立憲國家與日俄戰爭》，222-223頁。
229. MacDonald to Lansdowne, 17 December 1903. FO *Correspondence respecting Corea and Manchuria,* Part II, Microfilm 405/139, p. 114. 廣野，《日俄交涉（1903-1904）再考》，21頁。
230. 小村給栗野的信，1903年12月21日，《日本外交文書》第36卷第1冊，36—38頁。
231. DKPIa, No. 12, pp. 25-26.
232. Lamsdorf to Nikolai II, 15 December 1903, GARF, F. 568, Op. 1, D. 179, L. 64-64ob.
233. Rozen to Lamsdorf, 17 December 1903, RGAVMF, F. 32, Op. 1, D. 485, L. 202ob.-203.
234. Rozen to Lamsdorf, 21 December 1903, Ibid., L. 204-204ob.
235. 《秘密日俄戰史》第1卷，56頁。
236. 同上，57頁。井口省吾日記，《日俄戰爭和井口省吾》272-273頁。
237. 《山本權兵衛和海軍》188-189頁。
238. Samoilov to Alekseev, 5 December 1903, OPIGIM, F. 444, D.104, L. 104.
239. Rusin to Virenius, 7 December 1903, RGAVMF, F. 417, Op. 1, D. 2486, L. 176ob.-

177. DMAIaR, No. 13, pp. 81-82.

240. Rusin to Virenius, 12/25 December 1903, Ibid., L. 178-179ob.

241. Pavlov to Alekseev, 6 December 1903, RGAVMF, F. 32, Op. 1, D. 167, L. 109ob-110. Boris Pak, *Rossiia i Koreia*, 2nd ed., Moscow, 2004, p. 357 寫道12月3日高宗向巴甫洛夫請求到俄羅斯公使館避難，此說有誤。

242. Pavlov to Alekseev, 8 December 1903, Ibid., L. 114.

243. 李泰鎮，《商宗時代的再照明》，129頁。

244. VIK, *Russko-Iaponskaia voina*, Vol. I, pp. 342-343.

245. Lukoianov, op. cit., p. 25. AVPRI, F. 150, Op. 493, D. 189, L.113.

246. Alekseev to Pavlov, 16 December 1903, RGAVMF, F. 32, Op. 1, D. 182, L. 21ob.

247. Pavlov to Alekseev, 17 December 1903, Ibid., D. 167, L. 125.

248. Alekseev to Pavlov, 19 December 1903, Ibid., D. 182, L. 23. 海野根據日本方面的資料寫道：12月底，巴甫洛夫威脅韓國皇帝，是否正在就成為日本的保護國進行交涉，倘若如此，俄羅斯也要有所準備（海野，《韓國合併史研究》，103頁）。這種觀點完全不正確。

249. Kuropatkin's Memorandum, 24 November 1903, RGVIA, F. 165, Op. 1, D. 944, L. 1-27.

250. Rediger, op. cit., Vol. I, pp. 366-367.

251. Kuropatkin to Nikolai II, 23 November 1903, GARF, F. 543, Op. 1, D. 183, L. 119-119ob.

252. 在庫羅帕特金的日記中，實際上在將意見書送交皇帝的12月10日（11月27日）的附註之處，粘貼著10月意見書的結論（*Dnevnik A. N. Kuropatkina*, pp. 105-107）。或許是想弱化第二意見書的印象吧。而且，在他關於日俄戰爭開戰的手記《滿洲悲劇的序曲》中，將這套愚蠢方案和被認為是沃加克的意見書《遠東的一般形勢（滿洲和朝鮮）》做了對比。庫羅帕特金說，沃加克方案和自己的方案是「幾乎同時」提交給尼古拉二世的（Kuropatkin, Prolog manchzhurskoi tragedii, RIaV, pp. 35-40）。然而，雖然這份意見書也出現在庫羅帕特金文書中（RGVIA, F. 165, Op. 1, D. 923, L. 1-7ob.），但既沒有署名也沒有日期，只用鉛筆寫著《Записка, представленная Г. м. Вогак в сентябре 1903 г.》，這既可以解讀為「1903年由沃加克提交的意見書」，又可以解讀為「提交給沃加克的意見書」。內容首先是關於滿洲的強硬反對撤退論；其次，圍繞韓國，以相當同情的語氣談及，「俄羅斯因1898年撤離之事，失去了朝鮮人的信賴，只有通過大膽的、不屈不撓的措施，才能恢復威信，與當地人一起同日本的宣傳攻勢作戰。」筆者並不認為這是沃加克的觀點。

253. *Dnevnik A. N. Kuropatkina*, p. 109.

254. Ibid., p. 111.

255. Ibid., pp. 112-113.

256. Nikolai II's Diary, 14 December 1903, GARF, F. 601, Op. 1, D.246, p.182.

257. Romanov, op. cit., p. 452.

258. *Dnevnik A. N. Kuropatkina*, pp. 114-116.庫羅帕特金將其作為12月15日（28日）的事做了記載。

259. 阿巴扎的演說，見DKPIa, No. 13, pp. 27-31。

260. *Dnevnik A. N. Kuropatkina*, p. 116.
261. Nikolai II's Diary, GARF, F. 601, Op.1, D. 246, p. 184.
262. *Velikii kniaz' Aleksandr Mikhailovich, Kniga vospominanii*, Paris, 1980, p. 215.
263. 《秘密日俄戰史》第1卷，92頁。
264. 相澤淳《是「奇襲斷行」還是「威力偵察」？——圍繞旅順口奇襲作戰的對立》，《日俄戰爭（2）》， 正社，2005年，71頁。
265. 千葉，《舊外交的形成—日本外交1900-1919》，130頁。根據為《財部日記》。
266. 《秘密日俄戰史》第1卷，58頁。
267. 閣議決定，《日本外交文書》第36卷第1冊，41-45頁。
268. 同上書，97頁。
269. 同上書，114-115頁。相澤，上述論文，72-73頁。
270. 相澤，上述論文，73-74頁。
271. Lansdowne to MacDonald, 30 December 1903, *British Documents*, Vol. II, pp. 227-228. 廣野，上述論文，在26頁也只引用了最後一句，沒有探討這封重要信函整體。
272. 小村給林的信，1903年12月31日，《日本外交文書》第36卷第1冊，46頁。
273. 海野，《韓國合併史研究》，100-101頁。
274. 小村給林的信，1903年9月25日，11月25日，《日本外交文書》第36卷第1冊，750，751-752頁。廣島縣知事給警保局長的信，1903年11月25日，同上，751頁。
275. 小村給林的信，1903年12月4，27日，同上，755，756頁。
276. 林給小村的信，1903年12月28日，同上，757頁。
277. 日韓議定書公使初案，同上，776-777頁。
278. Vatslav Seroshevskii, *Koreia.* Sankt-Peterburg, 1909, p. 455. 謝羅舍夫斯基（金珍英等譯）《韓國1903年秋》（韓文），蓋馬高原（개마고원），2006年，376-377頁。延世大學教授金珍英將這本被人遺忘的書發掘出來，並全文翻譯，在韓國進行了介紹。因譯者的好意，我得以見到原著。
279. Ibid., pp. 501-502. 謝羅舍夫斯基，上述書，420，422-423頁。
280. G. de-Vollan, *V strane voskhodiashchego solntsa*, Sankt-Peterburg, 1903, pp. 501-503。
281. Ibid., pp. 501-503.
282. Aleksei Suvorin, *V ozhidanii veka XX: Malen'kie pis'ma 1889-1903,* Moscow, 2005, p. 989.
283. *Russkoe bogatstvo*, 1903, No. 11, pp. 134-141.
284. Suvorin, op. cit., p. 1005.
285. 葉山萬次郎《俄羅斯》，富山房，1903年，2、9頁。
286. 同上，311-312頁。
287. Rusin to Virenius, 20 December 1903/2 January 1904, RGAVMF, F. 417, Op. 1, D. 2486, L. 184ob.
288. Rusin to Rozhestvenskii, 23 December 1903/5 January 1904, Ibid., L. 186.
289. Lamsdorf to Alekseev, 18 December 1903, RGAVMF, F. 417, Op. 1, D. 484, L. 18-19. Lukoianov, op. cit., p. 27.

290. Lamsdorf to Alekseev, 20 December 1903, RGVIA, F. 165, Op. 1, D. 969, L. 1-2.
291. Lamsdorf to Nikolai II, 20 December 1903, GARF, F. 568, Op.1, D. 180, L. 95-96.
292. Ibid., L. 95.

## 第八章　前夜

1. Pavlov to Alekseev, 19 and 20 December 1903, RGAVMF, F. 32, Op. 1, D. 167, L. 128-133ob.
2. Pavlov to Alekseev, 19 December 1903, Ibid., L. 128ob, 129, 129ob.
3. Ibid., L. 131.
4. Ibid., L. 132-132ob.
5. Pavlov to Alekseev, 20 December 1903, Ibid., L. 134-137ob. 日本公使的報告為，死亡的是「先先帝憲宗之妃。（譯者註：高宗之前為哲宗，哲宗之前為憲宗，故稱憲宗為『先先帝』。」）林給小村的信，1904年1月2日，《日本外交文書》第37卷第1冊，437頁。
6. Allen to Hay, 2 January, 1904, *Korean-American Relations,* Vol. III, p. 107.
7. 林給小村的信，1904年1月4日，《日本外交文書》第37卷第1冊，439-440頁。
8. Alekseev to Nikolai II, 24 December 1903, DKPIa, No. 17, pp. 33-35.
9. Nikolai II's Diary, 24 and 25 December 1903, GARF, F. 601, Op. 1, D. 246, pp. 188-189.
10. Nikolai II's Diary, 26 December 1903, Ibid., p. 190.
11. Nikolai II to Alekseev, 26 December 1903, DKPIa, No. 19, pp. 35-36.
12. VIK, *Russko-Iaponskaiavoina*, Vol. I, pp. 268-269.也收入了海軍軍令部的戰史。IKMGSh, *Russko-Iaponskaiavoina,* Vol. 1, p. 139.
13. Alekseev to V. P. Cherevanskii, February 1906, RGAVMF, F. 32, Op. 1, D. 28, L. 1ob.-2.
14. Bruce W. Menning, Miscalculating One's Enemies: Russian Intelligence Prepares for War, RJWGP, Vol. II, Brill, Leiden, 2007, pp. 78-79. 史料RGVIA, F. 400, op. 4, D. 500, L. 239-40.
15. Kuropatkin to Alekseev, 30 December 1903, RGAVMF, F. 32, Op. 1, D. 28, L. 5.另外*Dnevnik A. N. Kuropatkina,* pp. 119-120. 尼什寫道，1月13日，阿列克塞耶夫得到命令，未經報告皇帝，不得採取任何軍事行動（Nish, op. cit., p. 208），但並不存在這一命令。
16. Abaza to Alekseev, 30 December 1903, DKPIa, No. 21, pp. 36-37.
17. *Dnevnik A. N. Kuropatkina*, p. 120.
18. Ibid., p. 121.
19. Nikolai II's Diary, 31 December 1903, GARF, F. 601, Op. 1, D. 246, pp.194-195.
20. *DnevnikiImperatoraNikolaia II,* Moscow, 1991, p. 189.
21. 栗野給小村的信，1904年1月14日，《日本外交文書》第37卷第1冊，43頁。
22. V. Iu. Gribovskii and V. R. Poznakhirev, *Vitse-admiral Z. R. Rozhestvenskii,* Sankt-Peterburg, 1999, p. 145.
23. 栗野給小村的信，1904年1月1日，《日本外交文書》第37卷第1冊，1頁。

24. 《日本外交文書》第37卷第1冊，1-2頁。
25. 小村給栗野的信，1904年1月2日，同上書，3-4頁。
26. 栗野給小村的信，1904年1月2日，同上書，5頁。
27. 栗野給小村的信，1904年1月5日，同上書，9頁。
28. 井上給小村的信，1903年10月15日，《日本外交文書》第36卷第1冊，797-798頁。
29. 栗野給小村的信，1903年12月25日，同上書，803頁。
30. 同上書，804頁。
31. 栗野給小村的信，1904年1月1日，《駐韓日本公使館記錄》22，國史編纂委員會，1997年，447-448頁。這份電報於1月3日送達東京。小村於1月6日將英文原文送給了漢城的林。同上書，21，188-190頁。《日本外交文書》第37卷中沒有收錄這份電報。
32. Scott to Lansdowne, 6 January 1904, *Correspondence respecting Corea and Manchuria*, Part III, Microfilm 405/146, p. 17.
33. 林給小村的信，1903年12月31日，《日本外交文書》第36卷第1冊，49頁。
34. 栗野給小村的信，1904年1月1日，《駐韓日本公使館記錄》22，448-449頁。《日本外交文書》第37卷沒有收錄這份電報。
35. Scott to Lansdowne, 6 January 1904, *Correspondence respecting Corea and Manchuria*, Part III, Microfilm 405/147, pp. 17-18.
36. 栗野給小村的信，1904年1月2日，《日本外交文書》第37卷，5-6頁。
37. 栗野給小村的信，1904年1月7日，同上書，14頁。
38. 栗野給小村的信，1904年1月9日，同上書，24頁。
39. 小村給栗野的信，1904年1月9日，同上書，24-25頁。
40. 栗野給小村的信，1904年1月10日，同上書，28頁。
41. Bezobrazov's memorandum, 28 December 1903, RGIA, F. 1282, Op. 1, D. 761, L. 208-214. 這是送給普列韋的，另外還有送給皇帝的。Bezobrazov's memorandum, 28 December 1903, GARF, F. 543, Op. 1, D. 183, L. 57-64ob.
42. 在日本，只有千葉功《日俄交涉——日俄開戰原因再探討》（近代日本研究會編《年報近代日本研究 18》，山川出版社，1996年，308頁）介紹了別佐勃拉佐夫的《日俄關係調整的私案》。筆者於2005年發表的論文，於2007年公開出版。Wada Haruki, Study Your Enemy, RJWGP, Vol. II, Brill, Leiden, 2007, p. 31.盧科亞諾夫在研討會上聽了我的報告，回去後發現了交給皇帝的文本，他在2006年的論文中對該文本進行了介紹。Lukoianov, Poslednierussko-iaponskieperegovory, p. 28.不過盧科亞諾夫沒有涉及別佐勃拉佐夫向栗野提出方案一事。
43. Bezobrazov to Pleve, 27 December 1903, RGIA, F. 1282, Op. 1, D. 761, L. 207. 這裡寫著也告知了伊格納季耶夫。
44. 栗野給小村的信，1904年1月14日，《日本外交文書》第37卷第1冊，39-40頁。
45. 栗野給小村的信，1904年1月14日，《日本外交文書》第37卷第1冊，41-42頁。
46. 栗野慎一郎《關於俄國政治家對日本態度的見解》，1904年1月12日，《駐韓日本公使館記錄》22，445-447頁。《日本外交文書》第37卷沒有收錄這

份文書。

47. 栗野給小村的信，1904年1月14日，《日本外交文書》第37卷第1冊，42頁。
48. Memorandum respecting Interview between Mr. Kurino and M. de Witte, 12 January 1904, *British Documents,* Vol. II, pp. 237-238.
49. Griscom to Hay, 21 January 1904, Payson J. Treat, *Diplomatic Relations between the United States.and Japan, 1895-1905*, Stanford University Press, 1938, pp. 193-194.
50. Scott to Lansdowne, 20 January 1904, *British Documents* , Vol. II, p. 237.
51. B. A. Romanov, *OcherkidiplomaticheskoiistoriiRussko-iaponskoivoiny*, Moscow-Leningrad, 1955, p. 259. Lukoianov, op. cit., p. 27.
52. Kurino to Komura, 15 January 1904,《日本外交文書》第37卷第1冊，40-41頁。
53. Komura to Hayashi, 22 January 1904, 《駐韓日本公使館記錄》21，226頁。這是轉送栗野電報的電文。
54. 《明治天皇紀》第10，吉川弘文館，1974年，575-577頁。
55. 《日本外交文書》第37卷第1冊，30-31頁。
56. 同上書，31-32頁。
57. V shtabeadm. E. I. Alekseeva, KA, 1930, kn. 4-5, p. 156.
58. Lamsdorf to Nikolai II, 2 January 1904, RGVIA, F. 165, Op. 1, D. 969, L. 50-52. 尼什將拉姆斯道夫的立場定義為「misinformation, misjudgement and wishful thinking」，是准确的。Nish, op. cit., p. 208.
59. Lamsdorf to Kuropatkin, 2 January 1904, Ibid., L. 49.
60. Rusin to Rozhestvenskii, 31 December/13 January 1903, RGAVMF, F. 417, Op. 1, D. 2486, L. 187-192ob
61. 《明治天皇紀》第10，582頁。
62. Rusin to Vitgeft, 3/16 and 6/19 January 1904, RGAVMF, F. 417, Op. 1, D. 2486, L. 197-197ob.
63. Rozen to Alekseev, 7 January 1904, RGAVMF., F. 32, Op. 1, D. 209, L. 10. 尼什根据英國的外交文書，認為羅森這時生病了。尼什寫道，開戰之前的34周，羅森因腹部膨脹未出公使 ，也沒有見人。（Nish, op. cit., p. 209.）日本的報刊中，《東京朝日新聞》12月15日最初做了「因輕微耳病近日臥床」的報導，22日登載了因病沒有外出的消息。但在1月6日報導了4日與德國公使面談等工作的情形。羅森大概是焦躁於無法打開局面而導致了身體的不適吧。他在回憶錄中沒有提及生病一事。他寫道，在外交關係破裂的兩周前，他曾給外相寫信，嘗試對有關朝鮮的部分做出全面讓步以回避戰爭，但沒有得到回覆。（Rosen, op. cit., Vol. 1, pp. 230-231.）尼什對這一段的記述有一定的保留。迄今為止，尚未在俄羅斯文書館發現羅森這一部分通信。阿列克塞耶夫文書209文檔收錄了這一時期巴甫洛夫、羅森兩公使的通信。1月20日（7日）之後，有27日（14日）、29日（16日）、2月1日（1月19日）的通信，都只是關於日本戰爭準備的報告而已。Rozen to Alekseev, 14, 16, 19 January 1904, RGAVMF., F. 32, Op. 1, D. 209, L. 20, 23-23ob., 25-25ob.
64. Alekseev to Nikolai II, 4 January 1904, Ibid., D. 170, L. 14-15. VIK, *Russko-Iaponskaiavoina,* Vol. I, pp. 269-271.
65. *Dnevnik A. N. Kuropatkina*, p. 123.

66. VIK, *Russko-Iaponskaiavoina*, Vol. I, p. 271.
67. Gribovskii, Poznakhirev, op. cit., pp. 145-148, 153.
68. 加藤仁川領事給小村的信，1904年1月11日，《日本外交文書》第37卷1冊，310頁。
69. Pavlov to Alekseev, 31 December 1903, RGAVMF, F. 32, Op. 1, D. 167, L.161-162.
70. Ibid., L.162.
71. Pak Chon Khio, op. cit., pp. 149-150. 朴鐘涍，上述書，429-430頁介紹了1月14日（1日）巴甫洛夫給外相的電報。朴認為該日系最初的商談，這種看法是錯誤的。
72. Pavlov to Alekseev, 5 January 1904, RGAVMF, F. 32, Op. 1, D. 209, L. 6ob-7.
73. 海野福壽《韓國合併史研究》，岩波書店，2000年，104頁。
74. 林給小村的信，1904年1月11日，《日本外交文書》第37卷1冊，334-335頁。
75. 林給小村的信，1904年1月16日，同上書，335頁。
76. Pavlov to Lamsdorf, 5 January 1904, RGAVMF, F. 32, Op. 1, D.209, L. 4.
77. Pavlov to Lamsdorf, 5 January 1904, Ibid., L. 5-6.
78. Ibid., L. 6ob.
79. 林給小村的信，1904年1月19日、20日，《駐韓日本公使館記錄》23，136-138頁。影印版《駐韓日本公使館記錄》19卷，462-463頁。海野，上述書，104-108頁。
80. 《日本外交文書》第37卷第1冊，311頁。《日韓外交資料集成》5卷，岩南堂書店，28頁。
81. Alekseev to Nikolai II, 3 January 1904, DKPIa, No. 22, pp. 37-38. 同日，他給外相發去了同一主旨的電報。Alekseev to Lamsdorf, 3 January 1904, GARF, F. 568, Op. 1, D. 180, L. 154.Lukoianov, op. cit., pp. 32-33.
82. Alekseev to Abaza, 4 January 1904, DKPIa, No. 23, p. 38.
83. Kuropatkin to Lamsdorf, 3 January 1904, RGVIA, F. 165, Op. 1, D.969, L. 13-14.
84. Lamsdorf to Nelidov, 6 January 1904, Ibid., L. 10.
85. Lamsdorf to Kuropatkin, 7 January 1904, Ibid., L. 12.
86. Kuropatkin to Lamsdorf, [8 or 9]January 1904, Ibid., L. 11.
87. Avelan to Lamsdorf, 10 January 1904, RGAVMF, F. 417, Op. 1, D. 2823, L. 90ob.
88. Lamsdorf to Alekseev, 13 January 1904, DKPIa, No. 24, pp. 39-40. 第6項是庫羅帕特金的方案。*Dnevnik A. N. Kuropatkina*, p. 123.
89. Lamsdorf to Nikolai II, 13 January 1904, GARF, F. 568, Op. 1, D. 568, L. 168-169ob.
90. *Dnevnik A. N. Kuropatkina*, p. 123.
91. *DnevnikiImperatoraNikolaia II*, p. 191.
92. Nikolai II to Alekseev, 14 January 1904, DKPIa, No. 25, p. 40.
93. Alekseev to Abaza, 15 January 1904, Ibid., No. 26, pp. 40-41.
94. 小村給高平的信，1904年1月10日，《日本外交文書》第37卷第1冊，27頁。
95. 高平給小村的信，1904年1月12日，同上，29頁。
96. Scott to Lansdowne, 15 January 1904, *Correspondence respecting Corea and Manchuria*, Part III,Microfilm 405/146, p. 51. 廣野，上述論文，28頁。
97. Lansdowne to MacDonald, 17 January 2004, *British Documents*, Vol. II, p. 236.
98. 小村給林的信，1904年1月19日，《日本外交文書》第37卷第1冊，60頁。

99. 《日本外交文書》第37卷第1冊，37頁。
100. 同上書，60頁。
101. Lansdowne to Scott, 19 January 2004, *British Documents,* Vol. II, p. 237.
102. 《日本外交文書》第37卷第1冊，61-62頁。
103. 同上書，62頁。
104. Scott to Lansdowne, 21 January 1904, *British Documents,* Vol. II, pp. 238-239.
105. Lansdowne to MacDonald, 29 January 1904, Ibid., p. 241.
106. 林給小村的信，1904年1月29日（2封），《日本外交文書》第37卷第1冊，78-80頁。
107. 玄普運給小村的信，1904年1月24日，同上書，316頁。
108. 小村給林的信，1904年1月21日，同上書，312頁。
109. Pavlov to Lamsdorf, 12 January 1904, RGAVMF, F. 32, Op. 1, D.209, L. 16-17.
110. 林給小村的信，1904年1月25日，《日韓外交資料集成》第5卷，29頁。
111. 海野，上述書，108頁。小村給林的信，1904年1月26日，《日本外交文書》第37卷第1冊，338頁。
112. 林給小村的信，1904年1月28日，《駐韓日本公使館記錄》22，385頁。
113. Pavlov to Lamsdorf, 15 January 1904, RGAVMF, F. 32, Op. 1, D.209, L. 21-21ob.美國公使艾倫在1月30日的電報中寫道，「俄羅斯政府反對中立宣告」。Kim Ki-Jung, The War and US-Korean Relations, RJWGP, Vol. II, pp. 473-474. 史料 ，Allen to Hay, 30 January 1904.
114. Ku Daeyeol, A Damocles Sword?: Korean Hopes Betrayed, Ibid., p. 446.
115. Kim Ki-Jung, op. cit., p. 473.
116. Lamsdorf to Pavlov, 16 January 1904, RGVIA, F.165, Op. 1, D. 1070, L. 2.
117. 森山茂德《近代日韓關係史研究——朝鮮殖民地化和國際關係》，東京大學出版會，1987年，144頁。海野，上述書，108頁。
118. 《高宗時代史》第6卷，9-12頁。海野，上述書，109頁。
119. 林給小村的信，1904年1月25日，《日韓外交資料集成》第5卷，31頁。木村幹《高宗和閔妃》ミネルヴァ書房，2007年，321頁，將這此事當做了真實的。
120. 記錄收於hurnalsostoiavshegosiapoVysochaishemupoveleniiuOsobogoSoveshchaniia 15 ianvaria 1904 goda, RGAVMF, F. 417, Op. 1, D. 2823, L. 106-113ob.
121. Ibid., L. 106ob.-108.
122. Ibid., L. 107-107ob.
123. Ibid., L. 108-109ob.
124. Ibid., L. 109ob.-111.
125. Ibid., L. 111-111ob.
126. Ibid. L. 112-112ob.
127. Ibid., L. 103-103ob.
128. Ibid., L. 113-113ob.
129. Ibid.., L. 104.
130. Ibid., L. 113ob.
131. Lukoianov, op. cit., p. 32.
132. 《秘密日俄戰史》第1卷，102頁。

133. 《東京朝日新聞》1904年1月25日。
134. Rusin to Rozhestvenskii, 15 January 1904, RGAVMF, F. 417, Op. 1, D. 2486, L. 197ob. 彼得洛夫發表了這份電報（DMAIaR, p. 86），但落掉了「推測將會有總動員」這句話。
135. Lamsdorf to Avelan, 20 January 1904, and Rozen to Lamsdorf, 19 January 1904, RGAVMF, F. 417, Op. 1, D. 2823, L. 95-95ob., 96-96ob.
136. Ibid., L. 96ob.
137. Abaza to Alekseev, 16 January 1904, DKPIa, No. 28, pp. 42-43. 此為案文。
138. Ibid.,No.29, p. 43. 與137同。
139. Nikolai II's note, 16 January 1904, Ibid., No. 30, p. 43.
140. Nikolai's resolution on Alekseev's telegram, 16 January 1904, GARF, F. 568, Op. 1, D. 180, L. 190.Lukoianov, op. cit., p. 33.
141. 參謀本部的戰史認為阿巴扎的第一方案送給了阿列克塞耶夫（VIK, Russko-Iaponskaiavoina, Vol. I, p. 272），其根據與我的研究所用的材料相同，但那不能認定之後給他發了電報。閱讀後來2月7日（1月25日）阿巴扎給阿列克塞耶夫的電報案文可以明顯看出，在發去1月27日（14日）的電報之後，皇帝沒有給他發去電報。
142. Alekseev to Lamsdorf, 15 January 1904, Alekseev, Vsepoddanneishiiotchetpodiplomati- cheskoichasti, GARF, F. 543, Op. 1, D. 186, L. 21-21ob. Simanskii, op. cit., Vol. III, pp. 199-200.
143. Ibid., L. 22. Simanskii, op. cit., Vol. III, pp. 200-201.
144. 康斯坦丁・薩爾科索夫（鈴木康雄譯）《另一個日俄戰爭》朝日新聞出版，2009年，67頁中將這段話解釋為表現了對日戰爭的必要性，對此，筆者不能贊成。
145. Rusin to Vitgeft, 16 January 1904 and 22 January 1904, RGAVMF, F. 417, Op. 1, D. 2486, L. 198, 198ob.
146. Abaza to Nikolai II, 18 January 1904, DKPIa, No. 31, p. 44.
147. *DnevnikiImparatoraNikolaia II,* p. 192.
148. 小村給栗野的信，1904年1月30日，《日本外交文書》第37卷第1冊，81-82頁。
149. Kurino to Lamsdorf, 18/31 January 1904, *Obzorsnoshenii s IaponieipoKoreiskimdelam s 1895 goda*. Sankt-Peterburg, 1906, P. 81. GARF, F. 568, Op. 1, D. 211.Simanskii, op. cit., Vol. III, p. 221.
150. Lamsdorf to Nikolai II, 18 January 1904, GARF. F. 568, Op. 1, D. 180, L. 194-197.
151. Ibid., L. 194ob.
152. Ibid., L. 195ob.
153. ibid., L. 196.
154. Kurino to Komura, 1 February 1904（2 telegrams),《日本外交文書》第37卷第1冊，86-87頁。
155. *DnevnikiImperatoraNikolaia II,* p. 191.
156. Kurino to Komura, 2 February 1904,《日本外交文書》第37卷第1冊，87頁。
157. Lamsdorf to Nikolai II, 20 January 1904, GARF, F. 568, Op. 1, D. 180, L. 206.
158. 外相2月2日（1月20日）的信函中沒有附上電文案。依據來自外相發給海

軍大臣的信。RGAVMF, F. 417, Op. 1, D. 2823. L. 101-102.
159. Ibid., L. 105-105ob.
160. Ibid., L. 206.
161. Ibid., L. 94.
162. Rozen to Lamsdorf, 19 January 1904, RGAVMF, F. 417, Op. 1, D. 2823, L. 96-96ob.
163. *DnevnikImperatoraNikolaia II*, p. 192.
164. IKMGSh, *Russko-Iaponskaiavoina,* Vol. 1, p. 161.
165. 《東京朝日新聞》1904年1月27日。
166. 同上，1904年1月29日。
167. 《秘密日俄戰史》第1卷，103-108頁。最後的話根據角田，上述書，第229頁的引用做了修改。
168. 《明治天皇紀》第10，593頁。《公爵桂太郎傳》坤卷，199頁。
169. 《日本外交文書》第37卷第1冊，91-92頁。
170. IKMGSh, *Russko-Iaponskaiavoina*, Vol. 1, pp. 162-163.
171. Lukoianov, op. cit., p. 35.
172. 《秘密日俄戰史》第1卷，108頁。Nish, op. cit., p.212.寫到參加這次演習的軍官，誰也沒有想到這次演習會成為「開戰的口實」本身。D. V. Nikitin (Fokagitov), Kaknachalas' voina s Iaponiei. *Port-Artur. Vospominaniiauchatnikov,* New York, 1955.Lukoianov, op. cit., p. 35將這篇文章用作演習成為「開戰的口實」的論據。
173. 《山本權兵衛和海軍》202頁。
174. 有關此事，大江志乃夫《作為世界史的日俄戰爭》立風書房，2001年，389-390頁。也指出了這一情況。
175. 相澤淳《是「奇襲斷行」還是「威力偵察」？——關於旅順口奇襲作戰的對立》，《日俄戰爭（2）》錦正社，2005年，68頁。依據是《極秘明治三十七八年海戰史》。
176. 《日本外交文書》第37卷第1冊，92-93頁。
177. 同上，93頁。
178. 谷，上述書，107頁。
179. 《明治天皇紀》第10，598頁。
180. 栗野給小村的信，1904年2月4日，《日本外交文書》第37卷第1冊，94-95頁。
181. RGAVMF, F. 417, Op. 1, D. 2823, L. 94.
182. GARF, F. 568, Op. 1, D. 180, L. 209.
183. Ibid., L. 208. *Dnevnik A. N. Kuropatkina*, p. 128.
184. Lamsdorf to Nikolai II, [21] January 1904, GARF, F. 568, Op. 1, D. 180, L. 197.
185. Abaza to Lamsdorf, 21 January 1904, Ibid., L. 210-211.
186. Nikolai II to Lamsdorf, 21 January 1904, GARF, F. 568, Op. 1, D. 661, L. 76-77. 盧科亞諾夫發現了這一史料。Lukoianov, op. cit., p. 85.
187. *DnevnikiImperatoraNikolaia II,* p. 192.
188. 加納格從庫羅帕特金的文書中發現並翻譯、發表了該日發給阿列克塞耶夫的四封電報，包括這封在內。這是他的功績。加納格《與俄羅斯帝國通往日俄戰爭的道路——以1903年起至開戰前夜為中心》，我繼加納之後，從

拉姆斯道夫文書中得到了這四封電報。

189. Lamsdorf to Nikolai II, 21 January 1904, GARF, F. 568, Op. 1, D. 180, L. 213-213ob.
190. *DnevnikImperatoraNikolaia II*, p. 192.
191. GARF, F. 568, Op. 1, D. 180, L. 213.
192. Lamsdorf to Alekseev, 21 January 1904 (No. 4), Ibid., L. 216; RGVIA, F. 165, Op. 1, D. 969, L. 26.加納格對「predvaritel'no」一詞的翻譯有誤。
193. MinisterstvoInostrannykh Del,*Obzorsnoshenii s IaponieipoKoreiskimdelam s 1895 goda,* pp. 32-33, 84-87.
194. Lamsdorf to Nikolai II, 22 January 1904, GARF, F. 568, Op. 1, D. 180, L. 217.
195. Lamsdorf to Kurino, 22 January 1904, Ibid., L. 218-220. 這句話出現在L.219. Kurino to Komura, 5 February 1904, 《日本外交文書》第37卷第1冊，96頁。
196. Simanskii, op. cit., Vol. III, p. 222.
197. Andre Mevil, *De la paix de Francfort a la conference d'Algesiras,* Paris, 1909, pp. 107-108.加納格告訴我該書收藏在早稻田大學圖書館。
198. *British Documents,* Vol .II, pp. 243-246.
199. Alekseev to Nikolai II, 22 January 1904, RGAVMF, F. 32, D. 219, L. 3-3ob.
200. Remnev, *RossiiaDal'negoVostoka*, p. 392-393.
201. V shtabeadm. E. I. Alekseeva, p. 161.
202. Alekseev, Vsepoddanneishiiotchetpodiplomaticheskoichasti,, GARF, F. 543, D. 183, L. 23, 25-25ob.
203. Remnev, op. cit., p. 393.
204. 小村給栗野的信，1904年2月5日，《日本外交文書》第37卷第1冊，96-97頁。Kurino to Komura, 5 Feburuary 1904, 同上，97-101頁。
205. 《子爵栗野慎一郎傳》，興文社，1942年，319頁。
206. *DnevnikImperatoraNikolaia II*, p. 192.
207. 《子爵栗野慎一郎傳》320-321頁。
208. 相澤淳，上述論文，77頁。
209. 《山本權兵衛和海軍》209-210頁。
210. 同上，208-209頁。
211. 相澤淳，上述論文，77頁。
212. 《秘密日俄戰史》第1，99-100頁。
213. Rusin to Vitgeft, 23 January 1904, RGAVMF, F. 417, Op. 1, D. 2486, L. 197-198ob.
214. A. S. Suvorin, *Russko-iaponskaiavoinairusskaiarevoliutsiia.Malen'kiepis'ma 1904-1908 gg.*, Moscow, 2005, pp. 33-35.

## 第九章　開戰

1. 《東京朝日新聞》1904年2月5日。
2. Rusin to Vitgeft, 24 January/6 February 1904, RGAVMF, F. 417, Op. 1, D. 2486, L. 198.
3. 海軍軍令部《明治三十七八年海戰史》(極秘)(以下，略作《極秘海戰史》)，第1部卷10，2，5，6，23，25-26頁。外山三郎《日俄海戰史研究》上，教育出版中心，1985年，365頁的概要不正確。

4. 海軍軍令部編《明治三十七八年海戰史》第1卷，春陽堂，1909年，50-51頁。《山本權兵衛和海軍》209頁。
5. 《極秘海戰史》第1部卷10，22，26頁。《日本外交文書》第37・38卷別冊《日俄戰爭Ｉ》290頁。
6. 林權助《講述我的七十年》，第一書房，1936年，182-184頁。
7. 釜山領事給小村的信，1904年2月8日，《日本外交文書》第37・38卷別冊《日俄戰爭Ｉ》290頁。
8. Rosen, op. cit., Vol. 1, pp. 231-232.《小村外交史》362-363頁。
9. 命令收於《秘密日俄戰史》第1卷，115-116頁。《山本權兵衛和海軍》209-210頁。
10. 《秘密海戰史》第1部卷10，26頁。
11. 三浦馬山領事給小村外相的信，1904年2月7日，《日韓外交資料集成》第5卷，41頁。
12. Pavlov to Alekseev, 24 January 1904, RGAVMF, F. 32, Op. 1, D. 209, L. 28.
13. 《明治三十七八年海戰史》第1卷中沒有涉及第3艦隊，第2卷231-232頁只寫道第3艦隊「二月六日入竹敷要港」，完全隱匿了佔領鎮海灣一事。最初談及此事的，大概是1966年刊行的《山本權兵衛和海軍》210頁收錄的《山本伯爵實曆談》，山本海相說道，「我艦隊……二月五日接到第一道軍令，……7日部分第三艦隊即完成了鎮海灣佔領」。韓國釜山工業專門學校教授金義煥率先在其著作《圍繞朝鮮的近代俄日關係研究》（韓文），漢城，通文館，1972年，144頁中指出，日本海軍於2月6日在鎮海灣集結，在262頁的年表中也寫到，6日「日本軍艦入港釜山和馬山浦，軍隊登陸」，但寫接收馬山電信局發生在2月9日。這是根據居住在馬山的日本人——諏訪史郎1926年刊行的《馬山港志》68頁中不正確的記述所寫。最先利用《極秘海戰史》，寫2月6日入港馬山浦、佔領韓國電信局的是外山三郎。但是，他只在《第三艦隊監視朝鮮海峽》這一節中談及到此事，沒有準確傳達《極秘海戰史》中的記述。本書基於《極秘海戰史》的記述，首次闡明了最初的作戰。
14. IKMGSh, *Russko-Iaponskaiavoina*, Vol. 1, pp. 294-295.
15. 《日本外交文書》第37卷第1冊，97頁。
16. Kurino' note to Lamsdorf, 24 January/6 February 1904, *Obzorsnoshenii s Iaponieipokoreiskimdelam*, pp. 87-88. 文本為法語。《日本外交文書》第37卷第1冊，97-100頁。
17. Kurino'note to Lamsdorf, 24 January/6 February 1904, Ibid., p. 89.《日本外交文書》第37卷第1冊，100-101頁。日本的案文中沒有撤回的日期。
18. Kurino's private letter to Lamsdorf, 24 January 1904, Ibid., p. 90. 這封信在日本方面沒有公佈，這是首次介紹。
19. 法國作家安德列・梅威爾在1909年的書中寫道，這個時候，栗野附上了他個人給拉姆斯道夫外相的信，表示「仍然有回避戰爭的希望」。Mevil, op. cit., p. 113. 希曼斯基不加批判地采用了這一說法。Simanskii, op. cit., Vol. III, p. 229. 很明顯，栗野的私信使拉姆斯道夫抱有了期望，從而流傳出了這種說法。
20. *DnevnikImperatoraNikolaia II,* p. 192.

21. Lamsdorf's circular to ambassadors, 24 January 1904,*Obzorsnoshenii s IaponieipoKoreiskimdelam,* P. 91.
22. Simanskii, op. cit., Vol. III, p. 226. 說於午後2時通告，此說有誤。
23. 《極秘海戰史》第1部卷10，22，28頁。
24. Remnev, op. cit., p. 393. 根據見Alekseev to Abaza, 25 January 1904, RGIA, F. 1337, Op. 1, D. 20. L. 15.
25. Alekseev, Vsepoddanneishiiotchetpodiplomaticheskoichasti, L. 25ob. Chernovikpis'ma Alekseeva, 25 January 1904, RGAVMF, F. 32, Op. 1, D. 209,L. 27.
26. Alekseev, Vsepoddanneishiiotchetpodiplomaticheskoichasti, L. 26.
27. V shtabe ad. E. I. Alekseeva, p. 162.
28. IKMGSh, *Russko-iaponskaiavoina,* Vol. 1, p. 173.
29. V shtabe ad. E. I. Alekseeva, p. 162.
30. IKMGSh, Russko-Iaponskaiavoina, Vol. 1, pp. 294-295.
31. 《日韓外交資料集成》第5卷，41-42，50頁。
32. *Novoevremia,* 25 January/7 February 1904, p. 2.
33. Suvorin, *Malen'kiepis'ma 1904-1908,* 2005, pp. 35-36.
34. Simanskii, op. cit., Vol. III, p. 230. 另外IKMGSh, *Russko-Iaponskaiavoina,* Vol. 1, p. 174.
35. *Novoevremia,*Pribavlenie k No. 10019, 25 January 1904.
36. A. Pilenko, Izliteraturnykhvospominanii, Hoover Institution, Boris Nikolaevskii collection, Box 642, F. 18, pp. 2-8. 這一資料受教於Lukoianov, Poslednierussko-iaponskieperegovory, p. 34.
37. Nikolai II to Lamsdorf, 25 January 1904, GARF, F. 568, Op. 1, D. 661, L. 78.*Dnevnik A. N. Kuropatkina*, p. 128.
38. *DnevnikImperatoraNikolaia II,* p. 192.
39. Nikolai II to Alekseev(draft), DKPIa, No. 37, 38, pp. 49-50.
40. Izdnevnikova L. Tikhomirova, 25 January 1904, KA, 1930, kn. 1, pp. 28-29.
41. IKMGSh, *Russko-Iaponskaiavoina,* Vol. 1, p. 175.
42. M. Bubnov, *Port-Artur.* Sankt-Peterburg, 1907, p. 18.
43. Gribovskii, Poznakhirev, op. cit., p. 153. IKMGSh, *Russko-Iaponskaiavoina*, Vol. 1, p. 148.
44. 《極秘海戰史》第1部卷10，29-30頁。
45. 《日韓外交資料集成》第5卷，41頁。
46. 林給小村的信，1904年2月8日（第104號），《日本外交文書》第37卷第1冊，448頁。
47. 林給小村的信，1904年2月8日（第105號），同上，319-320頁。
48. Pavlov to Alekseev, 26 January 1904, RGAVMF, F. 32, Op. 1, D. 209, L. 27.
49. IKMGSh, *Russko-Iaponskaiavoina*, Vol. 1, pp. 180-183.
50. Ibid., p. 184.
51. Bubnov, op. cit., p. 19.
52. IKMGSh, *Russko-Iaponskaiavoina*, Vol. 1, pp. 187-188.
53. Ibid., p. 189.
54. GARF, F. 543, Op. 1, D. 186, L. 26.

55. Stessel' to Glazov, KA, 1926, kn. 3, p. 219.
56. *Novoevremia*, 26 January/8 February 1904, p. 2.
57. VIK, *Russko-Iaponskaiavoina*, Vol. I, pp. 273-274. IKMGSh, *Russko-Iaponskaiavoina,* Vol. 1, p. 175.參謀本部的戰史認為薩哈羅夫和阿巴扎的意見表達了「同樣的思想」。美國軍事史學家梅寧最先關注到了這兩種敘述。Menning, op.cit., p. 79.
58. 此次協商會記錄參見陸相的日記*Dnevnik A. N. Kuropatkina*, pp. 130-132。
59. Ibid., p. 129.
60. Ibid., p. 132.
61. 阿列克塞耶夫文書中有這封電報。RGAVMF, F. 32, Op. 1, D. 219, L. 4.
62. *DnevnikA. N. Kuropatkina,* p. 132.
63. *DnevnikiImperatoraNikolaia II,* pp. 192-193.
64. Simanskii, op. cit., Vol. III, p. 234.
65. Ibid., p. 233.
66. 瓜生司令官給海軍大臣的報告，1904年2月9日，《日本外交文書》第37・38卷別冊《日俄戰爭Ⅰ》97頁。《日俄交戰紀念錄》上，東江堂，1905年，50頁。江藤淳《大海復蘇》第2部，文藝春秋，1976年，348頁。司馬遼太郎沒有談及這件事。
67. IKMGSh, *Russko-Iaponskaiavoina*, Vol. 1, pp. 295-297.
68. Ibid., pp. 297, 298-299. 參謀本部編《明治三十七八年日俄戰史》第1卷，偕行社，1912年，根據166頁，運輸船於下午6時入港，8時開始登陸，於9日淩晨1點結束。
69. 林給小村的信，1904年2月8日，《日本外交文書》第37卷第1冊，448-449頁。
70. 《日本外交文書》第37・38卷別冊《日俄戰爭Ⅰ》8-17頁。
71. 《東京朝日新聞》1904年2月9日，第3版。
72. 林給小村的信，1904年2月8日（第109號），《日韓外交資料集成》第5卷，46-47頁。
73. 司馬遼太郎《坂上的雲》3，1970年，文藝春秋，34頁。文春文庫（新裝版），3，1999年，233頁。江藤淳《大海復蘇》第2部，356-357頁。這個說法源於1904年2月9日美國報紙刊登的杜撰故事。D. V. Nikitin, Kaknachalas' voina s Iaponiei, *Port-Artur. Vospominaiiauchastnikov,* New York, 1955, p. 43.
74. M. I. Kostenko, *Osadaisdachakreposti Port-Artur.Moivpechatleniia,* Kiev, 1906, p. 31-32.
75. Bubnov, op. cit., p. 18.
76. IKMGSh, *Russko-Iaponskaiavoina*, Vol. 1, pp. 191-192.
77. Bubnov, op. cit., p. 19.
78. IKMGSh, *Russko-Iaponskaiavoina*, Vol. 1, pp. 200-213.Bubnov, op. cit., p. 20.
79. Suvorin, op. cit., p. 37.
80. *DnevnikiImperatoraNikolaia II,* p. 193.
81. Nikolai II to Lamsdorf, 26 January 1904, GARF, F. 568, Op. 1, D. 661, L. 79.
82. *Dnevnik A. N. Kuropatkina*, p. 132.
83. Pilenko, op. cit., pp. 9-10.

84. V shtabe ad. E. I. Alekseeva, p. 165.
85. IKMGSh, *Russko-Iaponskaiavoina*, Vol. 1, pp. 246-283.
86. Ibid., pp. 299-315.《明治三十七八年日俄戰史》第1卷，166頁。
87. 同上，166頁。*Koreiaglazamirossiian (1895-1945)*, Moscow, 2008, p. 175.原著 EpiskopKhrisanf, *Izpisemkoreiskogomissionera,* Kazan', 1904, pp. 35-40.
88. 林給小村的信，1904年2月9日，《駐韓日本公使館記錄》23，159-160頁。影印版，19，492-493頁。海野，上述書，111頁。
89. 谷，上述書，71頁。
90. *Novoevremia,* 27 January/9 February 1904, p. 3.
91. *Pravitel'stvennyivestnik,* 27 January/9 February 1904, p. 1.
92. Na ulitse, *Novoevremia*, 28 January/10 February 1904, p. 4.
93. *DnevnikiImperatoraNikolaia II*, p. 193.
94. *Dnevnik A. N. Kuropatkina*, p. 132.
95. *DnevnikiImperatoraNikolaia II*, p. 193.
96. S. Iu. Vitte, Vospominaniia, Vol. 2, Moscow, 1960, pp. 290-291.
97. Lamsdorf to Nikolai II, 27 January 1904, Glushkov and Cherevko, op. cit., p. 152.
98. 《東京朝日新聞》1904年2月11日。
99. *DnevnikisviatogoNikolaiaIaponskogo.* Hokkaido University Press, 1994, p. 371. 另有Ibid., pp. 362-363. 筆者還參照了中村健之介等編譯《傳教士尼古拉日記抄》，北海道大學圖書刊行會，2000年，277-278頁。
100. 小村給林的信，1904年2月8日，《日本外交文書》第37・38卷別冊《日俄戰爭Ⅰ》25頁。
101. 林給小村的信，1904年2月9，10日，同上，27，28頁。
102. Fontenay to Hayashi, 1 March 1904，同上，72-73頁。
103. *Pravitel'stvennyivestnik,* 28 January/10 February 1904, p. 1.
104. *Novoevremia,* 28 January/10 February 1904, p. 1.
105. Suvorin, op, cit., pp. 36-37.
106. *Khronikamoskovskoizhizni, 1901-1910,* Moscow, 2001, p. 175.
107. Izdnevnikov L. Tikhomirova, KA, 1930, kn. 1, pp. 29,30,31.
108. *Dnevnik A. N. Kuropatkina,* p. 133.
109. 《子爵栗野慎一郎傳》322頁。《日本外交文書》第37・38卷別冊《日俄戰爭Ⅰ》22-23頁。
110. 小森德治《明石元二郎》上，原書房，1968年，150頁。
111. Alekseev to Nikolai II, 28 January 1904, VIK, *Russko-Iaponskaiavoina*, Vol. II, p. 74.
112. 文本根據《東京朝日新聞》1904年2月11日。另外也收於《日本外交文書》第37・38卷別冊《日俄戰爭Ⅰ》143頁。
113. 同上，142頁。
114. 林給小村的信，1904年2月11日，同上，148頁。
115. 《東京朝日新聞》1904年2月12日號外。
116. 同上，Rosen, op. cit., Vol. 1, pp. 232-234.
117. 林給小村的信，1904年2月12日（131號），《日本外交文書》第37卷第1冊，320-321頁。

118. 林給小村的信，1904年2月11日，《駐韓日本公使館記錄》23，162頁。應林的請求，日本送去了英文詔敕，13日，林又再次發電報請求送來日文詔敕。同上，167頁。
119. *Novoevremia,* 29 January/11 February 1904, p. 3.
120. Ibid., 30 January/12 February 1904, p. 1.
121. 《東京朝日新聞》1904年2月13日。瓦迪姆・阿格波夫《俄日戰爭中符拉迪沃斯托克巡洋艦分隊的作戰》，《日俄戰爭（2）》99-100頁。
122. *Port-Artur.Deistviiaflota v 1904 godu*, Sankt-Peterburg, 2003, p. 18.*DnevnikiImperatoraNikolaia II*, p. 193.
123. 梶村秀樹評價這篇社論道，「具有獨特性，值得介紹」。梶村秀樹《從朝鮮看日俄戰爭》，《梶村秀樹著作集》第2卷，明石書店，1993年，264頁。說到底還是應該正視對日本抱有很深的幻想之事。在這點上，我支持趙景達提出的觀點：朝鮮人在開戰初期的日本觀中，對日本抱有期待。趙景達《日俄戰爭和朝鮮》，安田浩等編《戰爭的時代和社會》，青木書店，2005年，97-99頁。
124. 《舊韓國外交文書》第19卷，749頁。
125. 《東京朝日新聞》1904年2月13日號外。F. A. McKenzie, *From Tiflis to Tokyo: Uncensored Letters from the War,* London, 1905, p. 58. 巴甫洛夫和夫人該日的相片，見：*A Photographic Record of the Russo-Japanese War*, edited and arranged by James H. Hare, New York, 1905, P.37.
126. Pavlov, op. cit., pp. 285-288.
127. 林給小村的信，1904年2月13日，《駐韓日本公使館記錄》23，167-168頁。影印版，19，493-494頁。海野，上述書，111頁。
128. 林給小村的信，1904年2月13日，《駐韓日本公使館記錄》23，168頁。影印版，19，494頁。
129. 海野，上述書，112頁。
130. *DnevnikiImperatoraNikolaia II*, p. 193.
131. 海野，上述書，111-112頁。
132. 《東京朝日新聞》1904年2月15日。
133. 海野，上述書，112-113頁。
134. 林給李址熔的信，1904年2月14日，《駐韓日本公使館記錄》24，3頁。
135. *DnevnikiImperatoraNikolaia II,* pp. 193-194.
136. Neitralitety, *Novoevremia*, 2/15 February 1904, p. 3.
137. VIK, *Russko-Iaponskaiavoina*, Vol. II, p. 74.
138. 沼田多稼藏《日俄陸戰新史》，岩波新書，1940年，25頁。
139. *DnevnikiImperatoraNikolaia II,* p. 194.
140. 影印版《駐韓日本公使館記錄》19，500頁。
141. 林給小村的信，1904年2月17日，《駐韓日本公使館記錄》23，172頁。影印版，19，500頁。
142. DnevnikiImperatoraNikolaia II, p. 194.
143. 《明治三十七八年日俄戰史》第1卷，168頁。
144. 林給小村的信，1904年2月18日，《駐韓日本公使館記錄》23，174頁。影印版，19，500-501頁。海野，上述書，113頁。

145. *Pravitel'stvennyivestnik,* 5/18 February 1904, p. 2.
146. *DnevnikiImperatoraNikolaia II,* p. 194.
147. 《明治三十七八年日俄戰史》第1卷，168頁。
148. 海野，上述書，113頁。
149. *Pravitel'stvennskiivestnik*, 7/20 February 1904,p. 1. 該文的日語概要可見井上公使給小村的信，1904年2月29日，《日本外交文書》第37・38卷別冊《日俄戰爭Ⅰ》56-57頁。
150. *Dnevnik A. N. Kuropatkina*, p. 134.
151. Allen to Hay, February 21, 1904, *Korean-American Relations.* Vol. III, p. 117.
152. VIK, *Russko-Iaponskaiavoina,* Vol. II, p. 39.
153. 林給小村的信，1904年2月21日，《駐韓日本公使館記錄》23，176頁。
154. 同上，23，176-177頁。海野，上述書，113頁。
155. 《明治三十七八年日俄戰史》第1卷，174頁。
156. 英語載於《日本外交文書》第37卷第1冊，460-462頁。日語翻譯可見《日本外交文書》第37・38卷別冊《日俄戰爭Ⅰ》45-47頁。俄語文本收錄於*Novoevremia,* 11/24 February 1904, p. 2.
157. 林給小村的信，1904年2月22日，《駐韓日本公使館記錄》23，179頁。
158. 林給小村的信，1904年2月23日，《日本外交文書》第37卷第1冊，339頁。
159. 《日韓外交資料集成》第5卷，75頁。
160. VIK, *Russko-Iaponskaiavoina*, Vol. II, p. 75.
161. Ibid., p. 76.朴鐘涍引用了同一的命令，但他認為該命令是說如果遭遇到日本騎兵就要將其殲滅（Pak Chon Khio, op. cit., p. 191），這完全是創作。
162. McKenzie, op. cit., p. 97.
163. 《明治三十七八年日俄戰史》第1卷，174，177頁。
164. 《日本外交文書》第37卷第1冊，345-346頁。
165. 林給小村的信，1904年2月24日，《駐韓日本公使館記錄》23，183頁。
166. 《日本外交文書》第37卷第1冊，339，341頁。
167. Allen to Secretary of State, 24 February 1904, *Korean-American Relations*, Vol. Ⅲ, p. 125.
168. *DnevnikiImperatoraNikolaia II*, p. 195.
169. 《明治三十七八年海戰史》第1卷，111-130頁。
170. 中村健之介・中村悅子《尼古拉堂的女性們》，教文館，2003年，431頁。
171. 《明治三十七八年日俄戰史》第1卷，174頁。
172. 伊莎貝拉・伯德・畢曉普（Bird, Isabella Lucy）（時岡敬子譯）《朝鮮紀行》，圖書出版社，1995年，367頁。《朝鮮耶蘇教長老會史記》（韓文），上，新門內教會堂，1928年。
173. 林給小村的信，1904年2月24日，《駐韓日本公使館記錄》23，183頁。
174. *Times*, 24 February 1904.
175. 林給小村的信，1904年2月24日，《日本外交文書》第37・38卷別冊《日俄戰爭Ⅰ》47頁。
176. VIK, *Russko-Iaponskaiavoina*, Vol. II, p. 76.
177. 海野，上述書，114頁。
178. 林給小村的信，《日本外交文書》第37・38卷別冊《日俄戰爭Ⅰ》，47-48

頁。
179. 高平給小村的信，同上，48頁。
180. VIK, *Russko-Iaponskaiavoina*, Vol. II, p. 77.
181. *Times,* 26 February 1904.
182. 《日本外交文書》第37卷第1冊，345頁。
183. VIK, *Russko-Iaponskaiavoina*, Vol. II, p. 76-77.
184. Ibid., p. 78.
185. 《明治三十七八年日俄戰史》第1卷，175頁。
186. *Novoevremia*, 15/28 February 1904, pp. 2-3.
187. *Pravitel'stvennyivestnik,* 15/28 February 1904, p. 2.
188. 《明治三十七八年日俄戰史》第1卷，178-179頁，183頁。「二十四日」原文即如此。
189. VIK, *Russko-Iaponskaiavoina*, Vol. II, p. 79.
190. McKenzie, op. cit., pp. 121-123. 這與後來麥肯齊著名的批判日本的書中所寫的部分有分歧：「北部的居民對俄羅斯人沒有好感。因為俄羅斯人欠缺紀律和自製力。特別是俄羅斯軍士兵和韓國女性屢屢發生衝突，尤為不和睦。在戰爭初期，我一直主要在北部地方旅行，在最初的數周內，無論我走到哪裡，都能從韓國國民那裡聽到對日本軍友好的話題。」麥肯齊（渡部學譯）《朝鮮的悲劇》平凡社，1972年，107頁。關於這點，我認為需要重新探討趙景達上述論文，100頁的記述。
191. *DnevnikiImperatoraNikolaia II,* p. 196.
192. 根據梶村，上述論文，265-267頁的譯文。梶村認為這篇論文可以說「總括了《皇城新聞》自前一年開始持續從「自強」觀點展開的宣傳活動」，但這一評價並不正確。
193. 《明治三十七八年日俄戰史》第1卷，187頁。

## 第十章　日俄戰爭就 這樣發生了

1. 《渡邊華山・高野長英・佐久間象山・橫井小楠・橋本左內（日本思想大系55）》，岩波書店，1971年，278頁。
2. 同上，46頁。
3. 毛利敏彥《臺灣出兵——大日本帝國的開幕劇》，中公新書，1996年。
4. 《日本外交文書》明治年間追補第1冊，354頁。
5. 《小村外交史》92頁。
6. 《日本外交文書》第29卷，812-813頁。
7. 同上，第31卷第1冊，114-115頁。
8. 尼什引用了倫敦《泰晤士》報記者瓦倫琴・奇洛爾的話。「沙皇自身完全被阿列克塞耶夫所操縱，阿列克塞耶夫是戰爭黨的領袖，一直處在正前方，今日也是如此，對此我沒有絲毫懷疑的餘地。」Nish, op.cit., p. 247.
9. Lukoianov, Poslednierussko-iaponskieperegovory, p. 32.
10. 《原敬日記》第2卷續，乾元社，1951年，142頁。
11. 《日本外交文書》第37・38卷別冊《日俄戰爭V》60頁。
12. Pak Chon Khio, *Russko-iaponskaiavoina 1904-1905 gg. iKoreia*, Moscow, 1997,

p. 233.

13. 《日本外交文書》第37・38卷別冊《日俄戰爭V》106頁。
14. B. A. Romanov, *OcherkidiplomaticheskoiistoriiRussko-Iaponskoivoiny 1895-1907*,Moscow-Leningrad, 1955, pp. 508-509.
15. Pak Chon Khio, op. cit., p. 234. AVPRI, F. 150, Op. 493, D. 623.
16. 《日本外交文書》第37・38卷別冊《日俄戰爭V》400頁。
17. 同上，404-405頁。
18. 同上，410-411頁。
19. 同上，411-412頁。
20. 同上，412-413頁。
21. Boris. D. Pak, *RossiiaiKoreia*. 2nd edition, Moscow, 2004, p. 377.在這一點上，我與認為此事沒有意義的朴鐘涍進行過論戰。
22. 《日本外交文書》第37・38卷別冊《日俄戰爭V》535頁。
23. 同上，第38卷第1冊，507頁。

# 文獻目錄

## 【未刊檔案】


ロシア国立歴史文書館（ペテルブルク）РГИА (RGIA)

大蔵省大臣官アジア局文書　Ф. 560, Оп. 28, Д. 100, 213, 275, 282.

内務省大臣官文書 Ф. 1282, Оп. 1, Д. 759, 761.

ロシア海軍歴史文書館（ペテルブルク）РГАВМФ (RGAVMF)

アレクセーエフ文書　Ф. 32, О п . 1, Д . 1, 6, 8, 27, 28, 57, 123, 133, 134, 156, 167, 168, 170, 171, 172, 173, 176, 178, 179, 180, 181, 182, 183, 201, 204, 209,212, 219, 484, 485.

海軍軍人職務履歴書ファイル　Ф. 406, О п . 9, Д . 3.

海軍軍令部文書　Ф. 417, О п . 1, Д . 174, 2128, 2309, 2486,2823, 2831, 2865.

ルーシン文書　Ф. 1335, О п . 1, Д . 5, 7, 19, 39, 69.

ロシア連邦国立文書館（モスクワ）　ГАРФ (GARF)

ニコライ2世文書　Ф. 601, Оп.1, Д. 225, 238, 243, 245, 246, 445, 529, 717, 718.

ツァールスコエ・セロー宮殿文書　Ф. 543, Оп. 1, Д. 183.

ラムスドルフ文書　Ф. 568, Оп. 1, Д. 145, 174, 175, 176, 177, 179, 180, 211, 221, 661, 667.

ロシア国立陸軍歴史文書館（モスクワ）РГВИА (RGVIA)

クロパトキン文書　Ф. 165, Оп. 1, Д. 756, 872, 879, 900, 915, 920, 923, 926, 944, 957, 969, 1037, 1043, 1045, 1068, 1069, 1070, 1851, 1859, 1863, 1871, 5312.

陸軍参謀本部アジア局文書　Ф. 400, Оп. 4, Д. 481, 500.

陸軍軍人職務履歴書ファイル　Ф. 403, Д. 150-504; Ф. 409, Оп. 1, Д. 183718.

国立歴史博物館文書部（モスクワ）ОПИ ГИМ (OPI GIM)

シマンスキー文書　Ф. 444, Д. 103, 104, 115.

ロシア帝国外交文書館（モスクワ）　АВПРИ (AVPRI)

外務省官駐日公使館通信文書　Ф. 133, Оп. 470, 1891 г., Д. 94; 1894 г., Д. 96; 1895 г., Д. 108;1896 г., Д. 167; 1897 г., Д. 112; 1898 г., Д. 107; 1899 г., Д. 106; 1900 г., Д. 102.（北海道大学スラブ研究センター蔵）

外務省日本課文書　Ф. 150, Оп. 493, Д. 906（1901 г.）.　（北海道大学スラブ研究センター蔵レンセン・コレクション）

日本公使館文書　Ф. 195, Миссия в Токио, Оп. 529, 1891 г., Д. 42, 397.　（東京大學史料編纂所保田孝一資料）

日本外務省外交史料館
「本邦人身分並に挙動取調雑件（軍事探偵嫌疑者ノ部）」、5・10・11
「韓国宮内府侍従玄映運来朝一件」、6・4・4・24

## 【未刊手稿】

Дневник Николая Второго, 1891 ГАРФ, Ф. 601, Оп. 1
Январь –май 1891 г. Д. 225.
Май –сентябрь 1891 г. Д. 226.
Октябрь 1897 г. – октябрь 1898 г. Д. 238.
Май—декабрь 1901 г. Д. 243.
Декабрь 1902 г. – декабрь 1903 г. Д. 245.
Извлечение из донесения военного агента в Китае Генерального Штаба Полковника Вогака, ГАРФ, Ф. 601, Оп. 1, Д. 717.
Обзор сношений с Японией по корейским делам с 1895 по 1904 г. СПб., 1906. ГАРФ, Ф 568, Оп. 1, Д. 211.
Обзор сношений России с Китайским и Японским правительствами, предшествовавших вооруженному столкновению России с Японией. РГАВМФ, Ф. 32, Оп. 1, Д. 27.
А. М. Абаза. Русские предприятия в Корее в связи с нашей политикой на Дальнем Востоке 1898-1904. Декабрь 1905 ГАРФ, Ф. 601, Оп. 1, Д. 529. (145с.)
[Е. И. Алексеев] Всеподданнейший отчет Наместника ЕГО ИМПЕРАТОРСКОГО ВЕЛИЧЕСТВА на Дальнем Востоке по дипломатической части 1903-1904 гг. Апрель 1905. ГАРФ, Ф. 543, Оп. 1, Д. 186. (142 с.)
А. Пиленко. Из литературных воспоминаний. Hoover Institution, Boris Nikolaevskii collection, Box 642, F. 18, pp. 2-8.
『明治二十七八年日清戦史第二冊決定草案』，福島県立図書館佐藤文庫藏
參謀本部「千九百十年日露戦史第一巻」手稿本，福島県立図書館佐藤文庫藏
海軍軍令部『明治三十七八年海戦史』（極秘），防衛省防衛研究所図書館藏
『稲佐卜露西亜人』，長崎県立図書館蔵。

## 已刊資料・資料集

『伊藤博文関係文書』第6巻，塙書房，1978年
『伊藤博文文書』第12巻，ゆまに書房，2007年
『大津事件関係史料集』上下，山梨學院大學社會科學研究所，1995年
『大日本古文書』幕末外國関係文書，第48巻

『日本外交文書』第3巻、第7巻、第8巻、第18巻、第23巻、第24巻、第27巻第1冊、第2冊，第28巻第1冊、第28巻第2冊、第29巻、第30巻、第31巻第1冊、第33巻別巻2、第34巻、第35巻、第36巻第1冊、第37巻第1冊、第37巻・38巻別冊「日露戦争Ⅰ，Ⅴ」
『日本外交文書』明治年間追補第1冊，1963年
『駐韓日本公使館記録』第5、7、12、13、14、16、21、22、23巻，國史編纂委員會，1990—1997年
影印版『駐韓日本公使館記録』19巻，國史編纂委員會，1991年
『旧韓國外交文書』第17、18、19巻，(俄案1、2，法案1)，高麗大學校亜細亜問題研究所，1969年
『日韓外交資料集成』第5巻、第8巻，巌南堂書店，1967年、1964年
『山県有朋意見書』，原書房，1966年
『義和團檔案史料』上巻，北京，中華書局，1979年
Документы касающиеся переговоров с Японией в 1903-1904 годах и хранящиеся в канцелярии Особого Комитета Дальнего Востока. [СПб.], 1905
Извлечения из донесений Генерального Штаба Полковника Вогака. //Сборник географических, топографических и статистических материалов по Азии. Вып. LX, LXI, СПб., 1895
Из предыстории Русско-японской войны: Донесения морского агента в Японии А. И. Русина (1902-1904 гг.). Вводная статья, подготовка текста и комментарии В. А. Петрова. //Русское прошлое, 6, 1996
Источник 掲載資料
Путем секретной переписки... О царской дипломатии в начале XX века. // Источник, 1999, No. 2, стр. 28-41
Красный архив(КА) 掲載資料
Боксерское восстание // КА, 1926, кн. 1, стрю 1-49
Письмо ген. А. М. Стесселя ген. В. Г. Глазову о начале русско-японской войны // КА, 1926, кн. 3, стр. 218-220
Безобразовский кружок летом 1904 г. //КА, 1926, кн. 4, стр. 70-80
Царская дипломатия о задачах России на Востоке в 1900 г. //КА, 1926, кн. 5, стр. 3-29
Письма С. Ю. Витте к Д. С. Сипягину (19000-1901 г.г.) // КА, 1926, кн. 5, стр. 30-48
Переписка С. Ю. Витте и А. Н. Куропаткина в 1904-1905 г.г. //КА, 1926, кн. 6, стр. 64-82
В штабу адм. Е. И. Алексеева (Из дневника Е. А. Плансона) //КА, 1930, кн. 4-5, стр. 148-204
Из эпохи японо-китайской войны 1894-1895 г.г. //КА, 1932, кн. 1-2, стр. 3-63
К истории первой Гаагской конференции 1899 г. //КА, 1932, кн. 1-2, стр. 64-96

Первые шаги русского империализма на Дальнем Востоке (1888-1903 гг.) // КА, 1932, кн. 3, стр. 34-124

Новые материалы о Гаагской мирной конфенции 1899 г. //КА, 1932, кн. 5-6, стр. 49-79

Накануне русско-японской войны (Декабрь 1900 г.—январь 1902 г.) //КА, 1934, кн. 2, стр. 3-54

Маньчжурия и Корея. Английская синяя и японская белая книги. 1901-1904. Издание канцелярии Особого Комитета Дальнего Востока. СПб., 1904

Политика капиталистических держав и национально-освободительное движение в Юго-Восточной Азии (1871-1917), Документы и материалы. Часть II, М., 1967

Россия и Корея: Некоторые страницы историии (конец XIX века ), М., 2004

Порт-Артур. Том 1, Сборник документов. М., 2008

*Die Grosse Politik der europaeischen Kabinetten* (hereafter GP), Band 14, *British Documents on the Origins of the War 1898-1914*, Vol. II, London, 1927

*Correspondence respecting the Russian Occupation of Manchuria and Newchwang.* Presented to both Houses of Parliament by Command of His Majesty. February 1904. London, 1904

FO. *Correspondence respecting Corea and Manchuria,* Part II, London, 1905. Microfilm 405/139

*Correspondence respecting Corea and Manchuria,* Part III, Microfilm 405/146,

*Further Correspondence respecting the Affairs of Corea. January to June 1903.* London, April 1904 Microfilm 405/137

*Korean-American Relations: Documents Pertaining to the Far Eastern Diplomacy of the United States,* Vol. III, University of Hawaii Press, 1989

## 百科全書・目錄・影集

Мартиролог русской военно-морской эмиграции по изданиям 1920-2000 гг. Москва-Феодосия, 2001

Морской биографический словарь. СПб., 1995

Отечественная история с древнейших времен до 1917 года. Энциклопедия. Том 1, М., 1994

Российский императорский флот 1696-1917. Военно-исторический справочник. М., 1993

Советская историческая энциклопедия. Том 1-16, М., 1961-1976

В. И. Федорченко. Свита Российских Императоров. Том 1-2, Красноярск, 2005

Шилов Д. Н. Государственные деятели Российской Империи 1802-1917. Биобиблиографический справочник. СПб., 2001

Энциклопедический словарь «Брокгауз и Эфрон», Том 1-82, СПб., 1890-1904
Lensen, George A. Japanese Representatives in Russia, Tokyo, Voyagers' Press, 1968
Lensen,George A. Russian Representatives in East Asia, Tokyo, Voyagers' Press, 1968
*A Photograpic Record of the Russo-Japanese War,* edited and arranged by James H. Hare, New York, P. F. Collier and Son, 1905
『佐藤文庫目録』，福島県立図書館，1965年
『ロシア外交史料館日本関連文書目録』（稲葉千晴編）Ⅰ（1850-1917），ナウカ，1997年

## 報紙

『皇城新聞』復刻版
『東京朝日新聞』復刻版
『萬朝報』復刻版
『週刊平民新聞』，『明治社會主義史料集』別冊（3），明治文獻資料刊行會，1962年
Новое время, 1900, 1904

## 日記

Дневник Императора Николая II. Берлин, 1923. 2-е изд. Париж, 1980
Дневник Императора Николая II. М., 1991 (1894-96, 1904-07, 1913-18)
Дневник А. А. Половцева. КА, 1923, кн. 3, стр. 75-172
Дневник государственного секретаря А. А. Половцова. Том 2, М., 1966
Дневник А. Н. Куропаткина. КА, 1922, кн. 1, стр. 3-117
Дневник А. Н. Куропаткина. Б. м., 1923
Японские дневники А. Н. Куропаткина. «Российский архив», VI, стр. 393-444
Дневники святого Николая Японского. Hokkaido University Press, 1994
Дневник Алексея Сергеевича Суворина. 2-е изд. М., 2000
Дневник В. Н. Ламсдорфа (1886-1890). М., 1926
Ламсдорф В. Н. Дневник 1891-1892. М.-Л., 1934
—— Дневник 1894・1896. М., 1991
25 лет назад. Из дневникова Л. Тихомирова. КА, 1930, кн. 1, стр. 20-69
Гарин-Михайловский. По Корее, Маньчжурии и Лядунскому полуострову. Собрание сочинений. Том 5, М., 1958
Смельский В. Н. Священная дружина (из дневника ее члена) //Голос минувшего, 1916, No. 1, стр. 222-256, No. 1, стр. 135-163, No. 3, стр. 155-176, No. 4, стр. 95-105.
『文学者の日記3　池辺三山（3）』，博文館新社，2003年

『近衛篤麿日記』第3巻、第4巻、第5巻，近衛篤麿日記刊行會，1968-69年
中村健之介ほか訳『宣教師ニコライの日記抄』，北海道大学図書刊行会，2000年
『日露戦争と井口省吾』 原書房，1994年
『原敬日記』第2巻正続，乾元社，1951年
『ベルツの日記』（菅沼竜太郎訳）上下，岩波文庫，1979年

## 回憶錄

Великий князь Александр Михаилович. Книга воспоминании. 1933. Париж, Лев, 1980
Бубнов М. Порт-Артур. СПб., 1907
Витте С. Ю. Воспоминания. Том 1-3, М., 1960
—— Из архива С. Ю. Витте. Воспоминания. Том 1. Рассказы в стенографической записи. Часть 1-2, СПб., 2003; Том 2. Рукописные заметки. СПб., 2003
Вонлярлярский В. Мои воспоминания 1852-1939 гг. Берлин, [н. г.]
[Головнин В. М. ], Записки флота капитана Головнина о приключениях его в плену и японцев в 1811, 1812 и 1813 гг. Часть 1-9, СПб., 1816 .邦訳: 井上満訳『日本幽囚記』，岩波文庫，上中下，1943-46年
Гончаров И. А. Фрегат Паллада. Очерки путешествий Ивана Горчарова. Том 1-2, СПб., 1858
邦訳：井上満訳『日本渡航記』，岩波文庫，1941年，高野明、島田陽訳，雄松堂書店，1969年
Граф Г. К. На службе Императорскому Дому России. 1917-1941. Воспоминания. СПб., 2004
Гурко В. И. Черты и силуэты прошлого. Правительство и общественность в царствование Николая II в изображении современника. М., 2000
Гусев Борис. Мой дед Жансаран Бадмаев. Из семейного архива //Новый мир, 1989, No. 11, стр. 199-206
Дейч Лев. 16 лет в Сибири. М., 1924
Игнатьев А. А. Пятьдесят лет в строю. Том I-II, Новосибирск, 1959
Извольский А. П. Воспоминания. М., 1989（Петроград, 1924）
Коростовец И. Я. Россия на Дальнем Востоке. Пекин, 1922
Костенко М. И. Осада и сдача крепости П.-Артур. Мои впечатления. Киев, 1906
«Как я стал офицером»（Из воспоминаний генерала А. Н. Куропаткина «70 лет моей жизни»）. // Отечественные архивы, 1996, No. 2, стр. 67-93
Никитин (Фокагитов) Д. В. Как началась война с Японией //Порт-Артур. Воспоминания участников. Нью-Йорк, 1955
Поливанов А. А. Из дневников и воспоминаний по должности военного министра и его помощника 1907-1916 г. М., 1924

Редигер Александр. История моей жизни. Воспоминания военного министра. Том 2, М., 1999
Серошевский Вацлав, Корея. СПб., 1909（ハングル訳：金珍英ほか訳『コレヤ 1903年秋』ソウル，2006年）
Симанский П. Дневник генерала Куропаткина (Из моих воспоминаний) // На чужой стороне, XI, Прага, 1925б стр. 61-99
Соловьев Ю. Я. Воспоминания дипломата 1893-1922. М., 1959
Фон Нидермиллер Д. Г. От Севастополя до Цусимы. Воспоминания. Рига, 1930
Штенгер В. А. Подготовка II эскадры к плаванию //С эскадрой адмирала Рожественского. Сборник статей. СПб., 1994（Прага, 1930）
Янчевский Д. 1900. Русские штумуют Пекин. М. 2008
Allen, Horace N. Things Korean. A Collection of Sketches and Anecdotes Missionary and Diplomatic, New York, 1908
Rosen, Roman. Forty Years of Diplomacy, Vol. 1, London, 1922
〔Vonliarliarskii, V. M.〕«Why Russia Went to War With Japan: the Story of the Yalu Concessions», Fortnightly Review, Vol. 87, No. DXXI, New series, May 2, 1910, pp. 816-831, 1030-1044
『青木周蔵自伝』，平凡社，1970年
石井菊次郎『外交餘録』，岩波書店，1930年
石光真清『曠野の花』，龍星閣，1958年
大杉栄『自叙伝・日本脱出記』，岩波文庫，1971年
久米邦武『米歐回覧実記（4）』，岩波文庫，1980年
『児島惟謙大津事件手記』，関西大學出版部，2003年
杉村濬『明治廿七八年在韓苦心録』，1932年
田山花袋『東京の三十年』，岩波文庫，1981年
林権助『わが七十年を語る』，第一書房，1935年
林董『後は昔の記他』，平凡社，1970年
福田英子『妾の半生涯』，岩波文庫，1958年
二葉亭四迷「予が半生の懺悔」，『二葉亭四迷全集』第10巻，岩波書店，1953年
三浦梧樓『観樹將軍回顧録』，政教社，1925年
陸奥宗光『蹇蹇録』，岩波文庫，1941年

## 著作・論文

### 俄羅斯文

Аблова Н. Е. КВЖД и российская эмиграция в Китае. Международные и политические аспекты истории (первая половина XX века). М., 2005
Аварин В. Я. Империализм и Манчжурия. Том 1, М., 1931
Авдеев В. А. «Секреты» Русско-японской войны (Организация изучения

истории русско-японской войны 1904-1905 гг. Генеральным штабом России) // Военно-исторический журнал, 1993, No. 9
Айрапетов О. Р. Забытая карьера «Русского Мольтке»: Николай Николаевич Обручев (1830-1904). СПб., 1998
Айрапетов О. Р. (ред.). Русско-японская война 1904-1905. Взгляд через столетие. Международный исторический сборник. М., 2004
Ананьич Б. В., Ганелин Р. Ш. Сергей Юльевич Витте и его время. СПб., 1999
Аносов С. Корейцы в Уссурийском крае. Хабаровск, 1928
Белякова Зоя. Великий князь Алексей Александрович. За и против. СПб., 2004
Бескровный Л. Г. Русская армия и флот в XIXX веке. Военно-экономический потенциал России. М., 1973
Блиох И. Будущая война, ее экономические причины и последствия //Русский вестник, 1893, февраль, стр. 1-39, 186-217; март, стр. 208-291; апрель, стр. ; май, стр. 214-305; июня, стр. 223-314; август, стр. 241-343
Блиох И. С. Будущая война в техническом, экономическом и политическом отношениях, Том 1-6, СПб., 1898
Боханов А. Император Николай II. М., 1998
Бородин А. В. Флот России на Тихом океане. Из истории российского Тихоокеанского военно- морского флота. Владивосток, 2006
Будзиловский И. Японский флот. СПб., 1890
Бурцев В. И. Царь и внешняя политика: виновники Русско-японской войны по тайным документам. Записки гр. Ламсдорфа и Малиновой книги. Берлин, 1910
В. Благовещенская «утопия» //Вестник Европы, Том XLV, No. 7, июля 1910, стр. 231-241
Венюков М. Очерк Японии. СПб., 1869
Витте С. Ю. Собрание сочинений. Том 1, книга 2, часть 1, М., 2004
——Вынужденные разъяснининия графа Витте по поводу отчета ген.-адъют. Куропаткина о войне с Японией. СПб., 1909
Военные флоты и морская справочная книжка на 1904 г. СПб., 1904
Война на Дальнем Востоке. Очерк стратегических занятий 1900 г. на курсе Военно-морских наук //Известия по минному делу, Вып. 37, СПб., 1900
Война России с Японией в 1905 году. Отчет о практических занятиях по стратегии в Николаевской Моркой Академии в продолжении зимы 1902-1903 года. СПб., 1904
Волков Н. Е. Двор русских императоров в его прошлом и настоящем. М., 2001
Волохова А. А. Проблема нейтралитета Кореи: прошлое и настоящее //Восток-Россия-Запад. Исторические и культурологические исследования. К 70-летию академика Владимира Степановича Мясникова. М., 2001, стр. 529-536
Глинский Б. Б. Пролог Русско-японской войны (Архиные материалы) //

Исторический журнал, 1914, No. 1-12
—— Пролог Русско-японской войны: Материалы из архива графа С. Ю. Витте с предисловием и под редакцией Б. Б. Глинского. Пгд., 1916.
Глушков В. В., Черевко К. Е. Русско-японская война 1904-1905 гг. в документах внешне- политического ведомства России. Факты и комментарии. М., 2006
Грибовский В. Ю., Познахирев В. Р. Вице-адмирал З. Р. Рожественский. СПб., 1999
Гуров С., Тюлькин В. Броненосцы Балтийского флота. Калининград. 2003.
Дацышен В. Г. Боксерская война. Военная кампания русской армии и флота в Китае в 1900-1901 гг. Красноярск, 2001
Де-Воллан Г. В стране восходящего солнца. СПб., 1903
Дело о сдаче крепости Порт-Артур японским войскам в 1904 г. Отчет.
Составил под ред. В. А. Апушкина. СПб., 1908
Добычина Е. В. Русская агентурная разветка на Дальнем Востоке в 1895-1897 годах.//Отечественная история, 2000, No. 4
Доможилов (ред.). Сборник материалов по военно-морским вопросам. Том 1. Японско- китайская война. СПб., 1896
За кулисами царизма (Архив тибетского врача Бадмаева). Ленинград, 1925
Золотарев В. А., Козлов И. А. Русско-японская война 1904-1905 гг. Борьба на море. М., 1990
Золотарев В. А. (ред.). Россия и Япония на заре XX століения. Аналитические материалы отечественной военной ориенталистики. Арбизо, М., 1994
Игнатьев А. В. С. Ю. Витте-дипломат. М., 1989
Император Александр Ш и Императорица Мария Феодоровна. Переписка. М., 2001
История внешней политики России (конец XV века—начало XX века). М., 1997
Каширин В. Б. «Русский Мольтке» смотрит на восток //Русско-японская война 1904-1905. Взгляд через столетие. М., 2004, стр. 150-182
Ким Ен-Су. Корейский посланник Ли Бом-Джин и Русско-Японская война // Русско-японская война 1904-1905. Взгляд через столетие. М., 2004, стр. 214-231
Киняпина Н. С. Балканы и Проливы во внешней политике России в конце XIX века. М., 1994
Кладо Н. Военные действия на море во время Японо-китайской войны. СПб., 1896
Княжев Ю. Н. Военно-политическая деятельность Николая II в период 1904-1914 гг. Курган, 2000
Кондратенко Р. В. Российские морские агенты об усилении японского флота в конце XIX – начале XX века //Русско-японская война 1904-1905.

Взгляд через столетие. М., 2004, стр. 62-110
Корея глазами россиян (1895-1945). М., 2008
Корф Н. А., Звегинцев А. И. Военный обзор Северной Кореи. СПб., 1904.
Костенко М. И. Осада и сдача крепости Порт-Артур (Мои воспоминания). Киев, 1906
Костылев В. Я. Очерк истории Японии. СПб., 1888
Куропаткин А. Н. Пролог манчжурской трагедии // Русско-Японская война. Из дневников А. Н. Куропаткина и Н. П. Линевича. Ленинград, 1925, стр. 3-53. 邦訳：クロパトキン「満州悲劇の序曲」，大竹博吉監輯『独帝と露帝の往復書翰』，ロシア問題研究所，1929年，287-390頁
Куропаткин А. Н. Русско-японская война 1904-1905 гг. Итоги войны. СПб., 2002
Лукоянов И. В. Безобразовцы: путь России к русско-японской войне 1904-1905 гг. Paper presented to the symposium “Russia, East Asia, and Japan at the Dawn of 20th Century: The Russo-Japanese War Reexamined”, 29-31 January 2003
—— «Не отстать от держав...»: Россия на Дальнем Востоке в конце X1X-начале XX вв. СПб., 2008
—— Последние русско-японские переговоры перед войной 1904-1905 гг. (взгляд из России). //Acta Slavica Iaponica, Tomus XXIII, 2006, pp. 1-36
——Сибирская железная дорога. С. Ю. Витте // Собрание сочинений. Том 1, кн. 2, часть 1, М., 2004
Львов Ф. А. Лиходей бюрократического самовластья как непосредственные виновники Первой Русско-Японской войны. СПб., 1906
Манфред А. З. Образование Русско-Французского союза. М., 1975
Мартынов Е. И. Из печального опыта Русско-Японской войны. СПб., 1906
Министерство Иностранных Дел. Записка по поводу изданного Особым Комитетом Дальнего Востока Сборника документов по переговорам с Японией 1903-1904 гг. СПб., 1905
Мейлунас, Андрей и Мироненко, Сергей. Николай и Александра: Любовь и жизнь. М., Прогресс, 1998
Мечников Л. Эра просвещения Японии (Мей-Дзи) //Дело, 1876, No. 1-2. 邦訳：メーチニコフ（渡辺雅司訳）『亡命ロシア人の見た明治維新』，講談社学術文庫，1982年
Молодяков Василий. Образ Японии в Европе и России второй половины XIX—начала XX века. Москва-Токио, 1996
Мороз И. Т. Из истории русско-китайских отношений в 1901-1902 гг. (по материалам российских архивов) //Восток- Россия- Запад. Исторические и культурологические исследования. К 70-летию академика Владимира Степановича Мясникова. М., 2001
Нарочницкий А. Л. Колониальная политика капиталистических держав на Дальнем Востоке 1860-1895. М., 1956

Николай иеромонах. Япония с точки зрения христянских миссии //Русский вестник, 1869, No. 9. 邦訳：ニコライ（中村健之介訳）『ニコライの見た幕末日本』，講談社学術文庫，1979年
Обзор результатов перлюстрации писем по важнейшим событиям и явлениям государственной и общественной жизни России в 1903 году //Былое, 1918, No. 2, стр. 190-222
Павлов Д. Русско-Японская война 1904-1905 гг. Секретные операции на суше и на море. М., 2004
Пак Белла Б. Российская дипломатия и Корея. Кн. 1. 1860-1888. М., 1998. Кн. П. 1888-1897. М., 2004
Пак Борис Д. Россия и Корея. М., 1979. 2-е дополненное изд. М., 2004.
Пак Чон Хе. Русско-японская война 1904-1905 гг. и Корея. М., 1997
——К. И. Вебер—первый посланник Российской дипломатической миссии в Корее. //Проблемы Дальнего Востока, 1993, No. 6
Панеях В. М. Творчество и судьба историка: Борис Александрович Романов. СПб., 2000
Пеликан А. Прогрессирующая Япония. СПб., 1895
Переписка Вильгельма П с Николаем П 1894-1917. М., 2007
Петров П. Н. История родов русского дворянства. Книга П, М., 1991
Петров В. Русские военно-морские агенты в Японии (1858-1917) // Познакомьтесь—Япония, 19, 1998
Порт-Артур. Действия флота в 1904 году. СПб., 2003
Ремнев А. В. Россия Дальнего Востока: Имперская география власти XIX-начала XX веков. Омск, 2004
Ржевуский И. Японско-китайская война 1894-1895 гг. СПб., 1896
Романов Б. Витте и концессия на р. Ялу //Сборник статей по русской истории, посвященных С. Ф. Платонову. Петербург, 1922
—— Витте накануне русско-японской войны //Россия и запад. Исторический сборник под ред. А. И. Зайончковского. 1. СПб., 1923
——Очерки дипломатической истории Русско-Японской войны. 1895-1907, М., -Л., 1955
——Россия в Маньчжурии (1892-1906), Ленинград, 1928. 邦訳：山下義雄訳『満州に於ける露国の利権外交史』，鴨右堂書店，1935年。復刻，原書房，1973年
Российская дипломатия в портретах. М., 1992
Россия: международное положение и военный потенциал в середине XIX века. М., 2003
Ростунов И. И. (ред.) , История Русско-японской войны. 1904-1905 gg. М., 1977. 邦訳：及川朝雄訳『ソ連から見た日露戦争』，原書，1980年

Русско-Японская война 1904-1905 ггю. Работа Исторической комиссии по описанию действии флота в войну 1904-1905 гг. при Морском генеральном Штабе. Том. 1-4, 6-7, СПб., 1912- 1917.　邦訳：露國海軍軍令部編纂『千九百四五年露日海戦史』第1巻上下，2-4，6、7巻，海軍軍令部，1915年。復刻，上下，芙蓉書出版，2004年
Русско-Японская война 1904-1905 гг. Работа Военно-исторической комиссии по описанию Русско-Японской войны Генерального Штаба. Том I-IX, СПб., 1910
Рыбаченок И. С. Россия и Первая конференция мира 1899 года в Гааге. М., 2005
Сибирские переселения. Вып. 2. Комитет Сибирской железной дороги как организатор переселений. Сборник документов. Новосибирск, 2006
Свечин А. А. Предрассудки и боевая действительность. М., 2003
——Русско-Японская война 1904-1905 гг. По документным данным труда Военно-исторической комиссии и другим источникам. Ораниенбаум, 1910
Симанский П. Война 1877-1878 гг. Падение Плевны. СПб., 1903
——Дневник генерала Куропаткина (Из моих воспоминаний), «На чужой стороне», XI, Прага , 1925, стр. 61-99
—— События на Дальнем Востоке, предшествовавшие Русско-Японской войне (1891-1903 г.г.) Том I. Борьба России с Японией в Корее. Том II. Борьба России с Японией в Китае. Том III. Последний год. СПб., 1910
——Суворов. Краткий очерк жизни и деятельности этого знаменитого вождя русских войск. Лекции. М., 1899
——(сост.) Японско-китайская война 1894-1895. Перевод с немецкого. Составил Симанский. СПб., 1896
Соловьева А. М. Железнодорожный транспорт России во второй половине XIX в. М., 1975
Субботин Ю. Ф. А. Н. Куропаткин и Дальневосточный конфликт. «Дела на Дальнем Востоке могут привести нас к конфликту с Японией» //Россия: международное положение и военный потенциал в середине XIX – начале XX века, стр. 123-168
Суботич Д. И. Амурская железная дорога и наша политика на Дальнем Востоке. СПб., 1908
Суворин Алексей. В ожидании века XX. Маленькие письма 1889-1903 гг. М., 2005
——Русско-японская война и русская революция. Маленькие письма 1904-1908 гг. М., 2005
Успенский К. Н. Очерк царствования Николая П. Николай П. Материалы характеристики личности и царствования. М., 1917
Фон-Шварц А., Романовский Ю. Оборона Порт-Артура. Часть I, СПб., 1910.
Хроника московской жизни. 1901-1910. М., 2001

Чагин И. И. Очерк развития японского флота //Морской сборник, 1898, No. 7.
Чагодаев-Саконский А. П. На «Алмазе» (От Либавы через Цусиму-во Владивосток).СПб., 2004
Черевкова А. А. Очески современной Японии. СПб., 1898
Чой Доккю. Морское министерство и политика России на Дальнем Востоке (1895-1903). Английская набережная 4. Ежегодник РГИА. СПб., 1999, стр. 149-176
——Россия и Корея, 1893-1905. СПб., 1997
Шацилло В. К. и Шацилло Л. А. Русско-японская война. 1904-1905. Факты. Документы. М., 2004
Шепелев Л. Е. Чиновный мир России XVIII—начала XIX в. СПб., 1999
Ю Хе Джон. Европейский город в Азии Владивосток //Россия и АТР, No. 1(27), март 2000, стр. 44-57
Южаков С. Н. Доброволец Петербург дважды вокруг Азии. Путевые впечатления. СПб., 1894, стр. 123-148
——Мимоходом в Японии. Из путевых впечатлений //Русское богатство, 1893, No. 9, стр. 88-110
——Социологические этюды. Том 2, СПб., 1896
—— 1894 год. Из современной хроники //Русское богатство, 1895, No.1, стр. 186-213

### 英文

Fumoto Shinichi, Japan's East Asia Policies During the Early Meiji Era: Changes in Relations with Korea. a paper presented to the First Asian Conference for Slavic Eurasian Studies, February 5, 2009 at Hokkaido University
Kennan, George F. The Decline of Bismarck's European Order: Franco-Russian Relations, 1875-1890, Princeton University Press, 1979
Kim Ki-Jung, The War and US-Korean Relations, *The Russo-Japanese War in Global Perspective: World War Zero,* Vol. II, Brill, Leiden, 2007, pp. 467-490
Kim Yun-hee. Direction of Public Opinion during the Taehan Empire and the People's Perception of Their Era during the Period of Russo-Japanese Conflict—with a Special Focus on the Hwagsong sinmun. *International Journal of Korean History,* Vol. 7, February 2005, pp. 53-84
Ku Daeyeol, A Damocles Sword?: Korean Hopes Betrayed, *The Russo-Japanese War in Global Perspective: World War Zero,* Vol. II, Brill, Leiden, 2007, pp. 435-466
Judge, Edward H. *Plehve: Repression and Reform in Imperial Russia 1902-1904,* Syracuse University Press, 1983
Lensen, George A. *Balance of Intrigue: International Rivalry in Korea and Manchuria 1884-99.* 2 vols, Tallahassee, 1982

——*The Russo-Chinese War,* Tallahassee, 1967
Leroy-Beaulieu, Anatole. *L'empire des tsars et les russes,* Tome I-III, Paris, 1897
Lieven, Dominic. *Nicholas II:Emperor of all the Russias.* London, 1993　邦訳：小泉摩耶訳『ニコライII世——帝政ロシア崩壊の真実』，日本経済新聞社，1993年
Lukoianov, I. V. The Bezobrazovtsy, John W. Steinberg and others (ed.), *The Russo-Japanese War in Global Perspective: World War Zero,* Leiden, 2005, pp. 65-86. 抄訳，ルコヤーノフ「ベゾブラーゾフ一派ーーロシアの日露戦争への道」，日露戦争研究會編『日露戦争研究の新視點』，成文社，2005年，63-72頁
——The First Russo-Chinese Allied Treaty of 1896, *International Journal of Korean History,* Vol. 11, December 2007, pp. 151-178
Malozemoff, Andrew. *Russian Far Eastern Policy, 1881-1904: With Special Emphasis on the Causes of the Russo-Japanese War.* Berkeley, 1958. Reprint New York, 1977
McDonald, David MacLaren. *United Govenment and Foreign Policy in Russia 1900-1914,* Havard University Press, 1992
McKenzie, F. A. *From Tiflis to Tokyo: Uncensored Letters from the War,* London, 1905
Menning, Bruce W. Miscalculating One's Enemies: Russian Intelligence Prepares for War, *The Russo-Japanese War in Global Perspective: World War Zero,* Vol. II, pp. 45-80
Mevil, Andre. *De la paix de Francfort a la conference d'Algesiras,* Paris, 1909
Nish, Ian. *The Origins of the Russo-Japanese War,* London, 1985
Paine, S.C. M. *Imperial Rivals: China, Russia, and Their Disputed Frontier,* M. E. Sharpe, 1996
Park Bella. Russia's Policy Towards Korea during the Russo-Japanese War, *International Journal of Korean History,* Vol. 7, February 2005, pp. 29-52
*The Russo-Japanese War in Global Perspective: World War Zero,* Edited by John W. Steinberg, Bruce W. Menning, David Schimmelpenninck van der Oye, David Wolff and Yokote Shinji , Brill, Leiden and Boston, 2005
*The Russo-Japanese War in Global Perspective: World War Zero,* Vol. II, edited by David Wolff, Steven G. Marks, Bruce W. Menning, David Schimmelpenninck van der Oye, John W. Steinberg, and Yokote Shinji, Brill, Leiden and Boston, 2007
Schimmelpenninck van der Oye, David. *Toward the Rising Sun: Russian Ideologies of Empire and the Path to War with Japan,* Northern Illinois University Press, 2001
Seo Min-kyo, Korea and Japan During the Russo-Japanese War—With a Special Focus on the Japanese Occupation Forces in Korea, *International Journal of Korean History,* Vol. 7, February 2005, pp. 85-108

Synn, S. K. *The Russo-Japanese Rivalry Over Korea, 1876-1904,* Seoul, 1981.

Treat, Payson J. *Diplomatic Relations between the United States and Japan 1895-1905,* Stanford Univ, Press, 1938

Verner, Andrew M. *The Crisis of Russian Autocracy: Nichokas II and the 1905 Revolution.* Princeton University, 1990

Von Laue, Theodore H. *Sergei Witte and the Industrialization of Russia,* Columbia University Press, 1963.邦訳：菅原崇光訳『セルゲイ・ウィッテとロシアの工業化』，勁草書，1977年

——The Fate of Capitalism in Russia: Narodnik Version, *American Slavic and East European Review,* Vol. XII, No. 1 (February 1954)

Wada Haruki, Study Your Enemy: Russian Military and Naval Attaches in Japan, *The Russo-Japanese War in Global Perspective: World War Zero,* Vol. II, Brill, Leiden, 2007, pp. 13-43

White, John Albert. *The Diplomacy of the Russo-Japanese War,* Princeton University Press, 1964

Wolff, David to the Kharbin Station: The Liberal Alternative in Russian Manchuria. 1898-1914, Stanford University Press, 1999

Yokote Shinji, Between Two Japano-Russian Wars: Strategic Learning Re-appraised, *The Russo-Japanese War in Global Perspective: World War Zero,* Vol. II, Brill, Leiden, 2007, pp. 105-133

**韓文**

『高宗時代史』第2、3、4、6巻，國史編纂委員會，1970年

강성학편『용과 사무라이의 결투— （청）일전쟁의 국제정치와 군사전략』（カン・ソンハク編『龍と侍の決闘——中（清）日戦争の国際政治と軍事戦略』）리 , 2006年

姜昌一『근대 일본의 조선침략과 대아시아주의—우익 낭인의 행동과 시상울 중심으로（近代日本の朝鮮侵略と大アジア主義——右翼浪人の行動と思想を中心にして）』서울、역사비평사，2002年

金栄洙「러시아군사교관 단장 뿌짜따와 조선군 (ロシア軍事教官団長プチャータと朝鮮軍隊)」『軍史』，韓国国防部軍事編纂研究所，61号（2006年12号）, 91—120頁

金義煥『朝鮮을 둘러싼 近代露日関係研究』서울，通文館，1972年

「조선　왕조　사절단의1896년 러시아 여행과 옥시덴탈리즘」(金ジンヨン「朝鮮王朝使節団の1896年ロシア旅行とオクシデンタリズム」，『東方學志』第131集，延世大学校国学研究院，2005年9月，323—356頁

『馬山市史』，馬山市史編纂委員會，1985年

朴鍾孝編訳『ロシア国立文書保管所所蔵韓国関聯文書要約集』，韓国国際交流財団，2002年

바츨라프 세로세프스키（김진영외 옮김）『코레야1930년 가을』（バツラフ・セロシェフスキ『コレア1903年秋』）개마고，서울, 2006年
李泰鎮『고종시대의 재조명』서울、太學社，2000年
『朝鮮예수教長老會史記』上，서울，新門內教會堂，1928年
鄭昌烈「露日戦爭에 대한 韓國人의 対応」，歴史學會編『露日戦爭前後　日本의 韓國侵略』서울，一潮閣，1986年, 206-240頁
崔德圭『제정러시아ㅇ의 한반도정책, 1891-1907（帝政ロシアの韓半政策，一八九一—一九〇七）』　서울，景仁文化社，2008年
玄光浩『대한제국과 러시아 그리고 일본（韓帝国とロシア、そして日本）』서울，先人社，2007年

## 日文

相沢淳「『奇襲断行』か『威力偵察』か？——旅順口奇襲作戦をめぐる対立」，軍事史学会編『日露戦争（2）』，錦正社，2005年
ワディム・アガーポフ「露日戦争におけるウラジオ巡洋艦戦隊の作戦」，『日露戦争（2）』，錦正社，2005年
秋月俊幸『日露関係とサハリン島ーー幕末明治初年の領土問題』，筑摩書房，1994年
井口和起『日露戦争の時代』，吉川弘文館，1998年
伊藤之雄『立憲国家と日露戦争』，木鐸社，2000年
『伊藤博文伝』下巻，原書房，1970年（原本1940年）
稲垣満次郎『西比利亜鉄道論　完』，哲學書院，1891年8月。『再版 西比利亜鉄道論』，1891年12月
稲垣満次郎『東方策』第1篇，哲學書院，1891年
稲葉千晴『暴かれた開戦の真実——日露戦争』，東洋書店，2002年
ヴィン・シン（杉原志啓訳）『 伝　徳富蘇峰』，岩波書店，1994年
内田甲『露西亜論』，黒龍会本部，1901年
海野福寿『韓国併合史の研究』，岩波書店，2000年
江藤淳『海は甦る』第2部，文藝春秋，1976年
大江志乃夫『世界史としての日露戦争』，立風書房，2001年
大江志乃夫『日露戦争の軍事史的研究』，岩波書店，1976年
岡本隆司『属国と自主のあいだーー近代清韓関係と東アジアの命運』，名古屋大学出版会，2004年
岡本隆司『世界のなかの日清韓関係史——交隣と属国、自主と独立』，講談社選書メチエ，2008年
『公爵桂太郎伝』坤巻，1917年
海軍軍令部編『明治三十七八年海戦史』第1巻，春陽堂，1909年
外務省編『小村外交史』復刻，原書房，1966年
梶村秀樹「朝鮮からみた日露戦争」，（『史潮』新7-8号，1980年）『梶村秀樹

著作集』第2巻，明石書店，1993年
加納格「ロシア帝国と日露戦争への道——1903年から開戦前夜を中心に」，『法政大学文学部紀要』第53号，2006年10月
加茂儀一『榎本武揚』，中央公論社，1960年
姜在彦『近代朝鮮の思想』，紀伊国屋新書，1971年
康成銀『1905年韓国保護条約と植民地支配責任——歴史学と国際法学との対話』，創史社，2005年
木村幹『高宗・閔妃』，ミネルヴァ書房，2007年
金文子『朝鮮王妃殺害と日本人』，高文研，2009年
倉持俊一・田中陽児・和田春樹編『ロシア史2』，山川出版社，1994年
『子爵栗野慎一郎伝』，興文社，1942年
黒岩比佐子『日露戦争——勝利のあとの誤算』，文春新書，2005年
軍事史學會編『日露戦争（1）——國際的文脈』，錦正社，2004年
軍事史学会編『日露戦争（2）——戦いの諸相と遺 』，錦正社，2005年
煙山 太郎『近世無政府主義』，東京 門學校出版部，1902年
黒龍倶楽部編『國士内田良平伝』，原書房，1967年
小森陽一・成田龍一編『日露戦争スタディーズ』，紀伊国屋書店，2004年
イリナ・ゴライノフ（Iドワード・ブジョフトフスキ訳）『サーロフの聖セラフィーム』，あかし書房，1985年
小森徳治『明石元二郎』上，原書房，1968年
斉藤聖二『北清事 と日本軍』，芙蓉書房出版，2006年
斉藤聖二「日露開戦直前の参謀本部と陸軍省」，東アジア近代史学会編『日露戦争と東アジア世界』，ゆまに書房，2008年
佐藤公彦『義和団の起源とその運動——中国民ナショナリズムの誕生』，研文出版，1999年
佐々木照央「自由主義的ナロードニキの日本観——S. N. ユジャコーフの場合」，『埼玉大学紀要』（外国語学文学篇）第20巻，1986年11月
佐々木揚「イギリス極東政策と日清開戦」，『佐賀大学教育学部研究論文集』第29集1号，1981年
佐々木揚「イギリス・ロシアからみた日清戦争」，『黒船と日清戦争』，未来社，1996年
佐々木揚「1880年代における露朝関係——1885年の『第一次露朝密約』を中心として」，『韓』106号，1987年
佐々木揚「日清戦争前の朝鮮をめぐる露清関係——1886年の露清天津交渉を中心として」，『佐賀大学教育学部研究論文集』第28集第1号，1980年
佐々木揚「ロシア極東政策と日清開戦」，『佐賀大学教育学部研究論文集』第30集第1号，1982年
コンスタンチン・サルキソフ（鈴木康雄訳）『もうひとつの日露戦争——新見・バルチック艦隊提督の手紙から』，朝日新聞出版，2009年

沢田和彦「志賀親朋略伝」,『共同研究　日本とロシア』第1集,1987年
参謀本部編『明治三十七八年日露戦史』第1巻,偕行社,1912年
参謀本部編『明治三十七八年秘密日露戦史』,巌南堂書店,1977年
司馬遼太郎『坂の上の雲』1-6,文藝春秋,1969年—1972年;文春文庫(新版)1-9,1999年
芝原拓自「対外観とナショナリズム」,『対外観(近代日本思想大系12)』,岩波書店,1988年
島田謹二『ロシアにおける広瀬武夫』,朝日新聞社,1970年
島田三郎『日本と露西亜』増補再版,警醒社,1900年
鈴木淳「『雲楊』艦長井上良馨の明治8年9月29日付けの江華島事件報告書」,『史学雑誌』第111編第12号,2002年12月
諏訪史郎『馬山港誌』,朝鮮史談會,1926年
石和静「ロシアの韓国中立化政策——ウィッテの対満州政策との関連で」,『スラブ研究』第46号,1999年
外山三郎『日露海戦史の研究』上,教育出版センター,1985年
『対外観(日本近代思想大系12)』,岩波書店,1988年
高橋秀直『日清戦争への道』,東京創元社,1995年
高橋昌郎『島田三郎伝』,まほろば書房,1988年
『穀干城遺稿』下,靖獻社,1912年
谷壽夫『機密日露戦史』,原書房,1966年
田保橋潔『近代日鮮関係の研究』上下,朝鮮総督府,1940年。復刻,上下,原書房,1973年
崔文衡『日露戦争の世界史』,藤原書店,2004年
崔文衡(金成浩・斉藤勇夫訳)『閔妃は誰に殺されたのか——見えざる日露戦争の序曲』,彩流社,2004年
崔文衡(斉藤勇夫訳)『韓国をめぐる列強の角逐——19世紀末の国際関係』,彩流社,2008年
チェーホフ(原卓也訳)「サハリン島」,『チェーホフ全集』13,中央公論社,1977年
千葉功『旧外交の形成——日本外交1900-1919』,勁草書房,2008年
千葉功「日露交渉——日露開戦原因の再検討」,近代日本研究会編『年報近代日本研究18』,山川出版社,1996年
千葉功「満韓不可分論=満韓交換論の形成と多角的同盟・協商網の模索」,『史学雑誌』第105編第7号,1996年7月
ゲ・デ・チャガイ編(井上紘一訳)『朝鮮旅行記』,平凡社,1992年
趙景達『異端の民衆反乱——東学と甲午農民戦争』,岩波書店,1998年
趙景達「日露戦争と朝鮮」,安田浩ら編『戦争の時代と社会』,青木書店,2005年
鄭在貞(三橋広夫訳)『帝国日本の植民地支配と韓国鉄道　1892-1945』,明

石書房，2008年（原著はソウル大学出版，1999年）
『伯爵珍田捨巳伝』，ゆまに書房，2002年
月脚達彦『朝鮮開化思想とナショナリズム——近代朝鮮の形成』，東京大学出版会，2009年
角田順『満州問題と国防方針』，原書房，1967年
角田房子『閔妃暗殺』，新潮文庫，1993年
東海散士『日露戦争羽川六郎』，有朋館，1903年
『東南アジア史Ⅰ』，山川出版社，1999年
等松春夫「日露戦争と『総力戦』概念——ブロッホ『未来の戦争』を手がかりに」，『日露戦争（2）』，錦正社，2005年
戸水寛人『回顧録』，非売品，1904年
中塚明『現代日本の歴史認識』，高文研，2007年
中塚明「『日清戦史』から消えた朝鮮王宮占領事件——参謀本部の『戦史草案』が見つかる」，『みすず』第399号，1994年6月
中塚明『日清戦争の研究』，青木書店，1968年
中塚明『歴史の偽造をただす』，高文研，1997年
中村健之介、中村悦子『ニコライ堂の女性たち』，教文館，2003年
中山裕史「『ムッシュー・フィリップ』と『パピュス』——20世紀初頭ロマノフ宮廷と2人のフランス人」，『桐朋学園大学短期大学部紀要』第15号，1997年
長山靖生『日露戦争——もうひとつの「物語」』，新潮新書，2004年
『日清戦争実記』，第4編，博文館，1895年
日本ロシア文学会編『日本人とロシア語』，ナウカ，2000年
『日露開戦論纂』，旭商會，1903年
『日露交戦紀念録』上下，東江堂，1905年
沼田多稼蔵『日露陸戦新史』，岩波新書，1940年
長谷川直子「壬午軍乱後の日本の朝鮮中立化構想」，『朝鮮史研究会論文集』第32集，1994年10月
波多野勝『井口省吾伝』，現代史料出版，2002年
葉山萬次郎『露西亜』，富山房，1903年
原剛「“ヤンジュールの意見書”」，『軍事史学』112号（第28巻第4号），1993年3月
原暉之『ウラジオストク物語』，三省堂，1998年
原田敬一『日清戦争』，吉川弘文館，2008年
原田敬一『日清・日露戦争』，岩波新書，2007年
坂野潤治『明治・思想の実像』，創文社，1977年
東アジア近代史学会編『日露戦争と東アジア世界』，ゆまに書房，2008年
イザベラ・ビショップ（時岡敬子訳）『朝鮮紀行』，図書出版社，1995年
檜山幸夫「7・23京城事件と日韓外交」，『韓』第115号，1990年6月

平井友義「ロシア極東政策とベゾブラーゾフ：1903年——鴨 江森林利権を中心に」，『広島市立大学国際学部　広島国際研究』第1巻，2002年7月
広瀬貞三「李容翊の政治活動（1904-1907年）——その外交活動を中心に」，『朝鮮史研究会論文集』第25集，1988年3月
広野好彥「日露交涉（1903-1904）再考」，『大阪學院大學國際學論集』第3 第2號，1992年12月
『福沢諭吉選集』第7巻，岩波書店，1981年
藤村道生『日清戦争——東アジア近代史の転換点』，岩波新書，1973年
「官報局時代の仕事」，『二葉亭四迷全集』第10巻，岩波書店，1953年
藤原浩『シベリア鉄道』，東洋書店，2008年
麓慎一「ポサドニック号事件について」，『東京大学史料編纂所研究紀要』第15号，2005年3月
朴羊信『陸羯南——政治認識と対外論』，岩波書店，2008年
マッケンジー（渡部学訳）『朝鮮の悲劇』，平凡社，1972年
真鍋重忠『日露関係史　1697—1875』，吉川弘文館，1978年
宮地正人「明治維新の 革性」，第7回韓・日歷史家会議報告書，2007年
『明治天皇紀』第10，吉川弘文館，1974年
メーチニコフ（渡辺雅司訳）『亡命ロシア人の見た明治維新』，講談社学術文庫，1982年
毛利敏彥『台 出兵——大日本帝国の开幕劇』，中公新書，1996年
森山茂徳『近代日韓関係史研究——朝鮮植民地化と国際関係』，東京大学出版会，1987年
森山茂徳『日韓併合』，吉川弘文館，1992年
保田孝一「大津事件と被害者ニコライ」，『危機としての大津事件』，関西大学法学研究所，1992年
保田孝一『最後のロシア皇帝ニコライ二世の日記』增補，朝日新聞社，1990年，講談社文庫，2009年
保田孝一編著『文久元年の対露外交とシーボルト』，岡山大学，1995年
安田浩・趙景達編『戦争の時代と社会』，青木書店，2005年
柳田泉「『佳人之奇遇』と東海散士」，『政治小説研究』上，春秋社，1967年
『公爵山縣有朋伝』下，1933年
山室信一『日露戦争の世紀——連鎖視点から見る日本と世界』，岩波新書，2005年
『山本権兵衛と海軍』，原書房，1966年
『伯爵山本権兵衛伝』上，原書房，1968年
山本利喜雄『露西亜史』，博文舘，1901年
ユ・ヒョジョン「利用と排除の構図——19世紀末、極東ロシアにおける『 色人種問題』の展開」，原田勝正編『「国民」形成における統合と隔離』，

日本経済評論社，2002年
横手慎二『日露戦争史』，中公新書，2005年
吉野誠『明治維新と征韓論——吉田松陰から西郷隆盛へ』，明石書店，2002年
吉村昭『ポーツマスの旗——外相・小村寿太郎』，新潮社，1979年
吉村道男「仮想の日露戦争と現実の日露戦争——『佳人之奇遇』と『日露戦争羽川六郎』との間」，東アジア近代史学会編『日露戦争と東アジア世界』，ゆまに書房，2008年
李泰鎮（鳥海豊訳）『東大生に語った韓国史』，明石書店，2006年
アナトール・レルア・ボリュー（林毅陸訳）『露西亜帝国』，博文館, 1901年
露國海軍軍令部編纂『千九百四五年露日海戦史』第1巻上下，2-4，6、7巻，海軍軍令部，1915年。復刻，上下，芙蓉書房，2004年
和田春樹「エス・ユ・ヴィッテ」，『歴史学研究』第253号，1961年5月
和田春樹『開國——日露國境交渉』，日本放送出版協會，1991年
和田春樹「自由民権運動とナロードニキ」，『歴史公論』1976年1月
和田春樹『テロルと改革——アレクサンドル二世暗殺前後』，山川出版社，2005年
和田春樹『ニコライ・ラッセル——国境を越えるナロードニキ』上下，中央公論社，1973年
和田春樹「日露戦争——開戦にいたるロシアの動き」，『ロシア史研究』第78号，2006年
和田春樹「日本人のロシア観——先生・敵・ともに苦しむ者」，藤原彰編『ロシアと日本』，彩流社，1985年
和田春樹「日本人は日露戦争をどう見たか」，『山梨学院創立60周年記念誌　日露戦争とポーツマス講和』，山梨学院大学，2006年
和田春樹『北方領土問題——歴史と未来』，朝日新聞社，1999年
和田春樹「ロシアにとっての満州」，『満州とは何だったのか』，藤原書店，2004年
和田春樹「ロシア領極東の朝鮮人　1863-1937」，『社会科学研究』40巻6号，1989年3月
『渡辺華山・高野長英・佐久間象山・横井小楠・橋本左内（日本思想大系55）』，岩波書店，1971年